JOHANN CHRISTOPH GOTTSCHED

Schriften zur Literatur

HERAUSGEGEBEN VON
HORST STEINMETZ

PHILIPP RECLAM JUN. STUTTGART

Umschlagabbildung: Johann Christoph Gottsched. Stich von Johann Martin Bernigeroth, 1757, nach einem Gemälde von G. F. Reiffstein, 1753.

Universal-Bibliothek Nr. 9361 [5]

Gesamtherstellung: Reclam, Ditzingen. Printed in Germany 1989

ISBN 3-15-009361-9

I

Die Schauspiele und besonders die Tragödien sind aus einer wohlbestellten Republik nicht zu verbannen

Hochedle und hochgelahrte,
Insonders hochzuehrende Herren,

Ich bin heute willens, mein Versprechen zu halten, dadurch ich vor etlichen Wochen mich freiwillig anheischig machte, eins und das andere zur Verteidigung öffentlicher Schauspiele vorzutragen und dero geneigten Beurteilung zu unterwerfen. Die wohlgeratene Abhandlung, die wir dazumal von einem gelehrten und beredten Mitgliede[1] dieser Gesellschaft[2] von eben der Materie höreten, veranlassete mich zu diesem Vorhaben. Aber eben diese machet mich itzo fast furchtsam, in die Fußtapfen eines so geschickten Vorgängers zu treten. Ich kann mir die Hoffnung nicht machen, einen ebenso glücklichen Verfechter der Schauspiele abzugeben, welcher Einsicht, Eifer und Wohlredenheit genug besitzet, seine gute Sache zu verteidigen. Ich weiß, wie schwach ich in den meisten Stücken bin, die zur Behauptung einer gemeiniglich so verachteten Sache, als die Schaubühne ist, gehören. Tief eingewurzelte Vorurteile sind sehr schwer auszurotten. Die allerbündigsten Vernunftschlüsse sind bei den meisten nicht kräftig genug, eine so erwünschte Wirkung zu tun. Die Beredsamkeit selbst würde zuweilen alle ihre Kräfte vergebens anwenden, mancher vorgefaßten Meinung zu steuren, zumal wenn sie sich durch die wahrscheinlichsten Scheingründe zu unterstützen weiß.
Und von dieser Gattung hat man Gegner zu bestreiten, wenn man die Schaubühne verteidigen will. Man hat Leute vor sich, die sie verdammen, ohne sie zu kennen; Leute, die den Mißbrauch mit dem Gebrauche vermengen und also aus Übereilung das Kind, wo ich so reden darf, mit dem Bade

wegschütten wollen. Leute, die sich mit einer besondern Frömmigkeit schützen und gleichsam Gewissens halber alle Schauspiele verdammen. Wie vielerlei Betrachtungen sind nicht nötig, allen diesen Vorurteilen vorzubeugen? Man muß die erstern eines Bessern belehren; die andern behutsamer machen; die dritten aber überführen, daß die Lust, die man in Schauspielen genießet, nicht sündlich sei und also mit dem Christentume gar wohl bestehen könne. Allein wieviel Zeit und Mühe gehört nicht dazu? Was für geduldige Gegner muß man nicht haben, wenn sie alles, was man ihnen beibringen will, überlegen und einsehen sollen? Und gleichwohl würde man, bei aller angewandten Mühe, nicht durchgehends bei allen seinen Zweck erlangen, sondern vielen ihre alten Vorurteile noch lassen müssen.

Zu allem Glücke darf ich mir alle diese Mühe nicht machen. Ich habe mit Zuhörern zu tun, die unparteiischer sind und sich mehr durch die Vernunft als durch Vorurteile lenken lassen. Überdies ist mir auch der Weg schon durch eine andre Rede gebahnet worden, und ich werde also nur halbe Mühe haben, meinen Endzweck zu erreichen. Mein geschickter Vorgänger hat zwar von Schauspielen überhaupt gehandelt, doch aber insbesondre mehr auf die Lustspiele oder Komödien seine Absicht gerichtet. Ich will das Gegenteil tun und insbesondre die Nutzbarkeit der Trauerspiele dartun, dabei aber auch einige allgemeine Betrachtungen hinzusetzen, die Schauspiele überhaupt in einer wohlbestellten Republik zu verteidigen.

Ich werde mit desto größerer Freudigkeit von dieser Sache reden, meine Herren, da ich mit einer völligen Überzeugung davon handeln kann. Meine Pflicht erfordert es, seit etlichen Jahren die Poesie öffentlich zu lehren; und da kann ich unmöglich die hauptsächlichste Gattung derselben dem Spotte und der Verachtung der Unverständigen ausgesetzt sein lassen. Die Tragödie ist es, was mir nächst dem Heldengedichte[3] die Dichtkunst als etwas Erhebliches dargestellet, darauf sich auch ein edler Geist ohne Schamröte legen kann. Der tiefsinnigste und ernsthafteste unter den griechischen Weltweisen hat kein Bedenken getragen, die Regeln der Trauerspiele in ein ordentliches Lehrbuch zu bringen.[4] So wird es denn auch mir keine Schande sein, dasjenige im Ernste zu verteidigen, was er so sorgfältig zu lehren beflissen gewesen ist. Meine Herren aber werden durch dero Einsicht und Aufmerksamkeit die Mängel meines Vortrages am besten zu ersetzen wissen.

Ein Trauerspiel, meine Herren, ist ein lehrreiches moralisches Gedichte, darin eine wichtige Handlung vornehmer Personen auf der Schaubühne nachgeahmet und vorgestellet wird. Es ist eine allegorische[5] Fabel, die eine Hauptlehre zur Absicht hat und die stärksten Leidenschaften ihrer Zuhörer, als Verwunderung, Mitleiden und Schrecken, zu dem Ende erreget, damit sie dieselben in ihre gehörige Schranken bringen möge. Die Tragödie ist also ein Bild der Unglücksfälle, die den Großen dieser Welt begegnen und von ihnen entweder heldenmütig und standhaft ertragen oder großmütig überwunden werden. Sie ist eine Schule der Geduld und Weisheit, eine Vorbereitung zu Trübsalen, eine Aufmunterung zur Tugend, eine Züchtigung der Laster. Die Tragödie belustiget, indem sie erschrecket und betrübet. Sie lehret und warnet in fremden Exempeln; sie erbauet, indem sie vergnüget, und schicket ihre Zuschauer allezeit klüger, vorsichtiger und standhafter nach Hause.

Ich rede also hier, meine Herren, von einer regelmäßigen und wohleingerichteten Tragödie, nicht aber von denjenigen Mißgeburten der Schaubühne, die unter dem prächtigen Titel der Haupt- und Staatsaktionen[6] mit untermischten Lustbarkeiten des Harlekins pflegen aufgeführet zu werden. Weit gefehlt, daß ich diese verächtliche Art der Schauspiele verteidigen und loben sollte: So muß ich sie vielmehr verabscheuen und verwerfen. Denn sie sind keine Nachahmungen der Natur, da sie sich von der Wahrscheinlichkeit fast überall entfernen. Sie sind nicht in der Absicht verfertiget, daß der Zuschauer erbauet werde. Sie erregen keine große Leidenschaften, geschweige, daß sie selbige in ihre Schranken bringen sollten. Sie sind nicht fähig, edle Empfindungen zu erwecken oder die Gemüter der Zuschauer zu einer großmütigen Verachtung des Unglückes zu erheben; sondern sie befördern vielmehr die Kleinmut und Zaghaftigkeit durch die Beispiele ohnmächtiger und verächtlicher Helden. Kurz, man muß der Tragödie diejenigen Fehler gar nicht zurechnen, welche man in dieser Art ungereimter Schauspiele irgend wahrgenommen hat.

Nun erwäge man es selbst, ob nicht ein solches Trauerspiel, als es in den Regeln und Beispielen der Alten, ja auch einiger neuen Völker, sonderlich der Franzosen, vorkömmt, bei seinen Zuschauern einen herrlichen Nutzen nach sich ziehe? Alle Sittenlehrer sind eins, daß Exempel in moralischen Dingen eine besondere Kraft haben, die Gemüter der Menschen von gewissen Wahrheiten zu überführen. Die meisten Gemüter sind viel zu sinnlich gewöhnt, als daß sie einen Beweis, der aus bloßen Vernunftschlüssen besteht, sollten etwas gelten lassen, wenn ihre Leidenschaften demselben zuwider sind. Allein Exempel machen einen stärkern Eindruck ins Herz. Daher befleißigen sie sich fast alle, ihre Lehren aus den Geschichten[7] zu erläutern. Sie machen Sammlungen von allerlei alten und neuen Begebenheiten, um durch solche Exempelbücher die bittern Wahrheiten zu versüßen, die schwachen Gemüter durch ihre Schwäche selbst zu lenken. Aesopus[8] geht noch weiter. Er macht Fabeln, die unglaublich sind. Er läßt die Tiere menschlich denken und reden, um seine Leser dadurch zu erbauen. Die Malerkunst zeichnet dieselbe aufs deutlichste vor die Augen und unterrichtet also das Herz auch durch die Augen. Und es hat sich's noch niemand in den Sinn kommen lassen, dergleichen Art, sittliche Wahrheiten auszubreiten, im geringsten zu tadlen.

Was tut aber die Poesie in ihren Tragödien anders als eben dieses? Ihre Fabeln sind viel wahrscheinlicher als die Aesopischen; sie sind ebenso wahrscheinlich als die wahrhaftigsten Begebenheiten; ja oft noch wahrscheinlicher. Sie sind dabei noch lehrreicher als die bloße Historie, weil sie ausdrücklich dazu erfunden worden, daß sie allegorisch sein sollen. Ist ja noch ein Unterschied, so ist er so beschaffen, daß er ihr zum Vorteile gereichet. Sie erzählet auch diese ihre Fabeln nicht nur schlechtweg; sie verkleidet sie in die schönsten poetischen Zierate. Man liest, man höret sie nicht nur in einer matten Erzählung des Poeten; sondern man sieht sie gleichsam mit lebendigen Farben vor Augen. Man sieht sie aber auch nicht in toten Bildern auf dem Papiere; sondern in lebendigen Vorstellungen auf der Schaubühne. Alle ihre Helden leben. Ihre Personen denken, reden und handeln wahrhaftig. Es ist, sozureden, kein Bild, keine Abschilderung, keine Nachahmung mehr: Es ist die Wahrheit, es ist die Natur selbst, was man siehet und höret.

Da bin ich selbst zugegen, wenn ein Porus[9] mitten in seinem Unglücke, auch bei einer verlornen Krone, noch großmütig ist und seinem Sieger auch in den Fesseln nicht sklavisch, sondern königlich antwortet. Da bin ich selbst zugegen, wenn der sanftmütige Augustus seinem Verräter Cinna[10] den Kopf schenket, den er seinem eigenen Geständnisse nach verwirket hatte. Da sehe ich einen weisen Titus seine zärtlichste Liebe der Begierde, ein guter Kaiser, ja die Lust der Welt zu werden, aufopfern; und seine Bérénice[11] mit gleicher Standhaftigkeit einen Kaiserthron verlassen. Da sehe ich endlich einen Cato[12] allen Staatsstreichen des herrschsüchtigen Cäsars heldenmütig widerstehen und eine unglückliche Tugend dem triumphierenden Laster bis in den Tod selbst vorziehen. Alle diese und unzählige andere Bilder rühren mich in dem Innersten der Seelen. Ich bewundere solche Helden. Ich verehre ihre Vollkommenheit. Ich fasse einen edlen Vorsatz, sie nachzuahmen, und fühle einen heimlichen Ehrgeiz, nicht schlechter als sie befunden zu werden.

Ich weiß wohl, was man hier einwenden kann. Das sind Bilder von den Großen dieser Welt. Das sind Schauspiele für Könige und Fürsten: Diese mögen sich Lehren aus solchen Tragödien ziehen und die berühmten Exempel der Helden sich zu Mustern vorstellen lassen. Aber was nützet dieses andern, von mittlerm und geringerm Stande? Es ist zum Teil wahr, was man saget, meine Herren; aber darum ist noch nicht alles gegründet. Ich bin indessen zufrieden, daß man mir schon soviel eingeräumet hat, daß die Trauerspiele Königen und Fürsten nützlich und erbaulich sein können. Mit dem übrigen wird sich's schon von sich selbst geben.

Freilich ist es so, ihr Monarchen, Kaiser, Könige, Fürsten und Herren: Ihr Großen und Gewaltigen dieser Erden. Die Wahrheit dringet fast nicht anders vor eure Augen und Ohren, als durch die Bilder der Poeten; als durch die Lobgesänge der Dichter, die euch in dem Preise verstorbener Helden zeigen, was ihr tun sollt; oder die euch wohl selbst um solcher Eigenschaften halber rühmen, die ihr noch nicht besitzet, um euch zu zeigen, was eure Pflicht ist. Die Musen allein erkühnen sich's, euch auf euren Thronen zu lehren, wenn sich euer ganzes Hofgesinde in Schmeichler verwandelt hat. Die Wahrheit, welche in ihrer natürlichen Gestalt durch eure Leibwachten und Trabanten nicht durchdringen kann, sieht sich genötiget, von der göttlichen Melpomene[13] ihr tragisches Kleid zu erborgen. Da tritt sie denn, in Gestalt alter Helden, auf die Schaubühne. Da prediget sie euch mit Nachdruck von der wahren Größe der Prinzen; von der Nichtigkeit aller weltlichen Hoheit; von der Abscheulichkeit der Tyrannei! Da lehrt sie euch, ihr Götter dieser Erden, daß ihr auch Menschen seid; und zwinget oft auch einen Phalaris[14], Tränen zu vergießen, wenn ihm Stesichorus[15] die grausame Seele durch eine bewegliche Vorstellung empfindlich gemachet hat.

So gewiß es nun damit seine Richtigkeit hat, meine Herren: So wenig kann man doch behaupten, daß deswegen die Trauerspiele denen von mittlerm Stande nichts helfen könnten. Sind denn nicht die meisten Begebenheiten und Zufälle dieses Lebens allen Menschen gemein? Sind wir nicht zu einerlei Tugenden und Lastern fähig und geneigt? Kann nicht ein Edler und Bürger eben das im Kleinen ausüben, was Fürsten und Helden im Großen getan? Und bekömmt nicht der Schluß selbst durch die Ungleichheit der Personen eine größere Kraft: Dieser oder jener Prinz hat sich in einem weit schrecklichern Unfalle gelassen und standhaft erwiesen; daher muß ich mich auch in geringern Zufällen nicht ungebärdig stellen. Dieser Held hat sich in weit traurigern Umständen mit der Unschuld und Tugend getröstet; daher will ich derselben in mittelmäßigen Bekümmernissen auch nicht abtrünnig werden; sondern lieber unschuldig leiden, als durch Laster groß und glücklich werden. Was will man, an dieser Art sich zu erbauen, Gründlichers und Nützlichers wünschen? Und wie will man's mit einigem Scheine behaupten, daß die tragischen Schauspiele nur Königen und Fürsten nutzen können?

Ich höre noch einen Einwurf machen, wenn man sich auf die Erfahrung berufet, welche es gleichwohl nicht zeiget, daß diese Schauspiele viele Leute tugendhaft gemacht hätten. Allein der Einwurf ist vergeblich, weil er zuviel beweisen würde, wenn er wahr wäre. Denn auch selbst die Predigten würden nicht erbaulich sein, wenn man augenscheinliche Wirkungen derselben bei allen Zuhörern fordern wollte? Wieviel Geizige sind denn freigebig, wieviel Trunkenbolde mäßig, wieviel Unzüchtige keusch, wieviel Unbarmherzige sind mitleidig und gelinde geworden, wenn sie eine geistliche Rede von ihrem Laster angehöret? Man gebe mir ein Verzeichnis von allen diesen Bekehrten, die aus so vielen Millionen Predigten frömmer geworden: So will ich mich allezeit anheischig machen, aus den Trauerspielen, die doch, auch da, wo sie fleißig gespielet werden, nicht den zehntausendsten Teil von jenen ausmachen, ebensoviele aufzuweisen.

Die Besserung des menschlichen Herzens ist kein Werk, welches in einer Stunde geschehen kann. Es gehören tausend Vorbereitungen, tausend Umstände, viel Erkenntnis, Überzeugung, Erfahrungen, Beispiele und Aufmunterungen dazu, ehe ein Lasterhafter seine Art fahren läßt. Genug, daß ein

Trauerspiel etwas, ja sehr viel dazu beiträgt. Genug, daß es einen Samen nach dem andern ins Herz wirft, der zu seiner Zeit aufgeht und Früchte bringet. Es bleibt so manches in den Gemütern aufmerksamer Zuschauer kleben, dessen sie sich bei Gelegenheit wiederum erinnern. Marcus Aurelius Antoninus ist ein Weltweiser. Er stellt philosophische Betrachtungen über sich selbst an. Er danket gar den Göttern, daß er sich niemals in die Poesie und Beredsamkeit vertiefet hat. Gleichwohl sieht und liest er die Trauerspiele der Griechen und Lateiner. Gleichwohl fallen ihm die herrlichsten Stellen daraus ein, auch wenn er mitten in den weisesten Gedanken beschäftiget ist. Gleichwohl hat er sich niemals beschweret, daß er etwas Böses daraus gelernet hätte[16].

Und wie hätte er sich darüber beschweren können, da die Religion selbst, zum wenigsten die natürliche, auf der Schaubühne allezeit unverletzt bleibet? Die tragischen Poeten sind fast alle der stoischen Sekte[17] zugetan gewesen oder haben doch ebensolche Lehren von Gott und den Pflichten der Menschen zum Grunde geleget und eingeschärfet, als diese Weltweisen in ihren Schulen gelehret haben. Die Vorsehung, die Gerechtigkeit und Güte Gottes; die Unsterblichkeit der Seelen, das Lob der Tugend und die Schande der Laster herrschet allezeit in den Trauerspielen. Die Unschuld wird allezeit als triumphierend, die Bosheit aber als verdammlich vorgestellet. Und wenn ja jene zuweilen auch unglücklich, dieses hergegen als glücklich erscheinet: So erscheinen doch beide in der ihnen beiden so eigenen Schönheit und Häßlichkeit, daß wohl niemand unter den Zuschauern zu finden ist, der nicht lieber bei der Tugend unglücklich als bei den Lastern glücklich zu sein wünschen sollte. Diese gesunde Begriffe nun pflanzet die Schaubühne in die Gemüter der Menschen, auch wenn sich diese bloß zu belustigen denken. Sie suchen nur Anmut und finden Nutzen; sie streben nach einem Zuckerwerke und finden die nahrhafteste Speise darunter verborgen.

Urteilen Sie nun selbst, meine Herren, ob Schauspiele von

dieser Gattung so verwerflich sein können, als sie von ihren unverständigen Feinden ausgegeben werden? Wir haben ja alle Einwürfe widerleget; wir haben alle Ausflüchte verstopfet, die man uns machen kann. Wollen wir uns an dem Leben derjenigen stoßen, die uns die Schauspiele vorstellen? Vielleicht tut man ihnen mit diesem Verdachte unrecht. Vielleicht handelt man zu lieblos; wenn man es allen zuschreibet, was einer oder der andre versehen hat. Allein gesetzt, es wäre so. Soll denn die Tragödie deswegen unnützlich werden? Sollen wir uns deswegen derselben entziehen? Das wäre ebenso lächerlich, als mit den eingebildeten Heiligen unsrer Zeiten sich der Kirche und der Sakramente zu enthalten; weil es unwiedergeborne Geistliche[18] gibt, die den Gebrauch derselben befördern. Ich sehe nicht Komödianten; ich sehe Könige und Helden auf der Schaubühne. Ich höre, was sie reden und tun, solange sie ihre Rolle spielen; nicht aber, was sie zu Hause in ihrem Leben und Wandel vornehmen. Warum soll ich mich, um so weit gesuchter Ursachen halber, eines Vergnügens berauben, das so nützlich ist? Das menschliche Leben hat ohnedem nicht viele Belustigungen, die so rein, so untadelig und der Tugend selbst so beförderlich sind als die Trauerspiele. Ich will sie also besuchen, sooft es sich andrer Umstände halber wird tun lassen, und durch die Wirkungen derselben auch in meinen Handlungen meine Gegner widerlegen.

II

Versuch einer Critischen Dichtkunst vor die Deutschen

1. Teil

Das I. Kapitel

Vom Ursprunge und Wachstume der Poesie überhaupt

Wenn das Altertum einer Sache ein Ansehen geben oder einen besondern Wert beilegen kann; so ist gewiß die Poesie eine von den wichtigsten freien Künsten, ja der vornehmste Teil der Gelehrsamkeit. Sie ist so alt, daß sie auch vor der Wissenschaft der Sterne hierin den Vorzug behaupten kann, die doch von den uralten Chaldäern[1] oder, wie andre meinen, von den Ägyptern bald nach der Sündflut schon eifrig getrieben worden. Und das ist kein Wunder. Die Astronomie hat ihren Ursprung außer dem Menschen, in der sehr weit entlegenen Schönheit des Himmels. Die Poesie hergegen hat ihren Grund im Menschen selbst und geht ihn also weit näher an. Sie hat ihren ersten Quell in den Gemüts-Neigungen des Menschen. So alt also diese sind, so alt ist auch die Poesie; und wenn sie ja noch einer andern freien Kunst weichen soll, so wird sie bloß die Musik, sozureden, vor ihre ältere Schwester erkennen.

Einige wollen behaupten, daß die allerersten Menschen das Singen von den Vögeln gelernet. Es kann solches freilich wohl nicht ganz und gar geleugnet werden; vielmehr hat es eine ziemliche Wahrscheinlichkeit vor sich. Leute, die im Anfange der Welt mehr in Gärten oder angenehmen Lustwäldern als in Häusern wohnten, mußten ja täglich das Gezwitscher so vieler Vögel hören und den vielfältigen Unterscheid ihres Geschreies wahrnehmen. Von Natur waren sie, sowohl als unsre kleinesten Kinder, uns selbst nicht ausgenommen, zum Nachahmen geneigt: Daher konnten sie leicht Lust bekommen, den Gesang desjenigen Vogels, der ihnen am besten gefallen hatte, durch ihre eigene Stimme nachzumachen und ihre Kehle zu allerlei Abwechselungen der Töne zu gewöhnen. Diejenigen, so vor andern glücklich darin waren, erhielten den Beifall der andern, und weil man sie gern hörete, legten sie sich desto eifriger auf dergleichen Melodeien, die gut ins Gehör fielen: so daß diese vormalige Schüler des wilden Gevögels bald ihre Meister im Singen übertrafen.

Allein es ist nicht nötig, auf solche Mutmaßungen zu verfallen. Der Mensch würde meines Erachtens gesungen haben, wenn er gleich keine Vögel in der Welt gefunden hätte. Lehrt uns nicht die Natur alle unsre Gemüts-Bewegungen durch einen gewissen Ton der Sprache ausdrücken? Was ist das Weinen der Kinder anders als ein Klagelied, ein Ausdruck des Schmerzens, den ihnen eine unangenehme Empfindung verursachet? Was ist das Lachen und Frohlocken anders als eine Art freudiger Gesänge, die einen vergnügten Zustand des Gemütes ausdrücken? Eine jede Leidenschaft hat ihren eigenen Ton, womit sie sich an den Tag legt. Seufzen, Ächzen, Dräuen[2], Klagen, Bitten, Schelten, Bewundern, Loben usw., alles fällt anders ins Ohr, weil es mit einer besondern Veränderung der Stimme zu geschehen pflegt. Weil man nun angemerket, daß die natürlich ausgedrückten Leidenschaften auch bei andern eben dergleichen zu erwecken geschickt wären, so ließen sich's die Freudigen, Traurigen, Zürnenden, Verliebten usw. desto mehr angelegen sein, ihre Gemüts-Beschaffenheit auf eine bewegliche Art an den Tag zu legen, um dadurch auch andre, die ihnen zuhöreten, zu rühren; das ist, ihnen was vorzusingen.

Wie nun bisher erwähntermaßen auch bloße Stimmen die innerlichen Bewegungen des Herzens ausdrücken; indem z. E. die geschwinde Abwechselung wohl zusammenstimmender scharfer Töne lustig, die langsame Abänderung gezogener und zuweilen übellautender Töne traurig klinget usf.:

So ist doch leicht zu vermuten, daß man nicht lange bei bloßen Stimmen oder Tönen im Singen geblieben sei, sondern auch bald gewisse Worte dabei werde ausgesprochen haben. Man hört es freilich auch auf musikalischen Instrumenten schon, ob es munter oder kläglich, trotzig oder zärtlich, rasend oder schläfrig klingen soll: und geschickte Virtuosen wissen ihre Zuhörer zu allen Leidenschaften, bloß durch ihre künstliche Vermischung der Töne, zu zwingen. Allein es ist kein Zweifel, daß Worte, so nach einer geschickten Melodie gesungen werden, noch viel kräftiger in die Gemüter wirken.

Sonderlich muß man dieses damals wahrgenommen haben, als die Gesang-Weisen so vollkommen noch nicht waren als itzo, da die Musik aufs höchste gestiegen ist. Es war also sehr natürlich, daß die ersten Sänger anstatt unvernehmlicher Töne verständliche Silben und deutliche Wörter zu singen, den Anfang machten. Dadurch konnten sie dasjenige, so sie bei sich empfunden hatten, desto lebhafter ausdrücken, ihre Gedanken ausführlich an den Tag geben und bei ihren Zuhörern den gewünschten Endzweck erreichen. Abgesungene Worte, die einen Verstand in sich haben oder gar einen Affekt ausdrücken, nennen wir Lieder; darin man also den Text von der Melodie unterscheiden kann. Die Gesänge sind dergestalt die älteste Gattung der Gedichte, und die ersten Poeten sind Lieder-Dichter gewesen.

Man kann sich aber leicht einbilden, wie diese ersten Oden mögen geklungen haben. Alle Dinge sind anfänglich rauh und grob oder doch voller Einfalt. Die Zeit bessert alles aus; die lange Übung in einer Kunst bringt sie endlich zu größerer Vollkommenheit, und der Ausputz findet sich oft sehr spät, wenngleich die Sache selbst längst erfunden gewesen. Ich stelle mir die neu erfundenen Lieder nicht anders vor als die Evangelien, das ›Vaterunser‹ und andre in ungebundener Rede abgefaßte Lieder, die man noch itzo an vielen Orten singet: als da sind die Litanei, der Lobgesang Mariä, die Kollekten[3] u. dgl. mehr Sätze von ungleicher Größe, ohne eine regelmäßige Abwechselung langer und kurzer Silben, ja sogar ohn' alle Reime waren bei den ersten Sängern schon eine Poesie. Die Psalmen der Hebräer, das Lied Mosis, der Gesang, den Mirjam beim Durchgange des Roten Meeres angestimmet u. a. m. können uns davon sattsam überzeugen. So mühsam sich einige Gelehrten mit Hieronymo[4] haben angelegen sein lassen, in diesen alten hebräischen Liedern ein gewisses Silbenmaß zu finden, so leicht wird doch ein jeder Unparteiischer sehen, daß alle ihre Arbeit vergebens gewesen. Sie haben es mehr hineingezwungen als darin gefunden, und es ist weder wahrscheinlich noch nötig, daß die Poesie der ältesten Nationen ebendie Zierde und Vollkommenheit gehabt habe, als sie nachmals bei den Griechen und Römern erlanget. Man hält es also billig mit Jos. Scaligern[5], der in seinen Anmerkungen über Eusebius schreibet: »Die hebräische Sprache ist durchaus nicht auf die Regeln des griechischen oder lateinischen Silbenmaßes zu bringen: wenn man gleich Himmel und Erde durcheinander mischen wollte.«

Selbst die ersten Poeten unsrer Vorfahren haben's nicht besser zu machen gewußt. In Schweden hat man in der ›Edda‹ solche Überbleibsel alter Lieder, wo weder Silbenmaß noch Reime gefunden werden. Morhof[6] im ›Unterricht von der Teutschen Sprache‹, p. 268, führt folgendes an:

Lætr, sás Hákun heitir
hann rekkir liđ bannat,
jǫrđ kann frelsa fyrđum
fridrofs konungr ofsa;
sjálfr raeđr alt ok Elfar
ungr stillir sá milli
gramr á gipt at fremri
Gandvíkr jǫfurr landi.[7]

Imgleichen hat Schilter[8] in der Vorrede zu Otfrieds ›Evangelio‹, § 10, T. I. ›Thesaurus antiquitatum Teutonicarum‹, diese Probe gegeben:

Fé ok fiærvi rændi fyrđa kind
sá inn grimmi greppr;
yfir þá vega es hann varđađi
mátti engi kvikr komask.[9]

Daß diese alte schwedische Sprache, wo nicht eine Mutter, wie Rudbeck[10] in seiner ›Atlantica‹ nebst andern Schweden behaupten wollen, doch zum wenigsten ebensowohl eine Tochter der skythischen[11] als die alte keltische gewesen sei, von welcher die deutsche ihren Ursprung hat; das zeigen so viele Wörter, die in diesen beiden Proben an Verstand und Buchstaben mit unsern heutigen übereinkommen; wenn man die an oberwähnten Orten befindliche lateinische Übersetzung zu Hülfe nimmt und sonderlich der plattdeutschen Mundart mächtig ist. Z. E. *lid* heißt leiten, *bannat* verbannet, *kann* ist völlig kann; *Fridrofs* Friedensbruch; *Konungr* König; *sjálfr* selber; *alt* alles; *ok* auch; *at* und; *landi* Land. Und in dem andern heißt *ok* auch; *fyrđa kind* Menschenkind; *grimmi* grimmige; *yfir* über; *þá* die; *varđađi* bewahrete; *engi* einiger; *komask* kommen. Doch dieses nur beiläufig.

Fragen wir also, worin die damalige Poesie der Alten denn eigentlich bestanden: so müssen wir sie, im Absehen auf das Äußerliche, bloß in der ungefähr getroffenen Gleichheit der Zeilen suchen. Es traf sich irgend so, daß die kurzen Abschnitte der Rede oder kleinen Teile der Lieder fast einerlei Anzahl der Silben hatten. Doch ging es damit so genau nicht zu. Es kam ihnen nicht darauf an, ob die eine Zeile etliche Silben mehr oder weniger hatte als die andre. Die Geschwindigkeit des Singens verkürzte die langen und die Langsamkeit der Aussprache verlängerte die kurzen, so daß sie sich schon zur Melodie schicketen. Wir können uns dieses noch heutezutage an alten geistlichen Gesängen, imgleichen an den Liedern der Bergleute vorstellen, die es auch so genau nicht nehmen und die Zeilen ihrer Verse gleichsam nur mit einem Hölzchen abzumessen pflegen.

Solche Lieder wird man nun gesungen haben, als Jubal[12] allerlei musikalische Instrumente erfunden, und als Laban[13] dem Jakob sagte, daß er ihn mit Freuden, mit Singen, mit Pauken und Harfen hätte begleiten wollen. Dergleichen Lieder hat Mirjam, Moses und nachmals Debora gesungen. Dergleichen Lieder haben David, Assaph[14], Salomo, Jeremias und viele andre gedichtet: Ja die ganze hebräische Poesie weiß von keinen andern: so daß es lächerlich ist, wenn Josephus[15] schreibet, das Buch Hiob sei in Hexametris geschrieben. In solchen Versen hat auch ohne Zweifel Amphion, Orpheus und Linus[16] in Griechenland noch gesungen, die doch so großen Ruhm mit ihrer Dicht-Kunst erlanget. Solcher Art sind auch die alten Salischen Lieder bei den Römern gewesen, die Numa[17] eingeführt. Kurz, so sind die Poesien der alleraltesten Völker in der ganzen Welt beschaffen gewesen. Und wenn sie sich von der ungebundenen Rede noch in sonst was unterschieden, so muß es bloß in den erhabenen Gedanken und dem edlen Ausdrucke derselben, in prächtigen Figuren, Fabeln, Gleichnissen und schönen Redens-Arten gesucht werden: wie solches aus der morgenländischen Poesie sonderlich zu ersehen ist. Ein Poet aber und ein Musikus war damals einerlei, weil die Sänger sich ihre Lieder selbst machten und die Dichter die ihrigen selbst sungen. Daher kommt denn nachmals die Gewohnheit, daß die Poeten ihre Leiren, Zithern, Saiten, Flöten und Schalmeien immer anreden, wenn sie gleich nicht spielen können. Weil nämlich die Alten beides zugleich konnten, so bleiben die Neuern noch bei der Sprache ihrer Vorgänger und entschuldigen sich gemeiniglich mit einer tropischen Redens-Art[18], die uns erlaubt, das Adjunctum anstatt des Subjecti[19] zu setzen.

Mit der Zeit fing man an, die Silben in poetischen Zeilen etwas genauer abzuzählen, damit sie sich desto besser zu den Melodeien schicken möchten. Die Griechen mögen wohl die ersten gewesen sein, die solches getan, obwohl noch allezeit Lieder bei ihnen im Schwange geblieben, darin sich die Poeten viel Freiheiten herausnahmen. Man lese nur nach, was

Scaliger in seiner ›Poetik‹ von Dithyrambischen und Päanischen Gesängen[20] geschrieben. Ja dieses witzige Volk ließ es auch dabei nicht bewenden. Denn wie es ein sehr zartes Gehör hatte und also zur Musik sehr geschickt und geneigt war: also bemerkte es bald, daß es auch mit der bloßen Silbenzahl in einem Liede nicht ausgerichtet sei. Die eine Zeile hatte immer einen bessern Wohlklang als die andre, wenn sie gleich auf einerlei Art gesungen wurden; und bei genauer Aufmerksamkeit fand man, daß die Ursache in der Abwechselung langer und kurzer Silben zu suchen wäre. Man bemerkte derowegen, welche Art der Vermischung sich zu dieser oder jener Gesang-Weise am besten schickte, und daher entstunden sehr viel verschiedene Gattungen der Verse, die in so großer Menge bei Griechen und Lateinern vorkommen, daß man sie fast nicht zählen kann.

Die nordlichen Völker, darunter denn auch die Deutschen gehören, liebten zwar auch das Singen, hatten aber kein so zärtliches Gehör: und verfielen also auch auf dieses künstliche Silbenmaß der Griechen und Römer nicht. An dessen Statt gerieten sie auf den Gleichlaut der letzten Silben in zwo Zeilen ihrer Lieder und fanden ein besonderes Belieben an ihrem übereinstimmenden Klange, den sie den Reim nenneten. Sie gewöhnten auch ihre Ohren dergestalt daran, daß sie diesen Reim endlich vor das wesentlichste Stück der Poesie hielten, ja die Verse und alle Gedichte überhaupt nicht anders als Reime nennten. Diesen Reim nun zu haben, sparten sie weder Kunst noch Mühe; ja sie verwehrten sich auch keine Freiheit. Zum wenigsten wußten sie einige Ähnlichkeit der letzten Worte herauszubringen, wenngleich keine völlige Gleichheit zu erhalten möglich war. Z. E. Otfrieds Vorrede zu seinem ›Evangelio‹ hebt so an:

Ludowig ther snello,
thes wisduames follo,
er ostarrichi al,
so Frankono kuning scal . . .[21]

Nun haben zwar einige, als Huet[22] in seinem Buche ›Vom Ursprunge der Romane‹, den Ursprung der Reime den Arabern zuschreiben wollen, welche sie im achten Jahrhunderte nach Spanien gebracht haben sollen: welchem auch Campanella[23] beipflichtet.* Gyrald[24] holet sie aus Sizilien her und Claude Fauchet[25] aus Provence in Frankreich. Andre wollen diese Kunst gar den Rabbinen der Juden zueignen, die doch erst seit des David Kimchi[26] Zeiten dergleichen zu machen angefangen und es ohne Zweifel von den europäischen Christen gelernt. Noch andre haben gar die Reime schon bei den alten Lateinern und Griechen finden wollen. Ob es nun wohl nicht zu leugnen ist, daß man nicht hier und dar einige solche Verse finden sollte, da sich entweder zwei am Ende oder einer vor sich in der Mitten und am Ende reimet: So ist doch dieses von ungefähr gekommen, und man hat wenigstens keine solche Schönheit darin gesucht als die alten Deutschen. Die Versus Leonini[27] sind auch in Italien allererst im fünften Jahrhunderte aufgekommen und haben den Namen von einem gewissen Leonio Canonico, der sich damit zuerst hervorgetan. Damals aber, wie bekannt ist, waren die deutschen Völker schon eingefallen und hatten also ihre Reimart mit sich dahin gebracht. Die Lateiner verliebten sich auch bei der einreißenden Barbarei und dem Verfalle des guten Geschmackes so sehr ins Reimen, daß sie sich nicht satt reimen konnten. Es war nicht genug, daß zwei Zeilen miteinander reimeten, z. E.

Ut mens se videat posita caligine fumi;
Quis vetat apposito lumen de lumine sumi?[28]

sondern es mußte sich auch wohl Mittel und Ende eines Verses reimen. Z. E.

* 4. Aufl. nach *beipflichtet* eingefügt: Allein nichts ist leichter zu zeigen, als daß die Reime in Deutschland, Welschland und Frankreich schon im fünften Jahrhunderte im Schwange gewesen, ehe noch die Araber aus Asien gegangen: vielmehr haben selbige diese Kunst in Spanien bei den gotischen und vandalischen Völkern gefunden, die daselbst vor ihnen geherrschet hatten.

Hic jacet Henricus semper pietatis amicus.[29]

Kaum war dieses erdacht, als man gar dreifache Reime machte. Z. E.

Vos estis, Deus est testis! teterrima pestis.[30]

Und auch darüber fanden sich noch andre Künstler, die ihre Vorgänger in der Reimsucht übertreffen sollten, indem sie eine noch künstlichere Verschränkung der gereimten Zeilen erdachten, wie dies Exempel zeigen wird:

Janua mortis, passio fortis, crimen eorum
Attulit orbi, semina morbi, totque malorum.[31]

So wurden denn die Verse selbst bei so vielen Reimen unsichtbar, und die eingebildeten Poeten wurden nichts als elende Reimschmiede, die sich an dem Klappen der Silben wie Kinder an dem Klingen der Schellen belustigten.
Bei dem allen aber bleibt es wohl gewiß, daß die skythischen oder keltischen Völker, das ist unsre Vorfahren und die Barden derselben als ihre Poeten, etwa um die Zeiten Taciti, auch wohl noch zeitiger, die Reime in ihren Liedern eingeführet, damit ihre Landesleute das Lob ihrer Helden desto leichter lernen und desto besser behalten möchten. Denn weil an Schreibern damals ein großer Mangel war und das Gedächtnis die Stelle der Chroniken vertreten mußte: so waren die gereimten Lieder sehr geschickt, das Auswendiglernen zu befördern. Alle Sprichwörter unsrer Alten zeigen davon. Diese hielten den Kern ihrer moralischen und politischen Klugheit in sich und wurden der Jugend gleichsam mit der Muttermilch eingeflößet; aber zu desto größerer Erleichterung des Gedächtnisses in Reimen verfasset: z. E.

Freunde in der Not
Gehn hundert auf ein Lot.

Je krümmer Holz, je besser Krück';
Je ärger Schelm, je besser Glück.

Auf einen groben Ast
Gehört ein grober Quast. u. dgl.

Doch die Sache ist so ausgemacht, daß sie keines fernern Beweises vonnöten hat.

Wie nun die Griechen in ihrem Silbenmaße die Lateiner zu Nachfolgern bekommen: So haben auch die alten Deutschen ganz Europa reimen gelehret. Italien, Spanien und Gallien nahmen die Art derjenigen Völker an, die sich durch die Gewalt der Waffen ihrer bemächtigten. Ja auch die Polen, eine Abkunft der alten Sarmater[32], beliebten die reimende Poesie. Die Dänen, Schweden, Holl- und Engelländer sind selbst von deutschem Geschlechte und haben also diese Kunst von ihren eigenen Vorfahren gefasset. Nichts ist dabei mehr zu bewundern, als daß die Italiener, Spanier und Franzosen, die doch Abkömmlinge der Lateiner sind, nicht das regelmäßige Silbenmaß ihrer Vorfahren beibehalten und selbiges mit der deutschen Reimart verbunden haben. So hoch Dante und Petrarca in Welschland, Ronsard[33] und Malherbe[34] in Frankreich, wegen der durch sie gesäuberten Poesie ihres Vaterlandes, geschätzet werden: so seltsam muß es einem Verständigen vorkommen, daß diese große Geister ihren Landesleuten nicht gewiesen, wie man auch im Welschen und Französischen die lateinische Art zu dichten nachahmen und verschiedene Arten der Abwechselung langer und kurzer Silben einführen könnte. Sie blieben nämlich bei der bloßen Abzählung der Silben und dem Reime: wozu die Franzosen in den fünf- und sechsfüßigen Versen noch einen Abschnitt hinzugetan[35]. Daher ist es denn vergeblich, wenn einige von unsern Landesleuten in der Poesie dieser Völker ein Silbenmaß suchen oder ihre Poeten beschuldigen, daß sie dawider verstoßen, wie der ungenannte Verfasser der ›Réflexions sur la Versification françoise‹[36] getan. Sie haben sich's noch niemals in den Sinn kommen lassen, daß ihre Sprache lange und kurze Silben habe; so leicht man ihnen solches durch die Aussprache selbst zeigen kann. Und wenn sie gleich viel von ihrer sogenannten Cadance[37] schwatzen: so ist es bei ihnen doch ein bloßes je ne sais quoi[38]. Sie wissen nämlich nicht zu sagen, woher dieselbe entstehe, können auch keine Regeln davon geben; und wollen sich doch nicht sagen lassen, daß solches bloß von einer regelmäßigen Abwechselung langer und kurzer Silben herrühre. Diese gelinget ihnen zuweilen von ungefähr, ohne daß sie daran gedacht. Z. E. Ein jeder Franzose gibt zu, daß folgende Verse einen recht unvergleichlichen Wohlklang haben:

Quoi? nous plaidons, dit-il, tendant ses mains au port,
Auprès de ces vaisseaux, et l'on me fait ce tort,
De me le disputer! O Dieux! en leur présence,
Ulysse avec Ajax est mis en concurrence!
Ce lâche qui fuyoit Hector et ses brûlots,
Quand j'en soutins l'effort au milieu des ces flots.[39]

Aber niemand wird es gewahr, daß dieser Vers fast durchgehends aus lauter Jamben besteht, so daß alle Silben ihren natürlichen Akzent behalten, den sie in ungebundner Rede haben. Ebendas könnte man auch von Italienern und Spaniern erweisen, wenn es hieher gehörete.

Da nun alle diese Nationen, und die Polen noch dazu, bei dieser unvollkommenen Art, Verse zu machen, geblieben: so haben die Deutschen sie gewiß weit übertroffen. Unsre Poeten haben durch die Zärtlichkeit ihres Gehöres es bald gemerket, daß die regelmäßige Abwechselung langer und kurzer Silben, dadurch die griechische und römische Poesie so vollkommen geworden, auch in unsrer Muttersprache statthaben könne; und daher hat man schon vor unserm großen Opitz allerlei Gattungen des Silbenmaßes gebraucht. Z. E. Winsbek, der am Hofe des Kaisers Barbarossa gelebt, hat die Ermahnung an seinen Sohn in lauter jambischen, und zwar ziemlich reinen Versen beschrieben: Es heißt gleich von Anfang:

Ein wiser Man hat einen Sun,
Der was im lieb als mannigem ist,

Den wolt er lernen rechte tun,
Und sprach also: Min Sun du bist
Mir lieb an allen falschen List,
Bin ich dir sam du selbe dir, so volge mir ze dirre Frist:
Diewile du lebest es ist dir guot
Ob dich ein Frömbder ziehen sol, du weist nicht, wie er ist gemuot.[40]

In dieser ersten Strophe ist nur das Wort *mannigem, diewile* und *lebest* wider das ordentliche Silbenmaß; alles übrige ist recht. Wer sieht aber nicht, daß in der heutigen Aussprache in jenem das i, in den beiden letzten aber das eine e leichtlich verschlungen wird. Man sehe nur die Lieder an, so D. Luther schon vor 200 Jahren gemacht, so wird man ziemlich richtige jambische oder trochäische Verse darin finden. Ich darf zum Beweise nur den ›Glauben‹ anführen, als wo beide erwähnte Gattungen vermischt anzutreffen sind.

Wir gläuben all' an einen GOtt,
  Schöpfer Himmels und der Erden,
Der sich zum Vater geben hat,
  Daß wir seine Kinder werden.
  Er will uns allzeit ernehren,
  Allem Unfall will er wehren,
Er sorget für uns, hüt' und wacht,
Es steht alles in seiner Macht.[41]

Ein jeder wird hier unschwer sehen, daß alle ausgerückte und männlich gereimte Verse jambisch; alle eingerückte weibliche hergegen trochäisch sind: Und das ganze Silbenmaß ist so richtig, daß nur in der letzten Zeile das einzige Wort *alles* wider seine Natur vorn kurz und hinten lang ausgesprochen werden darf. Wären nun seine Nachfolger in der Poesie den Spuren dieses großen Vorgängers gefolget, so würden wir lange vor Opitzen taugliche Verse im Deutschen bekommen haben. Da aber Hans Sachse und andre nach ihm kein so zartes Gehör hatten und bei der alten Art blieben: so mußte freilich der itzt gedachte Vater unsrer gereinigten Poesie von neuem die Bahn darin brechen. Er nahm sich die Holländer zum Muster, als wo schon Heyns[42] und Cats[43] ihrem Vaterlande ebenden Dienst geleistet hatten. Und also übertrifft nunmehro unsre deutsche Poesie an Kunst und Lieblichkeit des Wohlklanges die Poesien aller Italiener, Franzosen und Spanier; weil wir nämlich den Reim unsrer Vorfahren mit dem majestätischen Silbenmaße der Griechen und Römer vereinbaret haben.

Was ich hier von den Deutschen sage, das gilt auch von Schweden, Dänen und Engelländern, wiewohl diese letztern auch noch zuweilen ohne Silbenmaß reimen: ja wohl gar ohne Reim und Silbenmaß dichten und bloß auf die Länge der Zeilen sehen, wie Milton in seinem ›Paradise lost‹ getan; welche Art der Verse sie blank verses[44] nennen. Exempel davon mag ich hier nicht anführen; weil ich gar zu weit von meinem Zwecke ausschweifen würde.

Dacier[45], in seiner Vorrede zu der von ihm übersetzten ›Dichtkunst‹ Aristotelis, ist der Meinung, die Religion sei die Hebamme der Poesie gewesen; und man habe die ersten Lieder bloß zum Lobe GOttes gemacht und abgesungen. Er hat dieses mit andern von seinen Landesleuten gemein, daß sie abergläubischerweise den Wissenschaften gern einen heiligen Ursprung geben wollen. Was ist es aber nötig, die Poesie durch Fabeln in Ansehen zu setzen, da sie ohnedem Liebhaber genug findet, wenn man gleich ihren Ursprung aus der Natur selbst herleitet? Meines Erachtens würde man nimmermehr auf die Gedanken gekommen sein, GOtt zu Ehren Lieder zu singen, wenn man nicht vorher schon gewohnt gewesen wäre zu singen. Und ich glaube vielmehr, daß man durch die geistlichen Lobgesänge eine an sich selbst gleichgültige Sache geheiliget, als durch die weltlichen Lieder eine an sich heilige Sache entweihet habe. Ich mutmaße also, daß die Poesie folgendermaßen entstanden sei.

Wenn ein muntrer Kopf von gutem Naturelle sich bei der

Mahlzeit oder einem starken Trunke das Geblüt erhitzet und die Lebens-Geister rege gemacht hatte, hub er etwa an, vor Freuden zu singen und sein Vergnügen auch durch dabei ausgesprochene Worte zu bezeigen. Man lobte die Süßigkeit des Weines, man pries den Berg oder Stock, darauf er gewachsen, man erhob auch wohl das gute Jahr, die fruchtbare Zeit oder diejenige Gottheit, so dergleichen Früchte hervorgebracht. Ein verliebter Schäfer, dem bei der langen Weile auf dem Felde, wo er seine Herde weidete, die Gegenwart einer angenehmen Schäferin das Herz rührete und das Geblüt in eine Wallung setzte, bemühte sich, nach dem Muster der Vögel ihr was vorzusingen und bei einer lieblichen Melodie zugleich seine Liebe zu erklären, ihr zu schmeicheln, ihre Schönheit zu loben oder die Liebe selbst zu erheben. Als nachmals der Aberglaube den Gott Bacchus dem Weine, die Ceres den Feld-Früchten, die Pomona den Gärten, die Venus und ihren Sohn der Liebe vorgesetzet, geriet man allmählich auf das Lob der Götter. Dem Jupiter und allen übrigen Gottheiten widerfuhr hernach gleiche Ehre, und solchergestalt wurde die Poesie gleichsam dem Gottesdienste geheiliget.

Von dem Lobe der Götter kam man leicht auf das Lob der Helden, Erbauer der Städte, Stifter der Republiken und Stammväter großer Geschlechter: wiewohl ich es auch vor ganz möglich halte, daß man von dem Lobe der Helden auf das Lob der Götter gekommen, oder vielmehr dieselben durch das Lob selbst vergöttert habe. Es ist nämlich bekannt, daß alle Götter der Heiden vormals Menschen gewesen sein sollten und nur wegen ihrer Fürtrefflichkeit unter die Einwohner des Himmels waren aufgenommen worden. Bei solchen Lobliedern nun schlichen sich auch die stachlichten Spottgesänge mit ein. Aristoteles gedenkt[46], daß man schon vor Homero schimpfliche Lieder auf die Leute gemacht und sie sehr anzüglich darin herumgenommen. Ja Aventinus[47] will in seiner ›Deutschen Historie‹, daß, wie Tuiscon[48] zu Anreizung der Nachkommen, die Guttaten der Frommen mit Liedern zu ehren befohlen; also hätte König Laber[49] geboten, daß man auch von denen, die Übels täten, Lieder machen, und damit sie sich schämeten und besserten, selbige bei Nacht, wenn man das Licht angezündet hätte, auf öffentlicher Gasse für den Häusern, absingen möchte; daher denn diese Art satirischer Lieder Gesanglichter genennet worden. S. Morhofs ›Unterricht‹, Kap. VI, p. 260.

Und so sehen wir denn nicht nur, daß die allerälteste Gattung der Poesie in Gesängen, Liedern und Oden bestanden: sondern auch, in wie vielerlei Gattungen sich dieselben allmählich eingeteilet. Ein Lied zum Lobe der Götter hieß nachmals im Griechischen Hymnus oder Päan; ein Lied auf einen Helden Encomium, auch Scolion; ein satirisch Lied Dithyrambus; ein verliebtes Lied Melos, threnus; und ein Sauflied Ode, wiewohl diese Namen auch oft in allgemeinerm Verstande gebraucht worden. Die ersten Poesien waren dergestalt alle zum Singen gemacht; und die Musik gab ihnen das rechte Leben. Sogar als allmählich die Heldengedichte, Tragödien, Komödien und Schäfer-Gedichte aufkamen, war noch der Gesang ein unentbehrliches Stück bei allen.

Das Helden-Gedicht entstund aus den Lobliedern auf Götter oder Helden, indem Homerus seine ›Ilias‹, so er dem Achilles zu Ehren gemacht hatte, nach allen Rhapsodien, d. i. Stücken oder Büchern desselben, in Griechenland soll öffentlich abgesungen haben. Die Tragödien und Komödien entstunden aus den satirischen Spottliedern, die auf den Dörfern, an Fest-Tagen, von lustigen Köpfen, die Bauren zu vergnügen, gesungen wurden: Wie nachmals aus eigenen Kapiteln von diesen beiden Arten ausführlicher erhellen wird. Die Schäfer-Gedichte entstunden aus den verliebten Liedern, welche sonderlich in Arkadien und Sizilien, als ein paar fruchtbaren und gesegneten Landschaften, mögen im Schwange gewesen sein: weil nämlich daselbst der Überfluß an Lebens-Mitteln die müßigen Schäfer gar leicht zu diesem annehmlichen Affekte reizen konnte.

Bei allen diesen Gattungen der Poesien nun verlor sich allmählich das Singen. Die Helden-Gedichte Homeri sind wohl nach der Zeit, als Pisistratus[50] sie in Ordnung gebracht, in Griechenland nicht mehr gesungen, sondern nur gelesen worden: dafern man nicht das Lesen eines harmonischen Verses auch einen Gesang nennen will. In der Tragödie blieb nur der Chor musikalisch, der auch in der Tat lauter Oden sang. Alles übrige, was zwischen den Liedern des Chores eingeschaltet wurde und aus einem bloßen Nebenwerke bald das Hauptwerk ward, pflegte nicht gesungen, sondern nur geredet zu werden: weswegen denn auch die jambischen Verse dabei gebraucht wurden, als welche mit der ungebundenen Sprache der Griechen sehr übereinkamen. Bei der Komödie war es anfänglich ebenso, bis endlich der Chor, wegen seiner Schmähsucht, gar von der Obrigkeit verboten ward und also verstummen mußte, wie Horatius sagt[51]. Was es aber bedeute, wenn die Aufschriften der Terentianischen Komödien sagen, daß dieselben mit dieser oder jener Art von Pfeifen gespielt worden: das haben die Gelehrten noch nicht ausgemacht[52]. Die Schäfer-Gedichte Theocriti und Virgilii mögen auch wohl nie alle sein gesungen worden: denn da ihre Verfasser nicht wahre, sondern nur allegorische Schäfer waren, so scheinen sie nur zum bloßen Lesen gemacht zu sein. Ja selbst die Oden, so Pindarus, Sappho, Anakreon und Horaz in so großer Menge gemacht, sind nicht alle zum Singen verfertiget worden. Denn man sehe nur z. E. die letztern an und bemerke, bei was vor verschiedenen Gelegenheiten sie verfertiget worden, so wird man selbst gestehen, daß die wenigsten darunter ein einzigmal mögen in die Musik gesetzt worden sein.

Da nun dergestalt die Poesie sich ohne die Ton- und Singe-Kunst beliebt gemacht hatte, so war es kein Wunder, daß noch immer mehr und mehr unmusikalische Gedichte erfunden wurden. Dahin gehören nun die Satiren Lucilii, Horatii, Juvenalis und Persii[53]; die poetischen Briefe des Flaccus[54] und Naso[55], die Elegien Catulli, Tibulli und Propertii; die

Sinngedichte Martialis[56] und andrer Lateiner, der Griechen voritzo nicht zu gedenken, so in allen diesen Stücken den Römern vorgegangen. Alle diese Gattungen konnten nicht mehr Lieder heißen: Poesien aber, Gedichte oder Verse zum wenigsten blieben sie doch; als welchen letztern Namen Horaz auch seinen Briefen zugesteht, da er hingegen den ersten nur vor die erhabenen Heldenlieder, Lobgedichte und Tragödien aufbehalten wissen will. Noch mehr entfernte sich von der alten Art ein Empedokles, der die ganze Naturlehre, Aratus, der die Sternkunst, Lucretius, der gleichfalls die Natur-Wissenschaft, und Virgil, der den Feldbau in alexandrinischen Versen beschrieb.[57] Allen dergleichen Werken spricht Aristoteles in seiner ›Dichtkunst‹[58] den Namen der Gedichte ab: weil sie nämlich keine Nachahmungen oder Fabeln sind; ob sie gleich das äußerliche Ansehen der poetischen Schreibart beibehalten haben. Zu ebendieser Klasse könnte man den Silius Italicus, Lucanus und Statius rechnen, deren jener den ganzen Punischen, der andre den Pharsalischen Krieg und dieser das ganze Leben des Achilles beschrieben.[59] Sie sind also nach dem Urteile Aristotelis und des Paters Le Bossu[60] mehr vor Historienschreiber in Versen als vor Poeten zu halten: wie an seinem Orte ausführlich soll gewiesen werden. Und wo bleiben endlich alle die Epithalamia, Genethliaca und Epicedia[61] der Alten, so gewiß allezeit zum Lesen, niemals aber oder doch sehr selten zum Singen verfertiget worden.

Als bei der Wiederherstellung der freien Künste in Europa[62] auch die Poesie wieder in Flor gekommen, hat man sich nicht an den alten Gattungen der griechischen und römischen Poesien gnügen lassen; sondern verschiedene neue, teils musikalische, teils unmusikalische Arten erfunden. Zu jenen gehören die Opern, die von dem ›Getreuen Schäfer‹ des Guarini[63]* ihren Ursprung haben, ferner die Pastorale, Serenaden, Kantaten u. dgl. Hieher aber die Stanzen, Sonette, Madrigale,

* 4. Aufl. statt *von dem ›Getreuen Schäfer‹ des Guarini*: aus den singenden Spielen der Meistersänger.

Rondeaux und andre Kleinigkeiten, die nicht viel wert sind. Die meisten davon sind von den Italienern erfunden, als welche ihre Poesie am allerersten in ein Geschicke gebracht. Die Franzosen sind ihnen nebst den Engelländern und Holländern bald gefolget, und wir Deutschen geben ihnen gewiß in allen diesen Gattungen nichts nach: Hingegen was die großen Gedichte der Alten, nämlich Helden-Gedichte, Tragödien und Komödien anlangt, so haben wir noch nichts Rechtes in unsrer Sprache aufzuweisen, so nach den gehörigen Regeln ausgearbeitet und aus keiner fremden Sprache übersetzt wäre. Die Italiener übertreffen uns durch ihren Tasso wie die Engelländer durch ihren Milton, denen wir noch nichts entgegensetzen können, so stichhielte. Denn Postels ›Wittekind‹[64] taugt nichts, und alle übrige Helden-Gedichte, so wir haben, sind nur elende Übersetzungen. Des Hrn. Hofrat Pietschen ›Sieg Karls des VIten in Ungarn‹[65] wird eher einer Lucanischen ›Pharsal‹ als einer ›Aeneis‹ des Virgil ähnlich sehen; weil derselbe sich nicht nach den Regeln eines Helden-Gedichtes, die Aristoteles und Le Bossu festgesetzet, richten wollen. Die Franzosen haben itzo an ihrem Voltaire einen Poeten, der ihre Ehre gegen die vorerwähnten beiden Nationen so gut behauptet, als selbige durch den Chapelain[66] war geschmälert worden. In Tragödien und Komödien aber sind sie die größten Meister und können durch ihren Corneille, Racine und Molière nicht nur uns Deutschen, sondern sogar den alten Griechen und Römern trotzen.*

* 4. Aufl. statt *Hingegen was die großen Gedichte* (Zeile 6) bis *den alten Griechen und Römern trotzen*: Was die großen Gedichte der Alten betrifft, so haben wir gewiß in allen Arten etwas aufzuweisen, das, wo nicht ganz vollkommen, doch nicht so gar zu verwerfen ist, wenn man es mit den Gedichten der Ausländer vergleicht. Von Heldengedichten haben wir nicht nur unter den alten ›Reineke Fuchs‹, ›Teuerdank‹ und ›Froschmeuseler‹[67], sondern auch einen ›Habspurgischen Ottobert‹, die ›Geraubte Proserpina‹[68], den ›Sächsischen Wittekind‹[69] und ›König Friedrichen von Dännemark‹[70]. Sind diese noch nicht so gut als Homer, Virgil und Tasso, so sind sie doch nicht schlechter als das, was Marino[71],

Ich komme endlich auf die Absichten, so die Erfinder und Fortpflanzer der Poesie vor Augen gehabt: deren Kenntnis uns in Untersuchung des wahren Wesens der Poesie nicht ein geringes Licht geben wird. So mannigfaltig dieselben gewesen sein mögen, so leicht sind sie doch zu erraten. Ihre Gedichte sind ja die Mittel, wodurch sie dieselben zu erlangen gesucht und wirklich erlanget haben: wozu also dieselben geschickt gewesen, das ist vor einen Endzweck ihrer Verfasser anzusehen.

Die allerersten Sänger ungekünstelter Lieder haben nach der damaligen Einfalt ihrer Zeiten wohl nichts anders im Sinne

Ariost, Chapelain, Saint-Amant[72] und Milton in diesem Stücke geliefert haben. Des Herrn Barons von Schönaich ›Hermann‹[73] verdient der ›Henriade‹[74] an die Seite gesetzt zu werden. Man muß sich nur über die sklavische Hochachtung alles dessen, was ausländisch ist, erheben, die uns Deutschen bisher mehr geschadet als genutzt hat. Pietschens ›Sieg Karls des VI.‹ zeigt uns, daß der Verfasser Fähigkeit genug gehabt, ein Heldengedichte zu machen, wenn ihm die Regeln desselben bekannt gewesen wären: aber selbst verdient es noch nicht, in diese Klasse zu kommen. Neukirchs[75] ›Telemach‹ aber ist nur eine Übersetzung und kann uns also zu keiner Ehre gereichen. In Trauerspielen haben wir den Ausländern nicht nur den Gryphius und Lohenstein[76], Hallmann[77] und Bressand[78], sondern sehr viele neuere Dichter entgegenzusetzen, die sich seit zweiundzwanzig Jahren, da diese ›Dichtkunst‹ zum erstenmal erschienen (ich schreibe dies 1751), hervorgetan haben. In dem ›Neuesten, [aus] der anmuthigen Gelehrsamkeit‹[79] steht ein Verzeichnis von etlichen 50 Trauerspielen, die seit dem ›Cato‹ und der ›Iphigenia‹[80] ans Licht getreten. Tun es diese einem Corneille und Racine noch nicht in allem gleich, so haben sie auch viele Fehler dieser beiden Franzosen nicht an sich; und können es doch teils mit den neuern Franzosen, teils sowohl mit den Welschen als Engländern aufnehmen, deren Schaubühne in sehr großer Verwirrung ist. In der Komödie haben wir nicht nur Gryphii, Riemers[81] und Weisens[82], sondern eine große Menge andrer Stücke in Händen, die seit 200 Jahren bei uns gedruckt worden. Und sind diese gleichfalls mit des Molière und Destouches[83] Lustspielen nicht zu vergleichen, so dörfen wir doch weder den Welschen noch Engländern das Allergeringste nachgeben; es wäre denn in der Liebe unsers Vaterlandes: darinnen es uns jene unstreitig zuvortun. Doch haben sich auch hier schon einige muntre Köpfe gewiesen, die durch glückliche Proben uns Hoffnung machen, daß wir auch den Franzosen nicht lange mehr werden den Vorzug lassen dörfen. Man siehe das Verzeichnis unsrer Schauspiele vor meiner ›Deutschen Schaubühne‹.

gehabt, als wie sie ihren Affekt auf eine angenehme Art ausdrücken wollten, so daß derselbe auch in andern eine gewisse Gemüts-Bewegung erwecken möchte. Dahin zielten also ihre lustige und traurige, verliebte und spöttische Lieder ab, und diesen Endzweck erlangten sie auch, sooft sie ihren eigenen Affekt teils durch bequeme Texte, teils durch geschickte Melodeien natürlich und lebhaft vorstelleten. Ein Saufbruder machte den andern lustig. Ein Betrübter lockte den andern Tränen heraus, ein Liebhaber gewann das Herz seiner Geliebten, und ein Spottvogel brachte durch seinen beißenden Scherz das Gelächter ganzer Gesellschaften zuwege. Die Sache ist leicht zu begreifen, weil sie in der Natur des Menschen ihren Grund hat und noch täglich durch die Erfahrung bestätiget wird.

Eine so wunderbare Kunst brachte den geschicktesten unter ihren Meistern sehr viel Hochachtung zuwege. Man hörte diese treffliche Sänger gern, man lobte sie sehr und hielte gar davor, daß sie etwas mehr als Menschen sein oder zum wenigsten einen göttlichen Beistand haben müßten. Dieses ließen sich die Poeten leicht gefallen und bemühten sich, einen so vorteilhaften Gedanken von ihrer Kunst nicht nur zu unterhalten, sondern auch je mehr und mehr zu bestärken. In diesem Vorhaben ließen sie sich's angelegen sein, allerlei annehmliche und reizende Sachen in ihre Lieder zu bringen, dadurch die Gemüter der Zuhörer noch desto mehr an sich zu locken und gleichsam zu fesseln. Nichts war dazu bei der einfältigen Welt geschickter als kleine Historien oder Fabeln, die etwas Wunderbares und Ungemeines in sich enthielten. Man sieht es ja an kleinen Kindern, wie begierig sie nach den Erzählungen ihrer Wärterinnen sind; und diesen unerfahrnen und neugierigen Kreaturen waren die ältesten Völker ganz gleich. Das bezauberte nun gleichsam die sonst ungezogenen Gemüter. Die wildesten Leute verließen ihre Wälder und liefen einem Amphion oder Orpheus nach, welche ihnen nicht nur auf ihren Leiern was vorspielten; sondern auch allerlei Fabeln von Göttern und Helden vorsungen: nicht viel besser, als etwa itzo auf Messen und Jahrmärkten die Bänkelsänger mit ihren Liedern von Wunder-Geschichten den Pöbel einzunehmen pflegen.

In dieser einmal erhaltenen Hochachtung erhielten sich die nachfolgenden Dichter, durch die Schönheit des Ausdruckes und die untermischten weisen Lehr- und Sitten-Sprüche. Die Poeten redeten nicht die gemeine Sprache der andern Leute, sondern ihre Redensarten waren edel und erhaben, ihre Worte ausgesucht, ihre Sätze neu und wohlklingend und ihr ganzer Vortrag in einer verblümten oder gar allegorischen Schreibart abgefasset. Soviel Witz und lebhafte Einbildungskraft sie dadurch bewiesen, soviel Verstand und hohe Weisheit zeigten sie durch die trefflichen Sittenlehren und Lebens-Regeln, so sie in ihren Liedern mit vorbrachten. Die alten Poeten waren nämlich die ersten Weltweisen: oder umgekehrt, die ältesten Weltweisen bedienten sich der Poesie, um das rohe Volk dadurch zu zähmen. Horat., ›Dichtkunst‹, Vers 396–401:

Das war vor grauer Zeit die Weisheit jener Alten,
Zu zeigen, was vor gut und strafbar sei zu halten,
Was recht und schändlich war, der Unzucht feind zu sein,
Den Beischlaf abzutun, den Ehstand einzuweihn,
Die Städte zu erbaun, Gesetze vorzuschreiben,
So mußte Ruhm und Preis den Dichtern eigen bleiben.

In der Tat wurden auch die ältesten Poeten vor Gottesgelehrte, Staatskündige, Rechtsverständige und Weltweise zugleich gehalten. Sie waren auch in der Tat alles in allem und wurden also vor Lehrer des menschlichen Geschlechts, vor außerordentliche, ja recht göttliche Männer angesehen, die notwendig alles, was sie sungen, aus einer höhern Eingebung, nämlich von dem Beistande der Musen und des Apollo, herhaben mußten.

Dieses alles hat Homerus in seinen beiden Helden-Gedichten, ›Ilias‹ und ›Odyssee‹, auf eine geschickte Art zu verbinden gewußt. Er erzählt wahre Geschichte; er erdichtet Fabeln von Göttern und Helden; er bewegt die Affekten; er schreibt edel und erhaben; er lehrt und belustiget endlich seine Leser auf eine so künstliche Art und Weise, daß man sich lange vergebens bemühet hat, seine rechte Haupt-Absicht zu erraten. Ohne Zweifel aber hat er mit Fleiß alle Schönheiten der Poesie in einem einzigen Werke verbinden und also ein Meisterstück verfertigen, sich selbst aber dadurch in besondre Hochachtung setzen wollen. Er hat auch seinen Endzweck damit erreichet; denn es ist bekannt, wie hoch derselbe zwei- bis dreitausend Jahre her von allen, die ihn verstanden, geschätzet worden. Ja sogar diejenigen, so ihn vieler Fehler beschuldiget, haben ihm doch das Lob eines recht großen lebhaften und glücklichen Geistes nicht abgesprochen. Man sehe des Hrn. de La Motte[84] ›Discours über Homerum‹, so er vor seiner französischen ›Ilias‹ drucken lassen. Mit Virgilio hat es ebendie Bewandtnis.

Die Tragödien und Komödien anlangend, so ist die Absicht ihrer Verfasser gewiß ebendieselbe gewesen. Man findet was Wahres, auch was Erdichtetes darinnen.* Die Erregung der Affekten ist hier noch weit lebhafter als in jenem, weil die sichtbare Vorstellung der Personen weit empfindlicher rühret als die beste Beschreibung.** Die Schreibart ist, sonderlich im Trauerspiele, edel und erhaben, und an lehrreichen Sprüchen hat sie eher einen Überfluß als Mangel. Selbst die Komödie lehret und unterrichtet die Zuschauer, obwohl sie das Gelächter erweckt; und also haben freilich auch ein Sophokles, Euripides, Menander[85] und Terentius Ehre genug durch ihre Poesien erlanget und ihren Zweck dergestalt vollkommen erhalten.

Was die kleinern Gattungen der Gedichte anlangt, so sind dieselben freilich so vollkommen nicht. Einige erzählen nur;

* 4. Aufl. nach *darinnen* eingefügt: Man suchet durch Exempel der Tugenden und Laster die Zuschauer zu unterrichten.

** 4. Aufl. nach *Beschreibung* eingefügt: Dadurch aber suchet man die Leidenschaften der Zuschauer zu reinigen.

andre sind bloße Fabeln: noch andre klagen nur allein; und einige sind bloß zum Lehren gemacht. In einigen will man nur loben und in andern schlechterdings spotten. Viele sind auch nur zum Scherze und zur Belustigung gemacht, und also haben sich die Verfasser derselben gleichsam in die Vollkommenheiten der größern geteilet. Sie erhalten aber dergestalt auch nur ein geringes Lob, weil zu einer einzigen poetischen Absicht auch ein sehr seichter Geist und mäßiger Witz schon zulänglich ist. Auch bringen solche poetische Kleinigkeiten einer Nation nicht viel Ehre. Es muß was Größers sein, womit man sich gegen andre Völker breitmachen und ihren Dichtern Trotz bieten will. Indessen bleibt es doch in allen Gattungen der Gedichte bei dem Ausspruche Horatii:

> Der wird vollkommen sein, der teils ein lehrreich Wesen
> Und teils was Liebliches durch seinen Vers besingt;
> Zum Teil dem Leser nützt, zum Teil Ergetzung bringt.
> Ein solch Gedicht geht ab, wird weit und breit verführet,
> Bis es dem Dichter gar Unsterblichkeit gebieret.
>
> ›Dichtkunst‹, Vers 343–346.

Bei dem allen ist es nicht zu leugnen, daß nicht nach dem Urteile des großen Aristoteles das rechte Hauptwerk der Poesie in der geschickten Nachahmung bestehe. Die Fabel selbst, die von andern vor die Seele eines Gedichtes gehalten wird, ist nichts anders als eine Nachahmung der Natur. Denn wenn eine Fabel nicht wahrscheinlich ist, so taugt sie nichts: Wie kann sie aber wahrscheinlich sein, wenn sie nicht die Natur zum Vorbilde nimmt und ihr Fuß vor Fuß nachgehet. Horaz schreibt:

> Die Fabel laute so, daß sie der Wahrheit gleicht,
> Und fordre nicht von uns, daß man ihr alles gläube,
> Man reiße nicht das Kind der Hexen aus dem Leibe,
> Wenn sie es schon verzehrt.
>
> ›Dichtkunst‹, Vers 338–340.

Diese Nachahmung der Poeten nun geschieht vermittelst einer sehr lebhaften Beschreibung oder gar lebendigen Vorstellung desjenigen, was sie nachahmen. Und dadurch unterscheidet sich der Dichter von einem Maler, der mit Farben, und einem Bildhauer, der in Stein oder Holz seine Nachahmung verrichtet. Will man sagen, daß auch in ungebundner Rede solche Nachahmungen zu geschehen pflegen, die wir der Poesie zueignen: als wenn zum Exempel Aesopus[86] prosaische Fabeln macht oder Livius und andre Geschichtschreiber gewissen großen Männern solche Reden andichten, die sie zwar nicht von Wort zu Wort gehalten, aber doch wahrscheinlicherweise hätten halten können. So werde ich antworten, daß sowohl Aesopus als solche dichtende Geschichtschreiber, insoweit sie dichten, unter die Poeten gehören. Die Verse machen das Wesen der Poesie nicht aus, viel weniger die Reime. Können doch ganze Helden-Gedichte in ungebundener Rede geschrieben werden: denn wer wollte leugnen, daß nicht die prosaische Übersetzung, so Madame Dacier[87] von Homero gemacht, noch ein Helden-Gedicht geblieben wäre; oder daß des Erz-Bischofs von Cambrai[88] ›Telemach‹ kein poetisches Werk wäre? Kinder und Unwissende bleiben am Äußerlichen kleben und sehen auch eine skandierte und gereimte Prose vor ein Gedichte und jeglichen elenden Versmacher vor einen Poeten an: Kenner aber halten es mit Horatio, der uns einen Poeten so beschreibt:

Ingenium cui sit, cui mens divinior atque os
Magna sonaturum, des nominis huius honorem.[89]*

* 4. Aufl. folgt auf das Zitat: Nun weiß ich zwar, daß aus diesen Worten einige Neuere ihre düstre ästhetische Schreibart als das Wesentliche der Dichtkunst auf den Thron zu erheben gesuchet. Allein ein anders ist der Mann, ein anders der Rock, den er trägt. Man kann auch dogmatische[90] und historische Sachen in einer schwülstigen und finstern Art des Ausdruckes vortragen: wie Jakob Böhme, Pordätsch[91], Erasmus Francisci[92] und andre Schwärmer mehr getan haben. Allein solche wilde ästhetische Köpfe sind darum keine Homere und Maronen[93]. Die Nachahmung

Das andre Kapitel

Von dem Charaktere eines Poeten

Nachdem wir den Ursprung und das allmähliche Wachstum der Poesie kürzlich erwogen: so ist es nicht undienlich, von einem wahren Poeten einen Abriß zu machen und ihn nach allen seinen Eigenschaften zu beschreiben. Man ist mit diesem Namen zu allen Zeiten gar zu freigebig gewesen; weil man nämlich nicht sattsam eingesehen, was vor eine große Fähigkeit der Gemüts-Kräfte, Gelehrsamkeit, Erfahrung, Übung und Fleiß zu einem rechtschaffenen Dichter gehören. Und das ist kein Wunder gewesen. Diejenigen haben sich's gemeiniglich angemaßet, den Titel eines Poeten auszuteilen, die einen viel zu seichten Verstand und eine viel zu blöde Einsicht in das Wesen der wahren Dichtkunst gehabt. Der Pöbel hat sich allezeit ein Recht zueignen wollen, von poetischen Skribenten zu urteilen; und dieses ist um desto lächerlicher, da ihm die Beurteilung prosaischer Schriften niemals zugestanden worden. Kann er nun hierin keinen gültigen Ausspruch tun und die Verfasser derselben weder vor gute Historienschreiber noch vor Redner, Philosophen, Arzneiverständige oder Rechtsgelehrte erklären: Wie wird er von Gedichten zu urteilen vermögend sein, als deren Einrichtung und Ausarbeitung desto schwerer zu prüfen ist, je mehr sie unter so vielen äußerlichen Schönheiten und Zieraten, dadurch auch kritische Augen zuweilen verblendet werden, verhüllet, ja tief verborgen lieget. Plinius schreibt an einem Orte: »Von Künstlern kann nur ein Künstler urteilen.«[94] Man wird also mit der Poesie wohl nicht unbilliger handeln wollen als mit der Musik, Malerei, Baukunst und dem Bildschnitzen. Wer beruft sich aber in allen diesen Künsten auf

der Handlungen und Leidenschaften des Menschen wird wohl allemal das Hauptwerk der Dichtkunst bleiben: weil Fabeln auch dann Gedichte sind, wenn sie wie die Aesopischen in der einfältigsten und ungekünsteltsten Art des Ausdruckes erscheinen.

das Urteil des großen Haufens? Das würden schlechte Meister darinnen werden, die ihren Ruhm in dem Beifalle eines eigensinnigen Volkes suchen wollten, welches ohne Verstand und ohne Regeln von ihren Sachen urteilet und dessen Geschmack die unbeständigste Sache von der Welt ist. Es trifft freilich zuweilen zu, daß ein ganzes Land oder eine große Stadt sich an lauter regelmäßige Sachen gewöhnet und sozureden eine Zeitlang Geschmack daran findet. Aber dieser gute Geschmack kann nicht lange Zeit erhalten werden, wenn es nicht Kunstverständige darunter gibt, die dasjenige, was der gemeine Mann nach der sinnlichen Empfindung beliebet, nach richtigen Grundregeln vor gut und schön erkennen. Ohne solche Meister geht der gute Geschmack bald wieder verloren. Die Leichtsinnigkeit der menschlichen Gemüter sucht allezeit eine Veränderung; und wie leicht geschieht es da, daß Leute von keiner Einsicht anstatt der wahren Schönheiten, die aus wirklichen Vollkommenheiten entstehen, auf scheinbare verfallen, die oft die bloße Sinnlichkeit ebenso sehr als die erstern belustigen. Alsdann verfällt alles in Verachtung, was vorhin mit gutem Grunde war hochgeschätzet worden. Der allgemeine Beifall einer Nation kann also nicht eher von der Geschicklichkeit eines Meisters in freien Künsten ein gültiges Urteil fällen, als bis man vorher den guten Geschmack derselben erwiesen. Dieses aber geschieht nicht anders, als wenn man zeiget: daß derselbe mit den Regeln der Kunst übereinstimme, so aus der Vernunft und Natur hergeleitet worden.

Ich habe hiermit beiläufig meinen Begriff von dem guten Geschmacke entdecket: einer Sache, davon zu itziger Zeit überall soviel Redens und Schreibens ist. Weiter unten wird mehr davon vorkommen; denn zu einem guten Poeten gehört auch ein guter Geschmack. Aus dem Vorhergehenden aber schlüße ich, daß wir die zu einem wahren Dichter gehörigen Eigenschaften von denjenigen lernen müssen, die das innere Wesen der Poesie eingesehen, die Regeln der Vollkommenheit erforschet, daraus ihre Schönheiten entstehen, und also von allem, was sie an einem Gedichte loben und schelten, den gehörigen Grund anzuzeigen wissen. Wenn man ein gründliches Erkenntnis aller Dinge Philosophie nennet, so sieht ein jeder, daß niemand den rechten Charakter von einem Poeten wird geben können, als ein Philosoph: Aber ein solcher Philosoph, der von der Poesie philosophieren kann; welches sich nicht bei allen findet, die jenen Namen sonst gar wohl verdienen. Nicht ein jeder hat Zeit und Gelegenheit, sich mit seinen philosophischen Untersuchungen zu den freien Künsten zu wenden und da lange nachzugrübeln: Woher es komme, daß dieses schön und jenes häßlich sei, dieses wohl und jenes übel gefalle? Wer dieses aber tut, der bekommt einen besondern Namen und heißt ein Criticus: dadurch ich nämlich nichts anders verstehe als einen Gelehrten, der von freien Künsten philosophieren kann. Was uns nun dergleichen Critici, solche philosophische Poeten oder poesie-verständige Philosophen sagen werden, das wird wohl ohne Zweifel weit gründlicher sein und einen richtigern Begriff von einem wahren Dichter bei uns erwecken, als was der große Haufe, nach einer betrüglichen Empfindung seines unbeständigen Geschmackes, zu loben oder zu tadeln pflegt.

Unter den Griechen ist ohne Zweifel Aristoteles der beste Criticus gewesen, was nämlich die Redekunst und Poesie anlanget. Es ist ein Glück, daß seine Schriften von beiden nicht ganz verlorengegangen: denn von der ›Dichtkunst‹ haben wir freilich nur einen Teil übrigbehalten. Indessen zeugen doch diese beide Bücher ebensowohl von dem durchdringenden Verstande dieses großen Weltweisen als seine übrige Schriften. Er hat das innere Wesen der Beredsamkeit und Poeterei aufs gründlichste eingesehen, und alle Regeln, so er vorschreibet, gründen sich auf die unveränderliche Natur der Menschen und auf die gesunde Vernunft.* Nichts

* 4. Aufl. nach *gesunde Vernunft* eingefügt: Haben gleich einige andere Kunstrichter und poetische Freigeister sein Joch abzuschütteln gesucht und uns entweder von allen Regeln befreien oder ganz neue und will-

würde also vor mich erwünschter sein, als wenn dieser tiefsinnige Mann auch den ausführlichen Charakter eines wahren Poeten gemacht hätte: denn so dörfte man sich nur daran halten und sich selbst sowohl als andre nach Anleitung desselben gehörig prüfen. Allein wir finden zum wenigsten in seiner ›Poetik‹ etwas, Kapitel I., II., III., so uns auf die rechte Spur helfen kann. Er lehrt gleich im Anfange derselben, daß die ganze Poesie nichts anders sei als eine Nachahmung menschlicher Handlungen, und daß also der Unterscheid verschiedener Gedichte bloß auf die mancherlei Arten der Nachahmung ankomme. Man könne aber die Handlungen der Menschen in gute und böse einteilen, und die Sitten der Welt wären also nur durch diese beiden Eigenschaften unterschieden. Wer also Menschen abbilden wolle: der könne sie entweder besser oder schlechter vorstellen, als sie sind; oder dieselben ganz ähnlich schildern. Dieses erläutert er durch das Exempel der Maler und ziehet es hernach auf verschiedene Arten der Poesie. Dieses gibt meines Erachtens Anleitung genug, wie man einen Poeten zu charakterisieren habe.

Ich sage also erstlich: Ein Poet sei ein geschickter Nachahmer aller natürlichen Dinge; und dieses hat er mit den Malern, Musikverständigen u. a. m. gemein. Er ist aber zum andern von ihnen unterschieden durch die Art seiner Nachahmung und die Mittel, wodurch er sie vollziehet. Der Maler ahmet sie durch Pinsel und Farben nach; der Musicus durch den Takt und die Harmonie; der Poet aber durch eine taktmäßig abgemessene oder sonst wohleingerichtete Rede; oder, welches gleich viel ist, durch eine harmonische und wohlklingende Schrift, die wir ein Gedichte nennen.

So fremde vielen diese Beschreibung eines Dichters vorkommet, so vollständig und fruchtbar ist sie in der Tat. Ein Poet wird dadurch nicht nur von den obgedachten freien Künsten, sondern auch von allen andern Teilen der Gelehr-

kürliche einführen wollen: so haben sie doch bei keinem Vernünftigen Beifall gefunden.

samkeit unterschieden. Ein Geschichtschreiber soll nicht nachahmen, was die Menschen zu tun pflegen oder wahrscheinlicherweise getan haben könnten, tun sollten oder würden, wenn sie in solchen Umständen befindlich wären: sondern man fordert von ihm, daß er getreulich dasjenige erzählen solle, was sich hier oder da vor Begebenheiten zugetragen. Ein Redner soll nicht nachahmen, was andre Leute tun; sondern die Leute überreden, etwas vor wahr oder falsch zu halten, und sie bewegen, etwas zu tun oder zu lassen. Ein Weltweiser ist gleichfalls von der Nachahmung sehr weit entfernet, indem er uns die Gründe von der Möglichkeit aller Dinge untersuchen lehret. Wie die Rechts-Gelehrsamkeit, Arzenei-Kunst und andre Wissenschaften mehr von der Poesie unterschieden sind, das wird ein jeder selbst leicht abnehmen können.

Es ist wahr; man macht hier verschiedene Einwürfe. Der Geschichtschreiber, sagt man, schildert ja auch diejenigen Personen ab, von welchen er uns Erzählungen macht. Er führt seine Helden wohl gar redend ein und läßt sie oft Dinge sagen, die sie zwar hätten sagen können, aber in der Tat niemals gesagt haben: wie wir in griechischen und lateinischen Skribenten häufige Exempel davon vor Augen haben. Der Zweifel ist wert, daß er beantwortet werde.

Ich sage also vors erste: Nicht alles, was ein Geschichtschreiber tut, das tut er als ein Geschichtschreiber. Z. E. Er schreibt auch nach den Regeln der Sprachkunst: Wer glaubt aber deswegen, daß die richtige Schreibart zum Wesen der Historie gehöre und nicht vielmehr der Grammatik eigen sei? Ein Geschichtschreiber kann freilich wohl auch moralisieren und politische Anmerkungen in seine Erzählungen mischen, wie Tacitus und andre getan: Gehört das aber eigentlich zur Historie? und ist dieses deswegen nicht vor eines Sittenlehrers und Staatskündigen eigentliche Pflicht zu halten? Ebenso geht's mit den Bildern und erdichteten Reden, so in Geschichtbüchern vorkommen. Sie sind poetische Kunststücke, die ein Geschichtschreiber nur entlehnet, um seine trocknen

Erzählungen dadurch ein wenig anmutiger zu machen. Er ist gleichsam wie ein Bildschnitzer beschaffen, der die Gesichter und Kleidungen seiner Kunststücke mit Pinsel und Farben übermalet: Nicht als wenn dies eigentlich sein Werk wäre; sondern weil er einer andern Kunst Hülfe braucht, seine Arbeit zur Vollkommenheit zu bringen.
Vors andre haben's auch die Critici an einigen Geschichtschreibern vorlängst gemißbilliget, daß sie die Regeln der historischen Schreibart gar zu sehr aus den Augen gesetzet. Man lese nur nach, was einige von dem Florus[95] und Le Clerc vom Curtius[96] wegen seiner gekünstelten Beschreibungen geurteilet. Man hat kein Bedenken getragen, diesen Skribenten eine poetische Schreibart zuzueignen; welches sattsam zeiget: daß die lebhaften Beschreibungen eigentlich in der Dichtkunst zu Hause gehören; sonderlich wenn sie, wie des Curtii seine, nur aus dem bloßen Witze des Skribenten herkommen. Und was soll ich von den Reden eines Xenophons, Livius, Sallustius u. a. m. sagen? Man hat es längst erkannt, daß dieses Proben von der dichtenden Einbildungs-Kraft dieser Skribenten wären; dazu sie als Geschichtschreiber nicht wären verbunden gewesen. Ja man hat sie deswegen mit Recht getadelt; weil es einem aufrichtigen Verfasser historischer Nachrichten nicht zustünde, das geringste in den wahren Begebenheiten zu ändern, auszulassen oder hinzuzusetzen. Wie haben aber gedachte Skribenten diese Pflicht in solchen Reden beobachten können, die sie berühmten Leuten viel hundert Jahre nach ihrem Tode angedichtet? Zum wenigsten hat Curtius dem skythischen Gesandten eine Anrede an Alexandern in den Mund gelegt, die derselbe allen Umständen nach unmöglich so schön und künstlich hätte halten können. Was ich hier von der Historie zur Antwort gegeben habe, das läßt sich mit leichter Mühe auf alle übrige Einwürfe, die man von andern Wissenschaften hernimmt, ausdeuten und gehörigermaßen anwenden.
Aristoteles hat es schon ausgeführt, wie natürlich es dem Menschen sei, alles, was er sieht und höret, nachzuahmen. In

unsrer zartesten Jugend geht diese Übung an. Man sagt, die Kinder sind wie Affen: weil sie alles nachmachen, was die Erwachsenen tun. Man möchte aber mit besserm Rechte sprechen, die Affen sind wie Kinder: denn diesen gebührt sonder Zweifel im Nachahmen der Vorzug. Alles, was wir lernen und fassen, das fassen und lernen wir durch die Nachahmung. Gehen und stehen, reden und singen, essen und trinken, ja lesen und schreiben entsteht bei uns aus keiner andern Quelle.

Die andern Tiere zwar kennt jedes seine Kraft
Und weiß auch von Natur von seiner Eigenschaft:
Der Mensch allein, ihr Haupt, der Herr so vieler Sachen,
Muß alles, was er tut, von andern lernen machen.
Und daß er ißt und trinkt, redt, sitzt, steht, geht und liegt,
Kömmt nur durch Unterricht, schläft auch nicht ungewiegt.

Opitz, II. Buch der ›Trost-Gedichte‹.[97]

Daher leitet nun der tiefsinnige Weltweise den Ursprung der Poesie her. Soviel ist gewiß, daß diejenigen Knaben, so die größte Geschicklichkeit im Nachahmen an sich blicken lassen, auch die größte Fähigkeit zur Poesie besitzen. Zeiget sich aber jene sonderlich in der Malerei und Musik, imgleichen im Tanzen usf., so sieht man wohl, daß Kinder, die zu dergleichen Übungen viel Naturell und Lust haben, auch zur Dichtkunst selbst ein treffliches Geschicke erlangen können; wenn die Auferziehung sonst darnach eingerichtet ist. Weil nun diese natürliche Geschicklichkeit im Nachahmen bei verschiedenen Leuten auch sehr verschieden ist; so daß einige fast ohn' alle Mühe eine große Fertigkeit darin erlangen, andre hergegen bei vieler Qual und Arbeit dennoch hintenbleiben: So hat man angefangen zu sagen, daß die Poeten nicht gemacht, sondern geboren würden.

C'est en vain qu'au Parnasse un téméraire Auteur
Pense de l'art des vers atteindre la hauteur:

S'il ne sent point du Ciel l'influence secrète,
Si son astre en naissant ne l'a formé Poète.
Dans son génie étroit il est toujours captif,
Pour lui Phébus est sourd, et Pégase est rétif.

Boileau, ›L'Art poétique‹, 1. Gesang.[98]

Den heimlichen Einfluß des Himmels fühlen und durch ein Gestirn in der Geburt zum Poeten gemacht worden sein, heißt außer der gebundnen Schreibart nichts anders als: ein gutes und zum Nachahmen geschicktes Naturell bekommen haben.

Es ist hier nicht genug, die arme Rede zwingen,
Die Silben über Hals und Kopf in Reime bringen,
Der Wörter Henker sein: Wer nicht den Himmel fühlt,
Nicht scharf und geistig ist, nicht auf die Alten zielt,
Nicht ihre Schriften kennt, der Griechen und Lateiner,
Als seine Finger selbst, und schaut, daß ihm kaum einer
Von allen außen bleibt, wer die gemeine Bahn
Nicht zu verlassen weiß, ist zwar ein guter Mann,
Doch nicht gleich ein Poet.

Opitz, ›Poetische Wälder‹, I. Buch.[99]

Unser Poet fordert also von einem Dichter, er solle den Himmel bei sich fühlen, ja scharf und geistig sein. Das zielet ebenfalls auf das gute Naturell oder den fähigen Kopf eines Dichters: denn

... wer nicht von Natur hiezu ist wie geboren,
Bei dem ist Kunst und Fleiß und Übung auch verloren.
Hör, was der Römer spricht: Die Stadt gibt jährlich zwar
Der Bürgermeister zwei: Jedoch nicht alle Jahr
Kommt ein Poet hervor. So viel hat das zu sagen,
Wenn jemand will mit Recht das Lorbeer-Kränzlein tragen.

Rachelius, Satire ›Der Poet‹.[100]

Das ist nun meines Erachtens die beste Erklärung, so man von dem Göttlichen in der Poesie geben kann; davon so viel

Streitens unter den Gelehrten ist. Ein glücklicher muntrer Kopf ist es, wie man insgemein redet; oder ein lebhafter Witz, wie ein Weltweiser sprechen möchte. Dieser Witz ist eine Gemüts-Kraft, welche die Ähnlichkeit der Dinge leicht wahrnehmen und also eine Vergleichung zwischen ihnen anstellen kann. Sie setzet die Scharfsinnigkeit zum Grunde, welche ein Vermögen der Seelen anzeiget, viel an einem Dinge wahrzunehmen, welches ein andrer, der gleichsam einen stumpfen oder blöden Sinn und Verstand hat, nicht würde beobachtet haben. Je größer nun diese Scharfsinnigkeit bei einem jungen Menschen ist, je aufgeweckter sein Kopf ist, wie man zu reden pflegt, desto größer kann auch sein Witz werden, desto sinnreicher werden seine Gedanken sein. Denn wo man viel Eigenschaften der Dinge angemerket hat, auf alle Kleinigkeiten bei einer Person, Handlung, Begebenheit usw. achtgegeben: da kann man desto leichter die Ähnlichkeit einer solchen Person, Handlung, Begebenheit oder Sache mit andern dergleichen Dingen wahrnehmen. Die Einbildungs-Kraft nämlich bringet bei den gegenwärtigen Empfindungen sehr leicht wiederum die Begriffe hervor, die wir sonst schon gehabt; wenn sie nur die geringste Ähnlichkeit damit haben. Alle diese Gemüts-Kräfte nun gehören in einem hohen Grade vor denjenigen, der geschickt nachahmen soll. Und ein Poet muß dergestalt sowohl als ein Maler, Bildschnitzer usw. eine starke Einbildungs-Kraft, viel Scharfsinnigkeit und einen großen Witz schon von Natur besitzen, wenn er den Namen eines Dichters mit Recht führen will.

Doch alle diese natürliche Gaben sind an und vor sich selbst noch roh und unvollkommen, wenn sie nicht aufgeweckt und von ihrer anklebenden Unrichtigkeit gesaubert werden. Viel witzige Köpfe verrosten gleichsam bei ihrer guten Fähigkeit, aus Mangel der Anführung. Kinder, denen es an Unterricht fehlet, bleiben bei aller ihrer natürlichen Geschicklichkeit dennoch stecken: Und wenn sie sich gleich unter andern ihresgleichen durch ein lebhafteres Wesen hervortun; so ist doch alle ihr Witz gleichsam ein ungebautes Feld, das nur wilde Pflanzen hervortreibet; ein selbst wachsender Baum, der nur ungestalte Äste und Reiser hervorsprosset. Man kann aber junge Knaben beizeiten aufwecken, wenn man ihnen bald allerlei sinnreiche Schriften zu lesen gibt; wenn man sie auf die trefflichsten Stellen derselben aufmerksam machet; ihnen die Schönheit derselben recht vor Augen stellet und durch ein vernünftiges Lob ihrer Verfasser sie anspornet, nach gleicher Ehre zu streben.

Dieses tut man, wenn die Jugend schon ihren Verstand einigermaßen brauchen kann: der Grund aber kann noch früher dazu geleget werden, wenn man sie beizeiten im Zeichnen oder Reißen[101] unterweisen läßt. Es glaubt niemand, was diese Übung jungen Leuten vor Vorteil schaffet, als wer sie mit philosophischen Augen ansieht. Wer einen vor Augen liegenden Riß nachmalen will, der muß sehr genau auf alle gerade und krumme Linien, Verhältnisse, Größen, Stellungen, Entfernungen, Erhebungen, Schattierungen, Strichlein und allerkleineste Punkte Achtung geben. Durch dergleichen Übung und Bemühung erlangt man also einen hohen Grad der Aufmerksamkeit auf jede vorfallende Sache; welche endlich zu einer Fertigkeit gedeihet, in großer Geschwindigkeit und fast im Augenblicke viel an einer Sache wahrzunehmen; welche Fertigkeit wir vorhin die Scharfsinnigkeit genannt. Indem aber ein solcher Knabe sich ferner bemühet, seinen Riß dem vorgelegten Musterbilde ähnlich zu machen, so muß er die Ähnlichkeiten zwischen beiden wahrnehmen lernen: das ist, seinen Witz üben. Fängt er endlich gar an, wirkliche Personen zu schildern oder Gegenden und Landschaften zu malen, die er wirklich vor sich siehet: So wird er noch fertiger. Am höchsten bringt er's endlich, wenn er aus seiner eigenen Erfindung ganze Historien wohl zu entwerfen und auf eine sehr lebhafte, natürliche und folglich anmutige Art auszumalen geschickt wird. Dergleichen Übungen formieren unvermerkt poetische Geister. Denn dafern durch das Studieren dergleichen jungen Leuten zugleich die Fertigkeit in der Sprache, die Kenntnis vieler Sachen nebst den Regeln der gebundenen Schreibart beigebracht wird: So werden sie hernach ebenso geschickt, mit der Feder, als mit Pinsel und Farben die Nachahmung natürlicher Dinge zu vollziehen.

Denn das muß man notwendig wissen, daß es mit Einbildungs-Kraft, Scharfsinnigkeit und Witz bei einem Poeten nicht ausgerichtet ist. Dies ist der Grund von seiner Geschicklichkeit, den die Natur legt: aber es gehört zu dem Naturelle auch die Kunst und Gelehrsamkeit. Muß doch ein Maler, der was Rechtes tun will, in der Meß-Kunst, Perspektiv, Mythologie, Historie, Bau-Kunst, ja Logik und Moral was getan haben, wenn er es zu einiger Vollkommenheit bringen will. So wird denn ein Poet, der auch die unsichtbaren Gedanken und Neigungen menschlicher Gemüter nachzuahmen hat, sich nicht ohne eine weitläuftige Gelehrsamkeit behelfen können. Es ist keine Wissenschaft von seinem Bezirke ganz ausgeschlossen. Er muß zum wenigsten von allem was wissen, in allen Teilen der unter uns blühenden Gelahrtheit sich ziemlichermaßen umgesehen haben. Ein Poet hat Gelegenheit, von allen Dingen zu schreiben. Macht er nun Fehler, die von seiner Unwissenheit in Künsten und Wissenschaften zeugen, so verliert er sein Ansehen. Ein einzig Wort gibt oft seine Einsicht in einer Sache oder auch seine Unerfahrenheit zu verstehen. Ein einzig Wort kann ihn also in Hochachtung und in Verachtung setzen, nachdem es entweder seine Gelehrsamkeit oder Unwissenheit an den Tag legt. Daraus folgt nun unfehlbar, daß ein Poet keine Wissenschaft so gar verabsäumen müsse, als ob sie ihn nichts anginge. Er muß sich vielmehr bemühen, von allen zum wenigsten einen kurzen Begriff zu fassen: damit er sich, wo nicht in allen geschickt erweisen, doch mindstens in keiner einzigen auf eine lächerliche Art verstoßen möge.

Vielleicht wirft man mir ein: Ich machte den Begriff von einem Poeten zu groß und zu vollkommen; dergleichen Leute von allgemeiner Gelehrsamkeit hätte es wohl noch nie gegeben: Inskünftige aber würde man sie noch weniger zu gewarten haben, da die Anzahl der Wissenschaften und

Künste fast täglich größer würde. Hierauf will ich zur Antwort geben, daß man nicht übeltue, wenn man eine Sache nach ihrer größten Vollkommenheit abschildert. So haben die Stoiker[102] ihren Weisen, die Lehrer der Redekunst ihren vollkommenen Redner und die heutigen Weltweisen einen vollkommenen Philosophen beschrieben. Es ist gut, wenn man ein Ziel vor Augen hat, darnach man streben kann, wenn es gleich noch niemand erreichet hätte. Je näher man ihm kommt, desto vollkommener ist man, und der am wenigsten davon entfernet bleibt, der ist am lobwürdigsten. Gesteht aber Seneca von dem stoischen Weisen, Cicero von einem vollkommenen Redner und Herr Wolff[103] von einem vollkommenen Philosophen, daß dergleichen noch niemals in der Welt zu finden gewesen: So will ich's auch bekennen, daß noch kein Poet den höchsten Gipfel in seiner Kunst erreichet habe. Die Erfahrung hat es gewiesen. An den berühmtesten alten und neuen Dichtern haben scharfe Critici mit gutem Grunde so viel auszusetzen gefunden, daß man auch hier die menschliche Unvollkommenheit nur gar zu deutlich hat wahrnehmen können. Wie aber deswegen weder die Stoiker nach Weisheit, noch die Redner nach Beredsamkeit, noch die Philosophen nach der philosophischen Erkenntnis zu streben aufgehöret: Also darf auch kein Liebhaber der Dichtkunst den Mut sinken lassen.

Denn dies gilt dahin nicht, daß diese Schwierigkeit
Dich lässig machen soll. Der Gaben Unterscheid,
Der hebt nicht alles auf. Kannst du dem Über-Reichen
An seinem großen Schatz und Vorrat nicht wohl gleichen,
So ist dir wenig gnug. Spann alle Sinnen an,
Wer weiß, was nicht dein Fleiß dir mehr erwerben kann.
Schreib wenig, wo nicht viel; doch das nach Arbeit schmecket.
Ein kleines Werklein hat oft großen Ruhm erwecket.
Zwei Zeilen oder drei, von Buchnern aufgesetzt,
Sind billig mehr als dies mein ganzes Buch geschätzt.
Nur eine Fliege, wohl und nach der Kunst gemalet,

Ist ihres Lobes wert und wird so wohl bezahlet
Als nach des Lebens Maß ein großer Elephant,
Den nur ein Sudler hat geschmieret von der Hand.
Kannst du kein Opitz sein, kein teurer Fleming werden,
O es ist Raum genug vom Himmel bis zur Erden.

Rachelius, Satire ›Der Poet‹.[104]

Vor allen Dingen aber ist einem wahren Dichter eine gründliche Erkenntnis des Menschen nötig, ja ganz unentbehrlich. Ein Poet ahmet hauptsächlich die Handlungen der Menschen nach, die von ihrem freien Willen herrühren und vielmals aus den verschiedenen Neigungen des Gemüts und heftigen Affekten ihren Ursprung haben.* Daher muß derselbe ja die Natur und Beschaffenheit des Willens, der sinnlichen Begierde und des sinnlichen Abscheues in allen ihren mannigfaltigen Gestalten gründlich einsehen lernen. Wie würde es ihm sonst möglich sein, einen Geizigen, Stolzen, Verschwendrischen, Zänkischen, Verliebten, Traurigen, Verzagten usw. recht zu charakterisieren? Alle Bewegungen des Willens entstehen aus den Meinungen und Urteilen des Verstandes, so wie diese in den verschiedenen Vorstellungen der Sinne ihren Grund haben. Der Poet muß also auch die Gemüts-Kräfte der vernünftigen Seele und ihren verschiedenen sowohl bösen als guten Gebrauch kennen; damit er törichte Leute töricht und so ferner Abergläubische, Leichtgläubige, Ungläubige, Vernünftler, Grübler, Zweifler, Einfältige, Spitzfündige, Verschlagene, Dumme und Kluge nach ihrer gehörigen Art abzuschildern und nachzuahmen imstande sei. Sind ferner die Handlungen der Menschen entweder gut oder böse: so wird er nicht imstande sein, dieselben recht zu beurteilen, wenn er nicht das Recht der Natur, die Sitten-

* 4. Aufl. nach *Ursprung haben* eingefügt: Denn wenngleich einige, wie Tasso, Milton und seine Nachahmer unter uns, auch Engeln und Teufeln nachzuahmen gesuchet: so ist dieses sozureden aus ihrer Sphäre ausgeschweifet. Wie kann eine Abschilderung gelingen, deren Originale man wenig oder gar nicht kennet? Strabo[105] setzt also mit Recht den Menschen zum Gegenstande der Dichtkunst.

lehre und Staatskunst gründlich versteht. Das ist nun diejenige Wissenschaft von den Charaktern und Pflichten der Menschen, die Horaz in seiner obstehenden ›Dichtkunst‹[106] so eifrig von einem Poeten fordert und ihm zu wiederholten Malen einschärfet. Boileau tut desgleichen:

Que la nature donc soit votre étude unique,
Auteurs qui prétendez aux honneurs du Comique,
Quiconque voit bien l'homme, et d'un esprit profond,
De tant de cœurs cachés a pénétré le fond;
Qui sait bien ce que c'est, qu'un Prodigue, un Avare,
Un honnête homme, un Fat, un Jaloux, un Bizarre,
Sur une Scène heureuse il peut les étaler,
Et les faire à nos yeux vivre, agir, et parler.
Présentez-en partout les images naïves;
Que chacun y soit peint des couleurs les plus vives:
La nature, féconde en bizarres Portraits,
Dans chaque âme est marquée à de différens traits;
Un geste la découvre, un rien la fait paroître:
Mais tout esprit n'a pas des yeux pour la connoître.[107]

Boileau, ›L'Art poétique‹, 3. Gesang.

So notwendig nun einem Poeten die Philosophie ist, so stark muß auch seine Beurteilungs-Kraft sein. Es würde nichts helfen, witzig und scharfsinnig zu sein, wenn der Witz übel angebracht würde oder gar nicht rechter Art wäre. Eine gar zu hitzige Einbildungs-Kraft macht unsinnige Dichter, dafern das Feuer der Phantasie nicht durch eine gesunde Vernunft gemäßiget wird. Nicht alle Einfälle sind gleich schön, gleich wohlgegründet, gleich natürlich und wahrscheinlich. Das Urteil muß Richter darüber sein. Es ist nirgends leichter ausgeschweifet als in der Poesie. Wer seinen regellosen Trieben den Zügel schießen läßt, dem geht es wie dem jungen Phaethon[108]. Er hat wilde Pferde zu regieren, aber wenig Verstand und Kräfte, sie zu bändigen und auf der rechten Bahn zu halten. Sie reißen ihn fort, und er muß folgen, wohin sie wollen, bis er sich in den Abgrund stürzet. So ist es mit einem gar zu feurigen poetischen Geiste auch bewandt. Er reißt sich leicht aus den Schranken der Vernunft, und es entstehen lauter Fehler aus seiner Hitze, wenn er nicht durch ein reifes Urteil gezähmet wird. Statius, Claudianus[109], Lucanus und der tragische Seneca können uns unter den Lateinern zur Warnung dienen. St. Evremont hält den Brébeuf, der die ›Pharsal‹ des Lucans übersetzt[110], seinem Originale nicht nur gleich, sondern sagt gar, daß er denselben noch an wildem Feuer der Einbildung übertroffen habe. Von den Italienern und Spaniern hat uns Bouhours[111] in hundert Exempeln die Früchte gar zu hitziger Geister gewiesen, die keine Prüfung der Vernunft aushalten.* Von unsern Landesleuten mag ich nicht Exempel anführen. Es ist bekannt, daß Hofmannswaldau und Lohenstein[112] auch dem italienischen Geschmacke gefolget und ihr Feuer nicht allemal zu mäßigen gewußt. Viele von ihren Anbetern sind noch weiter gegangen als sie; aber ich weiß nur einen einzigen Hrn. Neukirch[113], der beizeiten umgekehrt und wieder der Vernunft und Natur nachzugehen angefangen: wie bereits aus dem VIten Teile der ›Hofmannswaldauischen Gedichte‹, 101. S., angeführet worden. Ich kann also nicht unterlassen, abermal eine Stelle aus dem Boileau herzusetzen, worin er seine poetische Lehrlinge vermahnet, die gesunde Vernunft nie aus den Augen zu setzen.

La plupart, emportés d'une fougue insensée,
Toujours loin du droit sens vont chercher leur pensée;
Ils croiroient s'abaisser, dans leurs vers monstrueux,
S'ils pensoient ce qu'un autre a pu penser comme eux.
Evitons ces excès. Laissons à l'Italie
De tous ces faux brillans l'éclatante folie.
Tout doit tendre au bon sens: mais pour y parvenir
Le chemin est glissant et pénible à tenir;

* 4. Aufl. nach *Vernunft aushalten* eingefügt: Unter den Engländern aber, die überhaupt sehr stark zu den Ausschweifungen der Phantasie geneigt sind, hat Milton alles, was man dadurch Schwärmendes aushecken kann, in seinem ›Verlornen Paradiese‹ gewiesen.

Pour peu qu'on s'en écarte, aussitôt on se noie
La Raison, pour marcher, n'a souvent qu'une voie.[114]
Boileau, ›L'Art poétique‹, 1. Gesang.

Außer allen diesen Eigenschaften des Verstandes, die ein wahrer Poet besitzen und wohl anwenden muß, soll er auch von Rechts wegen ein ehrliches tugendliebendes Gemüte haben. Der Beweis davon ist leicht. Ein Dichter ahmet die Handlungen der Menschen nach, die entweder gut oder böse sind. Er muß also in seinen Schildereien die guten als gut; das ist schön, rühmlich und reizend: Die bösen aber als böse; das ist häßlich, schändlich und abscheulich abmalen. Täte er dieses nicht und unterstünde er sich, die Tugend als verächtlich, schädlich und lächerlich, das Laster hergegen als angenehm, vorteilhaft und lobwürdig zu bilden, so würde er die Ähnlichkeit ganz aus den Augen setzen und die Natur derselben sehr übel ausdrücken. Ich schweige noch, daß ein so schädlicher Skribent in einer wohlbestellten Republik nicht zu dulden wäre: worauf denn Plato gesehen haben mag, wenn er in der seinigen gar keine Dichter hat leiden wollen[115]. Es hat nämlich zu allen Zeiten auch solche verderbte Versmacher gegeben, die, weil sie selbst übel gesittet gewesen und gottlos gelebt, auch andere durch ihre Gedichte zu allerhand Schande und Lastern gereizet. Sonderlich ist die Geilheit unzüchtigen Gemütern allezeit ein Stein des Anstoßens geworden. Ein Ovidius und Catullus sind wegen ihrer unzüchtigen Gedichte, bei allen ihren Schönheiten, schädlich zu lesen. Selbst Horaz ist nicht überall so keusch in seinen Ausdrückungen, als er wohl hätte sein können, wenn er sich den züchtigen Virgil hätte zum Muster nehmen wollen. Gleichwohl rühmt er in einem Schreiben an den Kaiser August, daß ein wahrer Poet das Ohr eines Knaben, dessen Auferziehung er zu besorgen hat, von schändlichen Zoten abwende und ihm vielmehr gute Sitten beizubringen bemüht sei.

Os tenerum pueri balbumque Poeta figurat,
Torquet ab obscaenis iam nunc sermonibus aurem.

Mox etiam pectus praeceptis format amicis.
Asperitatis et invidiae corrector et irae;
Recte facta refert.[116] ›Briefe‹ II,1.

Da man sich nun lieber an Horatii Regel als an sein Exempel hätte kehren sollen, so hat es doch allezeit solche unverschämte Zotenreißer gegeben, die ihren ganzen Witz in ärgerlichen Possen gesuchet und nicht anders sinnreich oder angenehm zu dichten gewußt, als wenn sie die unzüchtigsten Reden in garstigen Allegorien, groben Zweideutigkeiten und häßlichen Wortspielen zu Markte gebracht. Rachelius hat sie in seiner oft gedachten Satire nachdrücklich abgemalet.

Wenn nun ein grobes Holz, ein Eulenspiegels gleichen,
Läßt einen (Pfui dich an!) mit gutem Willen streichen,
Bringt kahle Zoten vor, verschluckt ein ganzes Ei,
Und rülzet ins Gelach und schmatzet in den Brei;
Wenn er sich lustig macht mit solchen Buben-Possen,
Die auch kein Huren-Wirt sollt hören unverdrossen;
Da lacht die Unvernunft, daß ihr die Luft entgeht,
Und spricht wohl: Hei, das ist ein lustiger Poet!
O allzu teurer Nam' für solche grobe Hachen!
Kann denn ein fauler Stank so bald Poeten machen?
Ein unverschämtes Wort? Oh! weit vom Ziel gefehlt!
Das muß ein ander sein, der mit will sein gezählt
In diese werte Zunft. Die keuschen Pierinnen
Sind keinem Unflat hold und hassen grobe Sinnen.[117]

Opitz, Dach[118], die Gryphier[119], Canitz[120] und andre von unsern besten Poeten haben wohl niemals, auch in verliebten Gedichten, ein zartes Ohr geärgert. Hofmannswaldau und Lohenstein aber sind auch in diesem Stücke in die Fußtapfen der geilen Italiener getreten, die ihrer Feder so wenig als ihren Begierden ein Maß zu setzen wissen; und diese Vorgänger haben sehr viel angehende Dichter verderbet. Die französische Nation verdienet hingegen viel Lob, daß die Schriften ihrer verliebtesten Poeten so rein von allen Unflätereien sind, daß man fast keine einzige anstößige Stelle bei ihnen antreffen wird. Boileau hat auch diese Regel in seiner ›Dichtkunst‹ so wenig vergessen, daß er sie vielmehr zu verschiedenen Malen wiederholet hat. Am Ende des III. Gesanges, wo er noch von der Komödie handelt, schließt er so:

J'aime sur le Théâtre un agréable Auteur.
Qui, sans se diffamer aux yeux du Spectateur,
Plaît par la raison seule, et jamais ne la choque.
Mais pour un faux Plaisant, à grossière équivoque,
Qui, pour me divertir, n'a que la saleté,
Qu'il s'en aille, s'il veut, sur deux trétaux monté,
Amusant le Pont-Neuf de ses sornettes fades,
Aux Laquais assemblés jouer ses Mascarades.[121]

Wie er nun hier in Komödien anstatt eines artigen Scherzes keine grobe Zweideutigkeiten und Fratzen leiden will, indem er solche Poeten auf die Neue Brücke zu Paris verweiset, wo sie ihr Lumpenzeug dem daselbst versammleten Gesindel vorspielen könnten: also gibt er auch hernach im IV. Gesange die Regel, einen guten Charakter von sich selbst bei den Lesern zu machen und sich nicht in eine üble Meinung bei ihnen zu setzen. Er könne nämlich diejenigen Skribenten nicht leiden, die in Versen die Ehrbarkeit an den Nagel hingen und Verräter der Tugend würden: indem sie das Laster als liebenswürdig vorstelleten.

Que votre âme et vos mœurs, peintes dans vos ouvrages,
N'offrent jamais de vous que de nobles images.
Je ne puis estimer ces dangereux Auteurs
Qui, de l'honneur, en vers, infâmes déserteurs,
Trahissant la vertu sur un papier coupable,
Aux yeux de leurs Lecteurs rendent le vice aimable.[122]

Und nachdem er sich in etlichen Versen entschuldiget, daß er einem Poeten nicht eben verbieten wolle, gar nichts Verliebtes zu schreiben; wie denn wohl einige Scheinheilige auch

Roderichs und Chimènens[123] keusche Liebe nicht auf der Bühne leiden wollen: Sondern nur den unflätigen Ausdruck derselben widerrate; als ohne welchen auch die unzüchtigste Liebe keinen schamrot zu machen pflegt: So setzt er noch hinzu, daß der Poet selbst innerlich tugendhaft sein müsse, wenn er allezeit keusch und rein schreiben wolle, weil er sich sonst unversehens verraten würde. Denn wes das Herz voll ist, des geht der Mund über:

> Un Auteur vertueux, dans ses vers innocens,
> Ne corrompt point le cœur en chatouillant les sens;
> Son feu n'allume point de criminelle flame,
> Aimez donc la vertu, nourrissez-en votre âme:
> En vain l'esprit est plein d'une noble vigueur,
> Le vers se sent toujours des bassesses du Cœur.[124]

Diese tugendhafte Gemütsart eines Poeten muß sich zuallerletzt auch darin zeigen, daß er weder ein Schmeichler noch ein Lästerer werde. Beides ist vor einen vernünftigen und rechtschaffenen Mann eine viel zu niederträchtige Beschäftigung. Vor alles, was gut ist und eine wahre Ehre bringen kann, eine Hochachtung zu bezeigen, das ist einem wahren Dichter niemals verwehrt. Vielmehr erfordert es seine Pflicht, die ihm als einem redlichen Bürger obliegt, die Tugendhaften auf eine vernünftige Art zu loben, ihr Gedächtnis zu verewigen und durch die Beschreibung ihrer ruhmwürdigen Exempel teils die zu ihrer Zeit Lebenden, teils auch die Nachkommen zu löblichen Taten aufzumuntern. Eine wahre Ehrliebe ist eine ganz unschuldige Neigung und gibt einen Sporn zu vielem Guten ab, wie in der Sittenlehre gewiesen wird. Diese aber wird durch nichts besser erwecket als durch ein billiges Lob, welches denen widerfährt, die sich wohl verhalten, ihrem Vaterlande dienen, gerecht, freigebig, bescheiden, mäßig, sparsam, wohltätig, leutselig, standhaft, dienstfertig und geduldig sind. Hier malet ein rechtschaffener Poet das an sich selbst schöne Wesen der Tugend in der Person eines tugendhaften Mannes so liebenswürdig ab, daß es alle, die es sehen, in sich verliebt macht. So hat z. E. unser großer Opitz in den ›Büchern von Widerwärtigkeit des Krieges‹[125] die Fürtrefflichkeit eines im Unglücke gelassenen und standhaften Mannes unter dem Bilde des unüberwindlichen Ulysses abgeschildert. Wie aber dieser große Mann gleich darauf die falsche Standhaftigkeit des berühmten Römers Cato[126], der sich selbst ums Leben gebracht, entblößet und den nichtigen Schein seiner so gepriesenen Unerschrokkenheit entdecket: Also hat er durch sein Exempel gewiesen, daß ein rechtschaffener Dichter sich durch das äußerliche Ansehen gleißender Laster nicht müsse blenden lassen. Das tun aber die Schmeichler teils aus Unverstand, teils aus Bosheit und stiften eben durch dies unvernünftige Lob viel Schaden.

Vor Alters, wo mir recht, ward nie ein Held besungen,
Wenn er nicht durch Verdienst sich in die Höh' geschwungen,
Und eine Redensart, die göttlich sollte sein,
Die ward zu solcher Zeit den Sklaven nie gemein.
Wo lebt itzt der Poet, der dies Geheimnis schonet?
Sobald er einen merkt, der ihm die Arbeit lohnet,
Wird seinem Pegasus der Sattel aufgelegt,
Der ein erkauftes Lob bis an den Himmel trägt,
Den wir durch solche Post so oft zum Zorne reizen
Und öfter noch vielleicht als sich die Sterne schneuzen.
Daß mehrenteils die Welt in träger Lust verdirbt
Und sich um wahren Ruhm so selten mehr bewirbt,
Ist der Poeten Schuld. Der Weihrauch wird verschwendet
Und manchem Leib und Seel, um die Gebühr, verpfändet,
Daß die Unsterblichkeit ihm gar nicht fehlen kann,
Der als ein Erdenschwamm sich kaum hervorgetan,
Und den sonst anders nichts vom Pöbel unterscheidet,
Als daß ein blöder Fürst ihn an der Seite leidet,
Da er für jedes Lot, das ihm an Tugend fehlt,
Ein Pfund des eiteln Glücks und schnöden Goldes zählt.

Canitz, ›Satire von der Poesie‹.[127]

So groß nun die Niederträchtigkeit der Schmeichler ist, ebenso groß ist die Bosheit der Lästerer. Jene wollen das Laster zur Tugend wie diese die Tugend zum Laster machen. Sie folgen nicht der Billigkeit und Vernunft in Beurteilung der menschlichen Eigenschaften: sondern ihrem Neide, ihrer Rachgier oder wohl gar eigennützigen Absichten; wenn sie nämlich ihre Feder zum Dienste neidischer oder rachgieriger Leute mißbrauchen. Sie werden dadurch Tagelöhner der Bosheit und Feinde der Tugend: wiewohl sie selten imstande sind, derselben wirklich zu schaden. Es ist ein ganz ander Werk mit der satirischen Poesie. Diese ist die Frucht einer gründlichen Sittenlehre und hat ordentlich die Liebe der Tugend zur Mutter und den Haß der Laster zum Vater. Die wahre Satire greift also nicht unschuldige, sondern schuldige Leute an: ja sie strafet das Böse an sich, ohne die Personen, so es an sich haben, zu nennen oder auf eine anzügliche Art zu beschimpfen. Eben der Homerus, der ein so herrlich Talent zum Loben gehabt, hat auch, nach dem Berichte Aristotelis, auf einen gewissen Margites eine Satire gemacht, der weder ein Ackersmann noch ein Winzer noch ein Schäfer, das ist, gar kein nützliches Glied der menschlichen Gesellschaft war[128]. Denn auf die drei Lebensarten legte sich bei der damaligen Einfalt der Welt alles, was sein Brot ehrlich erwerben wollte. Ein Mensch also, der keines von allen trieb, war ein Müßiggänger und verdiente freilich wohl eine Satire. Daß ein alter König der Deutschen befohlen, auf die Lasterhaften gewisse satirische Lieder zu machen, ist in dem vorigen Kapitel erinnert worden[129]. Und also ist es gewiß, daß man die wahre Satire mit gottlosen Pasquillen oder Lästerschriften nicht zu vermischen habe. Jene ist die Seele aller Komödien, die doch in so vielen wohlbestellten Republiken nicht ohne großen Nutzen geduldet, ja auf gemeine Kosten gespielet worden: Diese aber eine Stifterin unzähliges Unheils, weswegen sie auch durch die Gesetze der Obrigkeit allezeit verboten und scharf bestrafet worden. Rachelius hat im Schlusse seiner Satire vom ›Poeten‹ beide sehr wohl unterschieden, welche Stelle ich hersetzen und dadurch dies Kapitel beschließen will.

Zuweilen sitzet er, hält der Vernunft entgegen
Die Laster seiner Zeit, die irgend sich erregen,
Schont aller Menschen zwar, doch keiner Torheit nicht;
Und ob sein Urteil selbst ihm ins Gewissen spricht,
So schweigt er mit Geduld, beseufzt die bösen Taten,
So kann die Wahrheit ihm zum höchsten Heil geraten.
Ist dieser Essig scharf, so ist er doch gesund
Und beißt das faule Fleisch heraus bis auf den Grund.
Gleichwie Machaon brennt und heilt mit klugen Händen,
So mag auch ein Poet zwar strafen, doch nicht schänden.
Und wer denn solchen Mann zu den Verleumdern schreibt,
Der wisse, daß ihn selbst der Erzverleumder treibt.
Es ist Poeten-Werk, mit fremden Namen spielen
Und dergestalt mit Glimpf auf wahre Laster zielen.
Nimmt aber jemand selbst sich solcher Laster an;
Wer ist in aller Welt, der solches ändern kann?
Hat jemand Codrus' Art, der mag den Namen erben:
Wer Hirsenpfriemer ist, mag Hirsenpfriemer sterben.
Wenn beim Horatius einmal geschrieben steht:
Gorgon stinkt wie ein Bock, Ruffin riecht nach Zibet;
Da kann es ja gleichviel dem guten Dichter gelten,
Wer will, mag sich Gorgon, wer will, Ruffinus schelten.
Ein Frommer eifert nicht, sein Herz, das spricht ihn los;
Wer schuldig ist, der schreit und gibt sich selber bloß,
Wen sein Gewissen beißt, mag seine Torheit hassen.
Hab ich den Geck erzürnt? ich kann es noch nicht lassen.
Ich biete Recht und Trutz dem, der mir solches wehrt;
Wer Laster straft, der hat die Tugend recht gelehrt.[130]*

* 4. Aufl. endet das Kapitel mit der Zufügung: Ich weiß nicht, ob ich zum Beschlusse noch eine gute Eigenschaft eines Dichters beibringen soll: weil es beinahe eine Schande ist, sie namhaft zu machen, da sie sich eigentlich von selbst verstehen sollte. Es ist diese, daß ein guter Dichter auch seine Sprache recht verstehen und nicht nur ohne Fehler, sondern in der größten Vollkommenheit schreiben solle. Es würde ganz über-

Das dritte Kapitel

Vom guten Geschmacke eines Poeten

Ob es gleich scheint, daß ich im Vorigen alle gute Eigenschaften eines wahren Poeten erzählet habe: so ist doch noch etwas von großer Wichtigkeit übrig, das ich in einem besondern Kapitel abhandeln will. Es ist in den neuern Zeiten sehr viel vom guten Geschmacke geredet und geschrieben worden. Man hat ihn gewissen Dichtern zugestanden, andern aber abgesprochen; und endlich gar die Regel gemacht: Ein Poet müsse einen guten Geschmack haben. Diese Regel nun nach meiner Art zu erklären und zu erweisen, das ist meine Absicht in diesem Hauptstücke.

Ich will mich hier nicht in die historische Untersuchung einlassen, wenn und wo das Wort Geschmack zuerst in dieser neuen Bedeutung genommen worden. Das haben schon andre vor mir getan, deren Schriften ich mit Vergnügen und Vor-

flüssig sein, dieses zu erinnern, wenn sich nicht seit einiger Zeit solche Sprachverderber gefunden hätten, die durch ihr Exempel, ja wohl gar durch ausdrückliche Regeln die seltsame Vorschrift geben: *Ein Dichter wäre über alle Regeln der Sprachkunst erhoben.* Was für ungereimtes Zeug dieser abgeschmackte Lehrsatz uns schon hervorgebracht, liegt am Tage. Mißgeburten, die dem deutschen Witze Schande machen und dem Gehirne, daraus sie entsprossen, ähnlich sehen, verkehren auch noch die Sprache; und zwar unter dem schönen Vorwande: daß man schönen Gedanken zuliebe die Sprachkunst beiseite setzen müsse. Ein so lächerliches Vorurteil zu widerlegen, würde überflüssig sein, da es gewiß einen armseligen Witz verrät, wenn man seine Einfälle nicht ohne Sprachschnitzer zu Markte bringen kann. Ich will also nur des Boileau Machtspruch anführen, der auf eben diese Sprachrichtigkeit gedrungen und sie seinen Schülern folgendergestalt eingeschärfet hat:

Surtout, qu'en vos écrits la langue révérée
Dans vos plus grands Excès Vous soit toujours sacrée!
En vain vous me frappez d'un Son mélodieux,
Si le Terme est impropre, ou le Tour vicieux;
Mon Esprit n'admet point un pompeux Barbarisme;
Ni d'un Vers ampoulé l'orgueilleux Solécisme.
Sans la Langue, en un mot, l'Auteur le plus divin
Est toujours, quoi qu'il fasse, un méchant Écrivain.[131]

teil gelesen habe: darunter ich denn des Hrn. Geh. Secr. Königs und Hrn. Bodmers aus Zürich dahingehörige Sachen[132] namhaft machen und loben muß.* Ich weiß auch, daß in Frankreich nur neulich der Pater Dubose mit seinem Widersacher[133] verschiedene Streitigkeiten darüber gehabt. Man kann diese Redensart nunmehro vor eine bekannte und völlig eingeführte halten; und man darf sich nur angelegen sein lassen, sie im rechten Verstande zu gebrauchen. Diesen aber zu bestimmen, das ist nicht eines jeden Werk. Wem es damit gelingen soll, der muß erstlich die Kräfte der menschlichen Seelen und sonderlich die Wirkungen des empfindenden und urteilenden Verstandes aus der Weltweisheit verstehen. Hernach muß er eine Fertigkeit in der Vernunftlehre besitzen, so daß er fähig ist, sich von jedem vorkommenden Dinge und Ausdrucke nach den logischen Regeln eine gute Erklärung zu machen. Endlich muß er sich auch in der Poesie oder andern Künsten, davon etwa die Rede ist, wohl geübet haben. Ohne diese drei Stücke wird die Beschreibung des guten Geschmacks nicht zum besten geraten können. Da es nun den Franzosen, die bisher davon geschrieben, entweder an zweien oder doch zum wenigsten an einem von diesen drei Stücken gefehlet hat: so ist es auch kein Wunder, daß sie weder miteinander eins werden noch uns Deutschen ein besseres Licht haben anzünden können. Unsre oberwähnte Landesleute haben die Sache mit viel größerer Geschicklichkeit angegriffen und sie ebendeswegen auch weit gründlicher auszuführen vermocht.

Zum ersten setze ich zum voraus, der Geschmack im gemeinen und eigentlichen Verstande sei die Fähigkeit oder Gabe unsrer Zunge, die verschiedenen Wirkungen zu empfinden, so von Speise und Trank auf derselben verursachet werden, wenn sie davon sattsam berühret und durchdrungen worden. Unsre Sinne, insoweit sie körperlichen Gliedmaßen zukommen, sind nichts als Leidenschaften und empfangen also nur

* 4. Aufl. *darunter* bis *loben muß* gestrichen.

die Eindrückungen der außer uns befindlichen Dinge. Daher eigne ich auch der Zunge bloß die Geschicklichkeit zu empfinden zu, welche nur was Leidendes ist; da hergegen eine Kraft was Tätiges angezeiget hätte. Diese habe ich vor den Geschmack vorbehalten, insoweit er in der Seele ist, den ich also eine Kraft des Gemütes nenne, vermöge welcher dasselbe die von Speise und Trank in den schwammigten Fäserchen der Zunge verursachten Veränderungen sich vorstellen und ihren Unterscheid beurteilen kann.

Man wird mir ferner leicht einräumen, daß die Begriffe und Vorstellungen, so wir uns von dem besondern Geschmacke verschiedener Speisen machen, bei aller ihrer Klarheit dennoch nichts Deutliches in sich haben. Wir sind bei gesunden Tagen gar wohl imstande, das Süße vom Bittern, das Saure von dem Herben usw. zu unterscheiden und jedes mit seinem Namen zu nennen: Also sind die Begriffe von diesen Wörtern bei uns nicht dunkel. Wir sind hingegen nicht vermögend, das allergeringste zu antworten, wenn man uns fragt, worin der saure Geschmack vom bittern, dieser vom herben, scharfen usf. unterschieden sei und woran wir einen vor dem andern erkennen? Dieses zeiget, daß unsre Vorstellungen davon verwirrt und ebenso undeutlich sind als die Begriffe von der roten, blauen, grünen oder gelben Farbe. Und von eben dieser Undeutlichkeit kommt es her, daß man das Sprichwort gemacht hat: Vom Geschmacke müsse man nicht viel zanken.

Weiter nehme ich aus der gemeinen Sprache an, daß man denen, die den gesunden Gebrauch ihrer Zunge haben, den guten Geschmack nicht abzusprechen pflegt; solange sie sagen, daß der Zucker süß, Wermut bitter und Essig sauer schmeckt: Denn darin kömmt die ganze Welt überein. Wer hergegen ein Gallenfieber hat, so daß ihm alles ohne Unterscheid bitter schmeckt, dem eignet man einen verderbten Geschmack zu; weil er nicht mehr nach Beschaffenheit der Sachen, sondern nach seiner verderbten Zunge urteilet. Imgleichen pflegt es zu geschehen, daß sich gewisse Leute von

Jugend auf gewöhnen, Kohlen, Kalk, Kreide u. a. m. zu essen; daher es nachmals kommt, daß sie in dem Genusse solcher ungeschmackten Dinge einen besondern Geschmack zu finden vermeinen, welchen aber niemand, der keine so verwöhnte Zunge hat, darin finden kann. Von solchen Leuten sagt man nun auch, daß sie einen verderbten, übeln oder verkehrten Geschmack haben. Und soviel vom Geschmacke im eigentlichen Verstande.

Von dem metaphorischen Geschmacke unsrer Seelen bemerket man, daß man sich dieses Wortes fast ganz allein in freien Künsten und etlichen andern sinnlichen Dingen bedienet: hergegen wo es auf die Vernunft allein ankommt, da pflegt man dasselbe nicht zu brauchen. Der Geschmack in der Poesie, Beredsamkeit, Musik, Malerei und Bau-Kunst; imgleichen in Kleidungen, Gärten, Hausrate u. dgl. mehr ist sehr bekannt. Aber niemals habe ich noch vom Geschmacke in der Arithmetik und Geometrie oder in andern Wissenschaften reden hören, wo man aus deutlich erkannten Grund-Wahrheiten die strengesten Demonstrationen zu machen vermögend ist. In solchen Wissenschaften aber, wo das Deutliche und Undeutliche, Erwiesene und Unerwiesene noch vermischt ist, pflegt man auch wohl noch vom Geschmacke zu reden. Z. E. ich könnte wohl sagen: Ein theologisch Buch nach Mosheimischem[134] Geschmacke; ein Recht der Natur nach Pufendorfs[135] Geschmack, eine Arzeneikunst nach Boerhaavens[136] Geschmack. Aber hier werde ich anmerken, daß man den Geschmack nur in denjenigen Teilen solcher Disziplinen suchet, die noch ungewiß sind und also nicht durchgehends beliebt werden. Sobald eine Sache allgemeinen Beifall erhält und vor was Demonstriertes gehalten wird, so hört man auch auf, sie zum Geschmacke zu ziehen. So werden die Sternseher bald nicht mehr sagen können, ein Welt-Bau nach kopernikanischem Geschmacke: weil dieses Systema bereits allenthalben vor das einzige wahre erkannt und angenommen wird.

Diese Anmerkung ist von großem Nutzen. Sie lehrt uns

nämlich, daß der metaphorische Geschmack ebensowohl als der gemeine nur mit klaren, aber nicht ganz deutlichen Begriffen der Dinge zu tun habe und solche Dinge voneinander unterscheide, die man nach der bloßen Empfindung beurteilet. Z. E. Ein Bürger bauet sein Haus und läßt sich von etlichen Baumeistern Risse dazu machen. Sie geraten alle anders; und obgleich der Bauherr nichts von der Architektur versteht, so wählt er doch einen Riß vor allen übrigen, den er will ausführen lassen: und man sagt alsdann, er habe die Wahl nach seinem Geschmacke verrichtet. Fragt man ihn, warum er diesen und nicht einen andern Riß gewählet, so weiß er nichts weiter zu sagen, als daß ihm dieser am besten gefallen habe: das ist, er habe ihn vor den schönsten und vollkommensten gehalten; wie ich denn zum voraus setze, daß der Bauherr nicht eigennützig zu bauen, sondern ein schön Gebäude aufzuführen willens sei. Gesetzt aber, man legte einem andern in der Baukunst sehr geübten mathematischen Kenner die obgedachten Risse vor, mit dem Begehren, sich einen zu erwählen: So würde dieser sie gewiß alle nach architektonischen Regeln untersuchen und zuletzt denjenigen allen übrigen vorziehen, der nach den Grundsätzen der Wissenschaft die größte Vollkommenheit haben würde. Hier würde man aber schwerlich sagen, dieser Kenner habe nach seinem Geschmacke gewählet; vielmehr würde es heißen: Er habe die Risse nach den Regeln geprüfet und vermöge seiner Einsicht befunden, daß der erwählte der beste gewesen.

Aus dieser bisher erläuterten Anmerkung erhellet nun, daß zwo Personen von einer Sache, aus verschiedener Erkenntnis, sowohl einerlei als zweierlei Urteile fällen können. Wäre es im obigen Falle nicht leicht möglich, daß der ungelehrte Bürger sich von den verschiedenen Rissen eben den aussuchte, welchen auch hernach der bauverständige Kenner vor den besten erklärete? Könnte aber auch nicht gerade das Widerspiel geschehen, daß ihm nämlich ein andrer Entwurf besser anstünde, an welchem hernach der Baumeister viel

auf guten Glauben das erste vor das beste an. Dieses wird mit der Zeit der Maßstab aller ihrer übrigen Wirkungen. Was ihren ersten Eindrückungen gemäß ist, das nennen sie hernach recht und gut, schön und angenehm. Alles übrige ist falsch, böse, garstig, verdrüßlich. Warum? Sie haben's von Kindesbeinen an nicht anders gelernt. Das ist meines Erachtens die erste Quelle des übeln Geschmackes, der in den meisten Ländern noch so allgemein ist.

Fragt man weiter, welches denn das Mittel sei, den guten Geschmack bei Erwachsenen zu befördern? So sage ich: Nichts anders als der Gebrauch der gesunden Vernunft. Man halte nichts vor schön oder häßlich, weil man es so nennen gehöret oder weil alle Leute, die man kennet, es davor halten; sondern man untersuche es an und vor sich, ob es so sei. Man muß seine eigne fünf Sinne zu Rate ziehen: Diese werden bald die falsche Schönheit von der wahren, den Firnis von rechtem Marmor, das Flitter-Gold von dem echten unterscheiden und allen Betrug entdecken lernen. Durch dieses Mittel hat vorzeiten Griechenland die Regeln der meisten freien Künste erfunden und dadurch den guten Geschmack auf etliche tausend Jahre bei sich unwandelbar gemacht. Die Malerei, Architektur, Schnitzkunst, Musik, Poesie und Redekunst sind daselbst erfunden und fast zur Vollkommenheit gebracht. Das macht, die Griechen waren die vernünftigsten Leute von der Welt. Alles philosophierte daselbst: alles urteilte frei und folgte seinem eigenen Kopfe. Daher entdeckte man nach und nach die wahrhaften Schönheiten der Natur. Man nahm wahr, wo Übereinstimmung und Ordnung eine Vollkommenheit zuwegebrachte; und wo hingegen eine Verwirrung widerwärtiger Dinge einen Übelstand erweckte. Die Tiefsinnigsten unter ihnen brachten aus genauer Betrachtung wohlgeratener Meisterstücke die Regeln heraus, aus welchen alle ihre Schönheit den Ursprung hatte. Und wie also dieselben nicht bloße Hirngespinste waren, sondern aus wirklichen Exempeln, die nach dem Urteile der klügsten Köpfe vor schön befunden worden, entworfen waren: Also hat man zu aller Zeit gesehen, daß die Regeln der Griechen, in allen freien Künsten, die beste Anleitung zum guten Geschmacke gewesen sind.

Was ich hier von den Griechen gesagt, kann auch mit gehöriger Veränderung von Römern gesagt werden. Der Unterscheid ist dieser, daß sie ihren guten Geschmack den Griechen zu danken gehabt, und wie sie denselben spät bekommen, also auch nur kurze Zeit erhalten haben. Nachdem aber die barbarischen Völker den ganzen Okzident mit einem verderbten Geschmacke erfüllet hatten: sind abermal die Griechen die einzigen gewesen, die den guten Geschmack in Italien wiederhergestellet haben. Von da hat er sich nach Frankreich, Deutschland, Holl- und Engelland ausgebreitet, doch kaum irgendwo die völlige Oberhand bekommen können. Das sicherste Mittel ist also, denselben zu erhalten, wenn man sich an die Regeln hält, die uns von den kunstverständigen Meistern der Alten übriggeblieben. Wenn man die Reste von ihren Meisterstücken dargegenhält, wird man gewiß finden, daß sie eine Schönheit an sich haben, die der Vernunft notwendig gefallen muß, wenn sie nur nicht in Vorurteilen ersoffen und in ihre eigene Mißgeburten allbereit verliebet ist.

Wie aber? Soll man sich denn immer mit Regeln schleppen, wenn man den guten Geschmack haben will? Das ist eine neue Frage. Nicht alle, die den guten Geschmack haben wollen, sondern nur die, so ihn wiederherstellen wollen, müssen die Regeln derjenigen freien Künste einsehen, darin sie was verbessern wollen. Es darf nur ein geschickter Kopf kommen, der auf die rechte Spur gerät: Sogleich fällt die Schönheit seiner Werke aller Welt in die Augen. Die deutsche Poesie kann uns zum Muster dienen. Alle unsre Versmacher staken vor hundert Jahren noch in der tiefsten Barbarei. Der einzige Opitz hatte aus Griechen und Römern, Holländern und Franzosen sich die Regeln des guten Geschmackes bekannt gemacht. Er folgte denenselben in seinen Gedichten und verwarf alles, was seine Vorfahren gestümpelt hatten.

Alsbald wachte ganz Deutschland auf. Ein so unvermutetes Licht fiel sehr stark in die Augen, und da fing eine Menge von Poeten an zu singen, die nur dem Exempel dieses großen Vorgängers folgeten, die Regeln der Alten aber nicht halb so gut kannten als er. Sie bekamen also aus Lesung seiner Schriften den guten Geschmack, nicht aber aus Regeln; und es wäre zu wünschen, daß ihn nur viele seiner Landesleute nicht wieder verderbet hätten.

Fraget man, wie man einen jungen Menschen zum guten Geschmacke in der Poesie bringen könne? So gebe ich diese Antwort: Man gebe ihm von Jugend auf lauter Poeten von gutem Geschmacke zu lesen. Terenz, Virgil, Horaz von den Lateinern; Petrarca und Tasso von Italienern; Malherbe, Boileau, Corneille, Racine, Molière und Voltaire von Franzosen; Heins und Cats von Holländern; Opitz, Dach, Fleming, Tscherning[138], beide Gryphier, Amthor[139], Canitz und Günther[140] von unsern Landesleuten: Das sind die Muster, die man jungen Leuten zur Nachfolge vorlegen muß. Man gehe dieselben mit ihnen durch; man mache sie aufmerksam auf die schönsten Stellen; man entdecke ihnen einigermaßen die Ursachen, warum sie so schön sind, und zeige ihnen, daß das Widerspiel häßlich gewesen sein würde. Man bemerke ihnen auch die schlechten Stellen, die sich als Überbleibsel des übeln Geschmackes auch bei allen oberwähnten Skribenten noch hier und da finden. Dadurch wird man der Jugend unvermerkt eine Geschicklichkeit, wohl zu urteilen, beibringen. Nichts wird ihr hernach gefallen können, was nicht eine wirkliche Schönheit hat. Und wenn sie gleich die innern Regeln der darin befindlichen Vollkommenheit nicht eingesehen, so wird sie doch fähig sein, durch eine zärtliche Empfindung wahrzunehmen, ob dieselben in einem Gedichte, Gedanken oder Ausputze desselben beobachtet worden oder nicht.

Man hat endlich auch gefragt: Ob ein Skribent sich nicht vielmehr dem Geschmacke seiner Zeiten, seines Ortes oder des Hofes als den Regeln der Kunst zu bequemen Ursache habe? Man meint nämlich, die ersten Regeln der freien Künste wären doch nur nach dem Geschmacke des atheniensischen Volkes entworfen, indem sich die Critici darin auf diejenigen Meisterstücke berufen und gegründet, die den allgemeinen Beifall erhalten hatten. Warum sollen wir denn, spricht man, unsern Kopf nach dem atheniensischen Eigensinne richten? Warum sollen wir heutigestages nicht das Recht haben, das vor schön zu halten, was uns gefällt, sondern dasjenige, was den alten Griechen vor zweitausend Jahren gefallen hat.

Der Einwurf scheint wichtig zu sein, weil er unsrer Eigenliebe schmeichelt. Er würde auch unauflöslich sein, wenn es ein bloßer Eigensinn wäre, der eine Sache vor schön erklärete. Hätten ferner die Athenienser weiter nichts zum voraus vor uns und wären wir ihnen in allen Stücken gleich: so könnten wir uns ihnen mit Recht widersetzen. Allein beides verhält sich ganz anders. Die Schönheit eines künstlichen Werkes beruht nicht auf einem leeren Dünkel, sondern hat ihren festen und notwendigen Grund in der Natur der Dinge. GOtt hat alles nach Zahl, Maß und Gewicht geschaffen. Die natürlichen Dinge sind schön; und wenn also die Kunst auch was Schönes hervorbringen will, muß sie dem Muster der Natur nachahmen. Das genaue Verhältnis, die Ordnung und richtige Abmessung aller Teile, daraus ein Ding besteht, ist die Quelle aller Schönheit. Die Nachahmung der Natur kann also einem künstlichen Werke die Vollkommenheit geben, dadurch es dem Verstande gefällig und angenehm wird.

Man versuche es doch und berede einen Baumeister, Maler oder Musikverständigen einmal, daß seine architektonischen, perspektivischen und harmonischen Regeln nichts als einen lautern Eigensinn zum Vater hätten: Die sechs Säulen-Ordnungen[141] wären ebenso willkürlich als die wunderseltsamen Zierate in der gotischen Baukunst; die Lehre vom Gesichts-Punkte und der Entfernung in Gemälden wäre nur eine Phantasie; und die Gleichförmigkeit oder Widerwärtigkeit der Töne hätte nur die Einbildung zur Mutter. Man wird sich durch dergleichen Einwürfe nur auslachenswürdig machen. Alle diese Künstler, wenn sie anders geschickte Leute sind, werden haarklein zu zeigen wissen, was vor eine natürliche Notwendigkeit in dem allen steckt, und den Grund ihrer Regeln, in der Empfindung und gesunden Vernunft entdecken. In der Beredsamkeit und Poesie geht es nicht anders. Kann hier gleich das Verhältnis nicht mit Zahlen und Linien ausgedrücket, mit Zirkel und Lineal abgemessen und so handgreiflich gemacht werden als in den andern Dingen, wo man durch Hülfe der Geometrie alles sehr ins Licht setzen kann: So folgt doch deswegen nicht, daß hier alles willkürlich sei. Unsre Gedanken sind so vieler Harmonie, Ordnung, Abmessung und Verhältnis fähig als Figuren und Töne. Nur es gehören scharfsinnigere Köpfe dazu, die Schönheiten solcher Dinge, die man weder fühlen noch greifen kann, recht auszugrüblen und in ihren ersten Quellen zu untersuchen. Daher hat auch der tiefsinnigste von den alten Weltweisen[142] sich zuerst darüber machen müssen, die Regeln der Dicht- und Redekunst zu entwerfen, welches vor ihm sich noch niemand unterstanden hatte. Diejenigen bleiben also nur an der äußersten Schale kleben, die sich einbilden, die poetischen Schönheiten wären ganz willkürlich; heute könnte dies und morgen was anders gefallen; in Rom könnte was häßlich sein, so in Paris oder Londen unvergleichlich wäre. Nicht der Beifall macht eine Sache schön; sondern die Schönheit erwirbt sich bei Verständigen den Beifall.

Zweitens ist es auch ganz falsch, daß wir uns den Atheniensern mit Recht an die Seite setzen oder ihnen gar die Stirne bieten könnten. Sie haben viele Vorzüge gehabt, deren wir uns nicht rühmen können. Sie sind das gescheuteste Volk auf dem Erdboden gewesen, so sich zuallererst aus der finstern Barbarei gerissen. Sie sind die Erfinder aller freien Künste und Wissenschaften. Von ihnen haben alle andre wohlgesittete Völker ihre Gesetze, Philosophie, Arzneikunst, Beredsamkeit, Poesie, Baukunst, Malerei und Musik gelernet, so vieler andern Künste zu geschweigen. Könnten wir eben das von uns rühmen, so möchten wir uns etwa ihrem Geschmacke widersetzen dörfen; müßten aber wohl zusehen, daß wir es nicht ohne Grund täten. Da wir nun vermutlich noch in der Barbarei stecken würden, wenn uns nicht die griechischen Bücher die Augen aufgetan hätten; da wir alle Wissenschaften und freie Künste von ihnen gefasset: Was vor ein Recht haben wir denn wohl, uns wider unsre Lehrmeister aufzulehnen?

Ja, wird man sprechen: Weil uns vieles gefällt, was jenen Alten nicht gefallen, und doch das Gefällige allezeit eine Schönheit zum Grunde hat; so fragt sich's, ob es nicht noch andre wirkliche Schönheiten in Kunstwerken geben könne, als die den Alten bekannt gewesen? Die Erfahrung zeigt aber allerdings, daß es dergleichen gebe.

Non eadem miramur; eo disconvenit inter
Meque et te. Nam quae deserta et inhospita tesqua
Credis, amoena vocat mecum qui sentit, et odit
Quae tu pulchra putas.[143]

Horaz, ›Briefe‹ I, 14.

Ich antworte, freilich entsteht das Wohlgefallen allezeit aus der Empfindung einer Schönheit. Aber es gibt wahre, es gibt auch eingebildete Schönheiten. Diese erwecken freilich bei vielen eine Belustigung: aber nur so lange, als sie dieselben vor Schönheiten ansehen. Oftmals lernen sie begreifen, daß sie sich in ihrem Urteile betrogen; und alsdann erwecket ihnen dasjenige Verdruß, was ihnen vorher wohlgefiel. Von ferne sieht oft eine Person sehr wohl aus; wenn wir sie aber in der Nähe erblicken, ist sie häßlich. Aus der Baukunst, Musik und Malerei kann man hier unzählige Erläuterungen geben. Wie oft gefällt hier nicht einem unwissenden Schüler etwas, so einem Kenner mißfällt? Haben denn beide Urteile wahre Schönheiten oder Ungereimtheiten zum Grunde? So müßte ein Ding zugleich schön und häßlich, zugleich wahr und falsch, zugleich ordentlich und verwirrt: zugleich weiß und schwarz sein können. Wer soll sich aber nach des andern Urteile bequemen? Soll der Meister dem Schüler oder der Schüler dem Meister folgen? Ohne Zweifel wird derjenige bessern Grund von der Sache haben, der seinem Gegenpart die Unrichtigkeit seines Urteils zeigen und ihn dahin bringen kann, daß er seinen vorigen Ausspruch widerruft. Nun lasse man einen unerfahrnen Schüler seinem Meister, so lange er will, vorsagen, daß ein Fehler eine Schönheit sei: Nimmermehr wird er's so weit bringen, daß jener seine Vernunft, Einsicht und Sinne verleugne und daran einen Gefallen zu haben anfange, dessen Unordnung und Mißhelligkeit er aus den Kunst-Regeln unumstößlich zu erweisen imstande ist. Dem Schüler aber fehlt es nur an Unterricht: Sobald er die Natur der Sachen wird verstehen lernen, wird er sich schämen, daß er vorhin etwas bewundern können, was nur eine Schein-Schönheit an sich gehabt, in der Tat aber ein Zusammenfluß unzähliger Ungereimtheiten gewesen.

So müssen sich denn die Poeten niemals nach dem Geschmacke der Welt, das ist, des großen Haufens oder unverständigen Pöbels richten. Dieser vielköpfigte Götze urteilt oft sehr verkehrt von Dingen. Er muß vielmehr suchen, den Geschmack seines Vaterlandes, seines Hofes, seiner Stadt zu läutern: Es wäre denn, daß dieses schon vor ihm geschehen wäre. Es geschieht aber niemals ganz vollkommen; und es bleibet auch in dem gescheutesten Volke allezeit ein Überrest des übeln Geschmackes zurücke. In Rom hatte Terentius und Lucretius schon einen ziemlich reinen und zarten Geschmack erwiesen. Doch klagt Horatius in seinem langen Briefe an den Kaiser sowohl als in seiner ›Dichtkunst‹, daß die Römer noch an den Plautinischen Zoten und Lucilii unreinen Possen ein Belieben trügen[144]. Bavius und Maevius[145] fanden auch ihre Anbeter. Hätten sich nun Virgilius und Varus[146] nach dem Geschmacke der sonst so klugen Römer richten wollen, was würden sie vor elendes Zeug haben schreiben müssen? Sie suchten also vielmehr mit ihren Werken wider den gemeinen Strom zu schwimmen und waren zufrieden, daß sie wenigen Kennern gefielen.

Non ego ventosae plebis suffragia venor.

»Ich mag den Beifall des windigen Pöbels nicht haben«; schreibt Horaz an einem Orte[147]. Noch viel ausführlicher hat er solches in seiner X. Satire des I. Buchs zu verstehen gegeben. »Bemühe dich nicht«, schreibt er, »von dem großen Haufen bewundert zu werden; und sei mit wenigen Lesern zufrieden. Bist du so töricht zu wünschen, daß von deinen Versen in den gemeinsten Spielgesellschaften geplaudert werde? Ich nicht! Genug, wenn die edlen Ritter mich ihres Beifalls würdigen. ... Sollte ich mich um den schmutzigen Pantilius bekümmern? Oder sollte ich mich quälen, daß mich Demetrius hinterrücks durchzieht? Oder daß der närrische Fannius, des Hermogenis Tischgast, mich schimpfet? Wenn nur Plotius und Varius, Maecenas und Virgilius Valgius und Octavius, der gnädigste Kaiser, nebst dem Fuscus, meine Schriften gutheißen, wenn nur beide Visci mich loben. Ja ohne Ruhm zu melden, kann ich dich noch nennen, Pollio, dich, Messalla mit deinem Bruder, und euch, Bibulos und Servos, nebst dem aufrichtigen Furnus, imgleichen viele andre, die ich als gelehrte Leute und gute Freunde mit Fleiß vorbeigehe: denen ich aber mit diesen meinen geringen Sachen zu gefallen wünsche und mich betrüben würde, wenn sie ihnen nicht so wohl, als ich wünsche, gefallen sollten. Dich aber, Demetrius, und dich, du guter Tigellius, lasse ich unter den Schulbänken des Frauenzimmers, denen ihr als euren Schülerinnen gefallet, euer Unglück beweinen.«

Neque te ut miretur turba labores,
Contentus paucis lectoribus. An tua demens
Vilibus in ludis dictari carmina malis?
Non ego. Nam satis est equitem mihi plaudere ...
Men moveat cimex Pantilius aut cruciet, quod

Vellicet absentem Demetrius aut quod ineptus
Fannius, Hermogenis laedat conviva Tigelli?
Plotius et Varius, Maecenas Virgiliusque,
Valgius et probat haec Octavius optimus atque
Fuscus et haec utinam Viscorum laudet uterque
Ambitione relegata. Te dicere possum
Pollio: te, Messalla, tuo cum fratre, simulque
Vos, Bibuli et Servi, et simul his te, candide Furni.
Complures alios, doctos ego quos et amicos
Prudens praetereo: quibus haec, sint qualiacumque,
Adridere velim, doliturus, si placeant spe
Deterius nostra. Demetri, teque, Tigelli,
Discipularum inter iubeo plorare cathedras.[148]

Ebendas hat Boileau allezeit geklaget, wenn er den verderbten Geschmack seiner Pariser, die auch das elendeste Zeug vielmals schön nenneten und bewunderten, heruntergemacht. Er versichert, daß seine Zeiten sowohl an närrischen Skribenten als an närrischen Bewunderern fruchtbar gewesen; und setzt hinzu, daß Land und Stadt und Hof keinen Mangel daran gehabt. Das niederträchtigste Werk habe seine eifrige Verfechter und ein jeder Narr einen noch größern gefunden, der ihn bewundert hätte.

Ainsi qu'en sots auteurs,
Notre siècle est fertile en sots admirateurs;
Et, sans ceux que fournit la Ville et la Province,
Il en est chez le Duc, il en est chez le Prince.
L'Ouvrage le plus plat a, chez les Courtisans,
De tout temps rencontré de zélés Partisans.
Et, pour finir enfin par un trait de Satire,
Un Sot trouve toujours un plus Sot, qui l'admire.[149]
Boileau, ›L'Art poétique‹, 1. Gesang.

Von unserm Opitz kann man ein Gleiches erweisen. Er hätte lauter Hans Sachsen-Verse machen müssen, wenn er der Mode seiner Zeiten hätte folgen wollen. Er muß auch wohl nicht bei allen so viel Beifall gefunden haben, als er verdienete; denn er klagt ausdrücklich darüber, wenn er sich in dem Briefe an Zincgrefen[150], den er in Paris geschrieben, über die Menge der elenden Poeten beschweret und sich auf das Urteil der Nachwelt berufet:

Mein rechter Eifer brennet
Nur wider dieses Volk, das sich Poeten nennet,
Bei dir und auch bei uns, an welchen um und an
Ja nichts poetisch ist, als daß es lügen kann.
Doch läßt uns diese Pest der Sprachen unvertrieben,
Kein Vers vom Bavius und Maevius ist blieben:
Der Venusiner Schwan, der Preis von Mantua,
Und Naso und Catull, die sind noch alle da.
Laß du, o Zincgref, nur den guten Zweck nicht liegen,
Zu helfen, wie du tust, die Finsternis besiegen,
Die deutscher Reden Zier bisher umhüllet hat.
Kriegt gleich ein Nesselstrauch bei Rosen seine Statt,
So blühen sie gleichwohl. Wir wollen nicht bedenken,
Daß träge Hummeln sich an diesen Bienstock henken.
Ein Körper bleibet doch, obgleich des Schattens Schein
Sich größer macht als er. Die Zeit soll Richter sein.
1. Buch der ›Poetischen Wälder‹.[151]

Ich würde noch des Herrn Neukirchs Exempel anführen, der nach Ablegung des Hofmannswaldauischen und Lohensteinischen Geschmackes sehr besorgte, daß sein verwöhntes Schlesien und das sonst so witzige Budorgis[152] an seiner Poesie nichts Gefälliges mehr finden würde, wenn ich solches nicht schon in dem Vorberichte zu Horatii ›Dichtkunst‹ getan hätte.[153]

Alles dieses nun geht einzig und allein dahin, daß ein Poet sich an den Geschmack seiner Zeiten und Örter nicht zu kehren, sondern den Regeln der Alten und den Exempeln großer Dichter zu folgen habe.

Woher der üble Geschmack des großen Haufens komme, ist aus dem Obigen leicht abzunehmen. Die schlechte Auferziehung ist sonder Zweifel die allergemeinste, und dadurch werden auch die fähigsten Köpfe verwahrloset. Weil die Kinder durchgehends nur durch die Nachahmung urteilen lernen: so gefällt ihnen gleich von Jugend auf das, was sie von ihren Eltern oder andern Leuten, denen sie was zutrauen, loben hören. Die ersten Urteile werden also unvermerkt eine Richtschnur der übrigen, und nachdem sie durch eine lange Gewohnheit gleichsam tief eingewurzelt sind, können sie fast gar nicht mehr ausgerottet werden. Der Geschmack alter Leute läßt sich also schwerlich bessern. Sie bleiben fest bei ihren Meinungen und schämen sich, dasjenige zu verwerfen, was sie ihr Leben lang vor schön gehalten. Man mag ihnen sagen, was man will: so bleiben sie doch auf ihrem Eigensinne: weil sie es vor schimpflich ansehen, sich bei grauen Haaren in ihren Urteilen zu ändern und dadurch einzuräumen, daß sie so lange geirret und einen übeln Geschmack gehabt.

Vel quia nil rectum, nisi quod placuit sibi, ducunt;
Vel quia turpe putant parere minoribus et quae
Inberbes didicere, senes perdenda fateri.[154]

Horaz, ›Briefe‹ II, 1.

Junge Leute hingegen können leichter ihren Geschmack ändern, wenn sie gleich bereits verwöhnet worden. Sie sind in ihrer Meinung noch so sehr nicht verhärtet; sie trauen ihren Urteilen noch keine solche Unfehlbarkeit zu, daß sie nicht auch zuweilen falsch sein könnten; sie geben also eher der gesunden Vernunft Gehör und begreifen die Richtigkeit der Regeln gar leicht. Ja wenn man ihnen gleich nicht die Gründe des guten Geschmackes und die Quellen wahrer Schönheiten entdecken und begreiflich machen kann, weil sie etwa nicht studieret haben oder sonst die gehörige Fähigkeit nicht besitzen: So lernen sie doch aus der bloßen Empfindung endlich wohl urteilen. Man darf ihnen nur was Schönes zeigen und sie aufmerksam darauf machen: so werden sie es gewahr. Denn mehrenteils gefällt ihnen deswegen das

Schlechte, weil sie noch nichts Bessers gesehen haben: Nicht anders, wie mancher bloß daher in eine mittelmäßige Gestalt verliebt ist, weil er noch keine rechte Schönheit kennenzulernen Gelegenheit gehabt. Man zeige nur einem solchen Liebhaber eine vollkommenere Person als seine vermeinte Halbgöttin ist: Er wird ihrer entweder gar vergessen oder doch zum wenigsten den größten Teil seiner Hochachtung gegen dieselbe verlieren.*

Und so hätte ich wohl meines Erachtens in diesem Kapitel meinen Vorsatz ins Werk gerichtet, indem ich nicht nur einen deutlichen Begriff von dem Geschmacke überhaupt gegeben, sondern auch die Regeln des guten Geschmacks entdecket und ihn dadurch von dem übeln unterschieden; ferner dieses gegen die Einwürfe verteidiget und endlich etliche zweifelhafte Fragen, so bei dieser Materie aufgeworfen worden, nach meinen Grundsätzen entschieden. Nunmehro sollte ich besondre Lehren geben und zeigen, was denn in allerlei Gedichten, Einfällen und Ausdrückungen dem guten oder übeln Geschmacke gemäß sei. Allein dieses ist eine Arbeit, die alle folgende Kapitel dieses Buches einnehmen wird, als in welchen ich stückweise die Regeln vortragen will, darnach die poetischen Schönheiten beurteilet werden müssen. Man merke zum Beschlusse die Regel Horatii an:

> Interdum vulgus rectum videt; Est ubi peccat.
> Oft hat der Pöbel recht, und oftmals fehlt er auch.
>
> ›Briefe‹ II, 1.[156]

* 4. Aufl. nach *dieselbe verlieren* eingefügt: Indessen ist es nicht zu leugnen, daß auch junge Leute zuweilen von dem schon ziemlich eingeführten guten Geschmacke mutwillig abweichen und auf einen weit schlimmern verfallen. Dieses widerfährt stolzen und ehrsüchtigen Köpfen, die sich, es koste, was es wolle, durch etwas Neues und Seltsames unterscheiden wollen. Der gebahnte Weg ist ihnen zu verächtlich: sie wollen sich durchaus hervortun, und wenn es gleich durch Torheiten sein sollte. Sie ahmen also auch die Fehler großer Leute, auch offenbare Abweichungen von Regeln der Vernunft nach und verführen wohl gar durch ihr Exempel andre. So wissen die Kunstrichter, daß Ovid und Seneca den römischen, Marino[155] und Ariost den welschen, Milton den englischen,

Imgleichen was Seneca, c. 20, ›De vita beata‹, schreibt: Non tam bene cum rebus humanis agitur, ut meliora pluribus placeant. Argumentum pessimi turba est.[157]

Das vierte Kapitel

Von den drei Gattungen der poetischen Nachahmung und insonderheit von der Fabel

Die Nachahmung der Natur, darin, wie oben gewiesen worden, das Wesen der ganzen Poesie besteht, kann auf dreierlei Art geschehen. Die erste ist eine bloße Beschreibung oder sehr lebhafte Schilderei von einer natürlichen Sache, die man nach allen ihren Eigenschaften, Schönheiten, Fehlern, Vollkommenheiten und Unvollkommenheiten seinen Lesern klar und deutlich vor die Augen malet und gleichsam mit lebendigen Farben entwirft, daß es fast ebensoviel ist, als ob sie wirklich zugegen wäre. Dieses nun mit rechter Geschicklichkeit zu verrichten, ist eine gar feine Gabe, und man hat es dem Homer zu großem Lobe angemerket, daß ein berühmter griechischer Maler, der eine Minerva zu schildern willens war, zu dem Ende erst in der ›Ilias‹ die Beschreibung dieser Göttin nachgeschlagen, durchgelesen und sich dadurch eine lebhafte Abbildung von ihr gemachet[158]. Solche Malerei eines Poeten nun erstrecket sich noch viel weiter als die gemeine Maler-Kunst. Diese kann nur vor die Augen malen, der Poet hergegen kann vor alle Sinne Schildereien machen. Er wirket in die Einbildungs-Kraft; und diese bringt aller empfindlichen Dinge Begriffe ebenso leicht als Figuren und Farben hervor. Ja er kann endlich auch geistliche Dinge[159], als da sind innerliche Bewegungen des Herzens und die verborgensten Gedanken, beschreiben und abmalen. Man kann

ja durch seine Übersetzungen auch den deutschen Geschmack zum Teile verderbet habe.

hierbei mit Nutzen nachlesen, was Herr Bodmer in seinen ›Vernünftigen Gedanken und Urteilen von der Beredsamkeit‹[160] vor feine Regeln und Anmerkungen gegeben.*
Doch diese Art der poetischen Nachahmung ist bei aller ihrer Fürtrefflichkeit nur die geringste: Weswegen sie auch Horaz im Anfange seiner ›Dichtkunst‹[161] vor unzulänglich erkläret, einen wahren Poeten zu machen. Wenn ich die besten Bilder von der Welt in meinen Gedichten machen könnte, würde ich doch nur ein mittelmäßiger oder gar nur ein kleiner Poet zu heißen verdienen: wenn ich nichts Besseres zu machen wüßte. Ja ich könnte wohl gar ein verdrüßlicher Dichter und Skribent werden, wenn ich meine Leser mit unaufhörlichen Malereien und unendlichen Bildern ekelhaft machte. Boileau hat diesen Fehler am Scudéry[162] schon angemerkt und verworfen, wenn er in seiner ›Dichtkunst‹, Chant I, geschrieben:

Un Auteur quelquefois trop plein de son objet,
Jamais sans l'épuiser n'abandonne un sujet.
S'il rencontre un palais, il m'en dépeint la face;
Il me promène après de terrasse en terrasse;
Ici s'offre un perron; là règue un corridor,
Là ce balcon s'enferme en un balustre d'or.
Il compte des plafonds les ronds et les ovales;
»Ce ne sont que festons, ce ne sont qu'Astragales.«
Je saute vingt feuillets, pour en trouver la fin,
Et je me sauve à peine au travers d'un jardin.
Fuyez de ces Auteurs l'abondance stérile,
Et ne vous chargez point d'un détail inutile.

* 4. Aufl. statt *Man kann hierbei* bis *Anmerkungen gegeben*: Nur ist hierbei zu merken, daß ein Dichter seine Absicht niemals vergessen muß. Ein jedes endliches Ding hat zwo Seiten, eine gute und eine böse. Will man nun ein Ding loben: so muß man die erste, will man es aber tadeln, so muß man nur die andre abschildern. In beiden Bildern wird Wahrheit sein, wenn man der Natur folget und die Sache nicht zu hoch treibt. Hierwider aber pflegen sowohl Lobdichter als Satirenschreiber zu verstoßen, die insgemein in beidem kein Maß zu halten wissen.

Tout ce qu'on dit de trop est fade et rebutant;
L'esprit rassasié le rejette à l'instant;
Qui ne sait se borner ne sut jamais écrire.[163]*

So muß man denn auch in diesem Stücke Maß zu halten wissen; teils daß man unnötige und überflüssige Bilder seinem Leser nicht aufdringe; teils bei einem an sich nötigen Abrisse nicht gar zu sorgfältig alle Kleinigkeiten auszudrükken bemüht sei. Virgil wird deswegen gelobt, weil er in Beschreibungen so bescheiden gewesen. Er hat wohl zehnmal Gelegenheit gehabt, den Regenbogen abzumalen; und was würde uns da ein poetischer Maler von Profession nicht mit seinen Farben gequälet haben, aber Virgil sagt nichts mehr als: »Mille trahens varios adverso sole colores.«[165]

Die andre Art der Nachahmung geschicht, wenn der Poet selbst die Person eines andern spielet oder einem, der sie spielen soll, solche Worte, Gebärden und Handlungen vorschreibt und an die Hand gibt, die sich in solchen und solchen Umständen vor ihn schicken. Man macht z. E. ein verliebtes, trauriges, lustiges Gedichte im Namen eines andern, ob man gleich selbst weder verliebt noch traurig, noch lustig ist. Aber man ahmet überall die Art eines in solchen Leidenschaften stehenden Gemütes so genau nach und drückt sich mit so natürlichen Redens-Arten aus, als wenn man wirklich den Affekt bei sich empfände. Zu dieser Gattung gehört schon weit mehr Geschicklichkeit als zu der ersten. Man muß hier die innersten Schlupfwinkel des Herzens ausstudiert und durch eine genaue Beobachtung der Natur den Unter-

* 4. Aufl. nach dem Zitat eingefügt: Wieviele Dichter haben nicht bei uns wider diese Regeln verstoßen, die uns wohl gar ganze Bücher voller Beschreibungen und gekünstelter Schildereien aufgedrungen haben? Ein jeder wird merken, daß ich die Brockischen[164] Schriften meine, in welchen gewiß weit mehr das gute Herz des Dichters als sein Geschmack und seine Kunst zu loben ist. Noch lächerlicher sind diejenigen, die uns ganze Lehrbücher von den Beschreibungen geschrieben. Sie machen eine Sache, die doch kein Hauptwerk des Dichters ist, ohne Not schwer und verdunkeln durch ihre unendlichen Abteilungen und Zergliederungen dasjenige, was ein muntrer Kopf ohne alle Regeln weit besser trifft.

scheid des Gekünstelten von dem Ungezwungenen angemerket haben. Dieses aber ist sehr schwer zu beobachten, wie die Fehler sattsam zeigen, so von den größten Meistern in diesem Stücke begangen worden. Daß Virgilius in seinen Schäfergedichten nicht immer glücklich damit gewesen, hat der italienische Criticus Ludevig Castelvetro[166], dessen kritische Werke Argelati nur vor zwei Jahren herausgegeben, sehr gründlich erwiesen. In Fontenellens ›Gedanken von Schäfergedichten‹[167] wird man auch Theokritum oft ganz billig getadelt finden. Herr Fontenelle selbst wird in dem ›Guardian‹ von Richard Steelen[168] gleicher Fehler, und zwar nicht ohne Grund beschuldiget, wie an dem gehörigen Orte ausführlicher gedacht werden soll. Daß nicht auch unter unsern Deutschen es viele hierin sollten versehen haben, ist gar kein Zweifel. Man darf nur die ›Discourse der Mahler‹[169] nachsehen, wo unterschiedene solche Zensuren vorkommen, die hieher gehören.* Die Klag-Gedichte, die Canitz und Besser[170] auf ihre Gemahlinnen gemacht, werden sonst als besondere Muster schön ausgedruckter Affekten angesehen; die ich gar wohl unter diese Art der Nachahmung rechnen kann, ob sie gleich ihren eignen Schmerz und nicht einen fremden vorstellen wollen. Denn soviel ist gewiß, daß ein Dichter zum wenigsten denn, wenn er die Verse macht, die volle Stärke der Leidenschaft nicht empfinden kann. Diese würde ihm nicht Zeit lassen, eine Zeile aufzusetzen, sondern ihn nötigen, alle seine Gedanken auf die Größe seines Verlusts und Unglücks zu richten. Der Affekt muß schon ziemlich gestillet sein, wenn man die Feder zur Hand nehmen und seine Klagen in einem ordentlichen Zusammenhange vorstellen will. Und es ist auch ohnedem gewiß, daß alle beide oberwähnte Gedichte eine gute Zeit nach dem Tode ihrer Gemahlinnen verfertiget worden: da gewiß die Poeten sich nur bemühet haben, ihren vorigen betrübten Zustand aufs natürlichste auszudrücken. Ob ich nun wohl nicht leug-

* 4. Aufl. *Man darf* bis *hieher gehören* gestrichen.

ne, daß diese treffliche Stücke des berühmten Amthors Klagen in gleichem Falle weit, weit vorzuziehen sind: So könnte doch ein scharfes Auge auch in diesen zwei Meisterstücken noch manchen gar zu gekünstelten Gedanken und gezwungenen Ausdruck entdecken, den gewiß ein wahrer Schmerz nimmermehr würde hervorgebracht oder gelitten haben. Was hier von dem Schmerze gilt, das muß von allen Affekten verstanden werden. Hofmannswaldaus ›Helden-Briefe‹ sollen verliebt geschrieben sein: haben aber den Affekt, den der Poet nachahmen wollen, sehr schlecht getroffen und tausend bunte Einfälle und Zieraten angebracht, die sich vor keinen wahrhaftig Verliebten schicken. Man darf nur dargegen halten, was Günther, I. T. seiner ›Gedichte‹[171], an seine Geliebte geschrieben, wo alles der Natur gemäß ist: so wird man leicht selbst wahrnehmen, was eine geschickte Nachahmung der Natur ist und was ein kaltes und frostiges Gewäsche in der Poesie heißt.

Auf dieser Kunst nun beruhet fast die ganze theatralische Poesie, was nämlich die Charaktere einzelner Personen, ihre Reden in einzelnen Szenen und ihre Handlungen anlangt. Denn hier muß ein Poet alles, was von dem auftretenden Helden oder was es sonst ist, wirklich und der Natur gemäß hätte geschehen können, so genau nachahmen, daß man nichts Unwahrscheinliches dabei wahrnehmen könne. In Helden-Gedichten und allen übrigen Arten, wo man auch zuweilen andre redend einführet, hat ebendieses statt, wie an seinem Orte stückweise soll erwiesen werden. Horatius hat in seiner ›Dichtkunst‹ zu verschiedenen Malen daran gedacht und nicht nur die Regel gegeben, wie man den Achilles, die Medea, den Irion, die Io usw. abbilden und aufführen solle; daß ein Greis und ein Jüngling, ein Argiver[172] und Babylonier, ein Kaufmann und Bauer, eine Matrone und eine Amme nicht auf einerlei Art reden und handeln müsse. Sondern auch gewiesen, wo man die Kunst, gute Charaktere zu machen, lerne; nämlich aus der Sitten-Lehre und der Erfahrung. Diese zeiget uns die herrschenden Neigungen der Kinder, Jünglinge, Männer und Alten: Jene hergegen lehret sowohl die Natur der Affekten als die Pflichten aller Menschen in allen Ständen. Wer nun hierin wohl bewandert ist und sonst scharfsinnig genug ist, auf die Wahrscheinlichkeit in allen Stücken recht Achtung zu geben, der wird in seiner Nachahmung unfehlbar glücklich fortkommen müssen: Dahingegen ein Fremdling in dem allen alle Augenblicke Fehler begehen und lauter unähnliche Schildereien verfertigen wird. Ich schließe bei dem allen den Witz nicht aus, denn dieses ist eben diejenige Gemüts-Kraft, die mit den Ähnlichkeiten der Dinge zu tun hat und folglich auch die Abrisse ihren Urbildern ähnlich machen oder diese in jenen nachahmen muß. Ohne diese wird man unfehlbar in den Fehler verfallen, den dort Canitz an den meisten unsrer Poeten tadelt, wenn er den Virgil als einen glücklichen Nachahmer der Natur im Absehen auf den Charakter der Dido erhebet. Es heißt:

Man redt und schreibt nicht mehr, was sich zur Sache schicket,
Es wird nach der Natur kein Einfall ausgedrücket,
Der Bogen ist gefüllt, eh' man an sie gedacht;
Was groß ist, das wird klein, was klein ist, groß gemacht:
Da doch ein jeder weiß, daß in den Schildereien,
Nur bloß die Ähnlichkeit das Auge kann erfreuen,
Und eines Zwerges Bild die Artigkeit verliert,
Wenn es wird in Gestalt der Riesen aufgeführt.
Wir lesen ja mit Lust Aeneas' Abenteuer:
Warum? Stößt ihm zur Hand ein grimmig Ungeheuer,
So hat es sein Virgil so künstlich vorgestellt,
Daß uns, ich weiß nicht wie, ein Schrecken überfällt:
Und hör ich Dido dort von Schimpf und Undank sprechen,
So möcht ich ihren Hohn an den Trojanern rächen.
So künstlich trifft itzund kein Dichter die Natur,

Sie ist ihm viel zu schlecht: Er sucht ihm fremde Spur,
Geußt solche Tränen aus, die lachenswürdig scheinen,
Und wenn er lachen will, so möchten andre weinen.[173]

Doch auch diese so schwere Gattung der Nachahmung machet nicht das Hauptwerk in der Poesie aus. Die Fabel ist hauptsächlich dasjenige, so die Seele der ganzen Dichtkunst ist, wie Aristoteles im VI. Kap. seiner ›Poetik‹ schreibt: ἀρχὴ ... καὶ οἷον ψυχὴ ὁ μῦθος[174]. Selbst unsre Muttersprache lehrt uns dieses; wenn wir die Poesie die *Dichtkunst* und ein poetisches Werk ein *Gedichte* nennen. Sachen, die wirklich geschehen sind, d. i. wahre Begebenheiten, darf man nicht erst dichten: folglich entsteht auch aus Beschreibung und Erzählung derselben kein Gedichte, sondern eine Historie oder Geschicht: und ihr Verfasser bekommt nicht den Namen eines *Dichters*, sondern eines Geschichtschreibers. Die Pharsalische Schlacht also, die Lucanus in Versen beschrieben hat, kann nichts anders als eine Historie in Versen heißen: Die Fabeln Aesopi[175] hergegen, obwohl sie nur in ungebundner Schreibart abgefasset worden, sind Gedichte. Und wer die Fähigkeit nicht besitzt, gute Fabeln zu erfinden, der verdient den Namen eines Poeten nicht: wenn er gleich die schönsten Verse von der Welt machte. Phaedrus ist derowegen wohl ein Versmacher, aber kein Dichter gewesen: maßen er zwar die Aesopischen Fabeln in Verse gebracht, aber selbst keine erfunden hat.[176]

Wenn Aristoteles sagen will, was die Fabel in einem Gedichte eigentlich sei, so spricht er: »Es sei die Zusammensetzung oder Verbindung der Sachen.«[177] Der Pater Bossu[178] in seinem ›Traktat vom Heldengedichte‹ läßt sich an dieser Erklärung gnügen und versteht durch die Sachen, so in einer Fabel verbunden werden sollen, *das Wahre* und *das Falsche*. In der Tat muß eine jede Fabel was Wahres und was Falsches in sich haben: nämlich einen moralischen Lehrsatz, der gewiß wahr sein muß, und eine Einkleidung desselben in eine gewisse Begebenheit, die sich aber niemals zugetragen hat und also falsch ist. Allein er scheint mir den Verstand des Philosophen nicht recht eingesehen zu haben. Die Sachen müssen auf das Zubehör der Fabel, als da sind die Tiere, Menschen, Götter, Handlungen, Gespräche usw., gedeutet werden. Diese Dinge müssen verknüpfet und verbunden werden, so daß sie einen Zusammenhang bekommen, und alsdann entsteht eine Fabel daraus. Hätte dieses Bossu gesehen, so würde er es nicht nötig gehabt haben, eine andre Beschreibung davon zu geben, die noch weniger stichhält als die obige. Denn da er sagt: »Die Fabel sei eine Rede, welche unter den Allegorien einer Handlung ihre Lehren verbirget und zu Besserung der Sitten ersonnen worden«: So ist bei dieser Erklärung sehr viel zu erinnern. Denn zu geschweigen, daß die Fabel nicht nur eine Rede, sondern auch eine Schrift sein kann, so machen ja nicht alle Allegorien, die da lehrreich und unterrichtend sind, eine Fabel aus. Die Ode Horatii ist bekannt, wo der Poet die Römische Republik unter dem Bilde eines Schiffes anredet und ihr viel heilsame Regeln in einer beständigen allegorischen Rede gibt[179]. Wer hat aber diese Ode jemals zu den Fabeln gezählet? Wollte man sagen, hier wäre keine allegorische Handlung verhanden: So würde man antworten, daß nach seinem eigenen Geständnisse nicht zu allen Fabeln eine Handlung nötig sei, wie er denn selbst in folgenden dergleichen anführet; nämlich da die Fliege an dem Rade eines großen und schleunig fortgezognen Wagens sitzt, selbst nichts tut, sondern nur sagt: »Ei, welch einen großen Staub mache ich nicht!«

Ich glaube derowegen eine Fabel am besten zu beschreiben, wenn ich sage: Sie sei eine unter gewissen Umständen mögliche, aber nicht wirklich vorgefallene Begebenheit, darunter eine nützliche moralische Wahrheit verborgen liegt. Philosophisch könnte man sagen, sie sei ein Stücke aus einer andern Welt. Denn da man sich in der Metaphysik die Welt als eine Reihe möglicher Dinge vorstellen muß; außer derjenigen aber, die wir wirklich vor Augen sehen, noch viel andre dergleichen Reihen gedacht werden können: So sieht man, daß eigentlich alle Begebenheiten, die in unserm Zusammenhange wirklich verhandener Dinge nicht geschehen, an sich selbst aber nichts Widersprechendes in sich haben und also unter gewissen Bedingungen möglich sind, in einer andern Welt zu Hause gehören und Teile davon ausmachen. Herr Wolff hat selbst, wo mir recht ist, an einem gewissen Orte seiner philosophischen Schriften gesagt, daß ein wohlgeschriebener Roman, das ist ein solcher, der nichts Widersprechendes enthält, vor eine Historie aus einer andern Welt anzusehen sei[180]. Was er von Romanen sagt, das kann mit gleichem Rechte von allen Fabeln gesagt werden. Weil aber diese Erklärung unphilosophischen Köpfen vielleicht Schwierigkeiten machen könnte: So bleibe ich bei der ersten, die nach dem gemeinen Begriffe aller, die nur deutsch verstehen, eingerichtet ist. Ich erläutere sie durch das bereits erwähnte Exempel. Die Begebenheit ist daselbst, daß ein großer Wagen auf einem staubigten Wege von vier oder mehr hurtigen Pferden geschwinde hingerissen wird. Eine Fliege an dem Rade desselben sitzet und sich schmeichelt, sie habe allen diesen Staub erreget. Diese Begebenheit ist unter gewissen Umständen möglich. Wenn nämlich nur ein angespannter Wagen fähret und eine Fliege, die daran sitzt, so viel Verstand hat, daß sie über den ringsum aufsteigenden Staub ihre Betrachtungen anstellen kann: So geht es gar wohl an, daß sie so eitel sein und sich selbst vor die Ursache einer so großen Staubwolke ansehen kann. Dic moralische Lehre endlich, die darunter verborgen liegt, ist diese: Ein Stolzer ist so töricht, daß er sich selbst und seinen Verdiensten Dinge zuschreibt, die von ganz andern Ursachen herrühren und seine Kräfte unzählige Mal übersteigen.

Man kann die Fabeln einteilen in unwahrscheinliche, wahrscheinliche und vermischte. Jene sind die, wo man unvernünftige Tiere oder wohl gar leblose Dinge so reden und handeln läßt, als wenn sie mit menschlicher Vernunft begabt wären. Ein Exempel davon finden wir sogar in der Schrift, wo Abimelechs Bruder im Buche der Richter seinen Landsleuten erzählet, wie die Bäume sich einen König erwählet, der sie mit Feuer verzehret und also, ihrer törichten Wahl halber, sattsam bestrafet hätte. Die andre Art sind die wahrscheinlichen Fabeln, wo lauter Menschen und andre vernünftige Wesen vorkommen, bei denen es nichts Unglaubliches ist, daß sie mit Verstande reden und handeln können. Dergleichen ist abermal in der Schrift die Fabel Nathans vom reichen und armen Manne, deren jener diesen seines einzigen geliebten Schäfleins beraubet: imgleichen die Fabel vom verlornen Sohne, vom armen Lazarus u. dgl. Die dritte Art, nämlich der vermischten Fabeln, entsteht, wenn darin teils unvernünftige, teils vernünftige Dinge redend und handelnd vorkommen. Dergleichen würde die Begebenheit Bileams mit seiner Eselin sein[181], wenn dieses nicht wirklich geschehen sein sollte. Wir finden aber in den Aesopischen Fabeln unzählige solche, wo teils vernünftige Menschen, teils Tiere und Bäume aufgeführet werden: zu geschweigen daß Homerus in seiner ›Ilias‹ einmal ein Pferd mit seinem Herrn hat reden lassen:

> Τὸν δ'αϱ ὑπὸ ζυγόφιν πϱοσέφη ποδας αἰολος ἵππος,
> Ξάνϑος . . .
> . . .
> Καὶ λιήν σ'ἔτι νῦν γε σαωσομεν ὄβϱιμ Αχιλλεῦ.[182]
>
> ›Ilias‹, 19. Gesang.

Ein Exempel von meiner Erfindung steht in den ›Vernünftigen Tadlerinnen‹ ›Von dem Veilchen-Stocke, der Tulpe und der Blumen-Göttin Flora‹. Imgleichen ›Von dem Manne seinem Hunde und der Katze‹, und im II. T. derselben ›Vom Pferde und Esel‹, wiewohl diese vielleicht unter die wahrscheinlichen zu zählen sind. Endlich auch im II. T. des ›Biedermanns‹[183] ›Vom Hasen, der sich in den Löwenstand erheben ließ‹.*

* 4. Aufl. nach *erheben ließ* folgender Absatz eingefügt: Dadurch aber, daß wir die erste Art der Fabeln unglaublich nennen, widersprechen wir

Ferner können die Fabeln eingeteilt werden in epische und theatralische. Jene werden bloß erzählet, und dahin gehören nicht nur die ›Ilias‹, ›Odyssee‹ und ›Aeneis‹, sondern alle Romane, ja sogar die Aesopischen Fabeln. Diese hergegen werden wirklich gespielet und also lebendig vorgestellt. Dahin rechnet man also alle Tragödien-, Komödien- und Schäfer-Spiele, imgleichen alle kleinen dramatischen Gedichte, die wirklich auf einer Schaubühne aufgeführt werden können. Man sieht gar leicht, daß dieser andre Unterscheid sich auf den ersten gründe. Denn die theatralischen Fabeln leiden nichts, als was wahrscheinlich ist, wie Horatius in seiner ›Dichtkunst‹ sehr fleißig erinnert[185]: Hingegen die epischen können gar wohl auch unwahrscheinliche Fabeln von Tieren und leblosen Dingen brauchen. Tausend Dinge lassen sich gar wohl erzählen; aber den Augen läßt sich nichts vorstellen, als was glaublich ist. Wer das obige redende Pferd

der obigen Erklärung noch nicht, darinnen wir behaupten, die Fabel sei eine mögliche Begebenheit. Es kann ja eine Sache wohl möglich, aber in der Tat bei der itzigen Ordnung der Dinge sehr unglaublich sein. Diese Verknüpfung der wirklich vorhandenen Dinge nämlich hält ja nicht alle mögliche Dinge in sich, wie die Weltweisen dartun. Es wären andre Verbindungen endlicher Wesen ebensowohl geschickt gewesen, erschaffen zu werden, wenn es Gott gefallen hätte. Dem Dichter nun stehen alle mögliche Welten zu Diensten. Er schränket seinen Witz also nicht in den Lauf der wirklich vorhandenen Natur ein. Seine Einbildungskraft führet ihn auch in das Reich der übrigen Möglichkeiten, die der itzigen Einrichtung nach für unnatürlich gehalten werden. Dahin gehören auch redende Tiere und mit Vernunft begabte Bäume; die zwar, soviel uns bekannt ist, nicht wirklich vorhanden sind, aber doch nichts Widersprechendes in sich halten. Man lese hier zur Erläuterung Holbergs[184] ›Unterirdische Reise‹ nach, wo man beides antreffen wird. Wie nun ein Poet hier alle Sorgfalt anwenden muß, daß er seinen Fabeln auch einen gewissen Grad der Wahrscheinlichkeit gebe: also fragt sich's, wie das in dem sogenannten Unglaublichen möglich sei? Und hier ist es nicht zu leugnen, daß in der gegenwärtigen Verknüpfung der Dinge nicht leicht was zu ersinnen ist, dadurch die Sprache der Bäume oder der Tiere wahrscheinlich wird. Allein einem Poeten ist es erlaubt, eine Fabel durch die andre wahrscheinlich zu machen; und er darf also nur überhaupt dichten: Es sei einmal eine Zeit gewesen, da alle Pflanzen und Tiere hätten reden können. Setzt man dieses zum voraus, so läßt sich hernach alles übrige hören. Man sehe das folgende VI. Hauptstück nach.

des Homeri oder Bileams Eselin auf die Schaubühne bringen wollte: dem würde Horaz zurufen:

Quodcumque ostendis mihi sic, incredulus odi.[186]
›Dichtkunst‹, Vers 188.

Weiter können die Fabeln teils im Absehen auf ihren Inhalt, teils in Absicht auf die Schreibart in hohe und niedrige eingeteilet werden. Unter die hohen gehören die Heldengedichte, Tragödien und Staats-Romane: darin fast lauter Götter und Helden, königliche und fürstliche Personen vorkommen, deren Begebenheiten in einer edlen Schreibart entweder erzählet oder gespielet werden. Unter die niedrigen gehören die bürgerlichen Romane, die Schäfereien, die Komödien und Pastorale nebst allen Aesopischen Fabeln: als worin nur Bürger und Landleute, ja wohl gar Tiere und Bäume in einer gemeinen Schreibart redend eingeführet oder beschrieben werden. Von diesen letztern könnte man mit einigem Scheine fragen, ob sie auch zur Poesie gehöreten, weil Horatius solches von der Komödie ihres niedrigen Ausdruckes halber in Zweifel gezogen:

Idcirco quidam Comoedia nec ne Poema
Esset, quaesivere, quod acer spiritus ac vis
Nec verbis nec rebus inest, nisi quod pede certo
Differt sermoni, sermo merus.[187]
›Satiren‹ I, 4.

Wiewohl aus dem Obigen ist leicht darauf zu antworten. Die hohe Schreibart ist zwar eine gute Eigenschaft eines Poeten und in gewissen Gedichten unentbehrlich: Aber sie allein machet noch keinen Dichter, wenn keine Fabel da ist, die darin vorgetragen wird. Diese hergegen bleibt, was sie ist, nämlich eine Fabel, ein Gedichte, wenn man sie gleich in der gemeinen Sprache erzählt. Sie zeigt also sattsam, daß ihr Verfasser ein Dichter gewesen, der auch wohl erhaben hätte schreiben können, wenn er gewollt hätte und wenn es sich in dieser Art von Gedichten hätte tun lassen. Horatius selbst trägt diesen Zweifel wegen der Komödie nur als was Fremdes vor. »Einige«, spricht er, »haben gefragt« etc. Er gibt ihnen aber deswegen nicht recht; zumal er in seiner ›Dichtkunst‹ selbst erinnert, daß auch in der Komödie zuweilen die pathetische, feurige und erhabene Schreibart stattfinde: wenn nämlich ein Chremes[188] zu schelten und vor Zorn zu pochen und zu poltern anfängt:

> Interdum tamen et vocem Comoedia tollit,
> Iratusque Chremes tumido delitigat ore.[189]

Die Fabeln können noch ferner in vollständige und mangelhafte eingeteilet werden. Jene erzählen diejenige Begebenheit ganz, die zu der darunter versteckten Sittenlehre gehöret: Diese hergegen brechen ab, wenn die Begebenheit kaum in die Hälfte gekommen ist. Zum Exempel einer ganzen oder vollständigen können alle die obigen dienen, die wir schon angeführet haben: denn die Erzählung geht daselbst so weit, als nötig ist, und das Gemüte bleibt am Ende derselben ganz ruhig; weil man den Zweck einsieht, warum sie erzählet worden. Eine mangelhafte und halbe Fabel aber war jene, die Demosthenes seinen Mitbürgern erzählte, als sie in einer wichtigen Rede, so die Wohlfahrt ihres Staats anbetraf, sehr unachtsam waren. Denn als er ihnen die Hälfte davon erzählet hatte und sie alle aus ihrer vorigen Nachlässigkeit ermuntert und begierig worden waren, den völligen Verlauf seiner Geschicht zu vernehmen, hörte er mit gutem Bedachte auf, schwieg stille und wollte sich aus der Versammlung begeben. Weil aber die Fabel nur halb fertig war, konnten sich die Zuhörer dadurch nicht zufriedenstellen; darum riefen sie ihn zurücke und verlangten, daß er ihnen auch den Ausgang der ganzen Begebenheit erzählen sollte: Wobei er denn Gelegenheit nahm, ihnen ihre Leichtsinnigkeit vorzurücken, die sich um Kleinigkeiten so ernstlich, um die wichtigsten Dinge aber, so er in seiner Rede vorgetragen, so wenig bekümmert und aufmerksam bezeigete.

Bei dieser Abteilung der Fabeln muß man sich vor einem

Mißverstande hüten. Eine ganze Fabel erfordert nicht allemal den völligen Umfang aller Begebenheiten, die einigen Zusammenhang miteinander haben; sondern es ist genug, daß sie alles dasjenige enthält, was zu der Sittenlehre, die man vortragen will, unentbehrlich ist. Z. E. Die ›Ilias‹ Homeri ist eine Fabel vom Zorne Achillis und den traurigen Wirkungen desselben. Daher ist diese Fabel ganz, wenn der Poet zeigt, wie und woher dieser Zorn entstanden, nämlich von der Beleidigung, die Agamemnon diesem Helden zugefügt; ferner, wie sich derselbe geäußert, nämlich durch die Enthaltung vom Streite, da Achilles ruhig auf seinem Schiffe blieb; weiter, wie schädlich derselbe gewesen, weil die Griechen in seiner Abwesenheit allezeit den kürzern gezogen, Achilles selbst aber seinen besten Freund Patroklus eingebüßet: Endlich, wie dieser Zorn ein Ende genommen, da der Held aus Rachgier gegen den Hektor seines alten Grolls vergessen und also den Trojanern großen Abbruch getan. Diese Fabel war zulänglich, die moralische Wahrheit von der schädlichen Uneinigkeit benachbarter Staaten, die Homerus in seinem Gedichte lehren wollen, in ein völliges Licht zu setzen. Es war dabei nicht nötig, den Ursprung des Trojanischen Krieges oder den Ausgang desselben zu zeigen; viel weniger von den beiden Eiern der Leda anzufangen, aus deren einem die Helena, die einzige Ursache des Krieges, war geboren worden. Dieses wäre eine gar zu große Fabel geworden, und Horaz lobt deswegen Homerum, daß er solches nicht getan.

> Nec reditum Diomedis ab interitu Meleagri,
> Nec gemino bellum Trojanum orditur ab ovo:
> Semper ad eventum festinat.[190]

Diejenigen Poeten haben also keinen rechten Begriff von der Fabel gehabt, die sich eingebildet, sie müsse so vollständig sein, daß weder vorne noch hinten das Geringste daran fehle. Dahin gehört Statius, der den ganzen Lebenslauf Achillis in ein Gedichte gebracht, und bei den Griechen der Verfasser der ›Kleinen Ilias‹[191], dessen Aristoteles gedenket, welcher gleichfalls den ganzen Trojanischen Krieg in eins gezogen, davon uns die große ›Ilias‹ nur ein Stücke von anderthalb Monaten erzählet.* Viel weniger werden die ›Verwandlungen‹ Ovidii vor ein einzig Gedichte können angesehen werden, als worin ebensowenig als in den Aesopischen Fabeln eine einzige moralische Fabel zum Grunde liegt. Die ›Ilias‹ ist einem königlichen Palaste, voller Zusammenhang, Ordnung und Schönheit, gleich: die ›Verwandlungen‹ Ovidii sind einer ganzen Stadt zu vergleichen, die aus so viel Bürgerhäusern zusammengesetzt ist, als Fabeln sie enthält; welche nicht mehr Verknüpfung miteinander haben, als daß sie aneinanderstoßen und mit einer Ringmauer umgeben sind. Die Aesopischen Fabeln könnte man nach eben dieser Allegorie ein großes Dorf nennen, darin jede Fabel eine Bauerhütte vorstellet, die ebensoviel Tiere als Menschen in sich zu halten pflegen.

Noch eine Abteilung der Fabeln ist nötig anzumerken, da sie nämlich in Haupt- und Neben-Fabeln unterschieden werden. Dieser Unterscheid findet sonderlich in Helden-Gedichten, Romanen und theatralischen Stücken statt. Daselbst ist eine die größeste und wichtigste, die im ganzen Gedichte zum Grunde lieget und gar wohl ohne die übrigen bestehen könnte. Auf diese kommt denn hauptsächlich die Schönheit des ganzen Werkes an, weil sie eigentlich zum Zwecke des Verfassers führet und die moralische Absicht desselben unmittelbar befördert. Dergleichen war die oben angeführte Haupt-Fabel der ›Ilias‹; dergleichen ist in Sophoklis ›Antigone‹, welche Opitz verdeutschet hat[192], die Grausamkeit Kreons, der den Körper des Polynikes, eines Sohns Oedipi und Jokastae, unter freien Himmel werfen und die Prin-

* 4. Aufl. nach *Monaten erzählet* eingefügt: Dahin gehört auch Milton, der in dem ›Verlornen Paradiese‹ nicht nur den Fall Adams und seine Ursache, nämlich die Verführung Satans, sondern auch die Schöpfung der Welt, ja was vor derselben vorhergegangen, nämlich Luzifers Fall, erzählet.

zessin Antigone, die sich ihres toten Bruders annahm und ihn begrub, in eine Höhle versperren ließ; darüber er denn nicht nur seinen Sohn Haemon, sondern auch seine Gemahlin Eurydike einbüßete und endlich selbst in Verzweifelung und Raserei fiel. Die Neben- oder Zwischen-Fabeln aber sind alle die Einschiebsel und beiläufigen Erzählungen gewisser kleinerer Begebenheiten, die mit der größern einigermaßen zusammenhangen und teils zur Verlängerung, teils zur Abwechselung, teils auch zum Verstande der Hauptfabel etwas beitragen. Dergleichen sind in der ›Ilias‹ unzählige von Göttern und Helden, die Homerus überall eingestreuet hat; in der ›Aeneis‹ die Begebenheiten von der Dido und den Lustspielen, die Aeneas seinem Vater zu Ehren angestellet; in dem ›Gottfried‹ die Liebes-Geschicht von Sophronia und Olindo[193]. Im ›Don Quixote‹ der kleine Roman von Cardenio und dem eifersüchtigen Bruder; im ›Telemach‹ die Historie vom ägyptischen Könige Sesostris; in der ›Banise‹ die Eroberung verschiedener Städte und den dabei verübten Grausamkeiten u. dgl. mehr.[194]

Bei allen diesen poetischen Fabeln fragt sich's nun, ob sie notwendig moralische Absichten haben müssen? Man antwortet darauf, daß es freilich wohl möglich sei, Fabeln zur bloßen Belustigung zu ersinnen, dergleichen manches Märlein ist, so die Ammen ihren Kindern erzählen, ja dergleichen die meisten Romanschreiber in ihren Büchern ausbrüten. Allein da es möglich ist, die Lust mit dem Nutzen zu verbinden, und ein Poet nach der bereits gegebenen Beschreibung auch ein rechtschaffener Bürger und redlicher Mann sein muß: So wird er nicht unterlassen, seine Fabeln so lehrreich zu machen, als es ihm möglich ist; ja keine einzige ersinnen, darunter nicht eine wichtige Wahrheit verborgen läge. Denn

> Omne tulit punctum qui miscuit utile dulci,
> Lectorem delectando pariterque monendo.[195]
>
> Horaz, ›Dichtkunst‹.

Die alten Griechen sind uns hier mit guten Exempeln vorgegangen. Alle ihre Fabeln stecken voller Sittenlehren, und es war eine so gemeine Sache, daß ihre Poeten erbauliche Fabeln schrieben und auf der Bühne vorstellen ließen, daß man auch allezeit sagte: »Eine Fabel, das ist Tragödie oder Komödie lehren«:

Vel qui praetextas, vel qui *docuere* togatas.[196]

Horaz, ›Dichtkunst‹.

So ist z. E. die Fabel der ›Odyssee‹ beschaffen, wie Aristoteles selbst uns den Auszug davon macht: Ein König ist viel Jahre aus seinem Hause abwesend. Neptun verfolgt ihn und beraubt ihn aller seiner Gefährten. Indessen ist bei ihm zu Hause alles in Unordnung; sein Vermögen wird verschwendet; seine Gemahlin und sein Prinz stehen in Gefahr. Endlich aber kommt er nach vielen Ungewittern glücklich an, erkennet etliche von den Seinigen, erlegt durch ihren Beistand seine Feinde und bringt alles wieder in Ordnung. So ist auch die Fabel vom ›Oedipus‹, dem berühmtesten Trauerspiele, so bei den Alten gemacht worden, beschaffen. Oedipus bittet die Götter um die Abwendung der Pest, wodurch Theben verwüstet wurde. Das Orakel antwortet: Man müsse den Tod des Königes Lajus an dessen Mördern rächen. Er untersuchet derowegen die Sache, findet aber nicht nur, daß er selbst der Täter sei, sondern gar ein Sohn des Lajus gewesen und folglich an der Jokasta, dessen Witwe, seine eigene Mutter geheiratet habe. Darüber bestraft er sich selbst, indem er sich die Augen ausreißt, ins Elend geht und also seinem Volke die Gesundheit wiederherstellet. Wer sieht hier nicht, daß beide Fabeln vollkommen moralisch sind und die wichtigsten Lehren in sich fassen; wenn man sie gleich nur überhaupt ansieht und der überall eingestreuten Sittensprüche nicht einmal wahrnimmt. Ein jeder, der nur seinen eigenen Augen trauet, wird also keines fernern Beweises nötig haben und die Einwürfe selbst beantworten können, die Le Clerc in seinen ›Parrhasianis‹ dawider gemacht und ich vor den Pietschischen Gedichten, ins Deutsche übersetzt, herausgegeben.

Wie greift man indessen die Sache an, wenn man gesonnen ist, als ein Poet ein Gedichte oder eine Fabel zu machen? Dieses ist freilich das Hauptwerk in der ganzen Poesie, und also muß es in diesem Kapitel nicht vergessen werden. Vielen, die sonst ein gutes Naturell zur Poesie gehabt, ist es bloß deswegen nicht gelungen, weil sie es in der Fabel versehen haben. So viel schlechte Heldengedichte, Tragödien, Komödien und Romane sind gemeiniglich nur in diesem Stücke mangelhaft: so vieler kleinern Fabeln, in andern Gattungen der Poesie, voritzo nicht zu gedenken. Es ist also der Mühe schon wert, daß wir uns bekümmern, wie man alle Arten der Fabeln erfinden und regelmäßig einrichten könne.

Zuallererst wähle man sich einen lehrreichen moralischen Satz, der in dem ganzen Gedichte zum Grunde liegen soll, nach Beschaffenheit der Absichten, die man sich zu erlangen vorgenommen. Hierzu ersinne man sich eine ganz allgemeine Begebenheit, worin eine Handlung vorkommt, daran dieser erwählte Lehrsatz sehr augenscheinlich in die Sinne fällt. Z. E. Ich wollte einem jungen Prinzen die Wahrheit beibringen: Ungerechtigkeit und Gewalttätigkeit sei ein abscheulich Laster. Diesen Satz recht sinnlich und auf eine angenehme Art fast handgreiflich zu machen, erdenke ich folgende allgemeine Begebenheit, so sich dazu schicket, indem man daraus die Abscheulichkeit des gedachten Lasters sonnenklar sehen kann. Es war jemand, wird es heißen, der schwach und unvermögend war, der Gewalt eines Mächtigern zu widerstehen. Dieser lebte still und friedlich; tat niemanden zuviel und war mit dem Wenigen vergnügt, was er hatte. Ein Gewaltiger, dessen unersattliche Begierde ihn verwegen und grausam machte, ward dieses kaum gewahr, so griff er den Schwächern an, tat mit ihm, was er wollte, und erfüllete mit dem Schaden und Untergange desselben seine gottlose Begierden. Dieses ist der erste Entwurf einer poetisch-moralischen Fabel. Die Handlung, so darin steckt, hat die folgenden vier Eigenschaften. (I) Ist sie allgemein. (II) Nachgeahmt. (III) Erdichtet. (IV) Allegorisch, weil eine moralische Wahrheit darin verborgen liegt. Und so muß der Grund aller guten Fabeln beschaffen sein, sie mögen Namen haben, wie sie wollen.

Nunmehro kommt es auf mich an, wozu ich diese Erfindung brauchen will; ob ich Lust habe, eine aesopische, komische, tragische oder epische Fabel daraus zu machen? Alles beruht hierbei auf der Benennung der Personen, so darin vorkommen sollen. Aesopus wird ihnen tierische Namen geben und sagen: Ein Schäfchen, welches ganz friedlich am Strome stund und, seinen Durst zu löschen, trinken wollte, ward von einem Wolfe angefallen, der am obern Teile ebendesselben Wassers soff und seiner von ferne ansichtig wurde. Dieses räuberische Tier beschuldigt das Schaf, es habe ihm das Wasser trübe gemacht, so daß er nicht hätte trinken können: und wiewohl sich dasselbe durch die Unmöglichkeit der Sache aufs beste entschuldiget, fragt der Wolf doch nichts darnach, sondern greift es an und frißt es auf. Wollte jemand diese tierische und folglich unwahrscheinliche Fabel in eine menschliche und desto wahrscheinlichere verwandeln, so darf man nur diejenige nachschlagen, die dort Nathan dem Könige David erzählet. Ein armer Mann, wird sie lauten, hatte ein einzig Schäfchen, welches er sehr liebhatte: Sein reicher Nachbar hergegen besaß große Herden. Dieser letztere nun bekam Gäste, und weil er sie zwar wohl aufzunehmen, aber doch von seinen eigenen Schafen keins zu schlachten willens war: schickt er zu seinem Nachbar, läßt ihm sein einziges Schäfchen mit Gewalt nehmen, schlachten und seinen Gästen zubereiten. Dieses ist noch ebensowohl eine Aesopische Fabel als die obige.

Wäre ich willens, eine komische Fabel daraus zu machen, so müßte ich sehen, daß ich das Laster der Ungerechtigkeit als ein lächerliches Laster vorstellen könnte. Denn das Auslachenswürdige gehört eigentlich in die Komödie, das Abscheuliche und Schreckliche hergegen läuft wider ihre Absicht. Ich müßte es also bei einer kleinen Ungerechtigkeit bewenden lassen, deren Unbilligkeit zwar einem jeden in die Augen fiele, aber doch kein gar zu großes Mitleiden erwekken könnte. Die Personen, so dabei vorkommen, müssen bürgerlich sein, denn Helden und Prinzen gehören in die Tragödie. Derjenige aber, der das Unrecht täte, müßte endlich darüber zum Spott und Gelächter werden. Die Namen werden nur dazu erdacht, und man darf sie nicht aus der Historie nehmen. Ich sage also: Herr Trotzkopf, ein reicher, aber wollüstiger und verwegener Jüngling, hat einen halben Tag mit Schmausen und Spielen zugebracht, gerät aber des Abends in ein übelberüchtigtes Haus, wo man ihm nicht nur alle seine Barschaft nimmt, sondern auch das Kleid vom Leibe zieht und ihn so bloß auf die Gasse hinausstößt. Er fluchet und poltert eine Weile vergebens, geht aber endlich mit dem bloßen Degen in der Hand Gasse auf, Gasse nieder, in dem Vorhaben, dem ersten dem besten mit Gewalt das Kleid zu nehmen und also nicht ohne Rock nach Hause zu kommen. Es begegnet ihm Herr Ruhelieb, ein friedfertiger Mensch, der von einem guten Freunde kommt und etwas spät nach Hause geht. Diesen fällt er an, nötiget ihn, nach dem Degen zu greifen, entwaffnet, ja verwundet ihn ein wenig und zwinget ihn also, das Kleid auszuziehen und ihm zu geben. Kaum hat er selbiges angezogen, um damit nach Hause zu gehen, so stehen an der andern Ecke der Straße ein paar tüchtige Kerle, die von Herrn Ruheliebs Feinden erkauft worden, denselben wichtig auszuprügeln. Diesen fällt Herr Trotzkopf in die Hände, und ob er gleich Leib und Seele schwöret, daß er nicht derjenige sei, davor sie ihn ansehen, wird er doch wacker abgestraft, so daß er aus Zorn und Ungeduld das Kleid wieder von sich wirft und ganz braun und blau geprügelt nach Hause läuft.

Weil diese Fabel vor eine vollständige Komödie noch zu kurz ist, so müßte man irgend etliche Zwischen-Fabeln dazu dichten. Herr Trotzkopf müßte irgendeine Liebste haben, der er viel von seiner Herzhaftigkeit vorgesagt hätte. Diese müßte nun, durch das nächtliche Lärmen aufgeweckt, irgend zum Fenster hinaussehen und an der Stimme ihren Liebhaber erkennen. Oder es könnte sonst ein Patron desselben solches gewahr werden, der von seiner bösen Lebensart nichts gewußt. Kurz, die Abteilung und Auszierung müßte nach den Regeln gemacht werden, die im andern Teile, wo von der Komödie insbesondre gehandelt wird, vorkommen sollen. Soviel ist indessen gewiß, daß in dieser Fabel noch immer jene erstere allgemeine zum Grunde lieget und die moralische Wahrheit von der Gewalttätigkeit allegorisch in sich begreift.

Die Tragödie ist von der Komödie nur in der besondern Absicht unterschieden, daß sie anstatt des Gelächters die Verwunderung, das Schrecken und Mitleiden zu erwecken suchet. Daher pflegt sie sich lauter vornehmer Personen zu bedienen, die durch ihren Stand, Namen und Aufzug mehr in die Augen fallen und durch große Laster und traurige Unglücks-Fälle solche heftige Gemüts-Bewegungen erwekken können. Ich werde also sagen: Ein mächtiger König sahe, daß einer seiner Untertanen ein schönes Landgut hatte, welches er gern selbst besessen hätte. Er bot ihm anfänglich Geld davor: als jener es aber nicht verkaufen wollte, braucht er Gewalt und List, läßt den Unschuldigen durch erkaufte Kläger, falsche Zeugen und ungerechte Richter vom Leben zum Tode bringen, seine Güter aber unter seine Kammergüter ziehen. Dieses ist der Grundriß zu einer tragischen Fabel, woran nichts mehr fehlt, als daß man noch in der Historie etliche Namen suche, die sich zu dieser Fabel einigermaßen schicken. Mir fällt hier gleich der König Achab ein, der den Naboth auf solche ungerechte Art um seinen Weinberg gebracht[197]. Hier kann man die Jesabel ihre Rolle auch spielen lassen, imgleichen der Ehgattin Naboths was zu tun geben, so wird die Fabel zu einer Tragödie lang genug werden. Die besondern Regeln des Trauerspiels werden gleichfalls im II. Teil in einem eigenen Kapitel vorkommen.

Endlich folgt die epische Fabel, so sich vor alle Helden-Gedichte und Romane schicket. Diese ist das Fürtrefflichste, was die ganze Poesie zustande bringen kann, wenn sie nur auf gehörige Art eingerichtet wird. Ein Dichter wählt also dabei in allen Stücken das Beste, was er in seinem Vorrate hat, ein so großes Werk damit auszuschmücken. Die Handlung muß wichtig sein, das ist, nicht einzelne Personen, Häuser oder Städte, sondern ganze Länder und Völker anbetreffen. Die Personen müssen die ansehnlichsten von der Welt, nämlich Könige und Helden und große Staatsleute sein. Die Fabel muß nicht kurz, sondern lang und weitläuftig werden und in dieser Absicht mit vielen Zwischen-Fabeln erweitert sein. Alles muß darin groß, seltsam und wunderbar klingen, die Charakteren, die Gedanken, die Neigungen, die Affekten und alle Ausdrückungen, d. i. die Sprache oder die Schreibart. Kurz, dieses wird das Meisterstück der ganzen Poesie. Aus dieser Ursache werde ich also meine obige Fabel so einkleiden: Ein junger Held, in welchem eine unersättliche Ehrbegierde brennet, suchet sich durch die Macht der Waffen einen großen Namen zu machen. Er rüstet derowegen ein gewaltiges Heer, überzieht erst die benachbarten kleinern Staaten mit Krieg, bezwingt sie und wird dadurch immer mächtiger. Durch List und Geld trennet er die Bündnisse seiner stärkern Nachbarn, greift sie darauf einzeln an und bemeistert sich aller ihrer Länder. Da er nun endlich so groß geworden ist, als es möglich war, aber auch zugleich ein Abscheu aller Welt geworden, fällt seine Hoheit auf eine schmähliche Art, und er nimmt ein klägliches Ende. Diese Haupt-Fabel eines Heldengedichtes nach den besondern Regeln desselben zu rechtfertigen, ist dieses Orts noch nicht. Ich merke nur dieses an, daß sie nicht zum Lobe der Hauptperson, sondern zur Schande derselben gereichen würde; und darin ist sie von den berühmten Heldengedichten der Alten unterschieden. Meine allererste allgemeine Fabel und der darin zum Grunde gelegte Lehrsatz ließ solches nicht anders zu: Die Regeln des Helden-Gedichtes aber verbieten solches nicht; wiewohl ich es selbst vor ratsamer achte, löbliche [eher] als strafbare Handlungen zu verewigen. Nichts mehr fehlt bei der also gestalteten Fabel als die Benennung der Personen. Das steht aber wiederum bei mir. Ich suche in der Historie dergleichen Prinzen, die sich zu meiner Absicht schicken und mein Vaterland insbesondre angehen. Wäre ich ein Grieche von Geburt, so würde ich mir den Xerxes wählen, der nach vielen Gewalttätigkeiten in der Marathonischen Schlacht elendiglich entfliehen müssen. Wäre ich ein Persianer: so würde ich den großen Alexander nehmen, der nach Eroberung von halb Asien zu Babylon ein frühes Ende genommen. Wäre ich ein Römer, so würde Hannibal mein Held werden, der mit Schimpf und Schande aus Italien weichen müssen, als Scipio seine Hauptstadt in Afrika belagerte. Wäre ich ein alter Gallier, so könnte Attila die Hauptperson meines Gedichtes abgeben, der in den Catalaunischen Feldern aufs Haupt geschlagen worden. Weil ich aber itzo in Deutschland lebe, so dörfte ich nur Ludewig den XIV. und dessen bei Höchstädt[198] gedämpften Übermut in meinem Gedichte beschreiben und demselben den Titel des ›Herrschsüchtigen Ludewigs oder eingebildeten Universal-Monarchen‹ geben: So hätte es in diesem Stücke seine Richtigkeit, und die Neben-Fabeln samt allen dazu gehörigen Personen müßten nach Beschaffenheit der Umstände und Geschichte bequemet und also aufs wahrscheinlichste eingerichtet werden.

Aus dem allen erhellet nun sonder Zweifel, wie man mit Grunde der Wahrheit sagen könne, daß die Fabel das Hauptwerk in der ganzen Poesie sei; indem die allerwichtigsten Stücke derselben einzig und allein darauf ankommen.* Es ist aber auch leicht daraus abzunehmen, mit wie

* 4. Aufl. nach *darauf ankommen* eingefügt: Wer es in dem Grundrisse zu dieser versieht, der darf sich nicht schmäucheln, daß es ihm in der Poesie gelingen werde; soviel Witz und Gaben er auch sonst haben möchte. Darin haben es Milton, Saint Amant[199] und bei uns die Verfasser des ›Messias‹, des ›Noah‹ und der ›Synd-Flut‹ versehen[200]; sovieler schlechten dramatischen Dichter zu geschweigen.

vielem Grunde Aristoteles von der Dichtkunst sagen können, daß sie philosophischer sei als die Historie und angenehmer als die Philosophie[201]. Ein Gedichte hält in der Tat das Mittel zwischen einem moralischen Lehrbuche und einer wahrhaften Geschicht. Die gründlichste Sittenlehre ist vor den großen Haufen der Menschen viel zu mager und trokken. Denn die Schärfe in Vernunftschlüssen ist nicht vor den gemeinen Verstand unstudierter Leute. Die nackte Wahrheit gefällt ihnen nicht; es müssen philosophische Köpfe sein, die sich daran vergnügen. Die Historie aber, so angenehm sie selbst den Ungelehrten zu lesen ist, so wenig ist sie ihnen erbaulich. Sie erzählt lauter besondre Begebenheiten, die sich das tausendste Mal nicht auf den Leser schicken, und wenn sie sich gleich ohngefähr einmal schickten, dennoch viel Verstand zur Ausdeutung bei ihm erfordern würden. Die Poesie hergegen ist so erbaulich als die Moral und so angenehm als die Historie; sie lehret und belustiget und schicket sich vor Gelehrte und Ungelehrte: darunter jene die besondre Geschicklichkeit des Poeten, als eines künstlichen Nachahmers der Natur, bewundern; diese hergegen einen beliebten und lehrreichen Zeitvertreib in seinen Gedichten finden.

Ein jeder sieht wohl, daß die gemeinen Romane in einer so löblichen Absicht nicht geschrieben sind. Ihre Verfasser verstehen oft die Regeln der Poesie so wenig als die wahre Sittenlehre; daher ist es kein Wunder, wenn sie einen verliebten Labyrinth in den andern bauen und eitel Torheiten durcheinanderflechten, ihre wollüstige Leser noch üppiger zu machen und die Unschuldigen zu verführen. Wenn sie erbaulich sein sollten, müßten sie nach Art eines Heldengedichtes abgefasset werden, wie Heliodorus, Longus[202], Cervantes und Fénelon getan. Zieglers ›Banise‹ ist bei uns Deutschen noch der allerbeste Roman, das macht, daß er in wenigen Stücken von den obigen Regeln abweicht: kann auch daher von verständigen und tugendliebenden Gemütern mit Lust und Nutzen gelesen werden.

Indessen darf niemand denken, die Fabel wäre bloß allein

in den großen Gattungen der Gedichte brauchbar und müßte also nicht vor was Allgemeines ausgegeben werden. Man kann sie überall anwenden und in allen kleinern Arten der poetischen Werke mit Nutzen einmischen. In Oden, Elegien, Schäfergedichten und Satiren, ja auch in poetischen Briefen haben die Alten und Neuen sich ihrer Dichtungs-Kraft mit gutem Fortgange bedienet. Deswegen aber leugne ich nicht, daß nicht die erstern und unvollkommenern beiden Gattungen der Nachahmung, nämlich die Beschreibungen und Ausdrückungen der Gemüts-Beschaffenheiten, in diesen kleinern Gedichten gleichsam herrschen sollten. Ebendarum aber sind sie auch vor geringer zu halten als die großen poetischen Werke, wo die Fabel zum Grunde liegt. Wer jene geschickt verfertiget, heißt zwar auch ein Dichter, insoweit er der Natur nachahmet; aber ein Dichter von weit geringerer Fähigkeit als einer, der in großen moralischen Fabeln die Handlungen der Menschen auf eine so vollkommene Art vorzustellen vermögend ist. Wer ein gut Naturell und Lust zur Poesie hat, fängt vom Kleinen an, strebt aber mit einer löblichen Ehrliebe nach dem Vollkommensten. Wer diesen Gipfel nicht erreichen kann, der bescheidet sich auch, daß er kein großer Poet ist, und begnügt sich, wenn er unter den kleinen Dichtern Lob verdienet. Unser Vaterland hat auch in der Tat noch keinen großen Poeten hervorgebracht, weil wir in den großen Gattungen der Gedichte noch kein gutes Original aufzuweisen haben. Mit Übersetzungen ist es nicht ausgerichtet. Wenn ich gleich die ›Ilias‹ und ›Odyssee‹, und die ›Aeneis‹ noch dazu, in die schönsten deutschen Verse übersetzte: So würde ich dadurch ebensowenig ein Poet, als die Frau Dacier[203] durch ihre ungebundne französische Übersetzung eine Dichterin geworden. Es muß was Eigenes, es muß eine neue poetische Fabel sein, deren Erfindung und geschickte Ausführung nur den Namen eines Dichters erwerben soll.*

* 4. Aufl. nach *erwerben soll* eingefügt: Es ist aber nunmehr mit vieler Wahrscheinlichkeit zu hoffen, daß wir bald mehr dergleichen vortreffli-

Das fünfte Kapitel

Von dem Wunderbaren in der Poesie

Im ersten Kapitel ist schon beiläufig gedacht worden, daß sich die ältesten Dichter angelegen sein lassen, bei dem einfältigen Haufen ein Ansehen zu erwerben und von ihnen bewundert zu werden. Nun bewundert man nichts Gemeines und Alltägliches, sondern lauter neue, seltsame und fürtreffliche Sachen. Daher mußten auch die Poeten auf was Ungemeines denken, dadurch sie die Leute an sich ziehen, einnehmen und gleichsam bezaubern könnten. Der Grund dieser Bemühung steckt in der menschlichen Neugierigkeit; und die Wirkungen haben's gewiesen, daß sie nicht vergebens gewesen. An sich selbst aber ist dergleichen Mittel, die Leute aufmerksam zu machen, erlaubt: wenn man nur den Endzweck hat, sie bei der Belustigung zu bessern und zu lehren. Nun kann man wohl freilich die Fabel selbst, davon wir im vorigen Kapitel gehandelt haben, von dem Wunderbaren nicht ausschließen. Die Aesopischen Fabeln insonderheit sind von der Art, daß sie Kindern und Einfältigen sehr wunderbar vorkommen; bloß weil es neu und seltsam zu hören ist, daß Tiere, Bäume und andere leblose Dinge vernünftig sollen geredet haben. Die göttlichen Fabeln sind völlig von eben der Gattung. Es dünkete denen alten Heiden sehr wundersam zu sein, wenn sie höreten, daß die größten himmlischen und irdischen Götter ebenso als wir Menschen beschaffen sein sollten, wie sie Hesiodus[205] und Homerus beschrieben. Und sie hatten große Ursache dazu, weil die ersten Poeten sehr unrichtige Begriffe von der Gottheit gehabt, die der Vernunft notwendig ein Anstoß und Ärgernis geben mußten. Die menschlichen Fabeln, die in Helden-

che Geister unter unsern Landesleuten erleben werden. Ja wir können uns rühmen, daß wir an des Herrn Barons von Schönaich[204] ›Hermann‹ nunmehr ein Heldengedicht bekommen haben, welches wir getrost der ›Henriade‹ des Herrn von Voltaire an die Seite setzen können.

gedichten, Schauspielen und Schäfergedichten hauptsächlich herrschen, scheinen anfangs nicht viel Wunderbares in sich zu begreifen, weil lauter Personen darin vorkommen, die gewöhnlicherweise in der Welt zu reden und zu handeln pflegen. Allein die Verwirrungen dieser Fabeln, die mannigfaltigen Zufälle, die ihren Hauptpersonen begegnen, die großmütigen oder verzagten Entschlüßungen, so sie dabei fassen, und andre solche Stücke mehr machen oft eine sonst ganz wahrscheinliche Fabel so wunderbar, als ob Bäume und Tiere miteinander geredet hätten oder ein halb Dutzend Götter sichtbar erschienen wären.

Wir können also nach dieser Anleitung das Wunderbare in drei Gattungen einteilen, davon die erste alles, was von Göttern und Geistern herrühret: die andre alles, was von Menschen und ihren Handlungen entsteht: die dritte, was von Tieren und andern leblosen Dingen kommt, in sich begreift. Alle drei Arten setzen einen Leser oder Zuschauer eines Gedichtes in Erstaunen, wenn sie nur wohlersonnen und glücklich angebracht worden: Alle drei aber wollen auch nach gewissen Regeln eingerichtet werden, wenn sie nicht kindisch und lächerlich herauskommen sollen.

Das erste Wunderbare, so die Götter verursachen, ist wohl zweifelsohne der Beistand, den sie dem Poeten selbst leisten. Wir finden, daß die Alten nicht nur die Musen, sondern auch wohl andre Gottheiten, den Jupiter, Phöbus, Bacchus, Mars, imgleichen die Venus, Diana, Sonne etc. angerufen: Doch haben die erstern allezeit den Vorzug behalten, daß man sie vor die eigentlichen Gehülfinnen der Dichter angenommen. Daher entstunden nun die häufigen Anrufungen derselben, die wir in allen Arten der Gedichte antreffen. Die Poeten achteten sich's vor eine Ehre, von den Musen getrieben und begeistert zu sein oder es wenigstens zu heißen: ja sie begaben sich fast alles Anteils, so sie an ihren Sachen hatten, um nur vor göttlich erleuchtete Männer gehalten zu werden, die gleich denen Propheten nicht von sich selbst, sondern aus höherer Eingebung geredet und geschrieben. Bei der Einfalt der ältesten Völker war auch dieses was Leichtes. Die dummen Leute, die irgendeines mittelmäßigen Poeten Verse höreten, dachten gleich: das ginge nicht natürlich zu, daß ein solcher Mensch, wie sie selbst waren, dergleichen ungemeine Dinge aus seinem eigenen Kopfe hernehmen könnte. Der Schluß war also richtig: Haben sie es nicht von sich selbst, so hat es ihnen ein höheres Wesen, eine Gottheit oder eine Muse eingegeben. Wir finden selbst in der Verteidigungs-Rede Sokratis beim Plato, daß Sokrates von den Poeten sagt, sie pflegten viele herrliche und schöne Sprüche und Sachen zu sagen: Doch wären sie daher den Propheten gleich, die auch treffliche Dinge sagten, aber selbst dasjenige nicht verstünden, was sie redeten. Dergestalt könnte wohl sogar dieser Weltweise die Poeten vor begeisterte Leute gehalten haben. Und warum das nicht? Zum wenigsten hat es mit ihren göttlichen Trieben ebensoviel Richtigkeit gehabt als mit seinem Geiste, der ihn allezeit gewarnet haben soll. Wenn nun die Poeten diesem gemeinen Wahne zufolge fleißig die Musen anriefen: so klang es in den Ohren des Pöbels recht andächtig und machte dem Dichter ein gutes Ansehen. Und daher mag es vielleicht gekommen sein, daß sogar Lucretius[206], der doch keine Vorsehung oder Wirkung der Götter in der Welt glaubte, eben das Buch ›Von der Natur der Dinge‹, darin er diese Lehre vorzutragen willens war, mit einer Anrufung der Göttin Venus angefangen.

Wie aber alle Dinge großen Mißbräuchen unterworfen sind, so geht es auch mit dem Anrufen der Musen. Die heidnische Mythologie ist niemals systematisch vorgetragen worden, daher ist es leicht geschehen, daß auch die alten Poeten vielfältig wider ihr eigen Fabelsystema verstoßen haben, indem sie die Musen zur Unzeit angerufen haben. Man kann an allen Gedichten die Form von der Materie oder die äußere Gestalt von dem Inhalte unterscheiden und hiebei verschiedene Fehler anmerken, die von den Poeten begangen worden. Der Form nach ist ein Gedichte entweder groß oder klein, entweder episch oder dramatisch, entweder in erhabener Schreibart abgefaßt oder in einer niedrigen und gemeinen Art des Ausdruckes geschrieben. Da wird es nun leicht zu begreifen sein, daß ein Poet wohl in großen, epischen und erhabenen, aber nicht in kleinen, dramatischen und niedrigen Gedichten die Musen anrufen müsse. Die Ursache ist bald zu finden. Die Kräfte eines Menschen von gutem aufgewecktem Kopfe langen zur Not, auch nach der Einfältigsten Geständnis, schon zu, ein Sonett, Madrigal, eine Arie, kleine Ode, Satire, ja auch wohl Elegien, Briefe und Schäfergedichte zu verfertigen. Was ist es also nötig, in solchen Kleinigkeiten den göttlichen Beistand der Musen zu suchen? Virgil scheint dieses nicht allezeit bedacht zu haben, wenn er in seinen Eclogen gar oft die Musen anruft, da doch diese Art von Gedichten so was Schweres und Erhabenes nicht an sich hat. Z. E.

Ecloge IV

Sicelides Musae, paulo maiora canamus!

Ecloge VIII

Vos quae responderit Alphesiboeus
Dicite Pierides. Non omnia possumus omnes.

Ecloge X

Haec sat erit, divae, vestrum cecinisse Poetam,
Dum sedet et gracili fiscellam texit hibisco,
Pierides.[207]

Imgleichen in dem ›Gedichte vom Ackerbau‹ soll ihm die Muse was helfen, ›Georgica‹ IV:

Quis Deus hanc, Musae, quis nobis extudit artem?
Unde nova ingressus hominum experientia coepit?[208]

Horaz ist hierin viel bescheidner gewesen, weil er wohl unzählige kleine Oden, Briefe und Satiren gemacht, ohne die Musen ein einzig Mal anzurufen. Nur wenn er etwas Größeres machen will, dergleichen die IV. Ode des III. Buches ist, hebt er an:

> Descende coelo et dic age tibia,
> Regina longum Calliope melos.[209]

Hieraus ist leicht zu schließen, daß die heutigen Poeten, die in allen elenden Hochzeit- und Leichen-Versen die Musen dabeihaben wollen, die Hoheit dieser Göttinnen schlecht verstehen, wenn sie sich einbilden, daß sie sich um ihrer elenden Kleinigkeiten wegen viel bemühen würden. Es würde auch bei so vielem magern Zeuge nicht leicht zu besorgen sein, daß man ihre Einfälle vor was Übermenschliches halten möchte.
Die epischen Gedichte heißen hier alle diejenigen, darin der Poet selber redet, ob er gleich zuweilen auch andre redend einführet. Hierin geht es nun freilich an, daß er die Musen nach Beschaffenheit der Sachen anrufen könne. Allein in dramatischen Gedichten oder Schauspielen, wo der Poet gar nicht zum Vorscheine kommt, sondern lauter andre Personen die Fabel spielen, da ist es gar wider alle Wahrscheinlichkeit, daß eine von denselben, entweder vor sich oder im Namen der andern, den Beistand der Musen anrufen soll. Denn sie werden ja nicht als Poeten vorgestellet, die was dichten wollten, sondern als schlechte Menschen, die aus eigenen Kräften nach Veranlassung der Umstände reden und handeln. Diese Regel ist auch von den Alten und Neuern so wohl beobachtet worden, daß man nichts weiter davon hinzusetzen darf.
Die erhabene Schreibart ist von der gemeinen Art zu reden durch die edlen, geistreichen und feurigen Ausdrückungen sehr unterschieden, wie man im folgenden zeigen wird. Wenn also ein Poet recht was Hohes schreibt, welches ihm nicht ein jeder vermögend ist nachzutun, so sieht man wohl, daß er sich des Beistandes der Musen mit guter Wahrscheinlichkeit rühmen, sie auch deswegen mit Recht darum anrufen könne. Schreibt er aber ein Gedichte, oder sonst eine Kleinigkeit, in der gemeinen Sprache des Pöbels, die nichts

Edles, nichts Feuriges, nichts Ungemeines hat: so wäre es abermal lächerlich zu sagen, daß er solches mit Hülfe der Musen verfertiget habe, welche sich gewiß von ihren Hügeln so tief nicht herunterzulassen pflegen.
Ihrem Inhalte nach sind die Gedichte entweder unter die historischen oder dogmatischen oder auch unter die prophetischen zu rechnen. Hier fragt sich's nun, ob alle drei Gattungen oder nur eine davon vor die Musen gehöre? Von den historischen ist wohl kein Zweifel: Denn die Musen sind Töchter der Mnemosyne[210], dadurch die Fabel unfehlbar anzeiget, daß die Wissenschaft alter Geschichte ihnen eigen sei. Die Spuren davon findet man auch überall in den Poeten, zu geschweigen, daß Klio insbesondre der Historie vorgesetzet worden. Man muß nur dabei bemerken, daß die Musen sich nicht um gemeine und überall bekannte Dinge anrufen lassen, die man auch ohne ihre Hülfe wissen kann. Es würde ungereimt sein, wenn ich sie ersuchte, mir die Taten Alexanders oder Cäsars zu offenbaren, davon alle Bücher voll sind. Es müssen verborgene und ganz ins Vergessen geratene Dinge sein, dabei man sich ihren Beistand ausbittet. So macht's Homerus am Ende des ersten Buches in seiner ›Ilias‹. Er bittet die Musen, ihm alle die Armeen und ihre Heerführer zu entdecken, die sich bei Troja versammlet, welche damals gewiß kein Mensch mehr zu nennen wußte. Freilich hat er sie selbst nach der Wahrscheinlichkeit erdichtet: Aber seine Erzählung würde nicht soviel Glauben gefunden haben, wenn er nicht getan hätte, als ob ihm die Musen solches eingegeben. Denn man hätte gleich gefragt, woher er alle die Nachrichten hätte?
Ebenso hat's Virgilius gemacht. Er will gleich im Anfange seiner ›Aeneis‹ wissen, warum doch Juno so erzürnt gewesen, welches gewiß ein bloßer Mensch nicht wissen konnte: Darum schreibt er:

> Musa, mihi causas memora, quo numine laeso,
> Quidue dolens regina deum, tot voluere casus

Insignem pietate virum, tot adire labores
Impulerit? Tantaene animis caelestibus irae?[211]

Darauf fängt er an, Dinge zu erzählen, die unter den Göttern im Himmel und auf Erden vorgegangen und die vielleicht noch keinem in den Sinn gekommen waren, aber nach der heidnischen Theologie nichts Unmögliches oder Unglaubliches in sich hielten. Ebenso macht er's an verschiedenen Orten mitten im Gedichte, wo er bald eine, bald die andre, bald alle Musen zugleich um die Offenbarung gewisser Umstände aus alten Geschichten anrufet. ›Aeneis‹ VII:

Nunc age, qui Reges, Erato, quae tempora rerum,
Quis Latio antiquo fuerit status, advena classem
Cum primum Ausoniis exercitus appulit oris,
Expediam, et primae revocabo exordia pugnae.[212]

Und bald darauf in ebendem Buche:

Pandite nunc Helicona, Deae, cantusque movete,
Qui bello exciti Reges, quae quemque secutae
Complerint campos acies; quibus Itala iam tum
Floruerit terra alma viris, quibus arserit armis:
Et meministis enim, Divae, et memorare potestis;
Ad nos vix tenuis famae perlabitur aura.[213]

Im IXten Buche ruft er die Kalliope insbesondre an, wie vorhin die Erato:

Vos o Calliope, precor, adspirate canenti,
Quas ibi tunc ferro strages, quae funera Turnus
Ediderit; quem quisque virum demiserit orco,
Et mecum ingentis oras evolvite belli,
Et meministis enim, Divae, et memorare potestis.[214]

Und abermal bei solcher Gelegenheit in demselben Buche:

Quis Deus, o Musae, tam saeva incendia Teucris
Avertit? Tantos ratibus quis depulit ignis?
Dicite. Prisca fides facto, sed fama perennis.[215]

Was die dogmatischen Sachen[216] anlangt, so wird wohl freilich in ungebundner Schreibart niemand den Beistand der Musen anrufen; wo er nicht ebenso ungereimt handeln will als Valerius Maximus[217], der im Anfange seiner zusammengestoppelten Histörchen den Kaiser Tiberius als eine Gottheit anruft, ihm in seiner Arbeit beizustehen, die doch so leicht war, daß sie keines Beistandes bedorfte: Oder als Varro[218], der ein Buch vom Ackerbau schreibet und im Anfange desselben die Feldgötter anrufet, ihm zu helfen, da er doch solches von sich selbst schon ausführen konnte. Allein was in poetischer Schreibart von dogmatischen Dingen ausgearbeitet worden, als des Aratus Gedichte von der Stern-Wissenschaft, Lucretii Bücher von der Naturlehre, Virgils Bücher vom Feldbaue u. dgl., da fragt sich's, ob man die Musen oder sonst eine Gottheit anrufen solle; im Falle das Werk so groß und so wohl geschrieben ist, daß man Ursache dazu hat. Überhaupt sind die Musen nicht Göttinnen der Weisheit oder der Wissenschaften, sondern der Poesie, der Musik und der Geschichte, mit einem Worte, der freien Künste. Man muß also von ihnen nichts fordern, als was ihnen zugehört. Die Vernunftschlüsse gehören vor die weise Pallas, der Feldbau vor die Feldgötter, als Sonn und Mond, Bacchus und Ceres, [vor] die Faunen und Nymphen, [vor] den Pan und Neptun, [vor] die Minerva und den Silvan[219] usw. Alle diese ruft Virgil in seinen ›Georgicis‹ zu Hülfe: ja er setzt endlich noch gar den Cäsar dazu, als der vielleicht auch nach seinem Tode ein Feldgott werden könnte. Lucretius, wie ich bereits oben gedacht, hat auch die Göttin Venus, als die Vorsteherin der Erzeugung angerufen; welches beiden als Dichtern nicht übelgenommen werden kann. Horaz hat in der XI. Ode des III. Buches den Merkur als einen Gott der Beredsamkeit um seinen Beistand angerufen, als er ein recht bewegliches und herzrührendes Liebeslied machen wollte. Dieses scheint der Form nach unrecht zu sein, weil Merkur weder Verse noch Liebeslieder machen kann. Allein dem Inhalte nach geht es doch an. Denn zu geschweigen, daß derselbe die Musik versteht und dazu singt, wie Horatius anführt: so ist er ja ein Gott der Beredsamkeit, der ihm alle die Vorstellungen und Bewegungsgründe eingeben konnte, die er nötig hatte, das Gemüt seiner geliebten Lyde zu gewinnen. Den Fehler aber kann ich nicht entschuldigen, wenn Virgilius im IVten Buche seines Georgischen Gedichtes schreibt:

Quis Deus hanc, Musae, quis nobis extudit artem?
Unde nova ingressus hominum experientia coepit?[220]

Was bekümmern sich die Musen um die Bienenzucht? Und wie konnte sich der Poet einbilden, die Göttinnen der freien Künste würden die Kunstgriffe des Feldlebens herzuzählen wissen? Pan und Ceres möchten ihm davon Nachricht gegeben haben. Viel weniger aber kann folgendes gelten, aus der III. Ecloga:

Pierides, vitulam lectori pascite vestro.[221]

Denn wie kann man's immermehr den Musen zumuten, den Helikon zu verlassen und Viehhirtinnen zu werden? Große Leute fehlen auch; aber ihr Versehen muß uns behutsam machen.

Wir kommen auf die prophetischen Sachen, darin manchmal ein Poet etwas Künftiges vorhersagt. Hier fragt sich's, ob man es von den Musen fordern könne, dem Poeten dergleichen bevorstehende weit entfernete Begebenheiten vorherzusagen? Die Mythologie lehret aber nirgends, daß sie Sibyllen oder Wahrsagerinnen gewesen, folglich muß ein Dichter, der was prophezeien will, den Apollo zu Hülfe rufen und diesen weissagenden GOtt um die Offenbarung des Zukünftigen anrufen. Und aus diesem Grunde kann abermal Virgil eines Fehlers beschuldiget werden, weil er in der IVten Ecloge die sizilianischen Musen, das ist die Schäfer-Musen des Theocritus, im Anfange des Gedichtes anrufet, etwas Höhers hören zu lassen, als sie sonst gewohnt wären:

> Sicelides Musae paullo maiora canamus,
> Non omnis arbusta iuvant humilesque myricae.[222]

Denn zu geschweigen, daß die Schäfer-Musen auf ihren Haberröhren[223] und Schalmeien unmöglich einen Trompeten-Klang erzwingen können und er also die Kalliope als eine Helden-Muse hätte anrufen müssen: So zeiget auch der Verfolg der Ecloge, daß dieses Hohe, so er von ihr fordert, nichts anders als eine Prophezeiung von den bevorstehenden glückseligen Zeiten gewesen, die allen Criticis soviel Schwierigkeiten gemacht hat. Wie haben die Musen ihm dieses immermehr einzugeben vermocht? Wie sind sie auf einmal zu Prophetinnen geworden und der Pythia[224] ins Amt gefallen? Wenn man dichten könnte, was sich nicht miteinander reimet, so könnte man's auch keinem Maler verübeln, wenn er auf einen Pferdehals einen Menschenkopf setzen, Flügel anfügen und endlich einen Fischschwanz dazu malen wollte: Welches doch alle Welt mit Horatio vor auslachenswürdig erklären würde[225]. Was noch sonst bei Anrufung der Gottheiten in den Heldengedichten insbesondre zu sagen ist, soll an gehörigem Orte vorkommen.

Ich fahre fort zu den andern Arten des Wunderbaren, so von den Göttern herrühret; und das sind die Wunderwerke, so durch ihre unmittelbare Wirkung geschehen. Die Poeten haben sich derselben in Heldengedichten und Tragödien sehr häufig bedienet, sind aber nicht allezeit glücklich damit gewesen. Ovidius hat gar ein ganzes Buch mit solchen poetischen Wundern angefüllet und die Sache aufs Höchste getrieben: So daß seine ›Verwandlungen‹ auch bei den Heiden selbst alle Wahrscheinlichkeit überstiegen haben. Es ist wahr, daß man in allen Religionen den Göttern und Geistern mehr Macht zugestanden als bloßen Menschen und daß es daher so ungereimt nicht ist, in Fällen, wo sich's der Mühe verlohnet, zu dichten, es wäre ein Wunderwerk von GOtt geschehen. Wer aber hierin sein Urteil nicht zu Rate zieht, der wird handgreiflich verstoßen. Die göttliche Macht erstreckt sich auf alles Mögliche, aber auf nichts Unmögliches; daher muß man sich nicht auf sie berufen, seine ungereimte Einfälle zu rechtfertigen. Der Schild Achillis, den Homerus beschreibt[226], gehört unter diese Klasse: denn weil es nicht möglich ist, so viel seltsame und widersinnische Dinge auf eine Fläche von der Größe und Beschaffenheit zu bringen: So sollte auch Vulkans Kunst nicht zu Bescheinigung eines solchen falschen Wunders gebraucht worden sein; wie im folgenden Kapitel ausführlicher soll gezeiget werden. Virgil ist auch voll solcher Wunder, die nicht zum besten angebracht oder übel ausgesonnen sind. Die gestrandeten Schiffe verwandeln sich in Seenymphen. Ein Baum läßt Blut fließen, da ihm in die Rinde gehauen wird, und derjenige, so darunter begraben liegt und halb verfault ist, muß anfangen zu reden. Aus dem Baume im Eingange der Höllen ist ein güldner Ast gewachsen. Die Vögel prophezeien mit menschlicher Stimme und Sprache u. a. m. Alle diese Wunder sind entweder ohne Not oder nicht mit genugsamer Wahrscheinlichkeit erdacht.

Was die heidnischen Poeten von ihren Göttern vor Wunderdinge geschehen lassen, das haben die christlichen Dichter den Engeln und Teufeln zugeschrieben. Daher kommen die vielfältigen Zauber-Historien, die in so vielen Ritterbüchern und Romanen, ja selbst im Tasso und andern seinen Landesleuten vorfallen. Die Meinungen der Kritik-Verständigen sind hiervon sehr uneins: Es ist gewiß, daß man diese Leute mit der herrschenden Meinung ihrer abergläubischen Zeiten ebensowohl entschuldigen kann als die alten Poeten wegen der Fabeln von ihren Göttern, in Betrachtung der heidnischen Theologie, entschuldiget werden. Aber es ist auch ebenso unleugbar, daß es besser sei, sich solcher Arten des Wunderbaren zu bedienen, die allen Zeiten und Orten gemein sind und bleiben. Wer kann sich itzo des Lachens enthalten, wenn Tasso in seinem IV. Buch[227] den Teufel mit solchen Hörnern, dagegen alle Berge und Felsen nur wie kleine Hügel zu rechnen sind, ja gar mit einem langen Schwanze abmalet und ohne Maß und Ziel allerlei Zaubereien von ihm und seinem Anhange geschehen lassen. Wer merkt die Ausschweifung nicht, wenn des Raimunds Schutz-Engel im VIIden Buche aus der himmlischen Rüst-Kammer einen diamantnen Schild von solcher Breite holet, daß er vom Kaukasus bis an den Atlas alle Länder und Meere damit bedecken könnte.* Dieses Wunderbare ist viel zu abgeschmackt vor unsre Zeiten und würde kaum Kindern ohne Lachen erzählet werden können. Ebendahin rechne ich die Zauberei, die Voltaire in seine ›Henriade‹ gebracht, dadurch ein jüdischer Hexen-Meister der Königin Heinrich den Vierten als den künftigen Reichsfolger ihres Sohnes herbannen muß. Und dieses mit desto größerm Rechte, weil ebendieser Poet in seinem ›Discours vom Heldengedichte‹[229] den berühmten Milton deswegen getadelt: da er sich doch ebendieses Fehlers notwendig bewußt sein mußte; wie der englische Criticus, der sein Gedichte geprüfet, gar wohl erinnert hat[230]. Ein heutiger Poet hat also große Ursache, in dergleichen Wunderdingen sparsam zu sein. Die Welt ist nunmehro viel aufgeklärter, und nichts ist ein größeres Zeichen der Einfalt, als wenn man, wie ein andrer Don Quixote, alles, was geschieht, zu Zaubereien machet. Ich gedenke dieses trefflichen Buches mit Fleiß allhier; weil dessen Verfasser Cervantes sehr viel

* 4. Aufl. nach *bedecken könnte* eingefügt: Miltons Erfindungen sind nicht viel besser ausgesonnen. Satan, der ganze Feldwege lang ist, erfindet in dem Streite mit dem Michael und seinen Engeln die ersten Kartaunen[228] und braucht sie mit solchem Erfolge, daß ganze Geschwader von himmlischen Geistern dadurch zu Boden geworfen und zurückgetrieben werden. Endlich, da diese betäubten Streiter wieder zu sich selbst kommen, reißen sie ganze Gebirge (denn auch Berge gibt es in dem miltonischen Himmel vor Erschaffung der Welt) aus ihren Wurzeln und werfen sie den Teufeln mit solcher Wut an die Köpfe, daß sie taumelnd zu Boden stürzen und also der Sieg sich wieder auf die gute Partei zu lenken beginnet.

dazu beigetragen, daß die abenteuerlichen Fabeln aus Ritterbüchern und Romanen allmählich abgeschaffet oder doch weit behutsamer, als vormals geschehen, eingerichtet worden.

In theatralischen Gedichten findet das Wunderbare, so von Göttern herrühret, auch statt. Es erscheinet zuweilen eine Gottheit auf der Bühne, zuweilen verrichtet sie ein Wunderwerk, diesen oder jenen Helden aus Not zu helfen. Bald wird was prophezeiet, bald gezaubert, alles dieses gehört zum Wunderbaren der Schaubühne. Daß die Heiden in ihren Schauspielen sich zuweilen vermischter Fabeln bedienet, darinnen sowohl Götter als Menschen vorkommen, das ist ihnen gar nicht zu verdenken. Homerus war gleichsam ihre Bibel, und darinnen stunden sehr viel Erscheinungen der Götter beschrieben, die in alten Zeiten geschehen sein sollten. Es war also ihrer Theologie ebensowohl gemäß, dieselben zu glauben, als der unsrigen, daß im Alten Testamente den Gläubigen vielmals Engel erschienen sind. Wer bei uns von Adam und Eva, von Loth, von Abraham und Jakob, von David, Nebukadnezar, Daniel und Tobias Schauspiele machte, würde eher getadelt werden, wenn er die Engel wegließe, als wenn er sie beibrächte. Das erste Welt-Alter hat bei allen Völkern das Vorrecht, daß man ihm gern viel Wunderbares zuschreibet; ja was man itzo seinen eigenen Augen nicht glauben würde, das dünket den meisten sehr möglich und wahrscheinlich, wenn es nur vor drei- oder viertausend Jahren geschehen sein soll. Es haben's derowegen auch die Griechen und Römer schon beobachtet, daß sie zwar diejenigen Fabeln ihrer Schauspiele, so aus den ältesten Zeiten hergenommen sind, mit einigen göttlichen Erscheinungen und Wundern ausgeschmücket: aber in denen, so sie aus neuern Zeiten entlehnet, sich derselben aufs sorgfältigste enthalten haben. Daher hat auch Horaz die Regel gemacht:

> Nec Deus intersit, nisi dignus vindice nodus
> Inciderit.[231]

In der Tat erfordert es nicht viel Verstand, alle Augenblick einen GOtt vom Himmel kommen zu lassen, um dem Schauspiele auszuhelfen, wenn es widerwärtig ablaufen will, wo nicht ein höherer Beistand dazukommt. Das heißt mehrenteils den Knoten zerschneiden, aber nicht auflösen. Und darin verstoßen gemeiniglich unsre Opernschreiber. Weil sie ihre Schauspiele gern so wunderbar machen wollen, als es möglich ist, so denken sie fleißig auf Maschinen, das ist auf göttliche Erscheinungen, Verwandlungen und andre poetische Seltenheiten, so die Augen des Pöbels blenden. Und weil sich dieselben nicht in alle Fabeln schicken wollen, so werden sie mit den Haaren dazugezogen; damit nur ja was vom Himmel herunterkomme, wie man zu reden pflegt. Wenn nun ihre Stücke noch aus der ältesten heidnischen Fabel hergenommen sind, darin solche Erscheinungen längst das Bürgerrecht erhalten haben: so kann man ihnen ihre Wundersachen noch gelten lassen; dafern sie nur der obigen Regel Horatii nachkommen und nicht ohne Not die Götter bemühen, auch nicht in allen Opern die Maschinen vor unentbehrlich halten wollten.

Ebendas kann von den Zaubereien und bösen Geistern gesagt werden. Auch ein seichter Geist ist geschickt, einen Hexenmeister auf die Schaubühne zu stellen, der einen Zaubersegen nach dem andern hermurmelt, einen astrologischen Ring mit Charakteren verkauft, diesen unsichtbar, jenen unbeweglich, einen andern unkenntlich macht; ja wohl gar ein halb Dutzend junge Teufel herzubannet. Das Märchen von D. Faust hat lange genug den Pöbel belustiget, und man hat ziemlichermaßen aufgehört, solche Alfanzereien gern anzusehen. Daher muß denn ein Poet große Behutsamkeit gebrauchen, daß er nicht unglaubliche Dinge aufs Theater bringe, viel weniger sichtbar vorstelle. Horaz hat dieses auch längst verboten, wenn er will, daß man die Prokne nicht in einen Vogel, den Cadmus nicht in eine Schlange verwandeln solle, imgleichen daß niemand auf der Schaubühne einer Hexe das aufgefressene Kind lebendig wieder aus dem Leibe solle ziehen lassen[232]. Das wäre ebensoviel, als wenn ich Bileams Eselin redend einführen oder den Edelmann vor den Augen des Schauplatzes zum Schweine wollte werden lassen. Wer nicht weiß, wie lächerlich dieses ist, darf nur den ›Peter Squentz‹ des Andreas Gryphius[233] nachlesen, wo sogar die Wand und der Brunn, der Mond und der Leue als redende Personen aufgeführet werden. Da kann es denn wohl mit Recht heißen:

Quodcumque ostendis mihi sic, incredulus odi.[234]

Denn es ist gewiß, daß dergleichen Dinge, die man bei einer bloßen Erzählung eben nicht vor ungereimt gehalten haben würde, ganz und gar ungläublich herauskommen, wenn wir sie mit eigenen Augen ansehen und also das Unmögliche, so darin vorkommt, in voller Deutlichkeit wahrnehmen können.

In andern kleinern Gedichten gehören hauptsächlich die Fabeln unter das Wunderbare. So fängt Horaz die 19te Ode des andern Buches an. Er erzählt, wie er den Bacchus auf einem entlegenen Felsen sitzend gesehen, wo er den Nymphen und bockfüßigten Satyren Lieder gelehret habe.

Bacchum in remotis carmina rupibus
Vidi docentem, credite posteri!
Nymphasque discentes et auris
Capripedum Satyrorum acutas.[235]

Oder man erzählt eine Verwandlung, die sich womit[236] zugetragen haben solle oder noch zutragen werde: wie ebenfalls Horatius tut, wenn er in der XX. Ode des II. Buchs sagt, daß er selbst zum Schwane werden und sich hoch über alles erheben wolle. Dergleichen Dinge nun klingen wunderbar, sind aber nicht ungereimt, zumal wenn ein allegorischer Verstand darunter verborgen liegt, den ein jeder leicht finden kann. Man merkt es also gleich, was der Poet damit im Sinne gehabt, und wenn sonst nur nichts Widersinnisches in der Fabel vorkommt, wird man sie nicht verwerfen. Es dörfen aber unsre neue Fabeln deswegen nicht alle auf heidnische Art herauskommen. Man kann allegorische Personen darin aufführen, die nach ihrer Art charakterisieret werden, ohne an die Götter der Griechen und Römer zu denken. Wir sind es längst gewohnt, von Tugenden und Lastern, von den vier Jahres-Zeiten, den verschiedenen Altern des Menschen, den Welt-Teilen, Ländern und Städten, ja Künsten und Wissenschaften als von soviel Personen zu reden: Daher können ja nach solcher Anleitung unzählige Fabeln erdacht werden, die allegorischerweise was bedeuten. Deswegen aber dörfen doch die alten bereits bekannten Namen aus der Mythologie nicht ganz verworfen werden. Man weiß es längst, daß Mars den Krieg, Pallas die Weisheit, Apollo die freien Künste, Venus die Liebe, Hymen den Ehestand, Ceres den Sommer, Flora den Frühling, Pomona den Herbst, Bacchus den Wein, Neptunus die See, Aeolus den Wind, Juno den Stolz, Plutus den Reichtum usw. vorstellen. Wer sich nur nicht in gar zu tiefe Fabeln des Altertums steckt, wenn er auch von Ungelehrten verstanden werden will, der ist deswegen nicht zu tadeln. Auf die Namen kommt es nicht an; und es ist ja besser, bei dem Eingeführten zu bleiben, als daß sich ein jeder eine neue Sprache machet. Die Sternseher haben es mit den Benennungen der Gestirne, so sie von den Alten bekommen, auch so gemacht und uns dadurch ein gutes Exempel gegeben.

Von dem Wunderbaren, so von den göttlichen und andern geistlichen Dingen herrühret, kommen wir auf das Wunderbare, so von den Menschen und ihren Handlungen entsteht. Diese sind entweder gut oder böse, entweder gemein oder ungemein, entweder wichtig oder von keiner Erheblichkeit. Sowohl das Gute als das Böse kann wunderbar werden, wenn es nur nicht was Gemeines und Alltägliches, sondern was Ungemeines und Seltsames ist; imgleichen wenn es von großer Erheblichkeit zu sein scheint, welches aus dem Einflusse zu beurteilen ist, den es in die Welt hat. Ein König ist also weit mehr zu bewundern als ein Bürger, und ein hoher Grad der Tugend und des Lasters mehr als ein geringerer, der uns gar nichts Neues ist. Da nun die Poesie das Wundersame liebet, so beschäftiget sie sich auch nur mit lauter außerordentlichen Leuten, die es entweder im Guten oder Bösen aufs Höchste gebracht. Jene stellt sie als lobwürdige Muster zur Nachfolge, diese aber als schändliche Ungeheuer zum Abscheue vor. Eine mittelmäßige Tugend rühret die Gemüter nicht sehr. Ein jeder hält sich selbst dazu fähig, und also machen dergleichen wahre oder erdichtete Exempel wenig Eindruck, wenngleich sonst alle poetische Künste in Beschreibung oder Vorstellung derselben angewandt wären. Mit den Lastern geht's ebenso. Daher sucht sich ein kluger Poet lauter ungemeine Helden und Heldinnen, lauter unmenschliche Tyrannen und verdammliche Bösewichter aus, seine Kunst daran zu zeigen. Ein Achilles mit seinem unauslöschlichen Zorne; ein Ulysses und seine unüberwindliche Standhaftigkeit; ein Aeneas und seine ausnehmende Frömmigkeit; ein Oedipus in seinen abscheulichen und unerhörten Lastern; eine Medea in ihrer unmenschlichen Raserei; ein August mit seiner außerordentlichen Gnade gegen einen rebellischen Cinna; eine unvergleichliche Chimène mit ihrem tapfern Roderich u. dgl. mehr[237]. Das sind Menschen und Taten, die wunderbar sind und ohne alle Beihülfe andrer Seltsamkeiten die Leser oder Zuschauer eines Gedichtes entzücken können. Die Geschichte sind voll von solchen Helden und Handlungen, und ein verständiger Poet kann leicht Namen finden, treffliche Bilder großer Tugenden und Laster zu entwerfen; wenn er nur moralische Einsicht genug besitzet, dieselben recht zu bilden. Weil aber seichte Geister und ungelehrte Versmacher dazu nicht fähig sind, daher kommt es, daß man uns anstatt des wahrhaftig Wunderbaren mit dem falschen aufhält, anstatt vernünftiger Tragödien ungereimte Opern voller Maschinen und Zaubereien schreibet, die der Natur und wahren Hoheit der Poesie zuweilen nicht ähnlicher sind als die geputzten Marionetten lebendigen Menschen. Solche Puppenwerke werden auch von Kindern und Unverständigen als erstaunenswürdige Meisterstücke bewundert und im Werte gehalten. Vernünftige Leute aber können sie ohne Ekel und Gelächter nicht erblicken und würden lieber eine Dorfschenke voll besoffener Bauren in ihrer natürlichen Art handeln und reden als eine unvernünftige Haupt- und Staatsaktion[238] solcher Oper-Marionetten spielen sehen.

Die oben erzählten Exempel des Wunderbaren habe ich aus den berühmtesten Heldengedichten und Trauerspielen gezogen. Man darf aber nicht denken, diese Gattungen der Gedichte wären allein der Sitz des Wunderbaren in der Poesie. Denn ob sie gleich hauptsächlich zu ihrer Absicht haben, die Leser und Zuschauer durch die Bewunderung und das Schrecken zu erbauen, so ist doch deswegen das Lustspiel mit den übrigen Arten der Gedichte davon nicht ausgeschlossen. Auch hier kann man das Seltene, das Ungemeine dem andern vorziehen und seine Gedichte dadurch beliebt machen. Nur die Natur und Vernunft muß, wie allenthalben, also auch hier nicht aus den Augen gesetzet werden. Z. E. Wenn ich in einer Komödie einen Geizhals vorstelle, so muß ich freilich keinen mittelmäßigen Geiz abbilden, den noch viele vor eine Sparsamkeit ansehen könnten; sondern ich muß alles zusammensuchen, was ich an verschiedenen kargen Leuten bemerket habe, und aus diesen Stücken einen vollkommenen Geizhals zusammensetzen: wie jener Maler aus den vier schönsten Frauenzimmern einer ganzen Stadt die Schönheiten abmerkte, die er einer Minerva zu geben willens war[238a]. Ich könnte also meinen Geizhals das Gold von den Pillen schaben und alles übrige tun lassen, was Canitz[239] in seiner Satire vom Harpax gesaget. Da wäre noch alles wahrscheinlich, so seltsam es auch ist und so wunderbar es aussehen würde. Aber wenn ich den Harpax so mißtrauisch vorstellete, daß er seinen Bedienten, die von ihm gingen, allezeit die Hände und Taschen besuchte, ehe er sie herausließe, ja ihm wohl gar nach Aufweisung beider Hände die Worte in den Mund legte: »Ei die dritte Hand?« Das, dünkt mich, hieße das Wunderbare in diesem Laster aufs Höchste treiben, und ein jeder würde dieses zwar vor einen leichtfertigen Einfall des Poeten, aber vor kein wahres Nachbild der Natur ansehen.

So geht's auch in dem Affekte der Liebe, des Zornes, der Traurigkeit usw. Das Wunderbare muß noch allezeit in den Schranken der Natur bleiben und nicht zu hoch steigen. Was ist gemeiner, als daß man in Romanen, Schauspielen und andern verliebten Gedichten die Buhler so rasend abbildet, daß sie sich alle Augenblick hängen, erstechen und ersäufen wollen? Was ist aber auch ausschweifender als dieses? Daher es denn gekommen, daß diese Art des eingebildeten Wunderbaren schon längst lächerlich geworden und nur der Poesie zum Schimpf gediehen. Das Seltsame in allen Arten muß noch natürlich und glaublich bleiben, wenn es die Bewunderung, nicht aber ein Gelächter erwecken soll. Die Traurigkeit wird ebenfalls auf solche Art ausschweifend, wenn der Poet nicht stets die Natur vor Augen hat. Es ist so schwer, einen hohen Grad derselben poetisch vorzustellen als abzumalen. Da nun Timanthes[240] die Klugheit gebraucht, bei dem Opfer der Iphigenia den Vater dieser Prinzessin mit verhangenem Gesichte zu malen, so muß sich ein Dichter dieses zur Lehre dienen lassen. Aus Furcht, den Schmerz eines außerordentlich Betrübten unnatürlich zu machen, muß er ihn lieber durch eine geschickte Verhehlung, durch ein gänzliches Stillschweigen und Verstummen ausdrücken. Des Herrn von Bessers Schmerz über seine Kühleweinin ist mir allezeit gar zu geschwätzig vorgekommen, und es scheint mir nicht glaublich, daß ein außerordentliches Leid so viel auserlesene Redner-Künste leiden könne. Er erschöpfet seine ganze Einbildungs-Kraft, seinen Jammer auszudrücken; und das Unglaublichste ist dabei, daß er diese seine Klage zu der Zeit gehalten habe, da er eben die Leichen-Prozession auf der Gasse gesehen, wie ausdrücklich darinne steht. Ging er denn irgend nicht mit zu Grabe? Oder hatte er auf der Gasse Zeit, sie so sinnreich zu beklagen? Der Affekt hat bei dem Verluste einer ungemeinen Ehgattin ungemein und wunderbar sein sollen: Er ist aber unglaublich geworden. Besser hat als ein künstlicher Poet, nicht als ein trostloser Witwer geweinet.

Ich will hiermit diesen ganzen Ausdruck der Traurigkeit nicht verwerfen; es ist soviel Schönes darin als in irgendeinem Klaggedichte, so wir haben. Wer aber eine recht seltsame Klagrede poetisch abgefaßt lesen will, der schlage Salomon Francken nach, wo er die Susanna von ihrem Manne und Kindern Abschied nehmen läßt[241]. Er bemüht sich, einen so gerechten Schmerz einer unschuldig Verurteilten in seiner höchsten Vollkommenheit vorzustellen und ihn recht wunderbar zu bilden; verfällt aber ins Abgeschmackte: wie es gemeiniglich denen geht, die etwas unternehmen, dem sie nicht gewachsen sind. Ich will doch ein Stücke davon hersetzen: So hebt sie p. 52 an:

Nun du, du wirst es, du! du! Gott, du wirst es rächen,
Dir, schreit Susanna, dir, Herr, ist mein Herz bekannt,
Weh! weh! weh! über – – und als sie mehr will sprechen,
Sinkt sie in Ohnmacht – – – –

Hätte der Poet es dabei bewenden lassen, so hätte man es vor eine glückliche Nachahmung der Natur angesehen und die Größe ihres ungemeinen Schmerzens aus der sie überfallenden Ohnmacht geschlossen. Allein der Poet wollte das Heulen und Weinen eines wehmütigen Weibes noch besser abschildern, darum läßt er sie wieder aufleben und mit achzig langen Versen einen ziemlich ausführlichen Abscheid nehmen:

Ach gute Nacht mein Mann! ach gute Nacht! o Schmerzen!
Ach Liebster, nimm doch! ach! die Kinder wohl in acht.
Und, süße Mutter, du, als die du unterm Herzen
Mich, ach! getragen hast, viel tausend gute Nacht.
Ach gute Nacht, o Welt! du Kerker voller Buben,

Du ungetreues Haus! vor deinen Augen zwar
Bin ich jetzund verdammt: doch wird auch nach der Gruben
Mein' Unschuld wunderlich noch werden offenbar.
Ach gute Nacht! ach! ach! ach! gute Nacht, o Schmerzen!
Ach Liebster! nimm doch ach! die Kinder wohl in acht
Und süße Mutter du, als die du unterm Herzen
Mich, ach! getragen hast; viel tausend guter Nacht.
Nun, gut'! ach! gute Nacht! ach gute Nacht! o Sorgen
Ei! Ei! daß! ach! daß GOtt! ach GOtt! daß GOtt erbarm!
Ihr zarten Kinder! ach! ach! auch euch ist noch verborgen,
Was ihr itzund verliert. O Schmerz! o Gram! o Harm!
Ich muß in bester Blüt euch lassen. Ach! o Scheiden!
Ach! ach! wie schwer! ach! schwer! wie! ach! wie schwer bistu!
O Schmach! ach Weh! o Schmach! o Schmach! die ich muß leiden,
O Schmach! du kränkest mich am meisten noch darzu.

Das ist nun allererst der vierte Teil des Ächzens und Wehklagens, darüber einem Zeit und Weile lang wird, wenn man es hintereinander durchlesen will. Die ersten vier Zeilen gingen noch an, weil sie einen kurzen Abscheid von Mann und Mutter in sich enthalten, der ziemlich natürlich ist. Die andern vier, so an die Welt gerichtet sind, kommen schon künstlicher heraus. Denn die Welt einen Kerker voller Buben zu nennen, ist vor ihre Traurigkeit gar zu studiert. Warum sagt sie nicht lieber zu den beiden Alten: »Ihr ehrvergeßnen Buben!« Das war meines Erachtens leichter von ihr zu vermuten, da ihr der Abschied so schwer ward und die Ältesten allein Schuld daran hatten. In den folgenden vier Zeilen kommen die ersten vier von Wort zu Wort wieder vor, und das läuft wider die Natur und wird also unglaublich. Wie ist es möglich, eine und dieselbe Klage, die aus sechsunddreißig Wörtern besteht, zweimal hintereinander zu wiederholen, ohne eine Silbe darin zu ändern. Ja! wenn Susanna Franckens Verse auswendig gelernt und sie als eine Komödiantin auf der Schaubühne hergesagt hätte! Es kömmt ebenso heraus als die Wiederholungen, so im Homero vorkommen, womit die Critici niemals zufrieden gewesen. Das folgende insgesamt ahmet zwar das unterbrochene Reden und Schluchzen eines weinenden Weibes einigermaßen nach, aber es überschreitet die Maß und erwecket anstatt der Verwunderung und des Mitleidens lauter Ekel. Es ist auch unmöglich, daß eine mit Tränen und häufigen Seufzern bei gehemmtem Atemholen verrichtete Klage so lange dauren könne; welches ein jeder selbst wahrnehmen wird, wenn er die ganze Stelle nachliest. Ich will itzo nicht untersuchen, ob der Poet wohlgetan, daß er die Unschuld und Tugend so kleinmütig und verzagt zum Tode geführt: Denn warum hat er sie nicht lieber standhaft und großmütig gebildet? Ich erinnere nur, wie leicht man aus Begierde, zu dem Ungemeinen und Wunderbaren zu gelangen, ins Abgeschmackte und Ekelhafte verfallen könne. So wahr ist's, was Horaz sagt:

Maxima pars vatum ...
Decipimur specie recti. ...
...
Qui variare cupit rem prodigialiter unam
Delphinum silvis appingit, fluctibus aprum.
In vitium ducit culpae fuga, si caret arte.[242]

Ich könnte noch von dem Wunderbaren, so in Glücks- und Unglücksfällen vorkommt, allhier handeln. Diese betreffen ebenfalls die Menschen und gehören also in diese Klasse. Die Begebenheiten, davon die Poeten ihre Gedichte verfertigen, müssen auch in der Tat ebensowohl seltsam und ungemein sein als die Personen und Handlungen derselben. Es muß ihren Helden viel Unvermutetes begegnen, so bald zu ihren Absichten behülflich ist, bald denenselben zuwiderläuft. Teils entsteht dieses aus den Wegen der göttlichen Vorsehung, die Großen und Kleinen oft einen Strich durch ihre Rechnungen macht und ihnen ganz andre Wege zeiget, als sie zu gehen gedacht. Teils aber kommt es auch unmittelbar von andern Leuten her. Diese hindern oft einander in ihren Verrichtungen und Absichten; es sei nun unwissend oder mit gutem Bedacht, und daher entstehen so viel plötzliche Veränderungen, daß man darüber erstaunet, ob es gleich alles ganz natürlich zugeht. Ebendahin rechne ich die Verkleidung und Entdeckung gewisser Personen, die bisweilen einer Sache schleunig einen andern Ausschlag gibt. Doch weil in allen diesen Stücken hauptsächlich die Intrigue, der Knoten oder die Verwirrung der Fabeln besteht, die in Schauspielen hauptsächlich vorkommt: so muß ich es bis dahin versparen.

Die dritte und letzte Gattung des Wunderbaren war diejenige Art desselben, so auf Tiere und leblose Dinge ankommt. Diese braucht nun ein Poet am wenigsten, weil er sich mehrenteils mit dem Menschen beschäftiget und das übrige nur insoweit braucht, als es hierzu dienlich sein kann. Neue Gattungen von Tieren zu dichten ist wohl kaum erlaubt, weil es doch nur Chimären werden könnten, die in einem bekannten Lande keinem glaublich vorkämen. Die Rabbinen und Mahometaner beschreiben solche große Vögel und Fische, daß man ihre lächerliche Phantasie mehr als die Mißgeburten derselben bewundert. Aus weit entlegenen Ländern läßt sich zuweilen was Wunderbares entlehnen: man muß aber wohl zusehen, daß man nichts Fabelhaftes mit einstreue, so unglaublich ist. Siam und Peru, Ceylon und Japan ist schon mit solchen lügenhaften Wundern angefüllet worden, daß die Einwohner dieser Länder große Ursache hätten, uns mit den Chinesern vor Einäugigte zu halten, weil wir solche Narrenpossen von ihren Ländern schreiben und glauben. Das beste und vernünftigste Wunderbare ist, wenn man auch bei Tieren und leblosen Dingen nur die Wunder der Natur recht nachahmet und allezeit dasjenige wählt, was die Natur am vortrefflichsten gemacht hat. Es kommt hier alles auf gute Beschreibungen recht außerordentlich schöner und schlechter Sachen an, denn die mittelmäßigen werden nichts Wunderwürdiges abgeben. Beschreibet man eine Gegend, einen Garten, ein Gebäude, einen Wald, einen Berg, eine Höhle, eine Herde Vieh, eine Jagd u. dgl. mehr, so muß dieses alles nach der Absicht des Poeten in seiner Vollkommenheit geschildert werden. Nur die edelsten Dinge muß man der Phantasie des Lesers vormalen, um dieselbe zu gewinnen. Deswegen aber will ich nicht sagen, daß ein Poet immer mit Gold und Perlen, Rubinen und Diamanten um sich werfen, lauter Adler und Löwen, Panther und Tiger bei sich führen, lauter Jesmin und Zibet[243] streuen, lauter Ambrosin und Nektar auftragen oder sonst alle Kostbarkeiten Indiens verschwenden solle. Diesen Mißbrauch hat der Herr Geh. Secr. König in seiner ›Verkehrten Welt‹[244] schon zu Spott gemacht, indem er erzählen läßt, es wäre in der andern Welt ein Poet, der diese teuren Sachen so unbedachtsam verschleudert, ins Tollhaus gebracht worden: weil man ihn vor unsinnig gehalten hätte.

Zuweilen treibt man in Oden und Heldengedichten die hyperbolischen Ausdrückungen so hoch, indem man von leblosen oder unvernünftigen Dingen redet, daß es recht wunderbar klinget. Davon wird aber in dem Kapitel von den verblümten Ausdrückungen mehr vorkommen.

Die Ovidianischen und Aesopischen Fabeln könnten auch einigermaßen hiehergezogen werden, weil jene den Ursprung vieler Tiere und Blumen usw. anzeigen, diese aber sonst viel Wunderbares von solchen Geschöpfen erzählen. Allein weil hiervon schon oben gehandelt worden, so ist eine Wiederholung hier unnötig.

Die Gestirne sind endlich noch übrig, von denen die Poeten auch viel Seltsames und Ungemeines zu erzählen pflegen. Die Kometen, so sich sehen lassen, haben bei ihnen gemeiniglich eine böse Bedeutung und einen wunderbaren Einfluß. Die Sonn- und Mond-Finsternissen werden sehr schrecklich von den Alten beschrieben, ja die Ungewitter, Erdbeben und Sturmwinde machen auch einen großen Teil des Wunderbaren in ihren Schriften aus. Was die ersten Stücke anlangt, so muß man freilich die Alten entschuldigen, wenn sie sich aus den himmlischen Zeichen zu viel gemachet. Man verstund dazumal die Naturlehre sehr schlecht: allein itzo würde es eine Schande vor den Poeten sein, wenn er uns viel von dem Einflusse des Himmels reden wollte. Daher klingt die gewöhnliche Opersprache sehr lächerlich, wenn es immer heißt, die Sterne, der Himmel und seine Lichter hätten dieses oder jenes getan: Es wäre denn, daß man darunter das Verhängnis oder die Vorsehung verstehen könnte. Die Leute in Gestirne zu verwandeln, geht heutezutage nicht mehr an, nachdem der ganze Himmel so genau überzählt ist, daß man keinen Stern finden kann, der nicht schon vorhin bekannt gewesen wäre. Erschiene aber irgendein neuer Stern, so könnte freilich ein Poet dichten, daß dieses oder jenes dazu Gelegenheit gegeben.

Die letztern Stücke, so oben erwähnet worden, kann ein Dichter mit gutem Fortgange brauchen. Ungewöhnliche Witterungen, Donner und Blitz, Überschwemmungen, Schiffbrüche u. dgl. sind freilich sehr wunderbar, wenn sie nur natürlich beschrieben werden. Das ist aber die Kunst! Man sehe hier nochmals des Herrn Bodmers ›Gründliche Gedancken von der Beredsamkeit‹[245] nach, wo verschiedene Stellen der Poeten von dieser Gattung gründlich geprüfet und beurteilet werden.*

* 4. Aufl. statt *Man sehe* bis *beurteilet werden*: In Opitzens ›Vesuv‹ und ›Zlatna‹, imgleichen in seinem ›Trostgedichte von Widerwärtigkeit des Krieges‹[246] stehen ganz unvergleichliche Exempel davon. Auch Dach[247] und Fleming[248] sind große Meister darin gewesen, die man sicher nachahmen kann. Von den Alten ist Homer sonderlich darin zu loben, daß er auch den natürlichsten Dingen durch seine Beschreibungen ein wunderbares Ansehen zu geben gewußt: worin Virgil und Ovid ihm ziemlich gut nachgefolget sind. Diesen Meistern muß man die Kunst ablernen. Ich weiß wohl, daß man von dieser Materie noch viel subtiler auseinandergewickelte Regeln geben kann, wenn man seinen Kopf anstrengen und eine Menge alter und neuer, guter und böser Stellen aus den Dichtern beurteilen will. Einige haben dadurch meine Meister werden wollen, nachdem ich ihnen die Bahn gebrochen hatte. Allein was haben sie damit gefruchtet? Aus ihrer Schule des Wunderbaren sind die seltsamsten und ungereimtesten Erfindungen entstanden. Ich habe meine Regeln kurz ge-

Das sechste Kapitel

Von der Wahrscheinlichkeit in der Poesie

Aus dem vorigen Kapitel wird man zur Gnüge ersehen haben, daß das Wunderbare in der Dichtkunst nicht ohne Unterscheid stattfinde. Es muß auch glaublich herauskommen und zu dem Ende weder unmöglich noch widersinnisch aussehen. Daher kommt es denn, daß man auch im Dichten eine Wahrscheinlichkeit beobachten muß, ohne welche eine Fabel, oder was es sonst ist, nur ungereimt und lächerlich sein würde. Ich verstehe nämlich durch die poetische Wahrscheinlichkeit nichts anders als die Ähnlichkeit des Erdichteten mit dem, was wirklich zu geschehen pflegt; oder die Übereinstimmung der Fabel mit der Natur. Horaz hat gleich im Anfange seiner ›Dichtkunst‹[249] die Torheit eines Malers verspottet, der in einem Gemälde einen Menschenkopf auf einen Pferdehals setzen, einen Vogelkropf mit bunten Federn hinzufügen und den Leib aus Gliedmaßen verschiedner andrer Tiere zusammenflicken wollte. Die Ursache dieser seiner Regel aber ist keine andre, als weil solch ein Bild wider alle Wahrscheinlichkeit laufen würde. Es tut auch der Einwurf dieser Fürschrift keinen Eintrag, den er sich im Namen gewisser poetischen Freigeister machet.

Pictoribus atque Poetis
Quidlibet audendi semper fuit aequa potestas.[250]

Denn wie schon oben in den Anmerkungen[251] zu der Übersetzung dieser Stelle erinnert worden, so beantwortet er denselben gleich darauf so, daß er die Freiheit im Dichten in gebührende Grenzen einschränket.

macht, wie es sich in ein Buch für Anfänger schicket, die man nicht mit unnützen Subtilitäten verwirren muß. Wer die Alten fleißig dabei liest und sonst einen guten Kopf hat, wird nichts mehr brauchen und sich überall klüglich zu verhalten wissen.

Scimus, et hanc veniam petimusque damusque vicissim:
Sed non ut placidis coeant immitia, non ut
Serpentes avibus geminentur, tigribus agni.[252]

Was heißt das anders gesagt, als daß ein Poet in seinen Fabeln beständig die Regeln der Wahrscheinlichkeit vor Augen haben müsse.

Vielleicht denkt jemand, dieses sei demjenigen zuwider, was in dem Hauptstücke von der Fabel schon gesagt worden. Wir teilten da die Fabeln in wahrscheinliche, unwahrscheinliche und vermischte ein und rechneten zu den unwahrscheinlichen die meisten Aesopischen, wo nämlich die unvernünftigen Tiere redend eingeführet werden. Soll die Wahrscheinlichkeit in allen Gedichten herrschen, wird man etwa sprechen, so müssen ja alle diese tierische Begebenheiten verworfen und aus der Poesie verbannet werden. Allein man muß hier die Wahrscheinlichkeit in eine unbedingte und hypothetische Wahrscheinlichkeit abteilen. Jene findet sich freilich in den Aesopischen Fabeln nicht, wenn Bäume und Tiere als vernünftige Menschen handelnd eingeführet werden. Nach dem gemeinen Laufe der Natur pflegt solches nicht zu geschehen, daher pflegt man auch Kindern bei Erzählung solcher Fabeln vorher zu sagen: Sie hätten sich damals zugetragen, als die Tiere noch reden konnten; wodurch man ihnen zugesteht, daß solche Begebenheiten freilich nach der itzigen Beschaffenheit der Tiere keinen Schein der Möglichkeit an sich haben. Deswegen aber kann man doch diesen Fabeln die hypothetische Wahrscheinlichkeit nicht absprechen, die unter gewissen Umständen dennoch statthat, wenngleich so schlechterdings keine verhanden wäre. Daß z. E. die Bäume sich einen König wählen können, ist an sich selbst weder möglich noch wahrscheinlich; gleichwohl macht dort im Buche der Richter Jotham eine schöne Fabel daraus, der es an ihrer hypothetischen Wahrscheinlichkeit nicht im geringsten mangelt[253]. Denn man darf nur die Bedingung zum voraus setzen, daß die Bäume Verstand und Sprache haben, so geht alles übrige an. Es wird möglich und wahrscheinlich sein, daß sie in ihrer Wahl auf den Ölbaum fallen, daß der Ölbaum solches abschlagen und sagen wird: »Soll ich meine Fettigkeit lassen etc.« Daß sie ferner auf den Feigenbaum geraten; und daß dieser ihnen gleichfalls eine abschlägige Antwort gibt: »Soll ich meine Süßigkeit lassen etc.« usw. Hier tun weder die Bäume überhaupt, noch jeder insbesondre etwas, so nach der einmal angenommenen Bedingung unmöglich wäre. Ein Ölbaum redet wie ein Ölbaum und ein Feigenbaum, wie ein Feigenbaum reden würde, wenn beide den Gebrauch der Sprache hätten. Hier ist nichts Widersprechendes in der Begebenheit, folglich auch nichts Unwahrscheinliches. Daß dergleichen hypothetische Wahrscheinlichkeit in der Fabel zulänglich sei, habe ich oben in der Beschreibung derselben schon sattsam angezeiget; und daß Homerus dieselbe beobachtet habe, zeiget Horatius, wenn er von ihm schreibt:

> Atque ita mentitur, sic veris falsa remiscet,
> Primo ne medium, medio ne discrepet imum.[254]

Man kann hievon in Aristotelis ›Poetik‹ das IXte und XXVste Kapitel nachschlagen, so wird man finden, daß seine Gedanken eben dahinaus laufen; ohngeachtet er sich zuweilen harter Ausdrückungen bedienet. Le Clerc[255] in seinen ›Parrhasianis‹ hat sich sonderlich darüber aufgehalten, daß dieser Philosoph gesagt: »Die poetische Wahrscheinlichkeit gehe zuweilen bis aufs Unvernünftige.« Allein wer das Exempel ansieht, so Aristoteles davon gegeben, nämlich da Achilles den Hektor dreimal rund um die Stadt Troja getrieben, die Armeen aber indessen stockstille gestanden, wie Homerus in der ›Ilias‹ erzählt[256]: So wird man wohl sehen, daß dieses so ungereimt nicht sei, als es wohl scheint. Freilich auf dem Schauplatze ließe sich dieses nicht wahrscheinlich vorstellen, wie Aristoteles selbst gesteht. Allein in einem Heldengedichte, wo man nur die Erzählungen liest, kann es wohl wahrscheinlicher klingen, sonderlich wenn der Poet das Unglaubliche dabei künstlich zu verstecken weiß. Zum wenigsten hat Homer diese Kunst gewußt; denn er erzählt diese Fabel so künstlich, daß man mit den Gedanken ganz auf die beiden Helden verfällt und die beiden Armeen darüber ganz vergißt. So wird denn die Wahrscheinlichkeit zum wenigsten insoweit erhalten, als dieselbe von einem Leser des Heldengedichtes verlanget wird: Gesetzt, daß die Sache an sich selbst wunderlich genug aussehen würde.

Überhaupt ist von der Wahrscheinlichkeit dieses anzumerken, daß oft eine Sache, die an sich unglaublich und unmöglich aussieht, durch den Zusammenhang mit andern Begebenheiten und unter gewissen Umständen nicht nur möglich, sondern auch wahrscheinlich und glaublich werden könne. Dahin gehören, zum Exempel, viele Fabeln, wo die Götter oder andre Geister darzwischenkommen. Diesen trauet man größere Kräfte zu als bloßen Menschen: wenn nun dieselben, einem Helden oder sonst einem von ihren Lieblingen zu Gefallen, was Außerordentliches unternehmen, so man sonst nicht glauben würde, so wird dieses ebendadurch wahrscheinlich, wenn es nur nicht an und vor sich selbst unmöglich ist. Hierwider hat nun Homerus gewiß verstoßen, wenn er den Vulkan solche künstliche Werke verfertigen läßt, die ganz unbegreiflich sind. Er macht Dreifüße, die von sich selbst in die Versammlung der Götter spazieren. Er schmiedet goldene Bildsäulen, die nicht nur reden, sondern auch denken können. Er macht endlich dem Achilles einen Schild, der eine besondre Beschreibung verdient. Erstlich ist er mit einer so großen Menge von Bildern und Historien gezieret, daß er zum wenigsten so groß müßte gewesen sein als des Tasso diamantner Schild aus der himmlischen Rüstkammer, dessen oben gedacht worden. Vors andre sind seine Figuren auf dem Schilde lebendig, denn sie rühren und bewegen sich, so daß man sich selbige wie die Mücken vorstellen muß, so rund um den Schild schweben. Vors dritte sind zwei Städte darauf zu sehen, die zwei verschiedene Sprachen reden und wo zwei Redner sehr nachdrückliche und bewegliche Vorstellungen an das Volk tun. Wie ist das alles möglich, auch durch eine göttliche Macht, zuwege zu bringen? Kurz, Homerus hat sich versehen und die Wahrscheinlichkeit nicht recht beobachtet.

Ebendas kann man von seinen Göttern sagen, die er ärger als die unvollkommensten Menschen geschildert hat. Sie sind wie Menschen geboren, verheiraten sich wie Menschen und vermehren ihre Geschlechter wie Menschen. Sie sind allen unsern Leidenschaften, Krankheiten, ja gar der Gefahr des Todes unterworfen. Sie werden verwundet, vergießen Blut und haben sogar einen Balbier nötig. Sie zanken sich, drohen einander Schläge und verspotten sich wie die kleinen Kinder. Es ist wahr, daß zu Homeri Zeiten die Lehre von GOtt noch in dicken Finsternissen gestecket. Die Philosophen hatten sich noch nicht auf die Untersuchung der göttlichen Natur geleget, und von einer Offenbarung wußte man nichts. Was uns also sehr unwahrscheinlich vorkommt, konnte damals dem Volke sehr wahrscheinlich klingen. Dem ungeachtet hätte doch Homerus die Gottheiten nicht so verächtlich abbilden sollen, als er getan. Man hielt sie zwar größtenteils vor gewesene Menschen, aber doch vor solche, die vergöttert, das ist in einen vollkommnern Zustand versetzet worden. Dieses hätte also aus ihren Beschreibungen erhellen müssen, damit man desto mehr Ehrerbietung vor ihnen bei sich empfunden hätte. Da dieses nun der Poet nicht getan, so sind einige auf die Gedanken gekommen, er habe mit Fleiß die Götter so lächerlich beschrieben, um die ernsthaften Taten seiner Helden mit was Lustigem abzuwechseln und also dem Ekel seiner Leser zuvorzukommen.

Kommen wir auf seine Helden, so hat man auch da vieles bemerket, was wider die Wahrscheinlichkeit läuft. Etliche rechnen das Hauptwerk des ganzen Gedichtes, nämlich den Trojanischen Krieg, hieher und meinen, es sei ungereimt zu glauben, daß sich zwei tapfere Völker um eines schönen Weibes willen zehn Jahre lang die Köpfe zerschmeißen würden. Allein dieses geschieht ohne Grund. Es hatte sich in diesen Krieg der Ehrgeiz und die Rachgier mit eingemischet. Die Griechen wollten stärker als die Trojaner und diese tapferer als jene sein; und die Prinzessin Helena kam fast gar darüber ins Vergessen. Andre können es nicht verdauen, wenn der große Held Achilles seinen Gästen selbst eine Mahlzeit zubereitet, die Küche bestellet, aufträgt und zu Tische dient. Allein sie müßten zuvörderst beweisen, daß man damals schon nach unserm heutigen Zeremoniell sich durch Edelknaben, Kammerdiener und Lakaien aufwarten lassen oder einen eigenen Mundkoch gehalten. Die Einfalt der alten Zeiten macht dergleichen Verhalten Achillis ganz wahrscheinlich, so ungereimt es heutigestages klingen würde, wenn man einen Marlborough oder Prinz von Baden[257] dergestalt beschreiben wollte. Es wäre gut, wenn man den Homer überall so leicht entschuldigen könnte. Allein wenn er seine Helden mitten im hitzigsten Gefechte zusammenkommen und halbe Stunden lang miteinander zanken läßt, als wenn sie weder Spieß noch Schwert in Händen hätten: So kann man nicht leicht einen Vorwand finden. Sie schimpfen einander aufs ärgste, ein jeder prahlt dem andern seine Abkunft, Waffen und Taten vor; ja sie erzählen einander wohl gar die Geschlechtregister ihrer Pferde, daß einem Leser Zeit und Weile darüber lang wird. Das schicket sich nun vor wütende Soldaten und solche herzhafte Kriegsleute nicht, als seine Helden waren. Warum schlagen sie nicht lieber zu? Warum verderben sie die Zeit mit einem unnötigen Geplauder? Hier läuft alles wider die Natur menschlicher Affekten, die zu allen Zeiten einerlei gewesen; und Homer kann auf keine Weise gerettet werden. Ebendie Unwahrscheinlichkeit herrschet in den langen Anreden, die Hektor z. E. an seine vier Pferde hält. »Xanthus und Podargus«, heißt es, »und du, Ethon und Lampus, hier habt ihr die schönste Gelegenheit, mir alle die Mühe zu vergelten, die Andromacha, des großmütigen Ektions Tochter an euch gewandt, indem sie euch täglich selbst gefüttert und lieber euch als mir das Brot und den Wein von meinem Tische gegönnet hat. Wie oft hat sie mich verlassen, um euch zu besuchen? Die Pferde der Götter sind selbst niemals besser gehalten worden. Zeiget denn eure Erkenntlichkeit itzo, verfolget den Feind aufs schleunigste, schonet euch nicht, eilet, damit ich den Schild Nestors bekomme, der ganz von dichtem Golde ist und dessen Ruhm bis an die Sterne steiget; wie auch den wunderwürdigen Küraß Diomedis, der ein Meisterstück des künstlichen Vulkans ist. Erobern wir diese preiswürdige Beute, so ist kein Zweifel, die Griechen werden sich diese Nacht auf ihre noch übrige Schiffe begeben und unser Ufer verlassen.«[258] Scheint es hier nicht, als wenn Homerus seine Pferde den Menschen gleichgemacht hätte, indem er sie auf ebendie Art durch die Beredsamkeit lenken läßt, als ob sie Verstand und Freiheit hätten? Und wer kann also glauben, daß hier die Regeln der Wahrscheinlichkeit beobachtet werden.

Es ist Zeit, auf den Virgil zu kommen und einige Fehler anzumerken, die er dawider begangen. Von den Wundern, so er hie und da eingestreuet, ist schon im vorigen Kapitel gedacht; nur muß ich hinzusetzen, daß Voltaire in seinen ›Gedanken vom Heldengedichte‹ diesen Poeten dadurch entschuldigen wollen, daß schon Dionysius von Halikarnaß, in seiner ›Historie‹ der Harpyien sowohl als des Celeno und des Königes Cacus gedacht[259]; Virgil also Wahrscheinlichkeit genug vor sich gehabt habe. Allein erstlich ist es gewiß, daß dieser Geschichtschreiber seinem eigenen Geständnisse nach sein Buch allererst zwanzig Jahre nach geendigten Bürgerkriegen in Italien geschrieben; als Virgil schon zehn oder zwölf Jahre tot gewesen: So daß eher Dionysius den Poeten als dieser jenen gelesen und gebrauchet haben kann. Gesetzt aber, zweitens, es wäre so, wie Voltaire meint, so würde doch eine unwahrscheinliche Sache nicht wahrscheinlich, wenn sie gleich ein fabelhafter Historicus erzählet hätte. Zum Exempel, wer auch in Versen alles das anbringen wollte, was Herodotus erzählet, der würde lächerlich dadurch werden. Die Verwandlung der Schiffe in Seenymphen, die er vermutlich nur aus der gemeinen Sage der Leute hergenommen, hätte er auch ersparen können, und meines Erachtens hilft es nichts, daß er den Vers hinzugesetzt:

Prisca fides facto, sed fama perennis.[260]

Denn warum mußte er alle Märchen, die er selbst nicht glaubte, in sein Heldengedichte bringen? Weit ärger hat indessen Virgilius wider die Wahrscheinlichkeit verstoßen, da er den Aeneas zur Dido nach Afrika kommen und die neu angelegte Stadt Karthago besuchen lassen. Es ist bekannt, wie unmöglich dieses nach der Zeitrechnung ist, indem Dido allererst zwei- bis dreihundert Jahre nach des Aeneas Ankunft in Italien gelebt. Wenn das anginge, so müßte es auch erlaubt sein, daß GOtt mit den Kindern Adams ein Examen aus Lutheri Catechismo angestellet, wie Hans Sachse in einer schönen Komödie getan[261], oder daß Adam selbst auf seinem Sterbe-Bette ein Testament gemacht und darin seinen Kindern anbefohlen, an GOtt Vater, Sohn und Heiligen Geist zu glauben, wie Loredano in dem ›Leben Adams‹[262] schreibt. Es ist wahr, daß man in Rom die alte Chronologie so genau nicht gewußt und also der Pöbel diesen Fehler Virgils nicht wahrgenommen. Allein in solchen Stücken muß ein Dichter mehr auf einen verständigen Criticum als auf eine ganze Stadt voll unwissender Leute sehen; weil der Tadel, den er bei jenem verdient, ihm weit mehr schaden als der Beifall von diesen nützen kann. Ich übergehe hier die entsetzlich lange Erzählung, die Virgil seinen Helden bei der Dido einen Abend machen läßt; da es gewiß viel wahrscheinlicher ist, daß sie darüber eingeschlafen sein oder doch fleißig gejähnet haben würde, als daß sie ihm so gedultig, und ohne ein Wort dazwischenzureden, zugehöret haben sollte. Ich verschweige auch andre Unwahrscheinlichkeiten dieses Poeten und komme auf die Fehler einiger Neuern in diesem Stücke.

Camões, ein neuer portugiesischer Poet, hat auf eine besondre Art wider die Wahrscheinlichkeit verstoßen, wenn er die heidnischen Götter und das Christentum vermischet hat[263]. Verasco, sein Held, rufet Christum in einem Gebet an, und anstatt dessen kommt ihm die Göttin Venus zu Hülfe. Die Absicht der ganzen Schiffahrt, die er beschreibt, soll die Ausbreitung der christlichen Religion sein; indessen regiert Jupiter, Bacchus und Venus die ganze Reise und das Unternehmen des Verasco. Unter andern sagt dieser Held einmal zu einem wilden Könige, dem er seine Geschichte erzählet: »O König, urteile nun, ob Aeneas und Ulysses so weit als ich gereiset und soviel Gefährlichkeiten ausgestanden als ich.« Gerade als wenn der Afrikaner von Virgilii und Homeri Schriften was wissen könnte.

Alonso, ein Spanier, in seinem Gedichte ›Araucana‹[264] genannt, darin er seine eigene Heldentaten wider ein mexikanisches Volk beschrieben, hat sich ebenfalls sehr oft versehen. Z. E. Er marschiert einmal des Nachts mit seinen Soldaten, um den Feind unversehens zu befallen, und da erhebt sich zum Zeitvertreibe ein Gespräch unter ihnen vom Virgil und sonderlich der Dido. Alonso ergreift diese Gelegenheit, aus den alten Geschichten den Poeten zu widerlegen und der armen Dido ihre Ehre zu retten. Und die Abhandlung einer so wichtigen Sache gerät so lang, daß sie zwei ganze Bücher des Heldengedichtes anfüllet. Ob dieses soldatische Unterredungen sind, womit sie sich auf dem Marsche in feindlichen Landen belustigen, mag ein jeder selbst urteilen. Zum wenigsten müßte mehr als ein Don Alonso bei der Armee gewesen sein, wenn dieses einige Wahrscheinlichkeit haben sollte.

Tasso, der die beiden vorigen unendlich weit übertrifft, hat nichtsdestoweniger oft wider die Wahrscheinlichkeit gesündiget. Der Zauberer Ismeno rät im andren Buche, ein Marienbild in eine türkische Moschee zu tragen, um dadurch die Ungläubigen unüberwindlich zu machen. Diese Vermischung des Christentums mit der türkischen Religion wahrscheinlich zu machen, bemüht sich zwar Tasso sehr, indem er sagt, Ismeno wäre ein abgefallener Christ gewesen:

Questi or Macone adora, e fu Cristiano,
Ma i primi riti ancor lasciar non puote;
Anzi sovente in uso empio, e profano
Confonde le due leggi a sè mal note.[265]

Er schiebt es also auf die Unwissenheit und den Aberglauben des Zauberers, daß er einen so wunderlichen Anschlag gibt. So wahrscheinlich er aber dadurch den Anschlag macht, so unwahrscheinlich bleibt es noch, daß ihm der König Aladin von Jerusalem nebst der mahometanischen Priesterschaft Gehör werde gegeben haben. Die Bewegungs-Gründe, womit er jenen zu bereden suchet, sind folgende:

Or questa Effigie lor di là rapita
Voglio che tu di propria man trasporte
E la riponga entro la tua Meschita,
Io poscia incanto, adoprero si forte,
Ch'ognor, mentre ella qui fia custodita
Sara fatal custodia a queste porte;
Tra mura inespugnabili al tuo impero
Sicura fia, per novo alto mistero.[266]

Aber ein jeder mag selbst urteilen, ob es glaublich sei, daß ein Mahometaner, dem Schwarzkünstler zu Gefallen, eine seiner Religion so widerwärtige Sache getan haben würde. Allein das ist nicht das Ärgste. Armide ist noch eine größere Hexe als Ismeno. Sie verwandelt wohl zehn christliche Prinzen in Fische, und ein Papagei muß allerhand verliebte Liederchen singen, die er selbst gemacht hat. Das übertrifft fast noch die Homerischen Erzählungen von der Circe, ist aber um destoweniger zu entschuldigen, da es in einer weit erleuchtetern Zeit geschrieben worden als jenes. Noch mehr, Rainaldo kann aus den Händen eines mahometanischen Zauberers nicht anders als durch die schwarze Kunst eines christlichen Hexenmeisters befreiet werden. Das heißt ja rechtes Belieben an Teufeleien haben und dadurch, zum wenigsten außer Italien, alle Wahrscheinlichkeit aus den Augen setzen. Kurz, es ist dem guten Tasso nichts Schweres, die Messe, Beicht und Litanei mit Beschwerungen und Teufelskünsten, den Michael samt allen Engeln mit dem Pluto und der Alecto[267], das ist den Himmel mit der Hölle etc., das Christentum mit dem Heidentum und mahometanischen Aberglauben durcheinander zu mischen.

Ubaldo wird zu einem alten und heiligen Beschwörer gesandt, der ihn bis in den Mittelpunkt der Erden bringt, wo er mit seinem Gefährten an einem Strome ganz voller Edelgesteine spazierengeht. Von da schickt man ihn nach Askalon zu einer alten Vettel, die ihn auf einem Schifflein in die Kanarischen Inseln versetzet. Unter GOttes Beistand kommt er, einen bezauberten Ring in Händen habend, glücklich daselbst an und führet den tapfern Rainald bis ins christliche Lager mit sich zurück. Aber zu was Ende? Die Zauberkunst muß diesen Helden soviel tausend Meilen weit zurückbringen, bloß weil ihn die Vorsehung bestimmet hat, etliche alte Bäume in einem von Gespenstern beunruhigten Walde zu fällen.

Im Anfange befiehlt GOtt dem Erzengel Michael, die in der Luft umherschwärmenden Teufel in die Hölle zu stürzen, weil sie lauter Ungewitter machten und ihm die Donnerkeile allezeit den Mahometanern zum Besten auf die Christen lenketen. Michael tut es und verbietet ihnen, sich niemals in die Händel der Christen zu mengen. Sogleich gehorsamen sie und versenken sich in den Abgrund. Aber es dauret nicht lange. Der Zauberer Ismeno hat mehr Gewalt als Michael. Denn auf seinen Wink kommen sie wieder heraus und wissen den göttlichen Befehl durch gewisse künstliche Ausflüchte ungültig zu machen. Sie erschrecken die Christen im Walde durch allerlei fürchterliche Larven. Tancredi findet seine Clorinde in einer Fichte verzaubert und durch den Hieb verwundet, den er dem Baume gegeben. Armide siehet dieses hinter einem Myrten-Gepüsche zu, ob sie gleich zu der Zeit auch in Ägypten ist, und der Poet be-

richtet uns gar nicht, wie auch die künstlichste Zauberin an zweien Orten zugleich sein könne.
Ariost, ein Landsmann des Tasso, hat denselben an seltsamen Unwahrscheinlichkeiten weit übertroffen und zum wenigsten dadurch verdienet, daß er von vielen Italienern demselben vorgezogen wird. Sein ›Rasender Roland‹ ist bekannt und soll ebensowohl ein Heldengedicht heißen als das ›Befreite Jerusalem‹. Dieser Held war aus Eifersucht über die schöne Angelica zum Narren geworden, weil sein Nebenbuhler Medor glücklicher bei ihr gewesen als er. Astolph, ein andrer Ritter, befand sich eines Tages im irdischen Paradiese, auf dem Gipfel eines hohen Berges, wohin ihn ein geflügelter Löwe getragen hatte. Daselbst traf er den heiligen Johannes, welcher ihm zu wissen tat, daß er, den Roland von seiner Raserei zu befreien, eine Reise nach dem Monden tun müsse. Astolph bedenket sich nicht lange, seine irrende Ritterschaft auch außer der Erdkugel fortzusetzen, und alsbald ist ein feuriger Wagen da, der den Apostel und Ritter durch die Luft wegführt. Wie erstaunet Astolph nicht, als er bei seiner Annäherung gewahr wird, daß der Mond weit größer ist, als er sonst aussieht, und daß er endlich Land und Wasser, Berge und Ströme, Seen und Städte, ja sogar Nymphen gewahr wird, die sich in den Wäldern mit der Jagd belustigen. Man sollte denken, Ariost sei den neuern Philosophen zugetan gewesen, die den Mond sowohl vor eine bewohnte Weltkugel halten als die Erde: Allein das Folgende wird sattsam zeigen, daß man ihm diese Ehre nicht antun könne. Er findet auch ein seltsames Tal im Monden, wo alles anzutreffen ist, was auf der Erde verlorengegangen; es mochte nun sein, was es wollte, Kron und Zepter, Geld und Gut, Ehre und Ansehen, gute Hoffnung, verschwendete Zeit, die Almosen der Verstorbenen, die Lobgedichte auf große Herren und sogar die Seufzer der Verliebten.
Bei so vielen Wunderdingen, die der Ritter daselbst antraf, war denn auch eine unglaubliche Menge verlornes Verstan-

des daselbst zu finden. Da stunden unzählige Gläser mit einem subtilen Wässerchen angefüllet, auf deren jedem der Name dessen geschrieben war, dem der Verstand zugehört. Unter so vielen Gläsern solcher Leute, die Astolph allezeit vor sehr klug gehalten hatte und die doch so ziemlich voll waren, fand er auch sein eigen Gläschen, welches er sogleich erhaschte, und mit Erlaubnis des Apostels zog er seinen Verstand wie Ungarisch Wasser durch die Nase wieder in sich. Das Glas Rolands traf er endlich auch an, und er bemächtigte sich desselben, um es mit sich zurückezunehmen, weil dieses der Zweck seiner Reise war. Er fand, daß dasselbe sehr schwer zu tragen war, weil Roland kaum etliche Tropfen davon übrigbehalten und sonst die Art desselben eben nicht die subtilste gewesen sein mochte. Hiebei fängt nun Ariost an, einen verliebten Seufzer an seine Schöne zu tun, dergleichen er mitten in seinem Heldengedichte fleißig zu tun pflegt. Er sagt ihr, daß er seinen Verstand auch zwar verloren, aber daß er ihn nicht so weit werde zu suchen haben. Er schwebe auf ihren Augen und Lippen herum, und er bitte sich deswegen nur die Erlaubnis aus, denselben mit seinen Lippen wieder zu haschen. Genug von Ariosts Fantasien, die gewiß eher den Träumen eines Kranken, wie Horatius[268] spricht, als der vernünftigen Dichtung eines Poeten ähnlich sehen: weil weder Wahrscheinlichkeit noch Ordnung darin anzutreffen ist.

Was soll ich von dem Marino[269] sagen, dessen Schriften ebenso voll unwahrscheinlicher Dinge sind als seiner Landsleute? Zur Probe darf ich nur das entsetzliche Konterfei nehmen, so er im Anfange seines ›Kindermordes‹ von dem Satan gemacht. Er liegt im Abgrunde ohne Grund, an einer scheußlichen Kette von hundert ineinandergeschlungenen Schlangen. Sein Kleid und Thron ist ein unauslöschlich Feuer. Sein vormals leuchtender Mantel ist nunmehr aus Flammen und Finsternis gewebet. Sieben Hörner hat er auf dem Haupte, darum sich lauter Hydren und Cerasten[270] gewickelt haben, die gleichsam die Edelsteine in seiner Krone machen. In seinen Augen flammt ein rotes und trübes Licht, und seine Blicke gleichen den Kometen und Blitzen. Stank und Finsternis dampfet aus seiner Nase, sein Hauch ist dem Wetterstrahl und sein Seufzen dem Donner ähnlich. Dadurch sowohl als durch seine feurige Blicke zündet er selbst den Holzstoß an (der doch vorher schon brannte), der unverbrennlich ist und doch alles verzehret. Seine von Geifer und Rost angefressene Zähne klappern und machen ein groß Geräusche, durch ihr Knirschen, und sein Schwanz schlägt in der Glut auf die Schuppen seiner stählernern Gliedmaßen. Bei diesem höllischen Tyrannen stehn drei Furien (damit ja das Heidentum wieder ins Christentum gemischt werde), ihn auf ewig auf die Folterbank zu spannen und mit ihren Natterstreichen unaufhörlich zu geißeln. Ihre Haare sind magre Schlangen, sein Zepter ist von Stahl, und kurz, er ist so abscheulich, daß er vor sich selbst sowohl als vor seinem Reiche einen Abscheu hat. Nun fängt der Poet an, diesen gefallenen Geist aus der heidnischen Mythologie zu schimpfen und ihn bald einen Narziß, bald einen Phaethon[271] zu nennen und die strenge Richterhand des wahren GOttes mit einem fabelhaften Phlegethon[272] zu vermengen. Die Sibyllen und Orakel werden bald darauf von der Jungfer Maria und der Elisabeth abgelöset. Und auf die Geburt Christi muß der Friedens-Göttin Tempel einfallen. Endlich holt der Poet noch nach, daß Satan auch Flügel gehabt, die als die größten Schiffsegel ausgedehnet, um vor dem Bethlehemitischen Stern zu entfliehen, aber durch ein stählernes Gebiß in seinem ewigen Gefängnisse festbehalten worden.

Ob eine solche Schilderei des Satans, die halb christlich, halb heidnisch ist; ihn bald zum Könige und bald zum Sklaven macht; bald andre schlagen, bald selbst gefoltert und gepeitschet werden läßt; ihm Hörner und Klauen, einen Schwanz und stählerne Schuppen gibt; ihn mit Feuer und Schlangen zugleich umgibt, ja bekleidet auch nackend zugleich, auf dem Thron und auf der Folterbank zugleich vorstellt usw., ja ferner alles übrige durcheinandermenget; ob diese Beschreibung wahrscheinlich sei, sage ich, das lasse ich meine Leser selbst urteilen. Mir kommt es vor, daß der Dichter aus großer Begierde, recht was Wunderbares zu machen, die Regel Horatii vergessen:

> Aut famam sequere, aut *sibi convenientia* finge
> Scriptor.[273]

Imgleichen:

> Ficta voluptatis causa sint proxima veris:
> Nec quodcumque volat poscat sibi fabula credi.[274]

Ich komme auf den Milton, der in englischer Sprache ein Heldengedicht vom ›Verlornen Paradiese‹ geschrieben. Dryden, ein andrer englischer Poet, zieht ihn dem Homer und Virgil in einer Sinnschrift vor:

> The force of nature could no further go,
> To make a third, she joined the former two.[275]

Er hat sich aber auch nicht aller Fehler in diesem Stücke enthalten können, so große Fähigkeit er auch sonst erwiesen hat. Erstlich erklärt er alle heidnische Gottheiten vor Teufel, die unter verschiedenen Namen [von Heiden wären angebetet worden][276]; hernach beruft er sich auf den Raub der Proserpina als eine wahre Geschicht. Wer hätte es denken sollen, daß in der biblischen Materie vom Falle der Engel das Heidentum stattfinden würde? Am seltsamsten sieht sein Pandämonium[277] aus, das ist der Ort, wo die Teufel miteinander zu Rate gegangen. Satan hatte sie schon einmal in einem weiten Felde zusammenberufen und eine Anrede an sie gehalten, und also schien es vergebens zu sein, daß er noch ein besondres Gebäude hätte, wo er mit ihnen ratschlagen könnte. Aber der Poet scheint ein Belieben getragen zu haben, sein Pandämonium nach der Dorischen Ordnung[278] zu bauen, es mit allerlei Verzierungen als Karniesen[279] und goldnen Blumen auszuschmücken. Diese Erfindung scheint sich nun zwar nicht aufs beste vor einen ernsthaften Milton zu schicken, aber noch schöner kommt es heraus, wenn sich alle seine Teufel in Zwerge verwandeln müssen, damit sie nur in dem gar zu engen Gebäude Platz finden mögen. Luzifer indessen mit seinen vornehmsten Bedienten behalten ihre natürliche ungeheure Größe, dagegen der gemeine Pöbel böser Geister nur in Gestalt kleiner Pygmäen erscheinen muß. Wenn das nicht das Lächerliche aufs Höchste getrieben heißt: so weiß ich nicht mehr, was wahrscheinliche oder unwahrscheinliche Erdichtungen sein sollen.

Noch eine Fabel ist indessen wert, aus diesem Dichter angemerket zu werden. Die Sünde wird aus dem Gehirne des Satans als eine Minerva aus dem Haupte Jupiters geboren. Satan aber zeuget von dieser seiner Tochter abscheulicherweise ein Kind, nämlich den Tod; und dieses rasende und schmutzige Ungeheuer beschläft wieder seine Mutter, so wie es der Vater mit seiner Tochter gemacht hatte. Aus dieser neuen Blutschande wird ein ganzes Schlangennest erzeuget, die in den Schoß ihrer Mutter kriechen und alle ihre Eingeweide verzehren, daher sie entsprossen sind. Ob eine so schmutzige und wahrhaftig abscheuliche Allegorie Wahrscheinlichkeit genug habe, will ich abermal nicht selbst beurteilen, sondern einem jeden seine Gedanken davon lassen. Zum wenigsten sieht man nicht, warum die Sünde mit dem Tode noch einmal verbotenerweise zuhalten müssen. Dieses hat in der Sache selbst keinen Grund mehr und scheint von dem Poeten nur zu Vergrößerung der Abscheulichkeiten ersonnen zu sein. Ebendadurch verliert seine Fabel die Wahrscheinlichkeit; weil man nicht begreifen kann, warum der Tod noch die Schlangen zeugen müssen? Ebensowenig kann man bald hernach sehen, warum sich der Tod mit der Sünde zanket, wobei sie grausame Gesichter und Stellungen machen, nicht anders, als ob sie einander prügeln wollten. Nicht besser geht's mit dem Paradiese der Narren, wo die Mönche, Kapuziner, Indulgenzien[280], Bullen und Reliquien auf den Flügeln des Windes herumspazieren; Petrus aber mit seinen

Schlüsseln an der Himmelstür steht. Wie konnten alle diese Dinge zu der Zeit verhanden sein, da das Paradies verlorengegangen? Vor den Ariost würden sich solche Torheiten besser als vor einen Milton geschicket haben.

Es ist schade, daß Voltaire in seinem neuen Heldengedichte[281], darin er es allen vorigen in Beobachtung der Wahrscheinlichkeit zuvorgetan, nicht gänzlich von Fehlern freibleiben können. Ich will hier nicht an die Fabel gedenken, da er Heinrich den Vierten, seinen Held, gleich im Anfange seines Gedichtes eine Reise nach Engelland tun läßt, um sich den Beistand der Königin Elisabeth zuwege zu bringen. Dieses ist zwar freilich in der Historie nicht gegründet und also nicht wirklich geschehen; allein es ist doch wahrscheinlich, weil Heinrich gleichsam etliche Monate in einer solchen Stille zugebracht, daß man indessen von ihm nichts aufgezeichnet findet. Hier stund es nun dem Poeten frei, seinem Helden, der ohnedem in Frankreich nichts versäumete, außer Landes was zu tun zu geben. Er zaubert ihn aber nicht etwa in die Kanarischen Inseln und wieder zurück, wie Tasso es mit seinem Reinald macht: sondern er läßt ihn natürlicherweise über den Kanal zwischen Frankreich und Engelland schiffen usw.

Ich frage nur, ob der alte Greis, den er sogleich auf der englischen Küste in einer Einöde antreffen und seinem Helden sein ganzes künftiges Schicksal vorhersagen läßt, ob diese Fabel, sage ich, Wahrscheinlichkeit genug vor sich habe. Der Einsiedler muß ein Prophet werden, und zwar ein wirklich von GOtt erleuchteter Prophet, dergleichen die im Alten Testament gewesen. Er sagt ausdrücklich:

> Ce Dieu qu'il adorait prit soin de sa vieillesse,
> Il fit dans son désert descendre sa sagesse,
> Et, prodigue envers lui de ses trésors divins,
> Il ouvrit à ses yeux le Livre des destins. [282]

Ich weiß nicht, ob diese vier Zeilen es wahrscheinlich und glaublich machen können, daß GOtt die Bücher des Verhängnisses einem Eremiten werde eröffnet haben, welches er ohne Not niemals getan, auch niemals zu tun versprochen hat. Um soviel mehr aber ist mir dieser neue Prophet ärgerlich anzuhören, da er die protestantische Religion als ein eifriger Papist vor einen Irrtum ansieht, den Übertritt Heinrichs des IV. zur Römischen Kirche eine Erleuchtung nennet usw.

De Dieu, dit le Vieillard, adorons les desseins,
Et ne l'accusons pas des fautes des humains.
J'ai vu naître autrefois le Calvinisme en France,
Faible, marchant dans l'ombre, humble dans sa naissance
Je l'ai vu, sans support, exilé dans nos murs,
S'avancer à pas lents par cent détours obscurs,
Enfin mes yeux ont vu, du sein de la poussière,
Ce fantôme affrayant lever la tête altière,
Se placer sur le trône, insulter aux mortels
Et d'un pied dédaigneux renverser nos autels.

Loin de la Cour alors, en cette grotte obscure,
De ma Religion je vins pleurer l'injure.
Là quelque espoir au moins console mes vieux jours,
Un culte si nouveau ne peut durer toujours.
Des caprices de l'homme il a tiré son être;
On le verra périr ainsi qu'on l'a vu naître.[283]

Ob nun ein Prophet, der die gereinigten Wahrheiten des Evangelii vor ein Ungeheur schilt, es einen neuen Gottesdienst nennet und seinen Ursprung aus dem menschlichen Eigensinne herleitet, ihm einen baldigen Untergang drohet: Ob ein solcher Prophet ein göttlicher Prophet sein könne, das mögen alle Protestanten, davon halb Europa voll ist, selbst bedenken. Gleichwohl verkündiget unser Einsiedler alles vorher, als ob er die Geschichte Heinrichs des Vierten schon zum voraus gelesen hätte. Man darf hier nicht sagen, es könne von einem katholischen Poeten nicht gefordert werden, daß er als ein Protestant schreiben solle. In Frankreich werde dieser Eremit wahrscheinlich genug sein, etc. Ich antworte: Voltaire hat in so vielen Stellen seines Gedichtes, welches gewiß viel zu der Schönheit desselben mit beitrage, genugsam zu verstehen gegeben, daß er kein so blinder Papist sei, als mancher wohl denken möchte. Hat er nun selbst das Herz gehabt, viel Sätze einfließen zu lassen, die seinen Religions-Verwandten so sehr mißfallen haben, daß er das Land deswegen räumen müssen: Warum hat er nicht vollends diesen Einsiedler, der doch eine Kreatur seiner Einbildungs-Kraft ist, so gebildet, daß er überall und nicht nur in Frankreich wahrscheinlich herausgekommen?

Ich komme auf die Hexerei der Verschwornen, die er im fünften Buche seines Gedichtes beschrieben; und davon schon oben gedacht worden. Es ist wahr, daß die Königin von Medicis[284] eine Liebhaberin der Zauberkunst gewesen, und es kann sein, daß ihr Exempel viele ihrer Untertanen nach sich gezogen. Es ließe sich daher auch mit einiger Wahrscheinlichkeit dichten, die sechzehn Häupter der Rebellen hätten zu einem Schwarzkünstler ihre Zuflucht genommen, um das Schicksal ihres Reiches zu erfahren. Dies finstre unterirdische Gewölbe, alle die abergläubischen Zurüstungen der jüdischen Hexenmeister, kurz, alles, was vorhergeht und sich bloß auf die törichte Fantasie der Menschen gründet, ist in meinen Augen nicht unwahrscheinlich. Aber daß der Poet auf eine so verdammliche Begierde, das Künftige zu wissen, auf solche gotteslästerliche und ruchlose Beschwörungen und Zauberformeln eine Erhörung ihres Wunsches erfolgen läßt, das kann ich ihm nicht vergeben. GOtt bestärket diese abergläubische Rotte in ihrer Torheit. Was der Zaubrer nicht vermag, tut derjenige, den er gelästert hat; und was das Ärgste ist, durch ein wahrhaftes Wunderwerk, dabei er die Gesetze der Natur aufheben muß. So sagt der Poet:

> Aux magiques accents que sa bouche prononce,
> Les Seize osent du Ciel attendre la Réponse,

A dévoiler leur sort ils pensent le forcer.
Le Ciel, pour les punir, voulut les exaucer:
Il interrompt pour eux les Lois de la Nature,
De ces Antres muets sort un triste murmure,
Mille éclairs, redoublés dans la profonde nuit,
Poussent un jour affreux qui renaît et qui fuit.
Au milieu de ces feux, Henri, brillant de gloire,
Aparoît à leurs yeux sur un char de victoire.[285]

Wo hat man nun ein solch Exempel von dergleichen Begebenheiten gehört oder gesehen, da GOtt anstatt des Satans einem Hexenmeister seinen Wunsch erfüllet, ihn dadurch in seiner Torheit gestärket und also der Ehre seines eigenen Namens selbst Hindernisse in den Weg gelegt. Herr Voltaire, der sonst solche gesunde Begriffe von dem höchsten Wesen hat, sollte sich hier wohl etwas behutsamer aufgeführt haben, damit er die Regeln der Wahrscheinlichkeit, die er andern so wohl vorzuschreiben weiß, selbst nicht aus den Augen gesetzt hätte.

Ich habe mich bisher in Bemerkung der Fehler bloß allein bei den berühmtesten Heldengedichten der Ältern und Neuern aufgehalten und würde noch ein deutsches Heldengedichte vornehmen müssen; wenn eins verhanden wäre, so sich der Mühe verlohnte. Wir haben zwar den ›Wittekind‹, den uns Postel[286] verfertiget hat; allein dieser verdient ebensowenig eine Kritik als des Chapelains[287] ›Mädchen von Orleans‹ oder des St. Amant ›Erretteter Moses‹[288] in Frankreich. Zudem wird er fast von niemand gelesen, und also ist es nicht zu besorgen, daß sein Exempel andre verführen werde. Ich komme also noch mit wenigen auf die Fehler, so in dramatischen Poesien wider die Wahrscheinlichkeit begangen werden. Die Alten sind davon ebensowenig frei als die Neuern, und wenn wir sie gleich loben, so wollen wir nicht alles Schlechte damit gutheißen, so ihnen zuweilen entwischet ist. Sophokles soll uns bei den Griechen mit seinem ›Oedipus‹ zum Beispiel dienen, daß er auch habe fehlen können: wenngleich die Fabel überhaupt und das ganze Stück seinen Wert behält.

Der Schauplatz öffnet sich durch einen Chor thebanischer Bürger, die vor den Altären auf ihren Knien liegen und von den Göttern das Ende ihres Unglücks erbitten wollen. Oedipus, ihr König, erscheint mitten unter ihnen und sagt: »Ich bin Oedipus, der in aller Welt so berühmt ist. Was ist die Ursache, meine Kinder, weswegen ihr hiehergekommen?« Ist es hier wohl wahrscheinlich, daß die Thebaner ihren Herrn nicht gekannt und daß er es also nötig gehabt zu sagen, wer er sei? Der Hohepriester antwortet ihm indessen im Namen des Volks. »Du siehst hier Jünglinge und alte Männer vor dir. Ich, der ich dich anrede, bin der Oberpriester Jupiters. Deine Stadt ist wie ein Schiff, so von Ungewittern bestürmt wird etc.« Und hier fängt er ihm an, die Pest zu beschreiben, die im Lande damals wütete. Sollte hier wohl Oedipus wiederum weder den Hohenpriester gekannt noch um den Zustand seines Landes gewußt haben? Indem die Beschreibung der Pest noch währet, kömmt Kreon, der Jokasta Bruder, den man an das Orakel geschickt hatte, eine göttliche Antwort wegen der Landplage zu vernehmen, dieser redet den Oedipus an: »Herr«, spricht er, »wir haben vormals einen König gehabt, der Lajus hieß.« »Ich weiß es«, erwidert jener, »ob ich ihn gleich niemals gesehen habe.« »Er ist erschlagen worden«, versetzt Kreon, »und Apollo will, daß wir seine Mörder zur Strafe ziehen sollen.« »Ist denn Lajus zu Hause oder im Felde erschlagen worden?« fragt Oedipus hierauf. Hier sieht nun wohl abermal ein jeder, es sei nicht wahrscheinlich, daß Kreon eine so bekannte Sache, als der Tod des Königs Lajus in Theben sein mußte, dem als was Unbekanntes werde erzählet haben, der an seiner Stelle schon etliche Jahre regieret hatte: Viel weniger, daß Oedipus sich in so langer Zeit nicht mehr um die Art seines Todes bekümmert haben werde. Doch er fährt fort zu fragen, ob denn aus der Anzahl der Gefährten, die bei dem erschlagenen Könige gewesen, niemand wieder zurückegekommen?

Einer, der wirklich mit zugegen gewesen, gibt zur Antwort, daß es von einer Menge von Straßen-Räubern geschehen; da es doch von einer einzigen Person, nämlich vom Oedipus selbst, geschehen war. Wie war das möglich, eine so falsche Antwort zu geben, da man bei Entdeckung der Wahrheit nicht das geringste zu besorgen hatte? Oedipus vernimmt endlich, daß Phorbas, einer von den damaligen Gefährten des Lajus, noch lebe; und von diesem hätte er leicht völlige Nachricht einziehen können: Allein er läßt ihn, wider alles Vermuten, nicht einmal zu sich fordern. Auch der Chor, der ihm allezeit Anschläge gibt, denkt nicht daran, sondern rät ihm, lieber den Tiresias fordern zu lassen. Endlich, in der vierten Handlung, kommt Phorbas. Ohne Zweifel denkt man hier, Oedipus werde ihn mit großer Ungeduld fragen, wie es mit dem Tode des Königes bewandt gewesen; weil er so begierig war, seinem Volke zu helfen. Aber nichts weniger als das. Die Tragödie endigt sich, ehe Phorbas ein Wort von dem Tode seines Herrn zu reden bekommen.

Dies mag zu einer Probe genug sein, daß Sophokles die Wahrscheinlichkeit nicht genau beobachtet habe. Wer sich ausführlicher darum bekümmern will, kann die Critique nachlesen, die Voltaire[289] über die drei ›Oedipos‹, nämlich den griechischen, des Corneille französischen und seinen eigenen gemacht. Imgleichen kann man die Kritik über den ›Cid‹ von der französischen Académie in dieser Absicht zu Rate ziehen[290]. Die Liebhaber der Opern mögen St. Evremonts[291] ›Gedanken‹ darüber nachschlagen; und überhaupt von theatralischen Poesien kann man auch lesen, was Cervantes im ›Don Quixote‹ einen gewissen Canonicum davon hat sagen lassen. Die Wahrscheinlichkeit in Schäfergedichten anlangend, darf man nur Fontenellens[292] ›Discours‹, imgleichen den ›Guardian‹[293] davon besehen. Die Satire betreffend, sehe man Muralts ›Briefe über die Franzosen‹ nach, wo er des Boileau seine Satire über Paris untersuchet hat[294].

Ich sehe schon vorher, daß viele diese beide letztern Kapitel mit scheelen Augen werden angesehen haben. Es wird wenigen von unsern deutschen Poeten gefallen, daß man sich die Freiheit nimmt, die Gedichte der größten Meister so scharf zu prüfen. Man wird sagen, es schicke sich nicht, aller Leute Geschmack nach seinem eigenen Leisten zu messen. Was mir nicht gefiele, könne deswegen doch andern gefallen und also auch schön sein. Und ich wäre der Mann nicht, der sich über die größten Meister zum Richter erheben könnte. Allein ich antworte auf dieses letzte, daß ich mir meiner Schwachheit von selbst schon bewußt bin. Ich habe selbst weder ein Heldengedicht noch ein theatralisches Stück geschrieben; und gebe mich also vor keinen Poeten aus, der denen gleichzuschätzen, geschweige vorzuziehen wäre, die ich beurteilet habe.* Ich sage nur Anfängern in der Poesie, was ich von andern vor poetische Regeln gelernet habe und wie man die Gedichte darnach prüfen müsse. Horatius machte es auch so:

Fungar vice cotis; acutum
Reddere quae ferrum valet, exsors ipsa secandi;
Munus et officium, nil scribens ipse, docebo,
Unde parentur opes, quid alat formetque Poetam,
Quid deceat, quid non, quo Virtus, quo ferat error.[295]

Den Freunden des willkürlichen Geschmacks aber aufs erste zu antworten, gebe ich eine treffliche Stelle des englischen Grafen Shaftesbury zu überlegen, die ich, weil das Buch nicht überall zu haben ist, aus dem III. Tom. seiner ›Characteristics‹, Misc. III. C. 2. p. 165, hersetzen will[296]. »Aus dieser Ursache«, schreibt er, »wollen wir nicht allein die Sache der Kritikverständigen verteidigen; sondern auch allen den

* 4. Aufl. nach *beurteilet habe* eingefügt: Allenfalls ist es auch gar nicht nötig, selbst was Bessers machen zu können, wenn man andre nach den Kunstregeln beurteilet. Sind des Aristotels ›Rhetorik‹ und ›Poetik‹ deswegen zu verwerfen, weil ihr Urheber selbst weder ein großer Redner noch ein Poet gewesen? Seine Regeln sind doch richtig, und seine Urteile von so vielen poetischen und oratorischen Werken seiner Zeit bleiben wohlgegründet, solange Vernunft und Geschmack in der Welt sein wird. Zudem habe ich mir ja keine neue Gesetze und Kunstregeln ausgesonnen:

nachlässigen und gleichgültigen Schriftstellern, Verfassern, Lesern, Zuhörern, Komödianten und Zuschauern einen offenbaren Krieg ankündigen, die ihre Einfälle allein zu einer Regel der Schönheiten und Annehmlichkeiten machen; und da sie von diesem ihren Eigensinne oder ihrer wunderlichen Fantasie keine Red' und Antwort geben können, die Kritik oder Untersuchungs-Kunst verwerfen; wodurch sie doch allein geschickt werden können, die wahre Schönheit und den rechten Wert jedes Dinges zu entdecken.

Nach der erzwungenen Auslachenswürdigkeit, die solche abgeschmackte Leute wahren Criticis aufbürden wollen, würde das Belustigende von allen Künsten und natürlichen Schönheiten verlorengehen. Sogar in Trachten und Sitten würden wir zu diesen Zeiten so barbarisch werden, als wir in unsern Ergetzungen und Lustbarkeiten sind. Doch will ich's von diesen Feinden der Kritik hoffen, sie würden nicht so unhöflich oder so fern von aller Menschlichkeit sein zu behaupten: daß das allerbarbarischste Leben und viehische Belustigungen ebenso hoch als die artigsten und politesten Vergnügungen zu schätzen wären.

Meinesteils, wenn ich zuweilen Männer von bekannter Geschicklichkeit mit einem weibischen und kläglichen Tone wider die Criticos habe eifern hören, habe ich wirklich gedacht, sie hätten's im Sinne, den anwachsenden Geist junger Leute, die ihnen nacheifern, niederzuschlagen; indem sie dieselben von derjenigen Untersuchung und Prüfung abzuwenden suchen, ohne welche eine tüchtige Arbeit sowohl als ein richtiges Urteil nicht bestehen kann.«*

* 4. Aufl. anstelle des Shaftesbury-Zitats, das als Anmerkung gebracht wird: Überdas aber gebe ich es ihnen zu bedenken, ob sie auch demjenigen das Wort reden wollen, der in der Unterscheidung der Metalle sich auf den Augenschein allein verlassen, Gold, Messing, Silber und Zinn für einerlei halten und sich über denjenigen erzürnen wollte, der bei dem Einkaufe solcher Waren sich des Probiersteins bedienete oder eine Goldwaage zu Rate zöge? Meines Erachtens werden sie so billig sein und die Behutsamkeit dieses letztern der Einfalt des erstern vorziehen: weil nicht die Farbe, sondern der innere Gehalt und die Schwere

2. Teil

Das zehnte Kapitel

Von Tragödien oder Trauerspielen

Wie vorzeiten die ganze Poesie mit der Musik vereinbaret gewesen, so hat auch die Tragödie ihren Ursprung aus gewissen Liedern, die dem Bacchus zu Ehren gesungen worden. Es traten an Fest-Tagen etliche Sänger zusammen, die ein ganzes Chor ausmachten, spielten, tanzten und sungen nach Art der alten Religion, dem Weingotte dadurch seinen Gottesdienst zu leisten. Wie sie aber gemeiniglich sowohl als ihre

den wahren Wert der Metalle entdecket. Dasselbe Urteil nun muß ja billig von dem menschlichen Witze und seinen Früchten gefället werden. Es muß nicht auf den bloßen Glanz und Schimmer seiner Werke ankommen; weil nicht alles Gold ist, was da gleißt. Was nicht bei der gesunden Vernunft die Probe oder den Strich hält, das kann nicht für vollgültig genommen werden. Die Regeln der Kunstrichter aber, die gehörig erwiesen worden, sind der poetische Probierstein, der das Zweifelhafte entscheiden und die wahren Schönheiten so sehr ins Licht setzen als die falschen Putzwerke und wesentlichen Unrichtigkeiten sinnreicher Schriften beschämen kann.

Was soll man also von denen denken oder sagen, die uns auf gut miltonisch mit der Geisterwelt, dem Cherubim und Seraphim, den Teufeln aller Arten oder den Feien und Hexen plagen? Die uns in allen diesen Dingen Geheimnisse der Religion vortragen, die über alle Vernunft und folglich über alle Wahrscheinlichkeit sind? Dieses, daß sie uns die Sphäre der Dichtkunst über den menschlichen Begriff hinaus erstrecken und sich alle Augenblick in die Gefahr begeben, wider die Wahrheit und Wahrscheinlichkeit zu verstoßen. Denn nicht zu gedenken, daß es gottlos ist, die geoffenbarte Religion mit ihren abgeschmackten Erdichtungen zu erweitern, d. i. die Wahrheit mit Lügen zu verbrämen und sie solchergestalt der heidnischen Mythologie gleichzumachen, die jeder Poet drehete und wendete, wie er wollte: so sündigen solche Dichter auch wider die vernünftige Poesie selbst, die nicht für Schwärmer, sondern für gescheite Leser arbeitet. Jakob Böhme und Pordätsch[297] mögen ihre Träume und Hirngeburten in die Religion mengen: kluge Dichter bleiben bei wahrscheinlichen, das ist bei menschlichen und solchen Dingen, deren Wahrscheinlichkeit zu beurteilen nicht über die Grenzen unsrer Einsicht geht.

Zuhörer ein Räuschchen hatten, so waren auch ihre Lieder so ernsthaft nicht: sondern es liefen allerlei lustige Possen mit unter. Je mehr man sich in solchen Gesängen übte, je weiter brachte man's darin: und desto lieber hörte man solchen Sängern zu. Daher kam es, daß sich ihre Zahl vermehrte und eine Bande der andern es zuvorzutun suchte. Sie gingen wohl gar einen Wettstreit darüber ein, und der Preis war nach der alten Art schon groß genug, wenn man dem besten Sänger einen Bock zum Gewinste zuerkannte. Ein Bock heißt griechisch »τράγος« und ein Lied »ᾠδή«; daher kommt das Wort Tragödie, ein Bocklied, wie solches teils Aristoteles in seiner ›Poetik‹[298], teils Horaz in seiner ›Dichtkunst‹ bezeiget, wenn er schreibt:

Carmine qui tragico vilem certavit ob Hircum.[299]

Man ward aber des beständigen Singens mit der Zeit überdrüssig und sehnte sich nach einer Veränderung. Thespis[300], der mit seinen Sängern in Griechenland von einem Orte zum andern herumzog, erdachte was Neues, als er die Lieder in Teile absonderte und zwischen zwei und zwei allemal eine Person auftreten ließ, die etwas ungesungen erzählen mußte. Mehrerer Bequemlichkeit halber machte er seinen Wagen zur Schaubühne, indem er Bretter drüber legte und seine Leute droben singen und spielen ließ, damit sie desto besser zu sehen und zu hören sein möchten. Damit man aber dieselben nicht erkennen könnte, salbte er ihnen die Gesichter mit Hefen, welche ihnen anstatt der Larven dienen mußten. Um dieser Veränderung halber wird Thespis vor den Erfinder der Tragödie gehalten. Allein das war in der Tat nur noch ein sehr schlechter Anfang dazu. Aeschylus nämlich, ein neuerer Poet, sahe wohl, daß auch die Erzählungen einzelner Personen, die man zwischen die Lieder einschaltete, noch nicht so angenehm wären, als wenn ein paar miteinander sprächen, darinnen sich mehr Mannigfaltigkeit und Veränderung würde anbringen lassen. Und da ihm solches nach Wunsche ausschlug, dachte er auch auf mehrere Zierate seiner Tragödien. Er erfand die Larven, gab seinen Leuten ehrbare Kleidungen und bauete sich eine bessere Schaubühne. Ja welches das Merkwürdigste war, so machte Aeschylus, daß die Gespräche seiner auftretenden Personen miteinander zusammenhingen, ja er erfand zuerst die Idee der Hauptperson in einem solchen Spiele, welches vorher nur ein verwirrtes Wesen ohne Verknüpfung und Ordnung gewesen war. Das bezeugt abermal Aristoteles in seinem IVten Kapitel und Horaz in folgenden Worten:

> Ignotum Tragicae genus invenisse Camenae
> Dicitur et plaustris vexisse Poemata Thespis:
> Quae canerent agerentque peruncti faecibus ora.
> Post hunc personae et pallaeque repertor honestae
> Aeschylus et modicis instravit pulpita tignis,
> Et docuit magnumque loqui nitique cothurno.[301]

Dieser letzte Vers zeigt noch an, daß man auch um diese Zeit die hohe Schreibart in die Tragödie eingeführt habe. Denn vorher war ihr Vortrag voller Zoten und gemeinen Possen gewesen, so wie auch ihr Inhalt ganz satirisch war. Die Poeten hatten sich hierin nach den Zuschauern gerichtet, die in ihrer ersten Grobheit an etwas Ernsthaftem noch keinen Geschmack finden konnten: sondern nur allezeit lachen wollten. Allmählich aber fanden sich auch verständigere Zuschauer, die an den gewöhnlichen Fratzen ein Mißfallen hatten und lieber was Kluges sehen wollten. In dieser Verfassung erhielte Euripides die Schaubühne, Sophokles aber brachte sie noch zu größerer Vollkommenheit. Er stellte anstatt der vorigen zwo Personen nach Gelegenheit auch wohl drei zugleich auf, die miteinander sprechen mußten, und erfand noch bessere Verzierungen vor die Bühne, dadurch die Augen der Leute mehr gefüllet wurden. Ja er richtete auch die Lieder des Chores, die allezeit zwischen jeder Handlung gesungen wurden, so ein, daß sie sich mit zu der Tragödie schicken mußten: da sie vorher von ganz andern, mehrenteils lustigen Materien zu handeln pflegten. Vor Alters hatte man die vierfüßigen jambischen Verse, die sehr bequem zum Singen waren und sozureden recht zum Sprunge gingen, gebraucht; nachmals aber wurden die sechsfüßigen jambischen eingeführt: Ebenso wie es bei uns Deutschen gegangen, wo man vor Opitzen lauter vierfüßige Verse zu Komödien gebraucht hat, wie aus Hans Sachsen und andern zu ersehen ist[302].

Aus dem allen erhellet nun wohl zur Gnüge, daß die Tragödie in ihrem Ursprunge ganz was anders gewesen, als sie hernach geworden. Aus den abgeschmacktesten Liedern ist sie das ernsthafteste und beweglichste Stücke geworden, so die ganze Poesie aufzuweisen hat. Was vorhin ein Nebenwerk war und von den Griechen Episodium genennet wurde, nämlich die eingeschalteten Erzählungen und Gespräche zwischen den Liedern, ist hernach das Hauptwerk geworden. Das vorige satirische Scherzen hat sich in ein recht prächtiges und lehrreiches Wesen verwandelt, so daß sich die ansehnlichsten Leute nicht mehr schämen dorften, Zuschauer abzugeben. Die Athenienser waren auch dergestalt darauf erpicht, daß sie sich fast eine Schuldigkeit machten, die Tragödien zu besuchen. Ja weil sich die Poeten in allen Stücken der Religion bequemeten und die vortrefflichsten Sittenlehren und Tugendsprüche darin häufig einstreueten: so wurde diese Art von Schauspielen eine Art des Gottesdienstes; die auch in der Tat vors Volk viel erbaulicher war als alle die Opfer und übrigen Zeremonien des Heidentums. Dazu trug nun hauptsächlich der Chor viel bei, der allezeit in seinen Liedern solche moralische Betrachtungen, Gebete und Lobgesänge anstimmete, die sich zu der unmittelbar vorhergehenden Handlung schicketen. Diese lernte man damals gar auswendig und pflegte sie im gemeinen Leben als Lehrsätze und Denksprüche bei Gelegenheit anzubringen; so wie wir itzo die Schrift und unsre geistliche Lieder anzuziehen pflegen.

Bei den Griechen war also, selbst nach dem Urteile Aristotelis, die Tragödie zu ihrer Vollkommenheit gebracht; und kann in diesem ihrem Zustande gar wohl ein Trauerspiel heißen: weil sie zu ihrer Absicht hatte, Traurigkeit, Schrekken, Mitleiden und Bewunderung bei den Zuschauern zu erwecken. Aristoteles beschreibt sie derowegen als eine Nachahmung einer Handlung, dadurch sich eine vornehme Person harte und unvermutete Unglücks-Fälle zuziehet. Der Poet will also durch die Fabeln Wahrheiten lehren, die Zuschauer aber durch den Anblick solcher schweren Fälle der Großen dieser Welt zu ihren eigenen Trübsalen vorbereiten. Z. E. ›Oedipus‹, eins der berühmtesten Trauerspiele Sophoclis, stellt das klägliche Ende vor, welches dieser thebanische König um seiner abscheulichen Laster halber genommen, wiewohl er fast ohne seine Schuld darein gefallen war. Das will eben Aristoteles haben, wenn er sagt, die Helden einer Tragödie müßten weder recht schlimm noch recht gut sein. Nicht recht schlimm, weil man sonst mit ihrem Unglücke kein Mitleiden haben, sondern sich darüber freuen würde: Aber auch nicht recht gut, weil man sonst die Vorsehung leicht einer Ungerechtigkeit beschuldigen könnte, wenn sie unschuldige Leute so hart gestrafet hätte. So war nun Oedipus. Als ihm das Orakel in seiner Jugend antwortet: Er würde seinen Vater erschlagen und mit seiner Mutter Blutschande treiben, hat er einen solchen Abscheu vor diesen Lastern, daß er Korinth verläßt, wo er als ein königlicher Prinz erzogen war, und sich also der Krone begibt, die er zu hoffen hatte: Bloß weil er fürchtete, den Mord an seinem Vater und die Unzucht mit seiner Mutter zu begehen. Da er aber in Griechenland als ein Flüchtiger herumschweifet und ihm in einem schmalen Wege sein rechter Vater Lajus begegnet, der ihn in seiner Kindheit zu töten befohlen hatte und nicht wußte, daß es sein Sohn wäre; gleichwie er es nicht wissen konnte, daß Lajus sein Vater wäre: so greift er allein den König nebst seinen Leuten an und ermordet dieselben bis auf einen, der ihm entläuft. Hier ist nun Oedipus schon strafbar, daß er so hitzig, gewaltsam und eigensinnig gewesen: Gleichwohl ist seine Meinung nicht, einen Vatermord

zu begehen, den er zu vermeiden seine vermeinte Vaterstadt verlassen hatte. Gleichergestalt als er nachmals die Jokasta heiratet, ja etliche Kinder mit ihr zeuget, ist er abermals mehr unglücklich als lasterhaft, weil er es nicht weiß, daß es seine Mutter ist; auch nach seinen Umständen nicht wissen kann: bis es nach etlichen Jahren, und zwar in ebendieser Tragödie, wunderlich ans Licht kommt. Wer hier sagen wollte, daß Oedipus ganz unschuldig oder ganz schuldig wäre, würde in beiden irren. Er ist so, wie die Menschen insgemein zu sein pflegen, das ist, von mittlerer Gattung, [er] hat gewisse Tugenden, auch gewisse Laster an sich: und doch stürzen ihn die letzten ins Unglück. Denn hätte er niemanden erschlagen, so wäre alles übrige nicht erfolget. Er hätte sich aber vor allen Totschlägen hüten sollen; nachdem ihm das Orakel eine so deutliche Weissagung gegeben hatte. Denn er sollte billig allezeit gedacht haben: »Wie? wenn dies etwa mein Vater wäre.« Da er nun also beschaffen ist, so wird dadurch die Tragödie den allermeisten Zuschauern erbaulich: weil nämlich die meisten von ebender Art sind als er; nämlich weder recht gut noch recht böse. Man hat einesteils Mitleiden mit ihm: andernteils aber bewundert man die göttliche Rache, die kein Laster ungestraft läßt.
Nach diesem Vorschmacke von der Tragödie wollen wir sie etwas genauer betrachten. Äußerlichem Ansehen nach konnte sie bei den Alten in zweierlei Stücke eingeteilet werden: nämlich in das, was gesungen, und in das, was nur gesprochen wurde. Der musikalische Teil bestund aus Oden, und die Sänger derselben hießen alle zusammen der Chor. Dieser bestund nach Beschaffenheit der Umstände aus einer guten Anzahl von Weibern oder Männern, so die Bürger einer Stadt vorstelleten; bald aus einer Schar von Priestern und Ältesten des Volks, bald aus einer Menge von Jungfrauen, bald einem Schwarme höllischer Furien usw. Diese Leute nun fanden sich bald in der ersten Handlung auf der Schaubühne ein und behielten ihren Platz bis ans Ende des ganzen Spieles. Sie vertraten daselbst die Stelle der Zuschauer, die

bei der Handlung, so man spielete, zugegen gewesen, als sie wirklich geschehen. Denn das muß man wissen, daß die wichtigsten Handlungen der alten griechischen und morgenländischen Fürsten nicht zwischen vier Wänden, sondern öffentlich vor ihren Palästen oder auf dem Markte ihrer Städte vorgingen. Da waren nun allezeit eine Menge von Zuschauern, die an dem Tun und Lassen ihrer Könige teilnahmen; auch wohl nach Gelegenheit ihre Meinung davon sagten, gute Anschläge gaben oder sonst ihre Betrachtungen drüber anstelleten. Da nun die Poeten die ganze Natur solcher öffentlichen Handlungen vorstellen wollten und sollten, so mußten sie auch die Zuschauer derselben auf die Bühne bringen: Und das war denn der Chor; der also nicht nur zum Singen, sondern auch sonst als eine spielende Person mit gebraucht wurde. Denn der Korypheus oder Führer desselben redete im Namen aller übrigen so gut als eine andre Person darzwischen. Das heißt bei Horatio:

> Actoris partes chorus officiumque virile
> Defendat, neu quid medios intercinat actus
> Quod non proposito conducat et haereat apte.[303]

Doch war freilich wohl das Singen die fürnehmste Pflicht des Chores, welches zu vier unterschiedenen Malen, nämlich zwischen allen fünf Handlungen, geschahe. Denn im Anfange und am Ende der Tragödie sang er nicht; sondern es traten sogleich die spielenden Personen hervor, machten auch mit ihrer Handlung den Beschluß: Wo nicht irgend der Chor, doch ohne Gesang, das letzte Wort behielte, indem er eine erbauliche Betrachtung oder Nutzanwendung über das ganze Schauspiel in wenig Worten beifügte. Alles nun, was zwischen dem ersten und letzten Liede gespielt und gesungen wurde, nennte man Episodium; was vor dem Singen vorherging, den Eingang oder die Vorrede, und was darnach zuletzt folgte, den Ausgang oder Beschluß, siehe Arist., ›Poetik‹, c. 12, so daß auf die Art eine Tragödie in drei sehr ungleiche Teile unterschieden wurde[304].

Was den andern Teil der Tragödie, der nicht gesungen ward, anlanget, so bestund derselbe aus den Unterredungen der auftretenden Personen, die eine gewisse Fabel vorstelleten. Ungeachtet nun diese Fabel nur eine einzige Haupt-Handlung haben muß, wenn sie gut sein soll: So teilte man doch der Abwechselung halber dieselbe in fünf Teile ein, die man Actus oder Handlungen nennte:

Neve minor neu sit quinto productior actu
Fabula quae posci volt et spectanda reponi,[305]

sagt Horatius. Die Ursache dieser fünffachen Einteilung ist wohl freilich willkürlich gewesen: Indessen ist diese Zahl sehr bequem, damit dem Zuschauer nicht die Zeit gar zu lang würde. Denn wenn jede Handlung eine halbe Stunde daurete, sodann aber der Chor sein Lied darzwischen sang: So konnte das Spiel nicht viel länger als drei Stunden dauren,* welches eben die rechte Zeit ist, die sich ohne Überdruß einem Schauspiele widmen läßt. Es waren aber diese fünf Handlungen untereinander eben durch den Chor der Sänger verbunden; und also wurde die Aufmerksamkeit der Zuschauer auf die gespielte Fabel nie ganz unterbrochen: so wie es bei uns durch die Musikanten geschieht, die allerlei lustige Stücke darzwischen spielen, oder auch wohl gar durch Tänzer, die sich zwischen den Handlungen sehen lassen. Dieser Zusammenhang des ganzen Stückes tat in der Tat sehr viel dazu, daß die ganze Tragödie einen starken Eindruck in die Gemüter machte: und Racine hat auch in neuern Zeiten etliche Stücke von der Art aufs Parisische Theater gebracht: die nicht wenig Beifall deswegen erhalten haben[306]. Ich wundre mich nur, daß man dieses nicht durchgehends wieder aufgebracht hat.

Von diesen äußerlichen Stücken einer Tragödie, die auch einem Ungelehrten in die Augen fallen, komme ich auf die

* *eine halbe Stunde*: 4. Aufl. eine Viertelstunde; *drei Stunden*: 4. Aufl. zwo bis drittehalb Stunden.

innere Einrichtung derselben, die nur ein Kunstverständiger wahrnimmt. Hier bemerkt man nun, daß das Trauer-Spiel einige Stücke mit dem Helden-Gedichte gemein hat: in andern aber von ihm unterschieden ist. Es hat mit ihm gemein die Fabel oder die Handlung, die Charaktere, die Schreib-Art oder den Ausdruck. Es ist aber von demselben unterschieden in der Größe der Fabel oder ihrer Dauer; in der Beschaffenheit des Ortes, wo sie vorgehen muß; in der Art des Vortrages, welche hier ganz dramatisch ist, da dort die Erzählung herrschet. Hierzu kommt noch, daß in der Tragödie die Gemüts-Bewegungen weit lebhafter und stärker vorgestellet werden; daß man die Musik dabei brauchet und einer Schau-Bühne nötig hat, die auf verschiedene Art verzieret werden muß. Von allen diesen Stücken insbesondre muß kürzlich gehandelt werden.

Wie eine gute tragische Fabel gemacht werden müsse, ist schon im IVten Kapit. des I. T. einigermaßen gewiesen worden. Der Poet wählet sich einen moralischen Lehr-Satz, den er seinen Zuschauern auf eine sinnliche Art einprägen will. Dazu ersinnt er sich eine allgemeine Fabel, daraus die Wahrheit seines Satzes erhellet. Hiernächst sucht er in der Historie solche berühmte Leute, denen etwas Ähnliches begegnet ist: und von diesen entlehnet er die Namen vor die Personen seiner Fabel, um derselben also ein Ansehen zu geben. Er erdenket sodann alle Umstände dazu, um die Haupt-Fabel recht wahrscheinlich zu machen, und das werden die Zwischen-Fabeln oder Episodia genannt. Dieses teilt er denn in fünf Stücke ein, die ungefähr gleich groß sind, und ordnet sie so, daß natürlicherweise das Letztere aus dem Vorhergehenden fließet: Bekümmert sich aber weiter nicht, ob alles in der Historie so vorgegangen oder ob alle Neben-Personen wirklich so und nicht anders geheißen. Zum Exempel kann die oberwähnte Tragödie des Sophoclis* dienen. Der Poet wollte zeigen, daß GOtt auch die Laster, so unwissend be-

* 4. Aufl. nach *Sophoclis* eingefügt: oder auch mein ›Cato‹.

gangen werden, nicht ungestraft lasse. Hierzu ersinnt er eine allgemeine Fabel. Es war einmal ein Prinz, wird es heißen, der sehr viel gute Eigenschaften an sich hatte, aber dabei verwegen, argwöhnisch und neugierig war. Dieser hatte einmal vor dem Antritte seiner Regierung auf freiem Felde einen Mord begangen; ohne zu wissen, daß er seinen eigenen Vater erschlagen. Durch seinen Verstand bringt er sich in einem fremden Lande in solches Ansehen, daß er zum Könige gemacht wird und die verwitwete Königin heiratet: ohne zu wissen, daß selbige seine eigene Mutter ist. Aber dieses alles geht ihm nicht vor genossen aus[307]. Seine Laster kommen ans Licht, und es treffen ihn alle die Flüche, die er selbst auf den Mörder seines Vorfahren im Regiment ausgestoßen hatte. Er wird des Reichs entsetzet und ins Elend getrieben, nachdem er sich selbst aus Verzweifelung der Augen beraubet hatte. Zu dieser allgemeinen Fabel nun findet Sophokles in den alten thebanischen Geschichten den Oedipus geschickt. Er ist ein solcher Prinz, als die Fabel erfordert: Er hat unwissend einen Vater-Mord und eine Blut-Schande begangen. Er ist dadurch auf eine Zeitlang glücklich geworden; allein, die Strafe bleibt nicht aus: sondern er muß endlich alle die Würkungen seiner unerhörten Laster empfinden.

Diese Fabel ist nun geschickt, Schrecken und Mitleiden zu erwecken und also die Gemüts-Bewegungen der Zuschauer auf eine der Tugend gemäße Weise zu erregen. Man sieht auch, daß der Chor in dieser Tragödie dadurch bewogen wird, recht erbauliche Betrachtungen über die Unbeständigkeit des Glückes der Großen dieser Welt und über die Schandbarkeit seiner Laster anzustellen; und zuletzt in dem Beschlusse die Thebaner so anzureden: »Ihr Einwohner von Theben, sehet hier den Oedipus, der durch seine Weisheit Rätsel erklären konnte und an Tapferkeit alles übertraf; ja der seine Hoheit sonst keinem als seinem Verstande und Helden-Mute zu danken hatte: Seht, in was vor schreckliche Trübsalen er geraten ist; und wenn ihr dieses unselige

Ende desselben erwäget, so lernt doch, niemanden vor glücklich halten, bis ihr ihn seine letzte Stunde glücklich habt erreichen gesehen.«

Diese Fabel nun zu erdichten, sie recht wahrscheinlich einzurichten und wohl auszuführen, das ist das Allerschwerste in einer Tragödie. Es hat viele Poeten gegeben, die in allem andern Zubehör des Trauer-Spiels, in den Charaktern, in dem Ausdrucke, in den Affekten etc. glücklich gewesen: Aber in der Fabel ist es sehr wenigen gelungen. Das macht, daß dieselbe eine dreifache Einheit haben muß, wenn ich so reden darf: die Einheit der Handlung, der Zeit und des Ortes.

Die ganze Fabel hat nur eine Haupt-Absicht: nämlich einen moralischen Satz; also muß sie auch nur eine Haupt-Handlung haben, um derentwegen alles übrige vorgehet. Die Neben-Handlungen aber, die zur Ausführung der Haupt-Handlung gehören, können gar wohl andre moralische Wahrheiten in sich schließen: wie zum Exempel im ›Oedipus‹ die Erfüllung der Orakel, darüber Jokasta vorher gespottet hatte, die Lehre gibt: daß die göttliche Allwissenheit nicht fehlen könne. Alle Stücke sind also tadelhaft und verwerflich, die aus zwoen Handlungen bestehen, davon keine die vornehmste ist. Ich habe dergleichen im Jahr 1717 am Reformations-Feste in einer Schul-Komödie vorstellen gesehen, wo der Inhalt der ›Aeneis‹ Virgilii und die Reformation Lutheri zugleich vorgestellet wurde. In einer Szene war ein Trojaner, in der andern der Ablaß-Krämer Tetzel zu sehen. Bald handelte Aeneas von der Stiftung des Römischen Reichs, bald kam Lutherus und reinigte die Kirche. Bald war Dido, bald die Babylonische Hure zu sehen usw. Und diese beide so verschiedene Handlungen hingen nicht anders zusammen als durch eine lustige Person, die zwischen solchen Szenen auftrat und z. E. den auf der See bestürmten Aeneas mit dem in Gefahr schwebenden Kirchen-Schifflein verglich.[308] Das ist nun ein sehr handgreiflicher Fehler, wo zwei so verschiedene Dinge zugleich gespielet werden. Allein

die andern, so etwas unmerklicher sind, verdienen deswegen keine Entschuldigung.
Die Einheit der Zeit ist das andre, so in der Tragödie unentbehrlich ist. Die Fabel eines Helden-Gedichtes kann viel Monate dauren, wie oben gewiesen worden: das macht, sie wird nur gelesen: Aber die Fabel eines Schau-Spieles, die mit lebendigen Personen in etlichen Stunden lebendig vorgestellet wird, kann nur einen Umlauf der Sonnen, wie Aristoteles spricht, das ist einen Tag dauren. Denn was hat es vor eine Wahrscheinlichkeit, wenn man in dem ersten Auftritte den Helden in der Wiege, weiterhin als einen Knaben, hernach als einen Jüngling, Mann, Greis und zuletzt gar im Sarge vorstellen wollte: Wie Cervantes solche törichte Schau-Spiele an seinen spanischen Poeten im ›Don Quixote‹ ausgelachet hat. Oder wie ist es wahrscheinlich, daß man es auf der Schau-Bühne etlichemal Abend werden sieht und doch selbst, ohne zu essen oder zu trinken oder zu schlafen, immer auf einer Stelle sitzen bleibt? Die besten Fabeln sind also diejenigen, die nicht mehr Zeit nötig gehabt, wirklich zu geschehen, als sie zur Vorstellung brauchen; das ist etwa drei oder vier Stunden: Und so sind die meisten griechischen Tragödien. Kommt es hoch, so bedörfen sie sechs, acht oder zum höchsten zehn Stunden zu ihrem ganzen Verlauf: Und höher muß es ein Poet nicht treiben, wenn er nicht wider die Wahrscheinlichkeit handeln will. Es müssen aber diese Stunden bei Tage und nicht bei Nacht sein, weil diese zum Schlafen bestimmet ist. Es wäre denn, daß die Handlung erst nach Mittage anfinge und sich bis in die späte Nacht verzöge; oder umgekehrt frühmorgends anginge und bis zu Mittage daurete. Der berühmte ›Cid‹ des Corneille ist in diesem Stücke wider die Reguln, denn er dauret eine ganze Nacht durch, nebst dem vorigen und folgenden Tage, und braucht wenigstens volle vierundzwanzig Stunden: welches schon viel zuviel ist und unerträglich sein würde, wenn das Stück nicht sonst viel andre Schönheiten in sich hätte, die den Zuschauern fast nicht Zeit lassen, daran zu gedenken[309].

Das ist nun eben die Kunst, die Fabel so ins kurze zu bringen, daß keine lange Zeit dazu gehöret; und ebendeswegen ist auch bei uns Deutschen die Tragödie vom Wallenstein, von der Banise, ingleichen von der böhmischen Libussa[310] ganz falsch und unrichtig, weil sie zum Teil etliche Monate, zum Teil aber viele Jahre zu ihrer Dauer erfordern. Meine obige Schul-Tragödie hub sich von dem Urteile des Paris über die drei Göttinnen an und daurete bis auf des Aeneas Ankunft in Italien. Das war nun eine Zeit, davon die zwei Helden-Gedichte ›Ilias‹ und ›Aeneis‹ nicht den zwanzigsten Teil einnehmen, und ich zweifle, ob man die Ungereimtheit höher hätte treiben können.

Zum dritten gehört zur Tragödie die Einigkeit des Ortes. Die Zuschauer bleiben auf einer Stelle sitzen, folglich müssen auch die spielenden Personen alle auf einem Platze bleiben, den jene übersehen können, ohne ihren Ort zu ändern. So ist denn im ›Oedipus‹ z. E. der Schau-Platz auf dem Vorhofe des Königlichen Thebanischen Schlosses, darin Oedipus wohnt. Alles, was in der ganzen Tragödie vorgeht, geschieht vor diesem Palaste: Nichts, was man wirklich sieht, trägt sich in den Zimmern zu, sondern draußen auf dem Schloß-Platze, vor den Augen alles Volks. Heutezutage, da unsre Fürsten alles in ihren Zimmern verrichten, fällt es also schwerer, solche Fabeln wahrscheinlich zu machen. Daher nehmen denn die Poeten gemeiniglich alte Historien dazu, oder sie stellen uns auch einen großen Audienz-Saal vor, darin vielerlei Personen auftreten können. Ja sie helfen sich auch zuweilen mit dem Vorhange, den sie fallen lassen und aufziehen, wenn sie zwei Zimmer zu der Fabel nötig haben. Man kann also leicht denken, wie ungereimt es ist, wenn nach dem Berichte des Cervantes die spanischen Trauer-Spiele den Helden in der ersten Handlung in Europa, in der andern in Afrika, in der dritten in Asien und endlich gar in Amerika vorstellen: oder wenn meine obgedachte Schul-Komödie uns bald in Asien die Stadt Troja, bald die ungestüme See, darauf Aeneas schiffet, bald Karthago, bald

Italien vorstellete und uns also durch alle drei Teile der damals bekannten Welt führete; ohne daß wir uns von der Stelle rühren dorften. Es ist also in einer regelmäßigen Tragödie nicht erlaubt, den Schau-Platz zu ändern. Wo man ist, da muß man bleiben; und daher auch nicht in der ersten Handlung im Walde, in der andern in der Stadt, in der dritten im Kriege und in der vierten in einem Garten oder gar auf der See sein. Das sind lauter Fehler wider die Wahrscheinlichkeit: Eine Fabel aber, die nicht wahrscheinlich ist, taugt nichts: weil dieses ihre vornehmste Eigenschaft ist.

Es sind aber die Fabeln der Trauer-Spiele ebenfalls entweder einfache oder schlechte oder verworrene, die einen Glücks-Wechsel und eine Entdeckung unbekannter Personen haben. In beiden aber hat ein Knoten oder die sogenannte Intrigue statt, die sich im Anfange des Schau-Spieles anfängt ineinanderzuschlingen und allmählich immer mehr und mehr verwirret, bis die letzte Handlung oder womöglich der letzte Auftritt alles auf einmal auflöset. Dieser Knoten ist in der Fabel nötig, die Aufmerksamkeit der Zuschauer zu erwecken und sie auf den Ausgang solcher verwirrten Händel begierig zu machen. Im ›Titus‹ des Racine ist ein Exempel von der ersten Klasse zu sehen, wo alles ohne eine andre Verwirrung der Umstände bloß deswegen einen Knoten schürzet, weil die Königin Bérénice nicht weiß, was sie hoffen oder fürchten soll; der Kaiser selbst aber bei sich anstehet, ob er seiner Liebe oder dem Willen des römischen Volkes gehorchen solle. Dieses ist also eine einfache oder schlechte Fabel, worin kein Glücks-Wechsel (Peripetie), keine Entdeckung verborgener Personen vorgeht. Denn beide bleiben, was sie sind, jene Königin von Palästina, dieser Römischer Kaiser. Ebenso ist der ›Cinna und Porus‹ beschaffen. Ganz anders ist es in der ›Elektra‹ des Sophokles. Hier kömmt der junge Prinz Orestes in verstellter Kleidung nach Mykene, läßt sich vor tot ausgeben und bringt selbst den Aschen-Topf getragen, in dem, seinem eigenen Vorgeben nach, sein eigener Überrest ist. Seine Mutter Klytaemnestra, so sich darüber freuet, weil sie nur von ihrem Sohne die Rache wegen seines von ihr und ihrem neuen Gemahl Aegisthus ermordeten Vaters Agamemnons zu befürchten hatte, wird dergestalt hintergangen und, nachdem sich Orestes ihr entdecket, ums Leben gebracht. Ihrem Aegisthus geht's nicht besser, und da also die glückseligen Personen des Trauer-Spiels unglücklich werden, so wird der vorhin flüchtige Orestes nebst seiner geplagten Schwester Elektra auf einmal glücklich. Ebenso ist die Tragödie von der ›Banise‹ beschaffen, wo Chaumigrem stirbt, der verkleidete Balacin aber mit seiner Prinzessin auf einmal glücklich wird. Die Schönheit in dergleichen Fabeln besteht darin, daß dieser Glücks-Wechsel ganz zuletzt, und zwar unvermutet geschieht, auch die Entdeckung der verkleideten oder unbekannten Personen, wenn dergleichen verhanden sind, unmittelbar vorhergeht.

Ich komme nunmehro auf die Charaktere der Tragödie, dadurch die ganze Fabel ihr rechtes Leben bekommt. Man darf hier nur wiederholen, was im vorigen Kapitel davon gesaget worden: denn alles das muß hier auch gelten. Es muß also der Poet seinen Hauptpersonen eine solche Gemütsbeschaffenheit geben, daraus man ihre künftige Handlungen wahrscheinlich vermuten und, wenn sie geschehen, leicht begreifen kann. Sogleich in dem ersten Auftritte, den sie hat, muß sie ihr Naturell, ihre Neigungen, ihre Tugenden und Laster verraten, dadurch sie sich von andern Menschen unterscheidet. So zeiget, zum Exempel, Racine den Porus gleich von Anfang als einen großmütigen Held, der allein das Herz hat, dem Alexander die Spitze zu bieten: worüber ihn zwar St. Evremont getadelt hat, aber ohne Grund: weil selbst Curtius demselben diesen Charakter beigelegt[311]. So hat auch Cinna gleich im ersten Auftritte den Charakter eines verwegenen Rebellen und freiheitliebenden Römers, sowohl als Aemilia die Gemütsart eines rachgierigen und unversöhnlichen Frauenzimmers. Roderich stellt durchgehends einen ehrliebenden und unverzagten Held vor und Chimène eine rechtschaffene Tochter ihres Vaters, zugleich aber eine treue Liebhaberin ihres Roderichs. Und darin sind alle diese Poeten der Regel Horatii gefolgt:

Honoratum si forte reponis Achillem,
Impiger, iracundus, inexorabilis, acer
Jura neget sibi nata: nihil non arroget armis.
Sit Medea ferox invictaque, flebilis Ino,
Perfidus Ixion, Io vaga, tristis Orestes.[312]

Dieses will soviel sagen, daß ein Poet die Personen, die aus der Historie schon bekannt sind, genau bei eben dem Charaktere lassen müsse, den man von ihnen längst gewohnt ist. Das hat Corneille in seiner ›Sophonisbe‹ getan[313]. Er beobachtet genau, was Livius von ihrer Gemütsbeschaffenheit erzählet: Den Masinissa und Syphax läßt er auch so, wie er sie fand: unser Lohenstein aber hat alles verkehrt, wie der gelehrte Herr Bodmer bereits angemerket hat.* Ein anders ist es, wenn man ganz neue Personen dichtet. Die kann man machen, wie man selber will und wie die Fabel es erfordert. Nur folgende Regel Horatii ist nötig zu beobachten:

Siquid inexpertum scaenae conmittis et audes
Personam formare novam, servetur ad imum,
Qualis ab incepto processerit, et sibi constet.[314]

Ein widersprechender Charakter ist ein Ungeheuer, so in der Natur nicht leicht vorkommt: daher muß ein Geiziger geizig; ein Stolzer stolz; ein Hitziger hitzig; ein Verzagter verzagt sein und bleiben: Es würde denn in der Fabel durch besondre Umstände wahrscheinlich gemacht, daß er sich ein wenig geändert hätte. Denn eine gänzliche Änderung des Naturells oder Charakters ist ohnedem in so kurzer Zeit unmöglich.

Nichts ist von Charakteren mehr übrig zu sagen, als daß

* 4. Aufl. *wie der gelehrte Herr Bodmer bereits angemerket hat* gestrichen.

nur die Hauptpersonen dergleichen haben müssen.* Die Bedienten derselben, so fast allezeit in fremdem Namen handeln oder tun, dörfen keine besondre Gemütsart haben: zum wenigsten haben sie selten Gelegenheit, dieselbe blicken zu lassen. Doch ist es in solchen Fällen auch unverboten.

Ich komme auf den Ausdruck oder die Schreibart der Tragödien. Diese muß ebenso beschaffen sein als die Schreibart in Heldengedichten, wenn der Poet daselbst andre redend einführet. Die Alten nennten diese Art des Ausdruckes Kothurnum, von den hohen Schuhen, die von vornehmen Standespersonen getragen wurden. Weil nun dergleichen in der Tragödie vorgestellet wurden und es sich vor sie nicht anders schickte, als daß sie sich auf eine edlere Art als der gemeine Pöbel ausdrücken mußten, zumal wenn die gewaltigsten Affekten sie bestürmeten: So bekam ihre Sprache eben diesen Namen. Die guten Poeten nun, so ihre Einbildungs-Kraft durch die Vernunft in den Schranken zu halten und die hohe Schreibart durch die Regeln der Wahrscheinlichkeit zu mäßigen gewußt, sind auch bei einer vernünftigen hohen Art des Ausdruckes geblieben. Die schwachen Geister aber, die ihrer Phantasie folgen mußten, wohin sie wollte, verstiegen sich gar zu hoch, so daß Horaz sie beschuldiget, sie hätten bisweilen solche Rätsel als die delphische Priesterin[315] gemacht:

> Et tulit eloquium insolitum facundia praeceps
> . . . et divina futuri
> Sortilegis non discrepuit sententia Delphis.[316]

Ja er verbietet gleich darauf ausdrücklich, daß man die tragischen Personen weder zu niedrig noch zu hochtrabend solle reden lassen:

> Ne, quicumque deus, quicumque adhibebitur heros,
> . . .

* 4. Aufl. nach *haben müssen* eingefügt: Dieser gibt es in einem Stücke selten mehr als drei oder vier: alle andere sind Nebenpersonen.

Migret in obscuras humili sermone tabernas
Aut, dum vitat humum, nubis et inania captet.[317]

In dieser falschen Hoheit ist nun bei den Lateinern Seneca in seinen Tragödien und bei uns Lohenstein ganz unerträglich. Alle ihre Personen, die sie aufführen, reden lauter Phöbus[318]: wie bereits in dem allgemeinen Kapitel von der poetischen Schreibart angemerket worden. Unser Andreas Gryphius ist doch weit vernünftiger in diesem Stücke. Ich mag, die Weitläuftigkeit zu meiden, keine Exempel von beiden anführen: Man darf aber nur gleich des erstern ›Agrippina‹ mit ›Carl Stuarten‹ von diesem oder auch die ›Sophonisbe‹ mit dem ›Leo Armenius‹ zusammenhalten[319], so wird man den Unterscheid gleich merken. Sonderlich drukken die Lohensteinischen Personen niemals den Affekt recht natürlich aus: sondern da sie im Schmerze aufhören sollten, auf Stelzen zu gehen, so bleiben sie unverändert bei ihren scharfsinnigen Sprüchen und künstlichen Spitzfindigkeiten. Das erste hat uns Horaz ausdrücklich gelehret:

Et tragicus plerumque dolet sermone pedestri
Telephus et Peleus: cum pauper et exsul uterque
Proicit ampullas et sesquipedalia verba.
Si curat cor spectantis tetigisse querella.[320]

Die beste allgemeine Regel, die man hier geben kann, ist, die Natur eines jeden Affekts im gemeinen Leben zu beobachten und dieselbe aufs genaueste nachzuahmen. Nun findet man aber, daß auch die fürnehmsten Standes-Personen zwar ihrer Würde gemäß denken und sprechen, solange sie ruhiges Gemütes sind. Sobald sie aber der Affekt übermeistert, vergessen sie ihres hohen Standes fast und werden wie andre Menschen. Wenn wir nun einen wahrhaftig Traurigen sehen, dem vergeht die Lust wohl, scharfsinnige Klagen auszustudieren; er wird so kläglich und beweglich sprechen, als ihm möglich ist: denn wo er selbst nicht weinet, so wird gewiß niemand zum Mitleiden bewogen werden:

Ut ridentibus adrident, ita flentibus adflent
Humani voltus. Si vis me flere, dolendum est
Primum ipsi tibi: tunc tua me infortunia laedent,
Telephe vel Peleu. Male si mandata loqueris,
Aut dormitabo aut ridebo.[321]

Hier fragt sich's nun unter andern, ob sich in die Schreibart der Tragödien auch viel Gleichnisse schicken? Ich antworte, man darf nur auf die Natur sehen. Nun finde ich nicht, daß man im gemeinen Leben, wenn wir von ernstlichen und wichtigen Dingen reden, lange Vergleichungen zu machen pfleget. Wem das, wovon er zu reden hat, zu Herzen geht, der hält sich mit solchen Spielen des Witzes nicht auf: sondern dringt gerade auf die Sachen selbst. Ein anders ist es mit einem Poeten in einem Heldengedichte. Dieser ist selbst in der Fabel nicht mit verwickelt, die er erzählt, sondern gleichsam nur ein Zuschauer oder Herold derselben. Der kann sich also wohl die Zeit nehmen, Gleichnisse zu machen und so weitläuftig auszuführen, als er will. Allein in der Tragödie kommt der Poet gar nicht zum Vorschein, sondern es reden lauter andre Leute, die mit an den Begebenheiten teilhaben und als ordentliche Menschen eingeführet werden müssen. Ich finde auch, daß Sophokles nicht über zwei oder drei Gleichnisse in seinem ›Oedipus‹ angebracht; und zwar nur ganz kurz und gleichsam im Vorbeigehen. Hergegen Lohenstein und Seneca sind fast überall voll davon; wodurch denn abermal ihre Schreibart die unnatürlichste von der Welt wird. Ebendas ist von der Gelehrsamkeit und Belesenheit zu merken, so diese beide Tragödien-Schreiber ihren Personen zu leihen pflegen. Sie schicket sich vor dieselbe nicht, zumal wenn sie im Affekte reden, und könnte an bequemere Örter versparet werden.

Wir kommen auf die Musik, die bei den Alten in der Tragödie einer von den besten Zieraten war. Woher das gekommen, ist aus dem Obigen leicht abzunehmen. Die Lieder, so der Chor sang, wurden mit Instrumenten begleitet; und weil diese einen wesentlichen Teil ihrer Schauspiele ausmachten, so rechneten sie die Musik mit zur Tragödie. Daß diese Musik aber sehr stark müsse gewesen sein, erhellet aus der Zahl der Personen im Chore, die zuweilen bis funfzig hinanlief. Und diese starke Chöre daureten so lange, bis Euripides in dem Trauerspiele ›Eumenides‹ einen so zahlreichen Chor rasender Furien mit schwarzen Pechfackeln aufführete, dadurch ein solches Entsetzen in dem Schauplatze entstund, daß die Kinder vor Schrecken tot blieben, die schwangern Weiber aber auf der Stelle niederkamen. Darauf wurde von der Obrigkeit befohlen, den Chor künftig nur aus 15 Personen bestehen zu lassen[322]. Bei uns sind die Chöre nicht gewöhnlich, obgleich unsre Tragödienschreiber sie nach der alten Art bei jeder Handlung angehänget haben[323]. Die Musik der Stimmen fällt also gänzlich weg; nur die Instrumente lassen sich zwischen jeder Handlung mit allerhand lustigen Stücken hören. Weil aber diese die Zuschauer ganz aus der Aufmerksamkeit auf die vorigen Vorstellungen bringen, so fragt sich's, ob es nicht möglich wäre, anstatt der alten Oden des Chores eine nach unsrer Art eingerichtete Cantata von etlichen Vokalisten absingen zu lassen: Aber eine solche, die sich allezeit zu den kurz zuvor gespielten Begebenheiten schickte und folglich moralische Betrachtungen darüber anstellete. Dieses würde ohne Zweifel die Zuhörer in dem Affekte, darin sie schon stünden, erhalten und zum Bevorstehenden desto besser zubereiten. Und eine solche Tragödie müßte zehnmal schöner sein als eine Opera, die, den Liebhabern der Musik zu Gefallen, alles durchgehends musikalisch vorstellen lässet, aber dabei ganz und gar von der Natur abgehet und die ganze Wahrscheinlichkeit aufhebet.

Endlich und zuletzt müssen wir noch von den Maschinen und andern Zieraten der Schaubühne handeln. Durch Maschinen versteht man die Erscheinungen der Götter, die vom Himmel herunterkommen. Weil die Tragödie menschliche, nicht aber göttliche Handlungen nachahmet: so kann auch die Hauptperson niemals eine Gottheit sein. Weil aber der

Held zuweilen in solche Umstände geraten kann, daß er eines sichtbaren göttlichen Beistandes benötiget ist: So kann freilich wohl der Poet sich der Maschinen zuweilen bedienen, seiner Fabel dadurch auszuhelfen. Allein er muß freilich wohl zusehen, daß dieses wahrscheinlich herauskomme. Die Erscheinungen der Götter in neuern Zeiten kommen uns sehr unglaublich vor, weil wir selbst dergleichen nie gesehen und uns nicht einbilden können, daß es vor hundert oder zweihundert Jahren anders gewesen sein solle. Aber aus der alten fabelhaften Zeit sind wir es längst gewohnt, von Erscheinungen zu hören: und also nimmt es uns nicht wunder, wenn wir davon lesen. Wenn also Perseus etwa die Andromeda erlösen; oder Diana zum Endymion in die Höhle des Berges Latmos kommen[324]; oder die drei Göttinnen dem Paris erscheinen sollten u. dgl., so müßten wir schon die Götter auf der Schaubühne vor nötig ansehen und sie nach ihrer Art kleiden und charakterisieren. Aber wer solches allezeit und ohne die größte Notwendigkeit tun wollte, der würde wider die Regel Horatii handeln:

> Nec Deus intersit, nisi dignus vindice nodus
> Inciderit.[325]

Es ist nämlich keine Kunst, durch einen unmittelbaren Beistand des Himmels und durch Wunderwerke eine Fabel glücklich auszuführen: Daher haben sich auch die berühmtesten Tragödienschreiber unter den Alten dieses Kunststükkes selten bedienet.

Ebendahin gehören auch die Zaubereien, welche man die Maschinen der neuern Zeiten nennen könnte. Sie schicken sich vor unsre aufgeklärte Zeiten nicht mehr, weil sie fast niemand mehr glaubt: Also enthält sich ein Poet mit gutem Grunde solcher Vorstellungen, die nicht mehr wahrscheinlich sind und nur in der ernsthaftesten Sache ein Gelächter erwecken würden.

Einen bessern Zierat geben die Veränderungen der Schaubühne ab, dadurch dieselbe allemal denjenigen Ort vorstellig macht, wo das ganze Stück vorgegangen sein soll. Dieser muß nun zwar die ganze Tragödie hindurch einerlei bleiben: Allein in verschiedenen Trauerspielen muß sich bald eine Straße der Stadt, ein königlich Zimmer, ein Feldlager, ein Wald, ein Dorf, ein Garten usw. vorstellen. Doch dieses geht den Poeten nicht weiter an, als insoweit er sagt, wo der Schauplatz des Stückes gewesen, darnach sich der Theatern-Meister hernach richten muß.

Ebendas ist von den Kleidungen zu sagen. Hier sollen von Rechts wegen die Personen bald in römischer, bald in griechischer, bald in persianischer, bald in spanischer, bald in altdeutscher Tracht auf der Schaubühne erscheinen und dieselbe so natürlich nachahmen, als es möglich ist. Je näher man es darin der Vollkommenheit bringet, desto größer wird die Wahrscheinlichkeit und desto mehr wird das Auge der Zuschauer vergnüget. Daher ist es lächerlich, wenn wir die römischen Bürger in Soldaten-Kleidern mit Degen an der Seite vorstellen: da sie doch lange weite Kleider von weißer Farbe trugen. Noch seltsamer aber ist es, wenn man ihnen gar Staats-Perücken und Hüte mit Federn aufsetzet u. dgl. Hier muß ein verständiger Aufseher der Schaubühne sich in den Altertümern umgesehen haben und die Trachten aller Nationen in Bildern ausstudieren, die er aufzuführen willens ist.

Endlich kommt der Vortrag selbst, das ist die Aussprache und die Gebärden der spielenden Personen. Hierauf kommt in der Vorstellung eines Trauer-Spieles fast alles an. Das beste Stück wird lächerlich, wenn es schlecht und kaltsinnig hergesagt wird: hergegen das elendeste Zeug zuweilen erträglich, wenn eine gute Aussprache ihm zustatten kommt. Bei den Alten hat es eigene Lehr-Meister gegeben, die jungen Komödianten Anleitung dazu gaben, wie sie eine Rolle gut spielen sollten. In Rom hat Roscius[326] und Esopus sich zu Ciceronis Zeiten eine allgemeine Bewunderung erworben; denn diese hatten es in ihrer Kunst so weit gebracht, daß Cicero selbst in ihren Schau-Platz ging, um ihnen im guten

Vortrage was abzulernen: hingegen kamen diese wiederum in die öffentlichen Reden Ciceronis in gleicher Absicht. Weil auch in der Tat ein Redner und Komödiant in diesem Stücke einerlei Pflicht haben, so können sich diese auch aus dem Traktate des Le Faucher ›De l'action de l'Orateur‹, so unter Conrarts[327] Namen herausgekommen, auch ins Deutsche übersetzt worden, manche gute Regel nehmen. Horatius hat auch dieses Stücke vor so wichtig gehalten, daß er in seiner ›Dichtkunst‹ eine besondre Regel davon gemacht:

Male si mandata loqueris
Aut dormitabo aut ridebo. Tristia maestum
Vultum verba decent, iratum plena minarum,
Ludentem lasciva, severum seria dictu.
Format enim natura prius nos intus ad omnem
Fortunarum habitum: iuvat aut inpellit ad iram
Aut ad humum maerore gravi deducit et angit:
Post effert animi motus interprete lingua.[328]

Hierin steckt hauptsächlich die Regel, ein guter Komödiante müsse dasjenige erst bei sich zu empfinden bemüht sein, was er vorzutragen willens ist: welches in der Tat das beste Mittel ist, eine lebhafte Aussprache und Stellung zu erlangen. Da sich Cicero nicht gescheuet, mit so großem Ruhme von dem römischen Komödianten Roscius, teils in der Rede, die er vor ihn gehalten, teils in der vor den Archias[329], zu sprechen, welche letztere ich bei meiner ›Rede-Kunst‹ deutsch übersetzt habe: So kann ich auch nicht unterlassen, etliche geschickte Leute unserer Zeiten hier namentlich zu loben. Sie sind teils unter den Königl. und Kursächsischen Hofkomödianten: teils bei der Braunschweig-Lüneburgischen Schau-Bühne anzutreffen. Hier hat sich Hr. Hofmann, Hr. Angott und Madame Müllerin allezeit durch eine überaus große Geschicklichkeit hervorgetan: Dort aber läßt nicht nur der itzige Direktor, Herr Neuber[330], sich äußerst angelegen sein, die deutsche Schau-Bühne auf den Fuß der alten griechischen und neuen französischen zu setzen: sondern seine Ehegattin, eine geborne Weißenbornin, hat sich in allen möglichen Rollen, so zu spielen vorkommen können, so viel Beifall durch ihre Aktion erworben, daß es ihr schwerlich ein Frauenzimmer zuvortun wird. Ich übergehe, wie sich Hr. Kohlhardt, Hr. Lorenz und sonderlich Hr. Koch[331] itzo in den stärksten Partien gewiesen haben.

Schlüßlich muß ich erinnern, daß die Auftritte oder Szenen in einer Handlung allezeit miteinander verbunden sein müssen: damit die Bühne nicht eher ganz ledig werde, bis die ganze Handlung aus ist. Es muß also aus der vorigen Szene immer eine Person dableiben, wenn eine neue kommt oder eine abgeht: damit die ganze Handlung einen Zusammenhang habe. Die Alten sowohl als Corneille und Racine haben dieses fleißig beobachtet: aber in unsern deutschen Stücken geht es gemeiniglich sehr bunt durcheinander; und daher kommt es großenteils, daß die Fabeln nicht recht zusammenhängen. Das sagt Boileau:

> Que l'action, marchant où la Raison la guide,
> Ne se perde jamais dans une Scène vide.[332]

Und soviel mag auch von der Tragödie genug sein. Wer mehr wissen will, muß die hin und her angeführten Skribenten, sonderlich auch die Vorreden lesen, so Corneille und Racine vor ihre Stücke gesetzt haben.

Das eilfte Kapitel

Von Komödien oder Lust-Spielen

Die Komödie ist wenigstens dem Namen nach jünger als das Trauer-Spiel: denn in der Tat waren sie vor alters einerlei; da man noch dem Bacchus zu Ehren die schimpflichsten Lieder an Fest-Tagen zu singen pflegte und selbige

Tragödien nannte. Als aber die gescheutesten Köpfe sich allmählich von dem niederträchtigen und unflätigen Zeuge entferneten und ernsthaftere Sachen in ihren Schau-Spielen aufführeten, so wurden sie in Städten beliebt, ja die Obrigkeit selbst nahm die Komödianten in ihren Sold und ließ auf öffentliche Kosten Schau-Plätze bauen, die nötigen Sänger zum Chor unterhalten und alles nötige Zubehör der Schau-Bühne anschaffen. Wenn nun ein Poet ein neues Stück fertig hatte, so gab man ihm das Chor, wie sie redeten: das ist, man kaufte es ihm ab und ließ es von den Komödianten aufführen[333]. Indessen waren die Überbleibsel der alten unflätigen Tragödien noch auf den Dörfern und Flecken im Schwange geblieben. Das gemeine Volk findet allezeit mehr Geschmack an Narren-Possen und garstigen Schimpf-Reden als an ernsthaften Dingen. Den witzigen Stadt-Leuten schien diese Art der Belustigungen zu abgeschmackt; weil sie schon was Edleres in der Tragödie gefunden hatten. Sie mögen also wohl diesen bäurischen Lustbarkeiten zum Schimpfe den Namen der Komödien gegeben haben, als welcher von »κώμη« und »ᾠδή« herkommt und also ein Dorf-Lied bedeutet. Allmählich aber wurden doch auch die Verfertiger dieser Stücke gewahr, daß die Tragödien-Schreiber ihre Spiele besser einrichteten. Sie ahmeten also denenselben mehr und mehr nach, bis ihre Schau-Bühnen endlich ein besser Geschicke bekamen. Doch weiß man insbesondre diejenigen oder denjenigen nicht zu nennen, die am ersten Hand ans Werk geleget haben.

Aristoteles berichtet bloß, daß Epicharmus[334], ein Sizilianer, der neuer als Thespis, aber älter als Aeschylus gewesen, zuerst angefangen, ordentlichere Stücke zu spielen und eine gewisse Haupt-Absicht in seine Vorstellungen zu bringen. Ihm folgte bald ein Athenienser Krates[335] nach. Dieser befreiete die angefangene Komödie von der alten Grobheit der Bauren und sauberte sie von ihren vorigen Unflätereien: und darauf fand sie denn auch in der Stadt Beifall. Dahin gehören die Verse Horatii, die von dem Pratinas[336] handeln:

Carmine qui tragico vilem certavit ob hircum,
Mox etiam agrestes Satyros nudavit et asper
Incolumi gravitate iocum temptavit eo quod
Inlecebris erat et grata novitate morandus
Spectator functusque sacris et potus et exlex.[337]

Hier finden wir alles beisammen, den Ursprung, den Inhalt, auch die Absicht der ältesten Komödien. Aus den tragischen Liedern sind sie entstanden, und zwar bei Gelegenheit der Fest-Tage. Ihr Inhalt ist ein scharfer oder beißender Scherz gewesen, den sie von lauter bäurischen Satyren, das ist halbnackten Bauren, absingen oder spielen ließen. Und die Absicht war, dem Volke nach vollbrachtem Gottes-Dienste und vollendetem Schmause durch eine neue Lustbarkeit die Zeit zu vertreiben. Dieses war nun die alte Komödie.

Sobald sie nun von dem Krates ins Geschicke gebracht worden, fanden sich bald Eupolis, Kratinus und Aristophanes[338], die ihr ein ganz ander Ansehen gaben. Die vorige Heftigkeit nackter Satyren wurde in eine lächerliche Vorstellung gewisser Personen verwandelt, die man sich nicht scheuete, mit Namen zu nennen. So finden wir, daß die vornehmsten Leute in Athen vor den Poeten nicht sicher gewesen; ja selbst Sokrates von ihnen öffentlich verspottet worden: da ihn Aristophanes in dem Stücke, so er ›Die Wolken‹ nennet, als einen wunderlichen Natur-Forscher und gottlosen Atheisten vorgestellet. Sonderlich sungen die Chöre dieser Komödien nichts als ehrenrührige Schmäh-Lieder, dadurch die Unschuldigsten angegriffen wurden. Daher kam es denn, daß die Obrigkeit dieser Frechheit Einhalt tat und die Chöre ganz abzuschaffen, auch keine Person mehr mit Namen zu nennen gebot.

Successit vetus his comoedia, non sine multa
Laude: sed in vitium libertas excidit et vim
Dignam lege regi. Lex est accepta chorusque
Turpiter obticuit sublato iure nocendi.[339]

Da nun dergestalt die mittlere Komödie der Griechen aufhörete: so ging die neue an, darin sich Menander[340] vor andern hervorgetan. Dieser fing nunmehro an, rechte Fabeln zu erdenken, die sich auf die komische Schau-Bühne schickten. Er gab denenselben weder von lebendigen Leuten noch von den Helden in Geschichten die Namen: sondern taufte sie selbst, wie es ihm gut dünkte. Seine Spiele aber blieben deswegen doch ebenso angenehm und erbaulich, als sie vorher gewesen waren. Diese Veränderung oder Verbesserung der Komödie hat Aristoteles nicht erlebt, weil die mittlere bis nach Alexanders Zeiten währete. Daher hat auch dieser große Criticus wohl gesehen, daß die Tragödie zu seiner Zeit zwar zur Vollkommenheit gebracht worden, aber nicht die Komödie, deren Wachstum er also vorhersagen konnte: wie es auch in der Tat erfolget ist.

Die Römer müssen Leute von ganz andern Naturelle gewesen sein als die Griechen: denn bei ihnen hat die Komödie ein ganz widerwärtig Glück gehabt. Dort war sie zuletzt in Aufnehmen gekommen, hier aber ward sie zuerst beliebt. Man kann sie hier ebenfalls in die alte, mittlere und neue einteilen; und jene zu Ennii[341], die andere zu Plauti, die dritte zu Terentii Zeiten antreffen. Die erste war noch ziemlich ungestalt und grob, wie aus dem Zeugnisse Horatii von den Versen Ennii erhellet:

Hic et in Acci
Nobilibus trimetris adparet rarus et Enni
In scaenam missos magno cum pondere versus
Aut operae celeris nimium curaque carentis
Aut ignoratae premit artis crimine turpi.[342]

Plautus trieb die Kunst in seinen Komödien etwas höher; aber er bequemte sich dem Geschmacke des Pöbels und machte viel garstige Zoten und niederträchtige Fratzen hinein, die auch noch zu Horatii Zeiten vielen gefallen mochten: Weil sie gemeiniglich die alten Poeten lobten, die neuen aber verachteten, wie er darüber in seinem langen Schreiben an Augustum klaget. Auch in der ›Arte poetica‹ sagt er davon:

Non quivis videt immodulata poemata iudex
Et data Romanis venia est indigna Poetis.
...
At vestri Proavi Plautinos et numeros et
Laudavere sales, nimium patienter utrumque,
Ne dicam stulte, mirati, si modo ego et vos
Scimus inurbanum lepido seponere dicto.[343]

Plautus muß also sehr viel Selbst-Liebe vor sich gehabt haben, wann er sich selbst eine so prahlerische Grab-Schrift gemacht: Daß die Musen über seinen Tod weinen und klagen sollten, weil alle Scherz-Reden und hübsche Einfälle mit ihm verlorengegangen. In der Tat ist Terentius schon von den alten Criticis dem Plautus weit vorgezogen worden. Ob er gleich ein Afrikaner war, so besaß er doch die Zierlichkeit der lateinischen Sprache im höchsten Grade: welches er sonder Zweifel dem Umgange mit den vornehmsten Römern zu danken hatte. Scipio und Laelius[344] haben ihn ihrer Freundschaft gewürdiget, ja wohl selbst an seinen Komödien Hand angelegt. Dieses ward ihm schon damals von seinen Feinden vorgerückt, wie er den Vorredner zu der Komödie ›Von zween Brüdern‹ sagen läßt.

Nam quod isti dicunt malevoli, homines nobiles
Eum adiutare, affidueque una scribere;
Quod illi maledictum vehemens esse existumant,
Eam laudem hic ducit maximam, cum illis placet.
Qui vobis universis et populo placent,
Quorum opera in bello, in otio, in negotio
Suo quisque tempore usu, est sine superbia.[345]

Indessen ist es wahr, daß Terentius nicht viel neue Fabeln gemacht, sondern die meisten aus Menanders griechischen Komödien entlehnet hat. Er gesteht solches selbst in den

Vorreden, und also kann es ihm zu keinem Vorwurfe eines Diebstahls gereichen. Soviel ist gewiß, daß seine Sachen regelmäßig sind und die artigsten Scherz-Reden voller Salz und Schärfe in sich fassen. Die Charaktere sind darin unvergleichlich beobachtet; und die Natur ist darin so vollkommen nachgeahmet, daß man kein Bild davon, sondern sie selbst zu sehen glaubet, wenn man seine Personen reden hört. Es ist nichts Unflätiges oder Zweideutiges darinnen, sondern ein ganz ehrbarer Ausdruck herrschet auch in dem Munde der geringsten Knechte und Mägde. Nur das eine Stück ›Des sich selbst quälenden Vaters‹ ist im Absehen auf die Einheit der Zeit fehlerhaft, weil es zwei Tage zu seiner Dauer brauchet. Das macht, daß er zwei Komödien Menanders in eine zusammengeschmolzen hat[346]: welches aber nicht zu loben ist.

In neuern Zeiten hatten sich die Italiener, Franzosen und Engelländer sozureden um die Wette in Komödien hervorgetan. Eine jede Nation ist ihrem Geschmacke gefolget, und also sind auch verschiedene Arten dadurch zum Vorschein gekommen, die entweder besser oder schlechter geraten, nachdem sie den alten Griechen oder Römern mehr oder weniger gefolget sind.* Die Italiener, wie sie fast durchgehends ein wollüstiges und weichliches Volk sind, also haben auch ihre Poeten nichts als Roman-Streiche, Betrügereien der Diener und unendlich viel abgeschmackte Narren-Possen in ihre Komödien gebracht. Harlekin und Skaramuz sind die ewigen Haupt-Personen ihrer Schau-Bühne: und diese ahmen nicht die Handlungen des gemeinen Lebens nach, sondern machen Streiche, die einem nicht so arg träumen

* An dieser Stelle fügt Gottsched in der 4. Aufl. einen langen Abschnitt ein, in dem er unter Nennung vieler Namen nachzuweisen sucht, daß das Theater zuerst in Deutschland zur Blüte gekommen und an Alter jedem Ausland überlegen sei: »Ich habe hier nur zeigen wollen, daß die Ausländer nicht eben Ursache haben, mit dem Altertume ihrer Schaubühne gegen uns zu prahlen; indem wir ihnen gewiß in diesem Stücke der schönen Wissenschaften nicht gefolget, sondern mit gutem Exempel vorgegangen sind.«

könnten. Ein Monden-Kaiser, ein Spirito Foletto[347], ein Leder-Händler von Pergamo und unzählige andre, davon das Théâtre Italien[348] voll ist, können uns diesen Geschmack sattsam bekanntmachen. Sie binden sich an keine Einheit der Zeit und des Orts, ja oft ist nicht einmal eine rechte Haupt-Handlung in ihren Fabeln. Sie machen Parodien auf die ernsthaftesten Stücke, mitten zwischen ihren andern Szenen, und erfüllen alles mit Geistern, Zaubereien und Gespensten. Kurz, man kann von den unsinnigen Phantasien und Schwärmereien ihrer Poeten sagen:

Velut aegri somnia, vanae
Finguntur species, ut nec pes nec caput uni
Reddatur formae.[349]

Man ist auch dieser italienischen Art schon so gewohnt, daß man von dergleichen Burlesken nichts Kluges mehr vermutet: Und wenn man in dergleichen Komödien lachet, so ist es nicht über die Torheiten der darin aufgeführten Personen, sondern über die närrischen Einfälle des Verfassers solcher Spiele. Man lese nur, was St. Evremont von der Komödie der Welschen in einer besondern Abhandlung vor ein Urteil gefället.[350]

Die Engelländer haben zwar auch kein regelmäßiges Theater, indessen sind sie doch den Italienern weit überlegen. Sie rühmen ihren Etheredge, Wycherley und Congreve sonderlich in diesem Stücke; und Dryden[351] selbst hat sich in Komödien versuchet. Sonderlich prahlen sie mit ihrem humour, darin sie alle alte und neue Nationen übertroffen zu haben glauben. Dryden beschreibt denselben: »The ridiculous Extravagance of Conversation, wherein one Man differs from all others«, d. i. »die lächerliche Art im Umgange, darinnen ein Mensch sich von allen andern unterscheidet.«[352] Da die englische Nation viel solche Originale von besondern Arten des Eigensinnes und der Fantasie aufzuweisen hat, wie aus dem ›Spectateur‹ erhellet[353]: So ist es gewiß, daß diese sonderbare Torheiten lächerliche Vorstellungen genug auf die Schau-Bühne verschaffen werden. Allein, da das Werk der Komödie nicht ist, einzelne Personen zu spotten, sondern allgemeine Torheiten lächerlich zu machen, wie hernach erwiesen werden soll: So sehen wir wohl, daß die Engelländer nach ihrer Gewohnheit von ihrer Nation zu großsprecherisch urteilen. Ihr Jonson hat ihnen Regeln der Schau-Bühne geschrieben[354], daraus Dryden auch viel Werks macht: der doch selbst in den Vorreden zu seinen Schau-Spielen die Regeln allezeit nach seinem Exempel verdreht. Soviel müssen wir indessen mit St. Evremont und Voltairen gestehen, daß die englische Komödie sehr viel moralische lasterhafte Charaktere lächerlich aufführet und darin an Reichtum und Nachdruck allen andern Nationen vorgeht[355].

Die Franzosen haben es wohl unstreitig, wie in der Tragödie, also auch in der Komödie am höchsten gebracht. Molière hat seine Stücke allezeit nach den Regeln und Exempeln der Alten eingerichtet. Er ist auch reicher an Materien als Terentius: welches aber kein Wunder ist, weil dieser nur sechs, er aber wohl drei-, viermal soviel Komödien geschrieben. Aber er ist gleichwohl von allen Fehlern nicht frei. Seine Schreibart, sonderlich die poetische, ist nicht allezeit so natürlich, als sie vor Komödien wohl sein sollte. Er macht oft große Umschweife, sehr wenig damit zu sagen, und kommt dem Galimathias[356] sehr nahe; worinne ihm also Terentius weit vorzuziehen ist. Hernach treibt er seine Charaktere zuweilen sehr hoch, so, daß sie endlich unnatürlich werden. Z. E. er läßt seinen Geizhals so argwöhnisch werden, daß er einem Bedienten, der aus der Stube geht, nicht allein die Taschen und beide Hände besucht, sondern auch fordert, daß er ihm die dritte Hand zeigen solle: gerade als ob jemals ein Mensch so närrisch sein könnte zu glauben, daß jemand drei Hände habe. Er hat dieses aus dem Plautus gelernt, der auch einmal sagt: »Cedo tertiam!«[357] Allein das entschuldigt seinen Fehler nicht. Noch mehr ist er deswegen zu tadeln, daß er oft das Laster gar zu angenehm, die Tugend aber gar zu störrisch, unartig und lächerlich gemacht hat. Die Galanterie junger Leute hat immer den Vorzug vor der sorgfältigen Aufsicht der guten Eltern, die vor ihrer Kinder Tugend besorget sind: dahergegen jene entweder schon lasterhaft ist oder es doch leicht werden kann. Er spottet der betrogenen Männer oft ohn' alle ihr Verschulden. Denn was kann doch in Frankreich ein guter rechtschaffener Ehegatte davor, daß sein Weib ausschweifet: wo es eine galante Mode ist, die Ehe zu brechen und neben einem Manne noch ein halb Dutzend Anbeter zu haben. Endlich hat sich Molière gar zu tief heruntergelassen, wenn er, die italienischen Narrenpossen nachzuahmen, die ›Betrügereien Scapins‹ aufgeführet hat. Boileau selbst hat ihm dieses nicht vergeben können; ob er gleich sonst sein guter Freund war: indem er schreibt:

> Dans ce sac ridicule où Scapin s'enveloppe,
> Je ne reconnois plus l'Auteur du Misanthrope.[358]*

Bei uns Deutschen hat es vor und nach Opitzen an Komödienschreibern zwar niemals gefehlt, aber nichtsdestoweniger haben wir nichts Rechtes aufzuweisen, so unsrer Nation Ehre machen könnte. Wir haben wohl ganze Fuder Komödien, die in Hans Sachsens Geschmacke geschrieben und fast alle aus der Bibel genommen sind. Aber sie sind auch mehrenteils so künstlich, wie dieses Nürnbergischen Meistersängers seine Werke: der wohl gar GOtt den HErrn zum Adam kommen und mit seinen Kindern, deren er ihm ein halb Dutzend fromme und ein halb Dutzend gottlose dichtet, ein Examen aus D. Luthers Catechismo halten läßt. Wie er nun den Abel und seine Kameraden im ›Vater Unser‹, ›Glauben‹ und den ›Zehen Geboten‹ wohl bewandert findet: Also besteht Kain mit seinen bösen Brüdern sehr übel, wenn er sein ›Vater Unser‹ so verstümmelt herbetet:

* 4. Aufl. nach dem Boileau-Zitat eingefügt: Von den neuern Franzosen ist sonder Zweifel Destouches der beste Komödienschreiber.[359]

O Vater Himmel unser,
Laß uns allhier dein Reich geschehen,
In Himmel und in Erden sehen,
Gib uns Schuld und täglich viel Brot,
Und alles Übel, Angst und Not.

Ebenso fein macht's der andre, den er Dathan nennet, und der den ›Glauben‹ hersagen soll. Es heißt:

Ich glaub an GOtt Himmel und Erden,
Und auch des Samens Weib muß werden,
Und des heiligen Geistes Namen,
Die Sünde, Fleisch und Leben. Amen.

Man sieht aus diesen und andern Proben wohl, daß der ehrliche Mann kein übel Geschicke zur Beobachtung der Charaktere und Nachahmung der Natur gehabt: Allein die Regeln der Wahrscheinlichkeit sind ihm ganz unbekannt gewesen; sonst würde er keine solche Vermischung der Zeiten gemacht haben, als aus dem Angeführten sattsam erhellen wird.[359a]

Andreas Gryphius hat es ohne Zweifel in Komödien bei uns am weitesten gebracht. Seine ›Säug-Amme‹, sein ›Horribilicribrifax‹ und ›Peter Squentz‹ sind sehr wohl geraten und stellen solche lächerliche Torheiten vor, die dem Zuschauer viel Vergnügen und Nutzen schaffen können. Christian Weise[360] hat ihm nachfolgen wollen und kein übel Talent dazu gehabt: Allein, wie ihm überhaupt die Regeln der alten Rede-Kunst und Poesie unbekannt gewesen, so ist er bei seinem selbstgewachsenen Witze geblieben und hat lauter unrichtige Stücke gemacht. Man will ihn mehrenteils damit entschuldigen, daß er sich genötiget gesehen, allen seinen Schülern was zu tun zu geben: Allein, wer nötigte ihn dazu, sie alle in einer Komödie zu brauchen? Er hätte sie wechselsweise in verschiedenen anbringen und was Rechtes machen können. Das war aber wohl die wahre Ursache nicht, warum er nichts Regelmäßiges gemacht. Indessen ist es doch gut, wenn man ihn liest; um dadurch auf manchen guten Einfall zu kommen, der sich nach unserer Art in der Komödie anbringen läßt. Was sonst von deutschen Komödianten gespielet wird, ist gemeiniglich aus Italienern und Franzosen übersetzt, aus einem Roman zusammengestümpelt oder aus der ›Ollapatrida‹[361] entlehnet. Daher ist es kein Wunder, daß man noch nichts Gescheites vorstellen sieht, dafern es nicht irgend aus Molièren entlehnt oder ganz übersetzet worden. Die Komödie ist nichts anders als eine Nachahmung einer lasterhaften Handlung, die durch ihr lächerliches Wesen den Zuschauer belustigen, aber auch zugleich erbauen kann. So hat sie Aristoteles beschrieben und zugleich erkläret, was er durch das Lächerliche verstünde. Er sagt aber sehr wohl, daß es was Ungestaltes oder Ungereimtes sei, so doch demjenigen, der es an sich hat, keinen Schmerz verursachet; wobei er aus dem Homer das Gesichte des Thersites zum Exempel anführet[362]. Es ist also wohl zu merken, daß weder das Lasterhafte noch das Lächerliche vor sich allein in die Komödie gehöre: sondern beides zusammen, wenn es in einer Handlung verbunden angetroffen wird. Vieles läuft wider die Tugend, ist aber mehr strafbar und widerlich oder gar abscheulich als lächerlich. Vieles ist auch lächerlich, wie zum Exempel die Harlekins-Possen der Italiener: Aber darum gar nicht lasterhaft. Beides gehört also nicht zum Wesen eines rechten Lust-Spiels: Denn

> Omne tulit punctum, qui miscuit utile dulci,
> Lectorem delectando pariterque monendo.[363]*

* 4. Aufl. nach dem Horaz-Zitat eingefügt: Nun weiß ich zwar, daß ein gelehrter Mann in einer Einladungsschrift neulich auch die Möglichkeit einer ganz tugendhaften Komödie hat behaupten wollen, die doch lustig sein sollte. Allein seine Einwürfe gegen diese meine Erklärung der Lustspiele lassen sich gar wohl beantworten: wie ich im letzten Stücke des VII. Bandes meiner ›Critischen Beyträge‹ gewiesen habe.[364] Noch andere wollen aus der beweglichen und traurigen Komödie, die von den Franzosen comédie larmoyante genennet wird, eine eigene neue Art machen.[365] Allein wenn es ja eine solche Art von Schauspielen geben kann

Nach dieser Regel ist es leicht, alle Komödien zu beurteilen: wo man denn finden wird, daß eine große Menge nicht nach den Regeln der Vernunft gemacht sind. Z. E. Machiavellus hat die ›Mandragola‹[367] gemacht: die zwar sonst ziemlich regelmäßig ist, aber weiter nichts als einen durch viele Spitzfindigkeiten betrogenen Ehmann vorstellt. Der gute Kerl wird im höchsten Grade lächerlich gemacht; indem er seinen Nebenbuhler selbst zu seiner Frauen vors Bette führet, ihn nackt auszieht, hineinlegt und in der Kammer verschließt: Alles in der Absicht, daß selbiger das Gift von seiner Ehegattin an sich ziehen möge, so eine Wirkung der Arzenei bei ihr sein sollte, die man derselben der Unfruchtbarkeit halber eingegeben hatte; da doch die Schuld vielmehr an ihm selbst liegen mochte. Allein, was fließt denn aus dieser lächerlichen Handlung vor eine Lehre? Keine andre, als daß man keinen Galan zu seiner Frauen führen solle. Ich untersuche hier nicht einmal die Wahrscheinlichkeit der Fabel: die zwar auf der Schau-Bühne gut genug ausgekünstelt ist, aber gewiß im gemeinen Leben unmöglich angehen würde. Will man etliche Molièrische Komödien auf die Art untersuchen, so wird man eben diesen Fehler auch bei demselben antreffen.

Zu einer komischen Handlung nun kann man ebensowenig als zur tragischen einen ganzen Charakter eines Menschen nehmen, der sich in unzähligen Taten äußert; als z. E. einen Cartouche[368] mit seinen Spitzbübereien. Es muß eine einzige, recht wichtige Spitzbüberei genommen werden, dazu viele Anstalten gehören, ehe sie ausgeführet werden kann: und die vieler Schwierigkeiten ungeachtet gelinget und also eine Haupt-Handlung ausmacht. Diesen Erfolg derselben lächerlich zu machen, dazu gehört, daß entweder Cartouche oder

und soll: so muß man sie nur nicht Komödien nennen. Sie könnten viel eher bürgerliche oder adelige Trauerspiele heißen, oder gar Tragikomödien, als ein Mittelding zwischen beiden, genennet werden. Destouches hat verschiedene von der Art gemacht, z. E. den ›Verschwender‹, den ›Ruhmredigen‹ usw. Ja auch die ›Cénie‹ der Frau von Graffigny[366] gehört hieher, die wir neulich deutsch haben vorstellen sehen.

der, so von ihm betrogen wird, auslachenswürdig werde. Dieses letztere zu versuchen, müßte man dichten, es hätte sich jemand in Paris so klug dünken lassen, daß ihn Cartouche mit aller seiner List nicht sollte betrügen können. Dieses hätte er sich in einer Gesellschaft gerühmet, wo dieser Räuber selbst unerkannt zugegen gewesen und dadurch demselben Lust gemacht, seine Kunst an ihm zu beweisen. Man könnte nun einen von den listigsten Streichen dieses Spitzbuben wählen und den so überklugen Mann zum Überflusse gar durch gewisse Leute warnen lassen, wohl auf seiner Hut zu stehen, endlich aber doch betrogen werden lassen. Hier würde nun freilich wohl die Komödie ein lustiges Ende nehmen; aber nicht die Spitzbüberei, sondern die eingebildete Klugheit des Betrogenen würde zum Gelächter werden: Und die Morale würde heißen: Man solle sich nicht zu weise dünken lassen, wenn man mit verschmitzten Leuten zu tun hat, viel weniger mit seiner fürsichtigen Behutsamkeit prahlen, weil dieses uns die Leute nur desto aufsätziger macht.*

Die Fabeln der Komödie werden also auf ebendie Art gemacht als die tragischen; und können ebensowohl in schlechte, einfache oder gemeine, dergleichen die obige ist, und in verworrene, die eine Entdeckung oder doch einen Glücks-Wechsel haben, eingeteilt werden. Ein Exempel von dieser gibt die Andria des Terentii ab, die vor eines atheniensischen Bürgers Tochter erkannt und also durch eine gute Heirat auf einmal glücklich wird. Imgleichen sind die Menegmes oder ›Zween ähnlichen Brüder‹ im Molière hieher zu rechnen[369]. ›Die Zänker‹ aber (›Les Plaideurs‹), die Racine aus dem Aristophanes entlehnet hat[370], geben eine Fabel von der ersten Gattung. Demungeachtet haben doch alle ihren gewissen Knoten, der sich im Anfange der Komödie einwickelt und hernach zuletzt geschickt und wahrscheinlich auflöset.

* 4. Aufl. nach *aufsätziger macht* eingefügt: Die Bestrafung der Spitzbuben nämlich ist kein Werk der Poeten, sondern der Obrigkeit. Die Komödie will nicht grobe Laster, sondern lächerliche Fehler der Menschen verbessern.

Dieses ist nun die ganze Kunst. Die Italiener machen gemeiniglich gar zuviel unnatürliche Künsteleien. Sie verkleiden sich unzählige Mal. Bald ist der Liebhaber eine Säule, bald eine Uhr, bald eine Trödel-Frau, bald ein Gespenste, bald gar eine Baßgeige, um nur zu seinem Zwecke zu gelangen. Denn weiter ist bei ihren Komödianten ohnedem an nichts zu gedenken als an Liebes-Streiche, da man entweder die Eltern oder die Männer betrieget. Diese Materie aber ist schon so abgedroschen, daß ich nicht begreifen kann, wie man sie nicht längst überdrüssig geworden. Ebenso kömmt es mir vor, wenn sich alle Stücke mit dem Heiraten endigen. Ist denn weiter nichts in der Welt als das Hochzeitmachen, was einen fröhlichen Ausgang geben kann? Molière selbst hat sich dieses Kunst-Griffes zu oft bedienet: da er doch fähig gewesen wäre, hundert andre Verwickelungen und Auflösungen seiner Fabeln zu erfinden.

Die Personen, so zur Komödie gehören, sind ordentliche Bürger oder doch Leute von mäßigem Stande. Nicht als wenn die Großen dieser Welt etwa keine Torheiten zu begehen pflegten, die lächerlich wären: Nein, sondern weil es wider die Ehrerbietung läuft, die man ihnen schuldig ist, sie als auslachenswürdig vorzustellen. In Griechenland machte sich zwar Aristophanes nichts daraus, den Xerxes mit einer Armee von 40 000 Mann auf einen ganz güldenen Berg marschieren und ihn also in einer königlichen Pracht seine Notdurft verrichten zu lassen[371]. Allein, das war ein republikanischer Kopf, der wohl wußte, daß die Griechen am liebsten über die Könige lachten: Zu geschweigen, daß er auch die Torheit Xerxis auf eine unnatürliche Weise vergrößert hat. Plautus hat seinen ›Amphitryon‹ eine Tragikomödie genennt; weil er glaubte, daß königliche Personen allein vor die Tragödie gehöreten. Allein eine Tragikomödie gibt einen so ungereimten Begriff, als wenn ich sagte, ein lustiges Klage-Lied. Es ist ein Ungeheuer; und da der Ausgang seines ›Amphitryons‹ lustig ist: hätte er's nur immer schlechtweg eine Komödie nennen dörfen. Ebendas ist von des Bour-

sault[372] ›Esopus bei Hofe‹ zu sagen, den derselbe aus gleicher Ursache Comédie Héroïque betiteln wollen: aber auch darum ohne Not einen neuen Namen ersonnen.
Die ganze Fabel einer Komödie muß ihrem Inhalte nach die Einheit der Zeit und des Ortes ebensowohl als die Tragödie beobachten. Ein Haus oder ein Platz auf öffentlicher Straße muß der Schau-Platz werden, wenn sie in der Stadt vorgeht: Sonst könnte es auch wohl ein königlicher Palast, ein Garten oder Wäldgen sein. Aber wie er einmal ist, so muß er das ganze Stück durch bleiben: wie oben schon erwiesen worden. Die Zeit darf auch nicht länger als etliche Stunden, nicht aber ganze Tage und Nächte dauren. Daher ist der ›Heautontimorumenos‹ Terentii falsch eingerichtet, weil es zweimal auf der Schau-Bühne Abend wird, ehe die Fabel aus ist. Die Einteilung derselben muß ebensowohl wie oben in fünf Handlungen geschehen, ungeachtet die Italiener nur dreie zu machen pflegen. Denn so werden sie gemeiniglich gar zu lang und bekommen so viel Szenen hintereinander, daß man sich verwirret. Man zählt aber die Szenen nach dem Auf- und Abtritte einer Person. Sobald eine kommt oder eine weggeht, rechnet man eine neue Szene, und nachdem sie kurz oder lang geraten, müssen auch viele oder wenige zu einer Handlung sein. Das merke ich hier abermal an, daß die Bühne niemals ganz leer werden müsse, als bis die Handlung aus ist. Es läßt häßlich, wenn hier ein paar alte davonlaufen und dort ein paar frische hervortreten, die miteinander kein Wort zu wechseln haben. Und da kann es leichtlich kommen, daß die Zwischen-Fabeln nicht recht mit der Haupt-Fabel zusammenhängen. Wenn also jemand auftritt, muß er allezeit jemanden finden, mit dem er redet: und wenn jemand weggeht, muß er einen da lassen, der die Bühne füllet. Das heißt bei Boileau

Et les Scènes toujours l'une à l'autre liées.[373]

Da ich von Szenen handle, muß ich auch der einzelnen Szenen gedenken, wo nur eine Person auftritt. Bei den Alten hatten diese mehr Wahrscheinlichkeit als bei uns, weil nämlich da der Chor allezeit auf der Bühne stund und mit vor eine Person anzusehen war. Und also redete da die einzelne Person nicht mit sich selbst. Bei uns aber ist die Bühne leer: Und die Zuschauer gehören nicht mit in die Komödie: folglich hat die Person niemanden, den sie anreden könnte. Kluge Leute aber pflegen nicht laut zu reden, wenn sie allein sind. Es wäre denn in besondern Affekten, und das zwar mit wenig Worten. Daher kommen mir die meisten einzelnen Szenen sehr unnatürlich vor; und außer der ersten im ›Geizhalse‹ des Molière wüßte ich fast keine zu nennen, die mir gefallen hätte. Man hüte sich also davor, soviel man kann; welches auch mehrenteils angeht, wenn man dem Redenden noch sonst jemand zugibt, der das, was er sagt, ohne Gefahr wissen oder hören darf. Ebenso übel steht es, wenn jemand vor sich auf der Schaubühne redet, doch so, daß der andre, der dabeisteht, es nicht hören soll: gleichwohl aber so laut spricht, daß der ganze Schauplatz es verstehen kann. Was hier vor eine Wahrscheinlichkeit stecke, habe ich niemals ergründen können: Es wäre denn, daß die anwesende Person auf eine so kurze Zeit ihr Gehör verloren hätte.

Von den Charakteren in der Komödie ist weiter nichts besondres zu erinnern, als was bei der Tragödie schon vorgekommen. Man muß die Natur und Art der Menschen zu beobachten wissen, jedem Alter, jedem Stande, jedem Geschlechte, jedem Volke solche Neigungen und Gemütsarten geben, als wir von ihnen gewohnt sind. Kommt ja einmal was Außerordentliches vor; daß etwa ein Alter nicht geizig; ein Junger nicht verschwenderisch; ein Weib nicht weichherzig, ein Mann nicht beherzt ist: So muß der Zuschauer vorbereitet werden, solche ungewöhnliche Charaktere vor wahrscheinlich zu halten: welches durch Erzählung der Umstände geschieht, die dazu was beigetragen haben. Man muß aber die lächerlichen Charaktere nicht zu hoch treiben. Sobald der Zuschauer glauben kann, so gar töricht würde doch wohl kein Mensch in der Welt sein: so bald verliert der Charakter seinen Wert. Darin verstoßen es zuweilen auch die besten Poeten; wie oben von dem ›Geizhalse‹ des Molière bemerket worden. Terentius ist hierin überaus geschickt gewesen. Alle seine Bilder leben:

Contemplez de quel air un Père dans Térence
Vient d'un Fils amoureux gourmander l'imprudence;
De quel air cet amant écoute ses Leçons,
Et court chez sa maîtresse oublier ces chansons.
Ce n'est pas un portrait, une image semblable;
C'est un amant, un Fils, un Père véritable.[374]

Von den Affekten ist hier ebenfalls nichts Neues zu sagen, als daß man die tragischen, nämlich die Furcht, das Schrekken und Mitleiden, zu vermeiden habe.* Alle übrige finden in der Komödie auch statt. Ein zorniger Chremes, ein verliebter Pamphilus, ein stolzer Thraso, ein lustiger Davus[376] u. dgl. mehr, sind solche Gemütsbewegungen, die eben kein Schrecken, auch keine Verwunderung erwecken. Der Menedemus[377] im Terenz ist indessen so beschaffen, daß er gleich ein Mitleiden bei uns erwecket: doch da solcher Affekt nur gelinde bleibt, so ist es eben kein Fehler. Von der Liebe und Lustigkeit darf man wohl keine Regeln geben: denn darauf verfallen die gemeinsten Komödienmacher von sich selbst. Sie mögen sich nur in acht nehmen, daß sie in der ersten nicht die

* 4. Aufl. nach *zu vermeiden habe* eingefügt (wobei die ersten zwei Verse des Boileau-Zitats vorgezogen wurden): Daher hat Destouches viel gewaget, da er in seinem ›Verschwender‹ diesen Affekt zu erregen gesucht; doch so, daß er sich endlich wieder in Freude verwandelt. Indessen haben Stücke dieser Art in Paris ziemlichen Beifall gefunden und fast eine neue Art von Komödien zu machen angefangen, die man die heulende (larmoyante) nennet. So hat man denn des Boileau Regel ganz vergessen, wenn er in seiner ›Dichtkunst‹ schreibt:

Le Comique, ennemi des Soupirs et des Pleurs,
N'admet point en ses vers de tragiques Douleurs.[375]

Allein, wenn man dergleichen Stücke, wie ich oben gedacht, bürgerliche Trauerspiele nennet oder Tragikomödien taufet: so könnten sie schon bisweilen stattfinden.

Gesetze der Schamhaftigkeit und Zucht, in der andern aber die Ehrbarkeit aus den Augen setzen. Das will Boileau:

Le Comique, ennemi des soupirs et des pleurs,
N'admet point en ses Vers de tragiques douleurs.
Mais son emploi n'est pas d'aller dans une place,
De mots sales et bas charmer la populace.
Il faut que ses Acteurs badinent noblement.[378]

Und dieses führet mich auf die Schreibart der Komödien. Sie besteht aus den Gedanken und Ausdrückungen derselben, und hierin ist die Komödie von der Tragödie sehr unterschieden. Das macht, daß dort fast lauter vornehme Leute, hier aber Bürger und geringe Personen, Knechte und Mägde vorkommen: dort die heftigsten Gemütsbewegungen herrschen, die sich durch einen pathetischen Ausdruck zu verstehen geben; hier aber nur lauter lächerliche und lustige Sachen vorkommen, wovon man in der gemeinen Sprache zu reden gewohnt ist. Es muß also eine Komödie eine ganz natürliche Schreibart haben, und wenn sie gleich in Versen gesetzt wird, doch die gemeinsten Redensarten beibehalten. Hierin ist Terentius abermal unvergleichlich. Molièren hat Fénélon in seinen ›Réflexions sur la Rhétorique et la Poétique‹[379] deswegen getadelt; wie ich oben aus ihm bereits angeführet habe. Es ist also kein Zweifel, ob man auch in Versen könne Komödien schreiben? Menander, Terenz und Molière haben's getan; warum sollte es im Deutschen nicht angehen? Nur es muß keine poetische Schreibart darinnen herrschen und außer dem Silbenmaße sonst nichts Gleißendes oder Gekünsteltes dabei vorkommen.

Von der Lustigkeit im Ausdrucke möchte mancher fragen, wie man dazu gelangen könne? Ich antworte, das Lächerliche der Komödien muß mehr aus den Sachen als Worten entstehen. Die seltsame Aufführung närrischer Leute macht sie auslachenswürdig. Man sehe einen Thraso im Terenz, einen bürgerlichen Edelmann und eingebildeten Kranken im Molière an: so wird man sich des Lachens nicht enthalten können; obgleich kein Wort an sich lächerlich ist. Imgleichen des Racine Komödie von der Prozessiersucht[380] macht die Liebhaber der Zänkereien, imgleichen die französischen Advokaten lächerlich, die in ihren Klag- und Schutzreden eine übel angebrachte Gelehrsamkeit zeigen wollen. Dieses ist nun das wahre Belustigende in der Komödie. Allein kleine Geister, die keine Einsicht in die Moral besitzen und das ungereimte Wesen in den menschlichen Handlungen weder wahrnehmen noch satirisch vorstellen können, haben sich auf eine andre Art zu helfen gesucht. Sie haben das Lächerliche nicht in den Sachen, sondern in Worten und Gebärden zu finden gemeinet. Daher hat Harlekin und Skaramuz die Hauptperson ihrer Lustspiele werden müssen. Diese müssen durch närrische Kleider, wunderliche Posituren und garstige Fratzen den Pöbel zum Gelächter reizen. Von diesem allen haben die Alten nichts gewußt; und es gehört mit unter die phantastischen Erfindungen der Italiener, die jemand in der Vorrede zu einer französischen Komödie, ›Harlequin aux Champs Élysées‹[381], verspottet hat. Terenz hat seine Komödien ohne eine lustige Person lächerlich genug zu machen gewußt,* und ein Poet setzet sich also in den Verdacht, als verstünde er sein Handwerk, das ist die Satire nicht: wenn er ohne die Beihülfe eines unflätigen Possenreißers nichts Lustiges auf die Schaubühne bringen kann. Boileau hat diese schmutzige Zoten seinen Schülern ernstlich untersagt und den Molière selbst nicht geschont, der sich auch oft dem Pöbel in diesem Stücke bequemet hat.

Étudiez la Cour et connoissez la Ville;
L'une et l'autre est toujours en modèles fertile.
C'est par là que Molière, illustrant ses écrits,
Peut-être de son art eût remporté le prix,

* 4. Aufl. nach *zu machen gewußt* eingefügt: das neue französische Theater hat gleichfalls bisher keinen Harlekin nötig gehabt, die Zuschauer zu belustigen, obgleich Molière darin ein böses Exempel gegeben hatte. Destouches und einige andere nämlich haben sich gar wohl ohne diese phantastische Person behelfen können:

Si, moins ami du peuple, en ses doctes peintures,
Il n'eût point fait souvent grimacer les figures;
Quitté pour le bouffon, l'agréable et le fin,
Et sans honte à Térence allié Tabarin.[382]

Hieraus ist nun leicht zu schließen, was von dem Théâtre de la Foire[383], wo lauter abgeschmacktes Zeug vorkommt, vor ein Werks zu machen sei; darüber ein Kluger entweder gar nicht lacht oder sich doch schämt, gelachet zu haben.*
Maschinen müssen in Komödien nicht vorkommen: weil die Götter sich in die törichten Handlungen schlechter[385] Leute nicht mischen. Die Zaubereien oft anzubringen ist auch nichts Schönes, weil es nicht mehr wahrscheinlich ist. Die Kleidungen der Personen müssen nach ihrem Charakter und Stande eingerichtet sein: nur der Harlequin hat hier, ich weiß nicht warum, eine Ausnahme. Er soll zuweilen einen Herren-Diener bedeuten; allein welcher Herr würde sich nicht schämen, seinem Kerle eine so buntscheckigte Lieberei zu geben? Der Scapin hat eine spanische Tracht, und das kann man in einem spanischen Stücke schon gelten lassen; allein bei uns schickte sich's nicht. Die Namen der Personen dörfen in einer Komödie nicht aus der Historie genommen werden: Aber allezeit mit einem Pandolfo, Anselmo etc., einer Isabella und Kolombine[386] aufgezogen zu kommen ist auch nicht angenehm. Sobald die Personen neue Charaktere haben, müssen sie auch neue Namen bekommen: um die Verwirrung zu vermeiden, die sonst bei dem Zuschauer vieler Komödien entstehen könnte. Die Verzierungen der Schaubühne stellen den Ort vor, wo die ganze Fabel gespielet wird; gemeiniglich ein Bürgerhaus oder eine Gasse der

* 4. Aufl. nach *gelachet zu haben* eingefügt: imgleichen was von allen deutschen Narren zu halten sei, sie mögen nun von alter Erfindung sein, wie Hans Wurst oder Pickelhering, dessen sich Weise[384] noch immer bedienet hat, oder auch von neuer Art, wie der sogenannte Peter oder Crispin oder wie sie sonst heißen mögen. Ebendie Gründe, die wider jene streiten, sind auch allen diesen Geschöpfen einer unordentlichen Einbildungskraft zuwider, die kein Muster in der Natur haben.

Stadt, da man an beiden Seiten verschiedene Häuser sieht. Die Musik anlangend, so wissen wir, daß in der neuen Komödie und bei den Römern keine Chöre gebraucht worden. Indessen steht doch auf den Terenzischen Komödien: »Modos fecit Flaccus Claudii F. Tibiis paribus dextris et sinistris.«[387] Was das zu bedeuten habe, mögen die Liebhaber der Altertümer untersuchen. Vermutlich hat man zwischen den Handlungen anstatt der vormaligen Oden damit eine kleine Musik gemacht: Denn daß die ganze Komödie abgesungen und mit einer Instrumental-Musik wäre begleitet worden, davon findet man nicht die geringsten Spuren.

Wir Deutschen müssen uns so lange mit Übersetzungen aus dem Französischen behelfen, bis wir werden Poeten bekommen, die selbst was Regelmäßiges machen können. Es kommt nur darauf an, daß unsre große Herren sich endlich einen Geschmack von deutschen Schauspielen beibringen lassen: Denn solange sie nur in ausländische Sachen verliebt sind, ist nicht viel zu hoffen. Unsre Dresdenische Hofkomödianten haben ihre Schaubühne allbereit bei vielen Kennern beliebt gemacht[388], und wenn sie so fortfahren, wird auch mit der Zeit in diesem Stücke Deutschland den Ausländern nichts nachgeben dörfen.

III

Vorrede zum ›Sterbenden Cato‹

Ich unterstehe mich, eine Tragödie in Versen drucken zu lassen, und zwar zu einer solchen Zeit, da diese Art von Gedichten seit dreißig und mehr Jahren ganz ins Vergessen geraten und nur seit kurzem auf unserer Schaubühne sich wieder zu zeigen angefangen hat. Diese Verwegenheit ist in der Tat so groß, daß ich mich deswegen ausführlich entschuldigen muß. Ich weiß zwar, daß ein einziges herrliches Muster dieser in Verfall geratenen Art der Gedichte wohl eher ganze Nationen rege gemacht und ihnen einen Geschmack davon beigebracht. Der berühmte ›Cid‹ des Corneille hat dieses in Frankreich, die ›Merope‹ des Hrn. Maffei[1] in Italien und Hrn. Addisons ›Cato‹[2] in Engelland zur Genüge erwiesen. Allein, ich bin auch im Gegenteil versichert, daß Leute, die einer Sache nicht recht gewachsen sind, durch übel geratene Proben alles verderben und oftmals eine Art von Poesien in solche Verachtung bringen können, daß niemand mehr die Mühe nimmt, sie zu übertreffen oder dasjenige, was sie schlimm gemacht haben, wieder zu verbessern.

Ebendeswegen habe ich mich seit drei Jahren, da ich in meiner ›Critischen Dichtkunst‹ unsre Nation zu Hervorsuchung dieser Art großer Gedichte aufgemuntert und einige Anleitung dazu gegeben, nicht gewaget, selbst ans Licht zu treten oder andern mit meinem Exempel vorzugehen. Ich habe gewartet, ob sich nicht etwa ein geschickterer Poet unsres Vaterlandes hervortun und ein Werk unternehmen würde, welches ihm und Deutschland Ehre machen könnte. Es fehlt uns in der Tat an großen und erhabenen Geistern nicht, die zur tragischen Poesie gleichsam geboren zu sein scheinen. Es kommt nur auf die Wissenschaft der Regeln an; die aber nicht ohne alle Bemühung und Geduld gefasset werden können. Es gehört auch Gelegenheit dazu, die deutsche Schaubühne nach ihren bisherigen Fehlern und erforderlichen Tugenden kennenzulernen: Wie denn auch die Kenntnis des französischen, englischen und italienischen Theaters einigermaßen hierzu nötig ist. Und ohngeachtet ich Ursache habe zu glauben, daß es verschiedene unter unsern Dichtern gebe, die mit allen diesen Vorteilen reichlich versehen sind, wie ich denn selbst einige davon nennen könnte: So habe ich doch bisher vergeblich auf die Erfüllung meines Wunsches gehoffet.

Ehe ich mich aber erkläre, aus was für Ursachen ich mich endlich entschlossen habe, dieses Trauerspiel ans Licht zu stellen, muß ich mit wenigem melden, wie ich zuerst auf die theatralische Poesie gelenket worden und was mich endlich bewogen, selbst Hand anzulegen und einen Versuch darinnen zu tun. Es sind nunmehro 15 oder 16 Jahre, als ich zuerst *Lohensteins* Trauerspiele lase und mir daraus einen sehr wunderlichen Begriff von der Tragödie machte[3]. Ob ich gleich von vielen diesen Poeten himmelhoch erheben hörte, so konnte ich doch die Schönheit seiner Werke selber nicht finden oder gewahr werden. Ich ließ also diese Art der Poesie in ihren Würden und Unwürden beruhen: Weil ich mich nicht getrauete, mein Urteil davon zu sagen. Ich lase auch um ebendie Zeit *Opitzens* ›Antigone‹, die er aus dem Sophokles verdeutschet hat[4]. Allein, ob mir wohl die andern Gedichte dieses Vaters unsrer Dichtkunst ungemein gefielen: So konnte ich doch die rauhen Verse dieser etwas gezwungenen Übersetzung nicht leiden; und daher kam es, daß ich auch an dem Inhalte dieser Tragödie keinen Geschmack fand. Ich blieb also im Absehen auf die theatralische Poesie in vollkommener Gleichgültigkeit oder Unwissenheit, bis ich etliche Jahre hernach den *Boileau*[5] kennenlernte. Damals ward ich denn, teils durch die an den *Molière* gerichtete Satire, teils durch den hin und her eingestreuten Ruhm oder Tadel theatralischer Stücke, begierig gemacht, selbige näher kennenzulernen.

Obwohl ich nun den Molière leicht genug zu lesen bekam, so war doch in meinem Vaterlande keine Gelegenheit, eine Komödie oder Tragödie spielen zu sehen: Als wozu mir dieses Lesen eine ungemeine Lust erwecket hatte. Ich mußte mir also diese Lust vergehen lassen, bis ich im Jahr 1724 nach Leipzig kam und daselbst Gelegenheit fand, die privilegierten Dresdenischen Hofkomödianten[6] spielen zu sehen. Weil sich dieselben nur zur Meßzeit allhier einfanden, so versäumte ich fast kein einziges Stücke, so mir noch neu war. Dergestalt stillte ich zwar anfänglich mein Verlangen dadurch: Allein, ich ward auch die große Verwirrung bald gewahr, darin diese Schaubühne steckte. Lauter schwülstige und mit Harlekins Lustbarkeiten untermengte Haupt- und Staatsaktionen[7], lauter unnatürliche Romanstreiche und Liebeswirrungen, lauter pöbelhafte Fratzen und Zoten waren dasjenige, so man daselbst zu sehen bekam. Das einzige gute Stücke, so man aufführete, war ›Der Streit zwischen Liebe und Ehre oder Roderich und Chimène‹, aber nur in ungebundener Rede übersetzt[8]. Dieses gefiel mir nun, wie leicht zu erachten ist, vor allen andern und zeigte mir den großen Unterscheid zwischen einem ordentlichen Schauspiele und einer regellosen Vorstellung der seltsamsten Verwirrungen auf eine sehr empfindliche Weise.

Hier nahm ich nun Gelegenheit, mich mit dem damaligen Prinzipal[9] der Komödie bekanntzumachen und zuweilen von der bessern Einrichtung seiner Schaubühne mit ihm zu sprechen. Ich fragte ihn sonderlich, warum man nicht Andr. Gryphii Trauerspiele, imgleichen seinen ›Horribilicribrifax‹ u. d. m. aufführete[10]? Die Antwort fiel, daß er die erstern auch sonst vorgestellet hätte: Allein, itzo ließe sich's nicht mehr tun. Man würde solche Stücke in Versen nicht mehr sehen wollen: Zumal sie gar zu ernsthaft wären und keine lustige Person in sich hätten. Ich riet ihm also, einmal ein neues Stücke in Versen zu versuchen, und versprach, selbsten einen Versuch darin zu tun. Da ich aber noch keine Regeln der Schauspiele verstund, ja nicht einmal wußte, ob es dergleichen gäbe: So übersetzte ich aus den Fontenellischen[11] Schäfergedichten den ›Endymion‹, so wie ich denselben bei der ersten Auflage der ›Gespräche von mehr als einer Welt‹ habe drucken lassen; machte aber hier und dar noch einige Zusätze von lustigen Szenen darzwischen, welche zusammen ein Zwischenspiel ausmachten, so mit der Haupthandlung gar nicht verbunden war. Ich verstund nämlich die Schaubühne so wenig als der Prinzipal der Komödie; und ohngeachtet es mich damals verdroß, daß er meine Übersetzung aufzuführen das Herz nicht hatte: So ist mir's doch itzo sehr lieb, daß solches nicht geschehen ist; zumal da ›Endymion‹ sich mehr zu einer Oper als zu einer Komödie geschicket hätte.

Indessen gaben mir die schlechten Stücke, die ich spielen sahe, vielfältige Gelegenheit, auch ohne alle Kenntnis der Regeln, das unnatürliche Wesen derselben wahrzunehmen: Zugleich aber machte mich dieses begierig, mich um die Regeln der Schaubühne zu bekümmern. Ich konnte mir nämlich leicht einbilden, daß eine so weitläuftige Art der Gedichte unmöglich ohne dieselben bestehen könnte, da man es den allerkleinsten Poesien daran nicht hatte fehlen lassen. In allen unsern deutschen Anleitungen zur Poesie fand ich kein Wort davon; ausgenommen in *Rotthens* ›Deutscher Poesie‹[12], die 1688 hier in Leipzig herausgekommen. Alle übrige, auch sogar *Menantes*[13] in seinen ›Theatralischen Gedichten‹ und der von ihm ans Licht gestellten ›Allerneusten Art zur galanten Poesie zu gelangen‹, hatten nur eine seichte Anleitung zur Oper gegeben. Doch da mir auch Rotthe noch kein Genügen tat, ob er gleich nicht übel davon gehandelt hat und ich in ihm des *Aristoteles* Poetik gelobt fand: So ward ich begierig, dieselbe zu lesen; und es fiel mir zu allem Glücke *Daciers*[14] französische Übersetzung derselben in die Hände. Diese hielte außer dem Texte sehr ausführliche Anmerkungen in sich und gab mir also den längst gewünschten Unterricht in diesem Stücke. Es kamen mir nachmals *Casaubonus*' ›De satirica Graecorum poesi und Romanorum satira‹[15],

Rappolts ›Poetica Aristotelica‹[16], imgleichen *Heinsius'* ›De tragoediae constitutione‹[17], des Abts von *Aubignac* ›Pratique du Théâtre‹[18] und andre Schriften mehr in die Hand, die nur beiläufig von diesen Sachen handelten; dahin ich hauptsächlich den englischen ›Spectator‹ und den St. Evremont[19] rechnen muß. Und zu geschweigen, daß ich mir des *Corneille, Racine, La Grange*[20], *La Motte*[21], *Molière, Voltaire* u. a. Schauspiele nebst den ihnen vorgesetzten Vorreden und beigefügten kritischen Abhandlungen bekannt gemachet: So kam endlich noch des Abts *Brumois* ›Théâtre des Grecs‹[22] und des Italieners *Riccoboni* ›Histoire du Théâtre Italien‹[23] dazu, die mir noch mehr Licht in dieser Materie verschaffeten.

Je mehr ich nun durch die Lesung aller dieser Werke die wohleingerichteten Schaubühnen der Ausländer kennenlernte: Desto mehr schmerzte mich's, die deutsche Bühne noch in solcher Verwirrung zu sehen. Indessen aber, daß mir das Licht nach und nach aufging: So geschah es, daß die Dresdenischen Hofkomödianten einen neuen Prinzipal bekamen, der nebst seiner geschickten Ehegattin[24], die gewiß in der Vorstellungskunst keiner Französin oder Engelländerin was nachgibt, mehr Lust und Vermögen hatte, das bisherige Chaos abzuschaffen und die deutsche Komödie auf den Fuß der französischen zu setzen. Den ersten Vorschub dazu tat sozureden der Hochfürstl. Braunschweigische Hof, woselbst zu des höchstsel. Herzogs Anton Ulrichs[25] Zeiten schon längst ein Versuch gemacht worden war, die Meisterstücke der Franzosen in deutsche Verse zu übersetzen und wirklich aufzuführen. Man gab ihnen die Abschriften vieler solchen Stücke; und ob sie gleich mit dem ›Régulus‹ des *Pradons*, eines nicht zum besten berüchtigten Poeten, den Anfang machten, den *Bressand* an obgedachtem Hofe schon vor vielen Jahren in ziemlich rauhe Verse übersetzt hatte[26]: So gelung ihnen doch dieses Stücke durch die gute Vorstellung so gut, daß sie auch den ›Brutus‹, imgleichen den ›Alexander und Porus‹ von ebendiesem Übersetzer und bald darauf auch den ›Cid‹ des Corneille aufführeten, der aber von einem weit geschickteren Poeten[27] in viel reinere und angenehmere Verse übersetzt war als jene und also auch ungleich mehr Beifall fand als alle poetische Stücke, die man vorhin gesehen hatte.

Hierauf schlug ich, die angefangene Verbesserung unsrer Schaubühne, soviel mir möglich war, fortzusetzen und zu unterstützen, dem dermaligen Direktor derselben auch den von einem vornehmen Ratsgliede in Nürnberg[28] übersetzten ›Cinna‹ vor, der in der Sammlung seiner Gedichte, die unter dem Titel der ›Christlichen Vesta und irdischen Flora‹ herausgekommen, befindlich ist. Wie nun dieses Meisterstücke des Corneille durchgehends großen Beifall fand: So machte ich selbst endlich mit Übersetzung der ›Iphigenie‹ aus dem Racine einen Versuch[29] und spornte zugleich ein paar gute Freunde und geschickte Mitglieder der ›Deutschen Gesellschaft‹ allhier an, dergleichen zu tun; da denn der eine[30] den andern Teil des ›Cids‹ oder ›Chimenens Trauerjahr‹, der andre[31] aber die ›Bérénice‹ aus dem Racine ins Deutsche brachte. Alle dreie wurden mit ziemlichem Beifalle aufgeführet, so daß man dergestalt schon acht regelmäßige Tragödien in Versen auf unserer Schaubühne sehen konnte. Ich schweige, was wir der geschickten Feder Hrn. Kochs[32], eines der geschicktesten Akteurs herin, zu danken haben, der uns ein paar Stücke von ›Titus Manlius‹ selbst geliefert, den ›Verheirateten Philosophen‹[33] aus dem Französischen übersetzet, die ›Sinilde‹ aber aus des Hrn. Geh. Sekr. Königs[34] Opera ›Sancio‹ entlehnet und mit einiger Veränderung in eine Tragödie verwandelt hat.

Nachdem ich also beiläufig eine kurze Historie von der angefangenen Verbesserung der deutschen Schaubühne gegeben: So muß ich endlich auch auf meinen ›Cato‹ kommen und überhaupt von der Einrichtung dieses Stückes Red' und Antwort geben.

Cato von Utica ist zu allen Zeiten vor ein ganz besonderes Muster der stoischen Standhaftigkeit und der patriotischen

Liebe zur Freiheit gehalten worden. Poeten, Redner, Geschichtschreiber und Weltweisen haben ihn in ihren Schriften um die Wette bewundert und gepriesen. Sogar unter dem unumschränkten Regimente der römischen Kaiser, welche alle Cäsars Nachfolger waren, konnten sich die größten Leute in Rom nicht enthalten, diesen eifrigen Verfechter einer freien Republik zu loben, der in dem ersten Unterdrücker derselben alle Fortpflanzer seiner Herrschaft und Regierung vor Tyrannen erkläret hatte. Virgil und Horaz haben dieses unter Augusts Regierung, Lucan und Seneca aber unter dem Claudius und Nero getan. Maternus, ein Poet, der nach dem Berichte des alten ›Gespräches von Rednern oder von den Ursachen der verfallenen Beredsamkeit‹ eine Tragödie von dem Cato gemachet, muß auch etwa um diese Zeiten gelebet haben: Und sein Trauerspiel wird gewiß den Haß gegen das monarchische Regiment nicht undeutlich oder schwach ausgedrücket haben, weil seine guten Freunde es vor anzüglich und gefährlich hielten, wie aus dem angezogenen ›Gespräche‹ gleich im Eingange erhellet[35].

Cato hat sich in Utica selbst ermordet. Diese außerordentliche Todesart hat sein Ende zu einer Tragödie überaus geschickt gemacht, und es ist also kein Wunder, daß die Poeten aller Nationen diese Begebenheit in solcher Absicht ergriffen und sie auf die Schaubühne zu bringen bemüht gewesen. Der obgedachte Maternus ist wohl der erste gewesen, der unter Catons Landsleuten solches versuchet hat: Nur ist es zu bedauren, daß dieses Trauerspiel verlorengegangen. Ohne Zweifel würden wir in demselben starke Überreste einer römischen, das ist edlen Liebe zur Freiheit und einen großen Haß wider die Tyrannei angetroffen haben, die durch den nahen Eindruck, den so viel ungerechte und grausame Kaiser erhabnen Gemütern damals machten, ziemlich lebhaft werden vorgestellet worden sein.

Etwa im Jahr 1712, und also vor zwanzig Jahren, hat sich Addison, ein englischer Staatssekretar und berühmter Poet, an ebendiesen Helden gemacht und im Anfange des 1713ten Jahres seinen ›Cato‹ wirklich aufführen lassen, wie ich aus dem ›Guardian‹ ersehe. Es ist unbeschreiblich, mit was für einer Begierde dieses Trauerspiel von jedermann besuchet und wie wohl es von allen, die es gesehen, aufgenommen worden. Es kann sein, daß die Neigung der englischen Nation zu ihrer Freiheit und der ihr gleichsam angeborne Abscheu vor einem tyrannischen Regimente viel dazu beigetragen, daß die Vorstellung eines ebenso gesinnten Römers ihnen so wohl gefallen. Allein, so viel ist auch gewiß, daß dieses Trauerspiel sehr viele wahrhafte Schönheiten in sich hält, die nicht nur Engelländern, sondern allen vernünftigen Zuschauern von der Welt gefallen müssen. Die Charaktere, Sitten und Gedanken der Personen sind überaus wohl beobachtet: Sonderlich ist Cato selbst als der redlichste Patriot, als der tugendhafteste Mann und vollkommenste Bürger einer freien Republik darinnen vorgestellet. Doch dieses Trauerspiel bedarf meines Lobes nicht, da es auch in einer ungebundenen französischen Übersetzung schon diesseits des Meeres überall Beifall gefunden hat[36].

Fast um ebendie Zeit, oder doch nicht viel später, hat sich auch in Frankreich jemand an diese tragische Begebenheit gemacht und sie auf die Schaubühne gestellet. Dieses war Herr Deschamps, der mir nicht weiter als aus seinem ›Cato‹, der im Haag 1715 herausgekommen, bekannt ist[37]. Es scheinet, dieser Poet habe des Hrn. Addisons Arbeit noch gar nicht gesehen gehabt oder vielleicht gar nichts davon gewußt, als er sein Trauerspiel unternommen: Denn beide haben nicht die geringste Ähnlichkeit miteinander. Man findet eine ganz andre Fabel, andre Personen, andre Verwirrungen und eine andre Auflösung derselben darinnen als in der englischen Tragödie. Nur des Cato sein Charakter ist darin ebenso fürtrefflich beobachtet als in Addisons ›Cato‹ immermehr geschehen: Wenn man nur den Tod selbst, ja die ganze letzte Handlung ausnimmt. Denn wie ich bald erinnern will, so hat die englische Tragödie hierin ihren besonderen Vorzug: Da hergegen die französische ihrer regelmäßigen Einrichtung nach der englischen weit vorzuziehen ist.

Wer da weiß, daß die afrikanische Königin Sophonisbe auch das Glück gehabt, von vier heutigen Nationen in Trauerspielen aufgeführet zu werden, nämlich von Italienern, Franzosen, Engelländern und Deutschen[38]: Den wird es nicht wundernehmen, daß Cato auch dieser Ehre würdig geschätzet worden. Nur ist es zu beklagen, daß sich unter uns Deutschen keine geschicktere Feder an diese Arbeit gemacht als eben die meinige. Ebendiese Erkenntnis meiner Unfähigkeit aber hat auch verursachet, daß ich mich nicht unterfangen habe, eine ganz neue Fabel zum Tode Catonis auszusinnen. Zweene von meinen Vorgängern waren mir bekannt, und ich habe mir beider ihre Stücke zunutze gemacht, so daß man, wie dort von Terenz gesagt wird, auch von mir sagen kann:

> Quae convenere in Andriam ex Perinthia,
> Fatetur transtulisse atque usum pro suis.[39]

Mein Trost aber ist gleichfalls, daß ich ebensowohl, als dort an einem andern Orte geschieht, mit dem Exempel andrer berühmter Poeten entschuldiget werden kann:

> Habet bonorum exemplum: quo exemplo sibi
> Licere id facere, quod illi fecerunt, putat.[40]

Denn zu geschweigen, daß Terentius selbst vielmals aus dem Menander[41] ganze Stücke, doch mit einiger Veränderung, entlehnet oder anders zusammengesetzet hat; so haben ja auch die größten französischen Tragödienschreiber, z. E. Corneille und Racine, sehr oft den Sophokles und Euripides der Griechen dergestalt gebraucht, daß sie selbige teils nachgeahmet, teils übersetzet, teils nach ihrem eigenen Kopfe in etlichen Stücken was verändert haben: Wie unter andern aus dem ›Ödipus‹ und der ›Iphigenia‹ zu ersehen ist.

Nun ist es zwar gewiß, daß man mir anfänglich eine bloße Übersetzung des englischen ›Cato‹ zugemutet, wozu ich auch in reimlosen Versen den Anfang gemachet, wie neulich in den ›Beyträgen zur Critischen Historie der Deutschen Sprache‹ eine Probe davon mitgeteilet worden[42]. Allein, nachdem ich die ganze Einrichtung desselben nach theatralischen Regeln untersuchte, so fand ich, daß selbiger so regelmäßig bei weitem nicht war, als die französischen Tragödien zu sein pflegen. Die Engelländer sind zwar in Gedanken und Ausdrückungen sehr glücklich; sie formieren gute Charaktere und wissen die Sitten der Menschen sehr gut nachzuahmen: Allein, was die ordentliche Einrichtung der Fabel anlangt, darin sind sie noch keine Meister, wie fast aus allen ihren Schauspielen erhellet. Nun wollte ich auf unsrer deutschen Schaubühne nicht gern ein neues Muster aufführen lassen, so den Feinden aller Regeln einen neuen Vorwand geben könnte zu sagen, daß ein Stücke auch ohne dieselben schön sein könne. Daher änderte ich meinen Vorsatz und beschloß, einen ganz andern ›Cato‹ als den, den Addison gemacht hatte, zu verfertigen.

Es kam mir hier ungemein zustatten, daß die französische Arbeit des Hrn. Deschamps weit genauer den Regeln Aristotelis und andrer Kunstrichter gefolget war: Ja die kritische Vergleichung, so am Ende derselben befindlich ist, bekräftigte mich in meinen Gedanken von den Fehlern des englischen ›Cato‹. Zum 1) hat Addison gleichsam drei Fabeln in einer gemacht, davon eine jede vor sich alleine bestehen kann und nichts zu der Hauptfabel beiträgt, ja dieselbe oft dem Zuschauer oder Leser aus den Augen bringet. Das Hauptwerk ist dieses. Cato ist nebst wenigen Römern und einiger numidischen Reuterei in Utica von Feinden umschlossen. Cäsar schickt zu ihm und bietet ihm den Frieden an. Man schlägt ihn aus; Cäsar läßt seine Armee anrücken; Cato sieht kein Mittel, ihm zu widerstehen, und ersticht sich.

Diese Haupthandlung nun zu verlängern, sind zwei Nebenfabeln mit eingeschaltet. Die erste ist diese: Portius und

Marcus, Catons Söhne, lieben die Lucia, eines römischen Ratsherrn Tochter. Portius, dem sein Bruder sein Geheimnis anvertrauet, verhält sich als ein rechtschaffener Mensch, ohne seiner eigenen Liebe Eintrag zu tun oder seinen Bruder zu verraten. Indessen wird Marcus ermordet, und Portius bekommt die Lucia.

Die andere ist folgende: Der junge Prinz Juba liebt Catons Tochter Marcia, die von dem Sempronius, einem römischen Ratsherrn, auch geliebet wird. Dieser ist ein Verräter und will den Cato ausliefern. Syphax, ein Numidier, will ihm darin behülflich sein; und die Soldaten empören sich schon: Cato besänftiget sie aber. Sempron verkleidet sich in des Juba Kleidung und will die Marcia entführen. Darüber wird er von dem Juba erstochen, der endlich die Marcia bekommt.

Diese beide Zwischenfabeln haben nun mit der Hauptsache, das ist dem Tode Catons, keine andere Verknüpfung, als daß sie zu einer Zeit und an einem Orte vorgehen. Sie gehören also gar nicht mit dazu und streiten wider die Einheit der Handlung, die in jedem Schauspiele sein muß: Zu geschweigen, daß es nicht sehr wahrscheinlich ist, daß man zu einer solchen Zeit, da alles in Lebensgefahr stund, auf viele Liebesverwirrungen werde gedacht haben. Auch die possierliche Verkleidung des Sempronius sieht viel zu komisch vor eine Tragödie aus. Cato selbst kommt in den ersten Handlungen selten in seiner rechten Größe zum Vorschein, außer da er den Aufruhr stillet und den Tod seines Sohnes Marcus beklaget. Die ganze übrige Zeit wird mit fremden Dingen, die ihn nicht viel angehen, zugebracht.

Zum 2) aber hangen auch die Auftritte der englischen Tragödie sehr schlecht aneinander; wovon Aubignac in seiner ›Pratique du Théâtre‹ kann nachgesehen werden. Die Personen gehen ab und kommen wieder, ohne daß man weiß warum, und die Schaubühne bleibt oft leer, wenngleich noch keine Handlung aus ist. Endlich sind auch oft die Szenen gar nicht abgeteilet, wenngleich neue Personen auftreten oder alte abgehen, welches bei den Franzosen niemals geschieht, weil es eine Unordnung in dem äußerlichen Ansehen verursachet.

Endlich zum 3ten gefiel mir's im englischen Trauerspiele nicht, daß der sterbende Cato, dieser strenge Verfechter der Freiheit, der ganz andre Dinge im Kopfe hatte, noch in seinem Letzten ein paar Heiraten bestätigen muß. Das Hochzeitmachen hat in theatralischen Vorstellungen dergestalt überhandgenommen, daß ich es längst überdrüssig geworden bin. Die Alten haben es überaus selten angebracht, und ich habe es daher auch hier versuchen wollen, ob denn ein Trauerspiel nicht ohne die Vollziehung einer Heirat Aufmerksamkeit erlangen könne? Dieses ist mir denn eben nicht übel gelungen: Obgleich hier noch nicht halb soviel von der Liebe geredet worden als in des Racine ›Bérénice‹, wo es gleichfalls zu keiner Vermählung kömmt.

Fragt mich nun jemand: Warum ich nicht den ganzen französischen ›Cato‹ übersetzt? So sind dieses meine Ursachen. So wahrscheinlich anfänglich die ganze Fabel eingerichtet ist und so groß Cato in den ersten Handlungen dargestellet wird: So schlecht kommt mir die letzte Handlung vor. Er läßt diesen großen Mann nicht als einen Weltweisen, sondern als einen Verzweifelnden sterben. Es entsteht ein Tumult in Utica, der von dem Pharnaz herrührt: Und da Cäsar ebendaselbst zugegen ist, seine Soldaten aber außer der Stadt meinen, ihr Haupt sei in Gefahr, so dringen sie herein und hauen alles darnieder. Darüber nimmt sich Cato das Leben. Das heißt aber gar zu sehr wider die Wahrheit der Geschichte und wider den philosophischen Charakter des Cato gehandelt.

Hernach hatte man hier dem Cato gar keinen Sohn gegeben: Gleichwohl waren die Stellen im englischen Trauerspiele gar zu schön, wo er den einen Sohn tot vor sich siehet und den andern zur Feindschaft der Tyrannei ermahnet, als daß ich sie hätte weglassen sollen. Ich habe also den Portius beibehalten, ob ich ihm gleich ganz andre Szenen gegeben, als in den beiden Tragödien geschehen; den Marcus aber habe ich nur tot vor ihn bringen lassen, nachdem ihn Pharnaz erleget hatte. Dieses mußte ich geschehen lassen, weil ich keinen Sempronius oder Syphax mehr hatte, der in dem englischen Stücke befindlich war. Die letzte Handlung habe ich also fast ganz aus dem Addison beibehalten, außer daß ich die Personen geändert und die Heiraten des Portius und des Juba weggelassen habe. Den Cato hergegen habe ich ganz was anders aus dem Deschamps davor sagen lassen, ehe er stirbt.

Übrigens wird ein jeder wohl sehen, daß hier sowohl die Person der Arsene als ihre dem Pharnazes versprochene Ehe nur erdichtet worden. Herr Deschamps hat sich deswegen in seiner Vorrede sattsam gerechtfertiget: Weil dasjenige, was uns die Geschichte vom Tode Catons lehren, viel zu kurz gewesen wäre, eine ganze Tragödie auszufüllen. Es ist aber alles sehr wahrscheinlich eingerichtet, so daß niemand was Widersprechendes darin antreffen wird. Bei dieser Zwischenfabel nun, die sich so genau zur ganzen Hauptgeschichte schicket, hat man Gelegenheit, eine sehr lasterhafte Person gegen die Tugend des Cato zu stellen, um dieselbe desto mehr zu erheben: Wie etwa die Maler durch den Schatten das Licht desto mehr zu erhöhen wissen.

Ebenso verhält sich's mit der Person Cäsars. In der Tat ist selbiger nicht nach Utica gekommen, sondern es ist abermals nur erdichtet worden, um diese zween große Römer gegeneinander zu halten und den Unterscheid einer wahren und tugendhaften Größe von einer falschen zu bemerken, die aus einem glücklichen Laster entstehet, so zuweilen den Schein der Tugend annimmt. Die Auftritte, da Cato und Cäsar miteinander sprechen, haben daher nicht wenig beigetragen, daß ich die Einrichtung der französischen Fabel der englischen vorgezogen. Der Verfasser hat auch die Kunst gewußt, die Gegenwart Cäsars in Utica so wahrscheinlich zu machen, als es möglich gewesen: Indem er gedichtet, daß dieser Held nicht nur aus Begierde zum Frieden, sondern auch aus Liebe zu der vermeinten parthischen Königin sich in diese Gefahr gewaget. Was waget nämlich ein Verliebter nicht, um seinen Gegenstand zu sprechen! Oder vielmehr, was hatte Cäsar bei einem redlichen Cato vor Gefahr zu befürchten?

Endlich muß niemand denken, als wenn die Absicht dieses Trauerspieles diese wäre, den Cato als ein vollkommenes Tugendmuster anzupreisen, nein, den Selbstmord wollen wir niemals entschuldigen, geschweige denn loben. Aber eben dadurch ist Cato ein regelmäßiger Held zur Tragödie geworden, daß er sehr tugendhaft gewesen, doch so, wie es Menschen zu sein pflegen; daß sie nämlich noch allezeit gewisse Fehler an sich haben, die sie unglücklich machen können. So will Aristoteles, daß man die tragischen Hauptpersonen bilden soll. Durch seine Tugend erwirbt sich Cato unter den Zuschauern Freunde. Man bewundert, man liebet und ehret ihn: Man wünscht ihm daher auch einen glücklichen Ausgang seiner Sachen. Allein, er treibet seine Liebe zur Freiheit zu hoch, so daß sie sich in einen Eigensinn verwandelt. Dazu kommt seine stoische Meinung von dem erlaubten Selbstmorde. Und also begeht er einen Fehler, wird unglücklich und stirbt: Wodurch er also das Mitleiden seiner Zuhörer erwecket, ja Schrecken und Erstaunen zuwege bringet. Man hat ihn selbst zuletzt noch einen Seufzer zu den Göttern tun lassen, um dieselben um ihre Barmherzigkeit anzuflehen, im Fall er irgend zuviel getan hätte. Dieses kann allerdings auch ein Weltweiser tun: Wie man denn von dem Aristoteles schreibt, daß er mit dem Seufzer verschieden sei: »Ens entium miserere mei!«[43] Wie ich nun in dem allen die Regeln der Alten von Trauerspielen aufs genaueste beobachtet zu haben glaube: Also habe ich das Vergnügen gehabt zu sehen, daß dieses Stück auch Gelehrten und Ungelehrten in der Aufführung gefallen und vielen von beiden Gattungen Tränen ausgepresset hat. Es ist wahr, daß die gute Vorstellung der theatralischen Hauptpersonen viel dazu beigetragen; darunter gewiß Cato, Portia und Cäsar die vornehmsten sind. Deswegen habe ich auch kein Bedenken getragen, nach dem Exempel der Franzosen und Engelländer, die Namen dieser und aller übrigen geschickten Personen hierbei bekanntzumachen. Ich überlasse es also verständigen Lesern, ob sie auch ohne die äußerliche Vorstellung bei eigener Aufmerksamkeit einige Bewegungen dabei empfinden werden.

Geschieht dieses, so bin ich zufrieden, daß ich zum wenigsten das Gute der französischen und englischen Stücke nicht verderbet habe. Denn überhaupt bekenne ich, daß alles, was an diesem meinem ›Cato‹ zu loben sein wird, von dem Addison und Deschamps herrühret; alles Schlechte aber mir selber und meiner Unfähigkeit in der tragischen Poesie zuzuschreiben sei. Ich erkenne es also nunmehro selbst, wiewohl zu spät, daß ich lieber einen bloßen Übersetzer abgeben als mich selbst gewissermaßen zu einem tragischen Poeten hätte aufwerfen sollen.

IV

Gedächtnisrede auf Martin Opitzen von Boberfeld[1]

Horatius Od. XXIV, L. III

Heu nefas,
Virtutem incolumem odimus,
Sublatam ex oculis quaerimus invidi.[2]

Magnifice, Erlauchter, Hochgeborne, Hochwohlgeborne, Hochehrwürdiger, Hoch- und Wohledle, allerseits Hoch- und Wertgeschätzte Anwesende.

Wenn es heutzutage gewöhnlich wäre, die Verdienste großer Männer, die ihrem Vaterlande wichtige Vorteile verschaffet, ihren Mitbürgern viel Ehre, sich selbst aber, durch Verstand und Mut, über viele Tausende emporgeschwungen haben, durch ansehnliche Denkmäler und sonderbare Ehrenzeichen dem Andenken der Nachwelt zu empfehlen: So würde ich jetzo diesen öffentlichen Rednerstuhl nicht betreten haben. Alsdann würde es ein Überfluß gewesen sein, das hundertjährige Gedächtnis eines großen Mannes zu erneuern, dem das erkenntliche Deutschland bereits den gebührenden Dank abgestattet, welchem alle Liebhaber der freien Künste schon eine unauslöschliche Ehrfurcht und Hochachtung gewidmet hätten. Allein, dieses ist die Unempfindlichkeit unsers Jahrhunderts, daß es die Wohltaten der vorigen weder auf eine dankbare Art erkennet, noch ihrer rühmlich erwähnet, noch auch ihren Urhebern die geringste Vergeltung dafür zuteil werden lässet.
Das dankbare Altertum hat unter unzähligen andern Vorzügen, die es vor unsern Zeiten besessen, auch diesen gehabt, daß es in Verehrung der Tugend und Geschicklichkeit gerechter, auf seine einheimische Ehre eifriger, gegen seine Wohltäter erkenntlicher und vom Neide freier gewesen. Welchem Helden hat es wohl vormals, sonderlich in Grie-

chenland und Italien, an Ehrenmälern und Denksäulen gefehlet? Welchen Erfinder nützlicher Dinge hat man nicht vergöttert? Und welchem vortrefflichen Manne, der sich nur einigermaßen durch Wissenschaft und Witz hervorgetan, hat man es an einem Grabmale oder Ehrenbilde fehlen lassen? Diese scharfsinnige Kenner des menschlichen Herzens sahen es nur gar zu wohl ein, daß nichts so vermögend wäre, edle Gemüter zu lobwürdigen Taten anzuspornen, als Ruhm und Ehre. Und da sie zugleich für die Wohlfahrt ihres Vaterlandes besorgt waren; da sie alle rechtschaffene Mitbürger aufmuntern wollten, das gemeine Beste nach Vermögen zu befördern: So mußten ihnen Marmor und Metall zur Verewigung wohlverdienter Männer dienen; so mußten dauerhafte Bildsäulen und kostbare Gedächtnismäler die in den Herzen der Lebendigen verborgenen Funken der Ehrliebe anfachen und sie zu löblichen Unternehmungen anfrischen, dadurch sie sich gleichfalls Bewunderung und Unsterblichkeit erwerben könnten.

So war das griechische und römische Altertum gesinnet, hochzuehrende Anwesende! Ganz anders aber verhält es sich zu unsern Zeiten. Zwar die Überreste der vormaligen Schnitzkunst[3], die durch Stein und Erzt der Tugend ihr Recht haben widerfahren lassen, werden von uns noch sorgfältig aufgehoben. Wir bewundern und verehren dieselben noch jetzo auf eine fast abergläubische Weise. Ja wir verabscheuen oftmals die Wut unsrer barbarischen Vorfahren, derjenigen gotischen, normannischen und longobardischen Völker, die bei ihren Einfällen in Welschland eine unzählbare Menge von marmornen, ehernen und andern noch wohl prächtigern Gedächtnisbildern der tapfersten, weisesten und tugendhaftesten Leute zu Boden geworfen, zermalmet und vernichtet haben. Allein, indem wir dieses tun[4], so treten wir selbst gleichwohl gewissermaßen in ihre Fußtapfen. So groß ist unsre Ungerechtigkeit! Wir loben an Athen und Rom dasjenige, was wir doch selbst nicht tun. Wir helfen, durch die sorgfältige Bewahrung und Erklärung der Altertümer, einer ausländischen Tugend ihren Lohn erteilen; sind aber zu gleicher Zeit gegen einheimische Verdienste unerkenntlich. Urteilen Sie selbst, hochzuehrende Anwesende, ob ich die Wahrheit sage. Wo sieht man doch unter uns die Ehrenmäler großer Leute, die unserm Vaterlande wichtige Dienste geleistet haben? Und werden wir hierinnen nicht fast von allen unsern Nachbarn beschämet? Wofern sich die Eitelkeit nicht selbst vergöttert; wofern sich der Stolz, als der beständige Gefährte des Überflusses, nicht bei lebendigem Leibe ein Andenken stiftet oder es doch den Seinigen als eine teure Pflicht auferlegt, ihm ein Ehrenmal zu bauen: So sieht man ja fast nichts von dieser Art zum Vorscheine kommen. Die Tugend muß nicht nur, solange sie lebet, im Staube liegen: Nein, sie kann auch sicher sterben, ohne zu besorgen, daß man jemals ihre Gebeine mit einer Last von Marmor beschweren oder die Hand der Künstler mit Abbildung ihrer Gestalt und mit Eingrabung ihres Namens ermüden werde.

Verlangt man Beweise von dieser Unachtsamkeit unsers Vaterlandes: So gehe man in die Niederlande und sehe, wie Rotterdam seinen Erasmus in einer Bildsäule verewigt hat[5]. Man gehe nach Welschland, wo man vormals des Virgils, des Cicero und des Catullus, und noch in neuern Zeiten des Fracastorius[6] und unzähliger andern gelehrten Männer Andenken auf diese Weise verewiget hat. Man gehe nach Griechenland, wo vor Zeiten fast kein berühmter Redner, Dichter oder Weltweiser gewesen, denen nicht entweder ihre Geburtsstädte oder andere ganz fremde Örter dergleichen Ehre erwiesen haben: So gar, daß auch die Athenienser einem phrygischen Sklaven, dem Aesopus[7], aus reiner Hochachtung eine Bildsäule aufgerichtet haben. Man gehe endlich nach Engelland, wo die Abtei zu Westmünster nicht nur die Gräber der Könige und Helden, sondern auch ihrer Weltweisen und Dichter, eines Newtons, Addisons und Steelens[8], in prächtigen Ehrenmälern und Denkschriften bewahret. Und alsdann sage man mir, warum nicht Leipzig seinem Johann von Münsterberg[9], Augspurg seinem Celtes, das Frankenland einem Ulrich von Hutten, Wittenberg seinem Melanchthon, Nürnberg seinem Pirkheimer[10], Thorn seinem Kopernikus, Königsberg seinem Sabinus[11], Magdeburg seinem Guericke[12], Danzig seinem Hevelius[13], die Lausnitz ihrem Tschirnhaus[14], Berlin einem Leibniz und Halle seinem Thomasius[15], vieler andern voritzo zu geschweigen, eine gleiche Ehre haben widerfahren lassen?

Doch, was sage ich? Du vor allen andern hättest es verdient, unsterblicher Opitz, daß dein Andenken, auf Veranstaltung deines ganzen Vaterlandes, durch ein prächtiges Ehrenmal wäre verewigt worden: Du, der du Deutschland allein so viel Ehre gemacht hast, daß sich alle seine Landschaften um die Wette hätten bemühen sollen, dein Grabmal unter sich zu haben. Gleichwohl bist du bis auf diese Stunde noch keiner solchen Ehre teilhaftig geworden. Deine Gebeine haben bisher in einer Gruft verwesen müssen, deren Grabstein auch nicht einmal deinen Namen hat aufweisen können[16]. Dein Bildnis ist uns kaum durch ein einziges Gemälde von der geschickten Hand des berühmten Strobels[17], und zwar in Danzig, aufbehalten worden, wo du dein ruhmvolles Leben beschlossen hast. Doch bei der allgemeinen Nachlässigkeit Deutschlandes ist dir's keine Schande, daß du bist vergessen worden; daß auch sogar diejenige Landschaft, die das meiste Recht hatte, auf dich stolz zu sein, deine Verdienste nicht zu belohnen gesuchet hat[18]. Vielmehr gereicht es dir zu einer besondern Ehre, daß auch eine fremde Stadt, darinnen du nicht geboren worden, darinnen du nur als ein Fremder gestorben bist, dich dennoch in das vornehmste ihrer Gotteshäuser begraben hat und, auch bei ermangelnder Aufschrift deiner Ruhekammer, den Ort noch jetzo zeigen kann, wo der Vater des deutschen Witzes, der unsterbliche Martin Opitz von Boberfeld, begraben liegt.

So stark, hochzuehrende Anwesende, ist die Kraft ausnehmender Verdienste, daß sie auch die natürliche Undankbarkeit der Menschen überwältigen kann. Sie nötiget auch die Unempfindlichkeit selbst, erkenntlich zu werden; und da man hundert verguldete Grabmäler solcher Toten nicht mehr zu finden weiß, die sich, durch ihre Schätze, der Vergessenheit gern entrissen hätten: So zieht auch der leere Leichenstein eines großen Mannes die Bewunderung und Neubegierde der Nachkommen auf sich. So gewiß ist es, daß nicht das Grabmal den Toten, sondern der Verstorbene sein Grabmal ansehnlich und herrlich macht.

Ein redlicher Eifer für die Ehre unsers Vaterlandes und eine tiefgewurzelte Liebe zu den freien Künsten, hochgeschätzte Anwesende, haben mich längst getrieben, ja sozureden gezwungen, denjenigen besonders hochzuschätzen, dem wir es fast einzig und allein zu danken haben, daß sich der deutsche Witz vor dem Witze benachbarter Völker nicht schämen darf. Kaum war mir nunmehro schon vor fünfundzwanzig Jahren von einem meiner akademischen Lehrer der große Martin Opitz, als der Vater der deutschen Poesie, genennet worden, als ich schon begierig war, die Schriften desselben zu lesen. Je mehr ich dieselben kennenlernte; je mehr mein Nachsinnen mit anwachsenden Jahren zunahm; je mehr ich auch aus den Exempeln und Regeln des Altertums mit den wahren Schönheiten der Natur bekannt wurde: Desto höher lernte ich einen Mann schätzen, der dieselben in unserer Muttersprache zuerst so glücklich nachgeahmet hat. Nunmehro ist es Zeit, dieser meiner alten Hochachtung einen öffentlichen Ausbruch zu gestatten. Heute, hochgeschätzte Anwesende, heute, sage ich, ist ein volles Jahrhundert verflossen, daß dieser deutsche Hesiodus, in dem Schoße meines geliebten Preußenlandes, die Welt verlassen hat. Ein solcher Tag ist mir viel zu denkwürdig vorgekommen, als daß ich ihn mit einem kaltsinnigen Stillschweigen hätte übergehen können. Und wer will mir dieses verargen? Mußte doch ehedessen ein Ausländer nach Sizilien kommen und den unachtsamen Syrakusanern das Grab eines großen Archimedes bekannt machen, welches sie, aus einer sträflichen Unbedachtsamkeit, nicht mehr zu finden wußten[19]. Was wird es mir denn für einen Vorwurf abgeben, wenn ich gleichfalls, als ein Fremdling in Deutschland, denen nähern Landsleuten des großen Opitz gleichsam das Grab dieses unsterblichen Dichters zeigen werde; welches ich erstlich vor zehn und hernach vor vier Jahren noch gesehen; und bei welchem ich sozureden das Gelübde getan habe, heute sein Andenken zu erneuern.

Gönnen Sie mir nur, Magnifice, hochgeborne, hoch- und wohlgeborne, allerseits hochgeschätzte Anwesende, bei diesem meinen Vorhaben Dero gnädige und geneigte Aufmerksamkeit. Zeigen Sie jetzo durch Ihr rühmliches Exempel, daß es uns weder an Liebhabern der freien Künste, noch an Verehrern der Tugend und großer Verdienste, noch an ehrliebenden Deutschen fehle, die auch das Lob eines gelehrten und rechtschaffenen Mannes ertragen können, dem wir es fast allein zu danken haben, daß wir in der Dicht- und Redekunst keinem einzigen heutigen Volke viel nachgeben dörfen. Dieser patriotische Eifer, den ich aus Ihrer aller Augen lese, wird auch die Fehler meiner Rede ersetzen, als die ohnedem allen ihren Wert von der Gegenwart so vieler und so ansehnlicher Zuhörer, und von ihrem gnädigen und geneigten Beifalle, wird erhalten müssen.

Es ist niemals ein Vorrecht großer und berühmter Städte gewesen, große Männer hervorzubringen, die sich durch Verstand und Tugend in der Welt hervorgetan haben. Man hat es fast durchgehends angemerkt, daß die kleinsten Örter, die geringsten Flecken es fast zu allen Zeiten den prächtigsten Hauptstädten darinnen zuvorgetan haben. Sosehr auch vormals sieben der berühmtesten Städte um die Ehre gestritten haben, des göttlichen Homers Geburtsort zu sein[20]; so gewiß ist es ausgemacht, daß keine von ihnen recht gehabt, und daß ein unansehnliches Dorf, ja vielleicht gar ein offenes Feld diesem großen Dichter den ersten Atem gegeben hat[21]. Ein kleiner Flecken bei Mantua hat der Weltbeherrscherin, Rom, den größten unter allen ihren Dichtern geliefert[22]; und ein arpinatisches Dorf hat ihm den vortrefflichsten Redner geschenket, dessen Verstand und Geist der Größe des römi-

schen Reiches gleich und würdig gewesen[23]. Was ist es also wunder, daß auch das kleine Bunzlau unserm großen Germanien einen Poeten geliefert hat, den auch die größten Residenz- und Handelsstädte noch durch keinen ihrer Söhne übertroffen haben. Ich verachte deswegen diese wegen ihrer angenehmen Lage und fruchtbaren Gegend beliebte Stadt ganz und gar nicht. Ich gestehe, daß sie auch andrer gelehrten Männer wegen, die sie hervorgebracht hat, schon merkwürdig gnug sein würde[24]. Ich preise sie vielmehr glücklich, daß sie es darin allen andern Städten Deutschlandes zuvorgetan, indem sie uns den unsterblichen Opitz zur Welt geboren hat, der sie, wenn sie gleich sonst nichts Merkwürdiges aufzuweisen hätte, bis auf die spätesten Zeiten in dem Andenken der Nachwelt erhalten könnte.
Doch, was halte ich mich bei der Vaterstadt unsers deutschen Ennius[25] auf; da doch dieselbe mehr Glanz von ihrem Sohne erlanget hat, als sie demselben hat mitteilen können? Hätte man nicht dieselbe lieber gar mit Stillschweigen übergehen sollen; da es ohnedem ein schlechtes Lob großer Leute ist, welches man von der Geburtsstadt oder von dem Vaterlande derselben herzunehmen pfleget? Allerdings, Magnifice, gnädige und hochzuehrende Anwesende, hätte man bei unserm vortrefflichen Dichter dasselbe gänzlich verschweigen können; und wenn es gleich ein berühmtes Athen, ein großes Rom oder ein gelehrtes Alexandria gewesen wäre. Allein, ich habe es mit gutem Vorbedachte angeführet, um in diesem besondern Falle desto deutlicher zu zeigen, daß unser Poet keines fremden Beistandes benötiget und durch sich selbst allein groß gewesen sei. Geht nur hin und trotzet auf den Ruhm eurer Geburtsstädte, ihr unartigen Kinder! die ihr zwar eures Vaterlandes Ehre auf eure eigene Rechnung schreibet, selbst aber demselben lauter Schande machet. Geht hin und brüstet euch nur mit den Verdiensten eurer vormaligen oder jetzigen Mitbürger. Wisset aber auch, daß eure Vaterstadt euch schlechten Dank dafür wissen wird, daß ihr ihren Ruhm durch keine löbliche Tat zu erweitern bedacht

seid; und daß es euch, als unwürdige Kinder, auch desjenigen Anteils an seiner Ehre unwürdig erklären wird, der euch irgend bei eigenem guten Verhalten zustatten gekommen wäre.

Eben in der Absicht, hochzuehrende Anwesende, erwähne ich auch der rechtschaffenen Eltern unsers Dichters allhier: Nicht weil der große Sohn mit ihrem Geschlechte und Ansehen hat prahlen können; sondern weil sie, durch einen so würdigen Zweig, ihren ganzen Stamm gezieret haben. Man verehret zwar billig alle die berühmten Geschlechter, deren Stammtafeln fast eine unzertrennte Kette großer Leute darstellen; wo man fast ebensoviel Helden als Ahnen zählet und die Lorbeerreiser zu Hunderten rechnen kann, die ihre Bilder und Helme vormals gekrönet haben. Allein, es bedünkt mich allemal viel rühmlicher zu sein, wenn ein edler Sohn seine unberühmten Eltern adelt und denjenigen Stamm, sozureden, krönet, dem er seine Geburt zu danken hat: Als wenn sich ein fauler Ast mit denen Früchten breitmachet, die andre fruchtbare Zweige seines Baumes getragen haben. Das fabelhafte Altertum hat zwar die Ehrerbietung gehabt, das Geschlecht großer Leute von den Göttern herzuleiten und z. E. einem Musäus[26] die Kalliope zur Mutter wie dem Orpheus den Apollo selbst zum Vater anzuweisen. Allein, mir ist es allezeit als ein schädliches Vorurteil vorgekommen, dadurch die Tugend mehr unterdrückt und gehindert als befördert wird. Denn, zu geschweigen, daß der Stolz eines Alexanders dadurch um ein Merkliches vergrößert wird, wenn ihn die Schmeichelei zu einem Sohne Jupiters macht[27]; so schlägt auch die falsche Einbildung, daß nur die Kinder berühmter Voreltern Mut und Fähigkeit zu großen Dingen besitzen können, tausend edle Gemüter nieder. Sie würden sich auch, durch Verstand und Tugend, erhoben haben; wenn sie sich nur die dazu gehörigen Kräfte zugetrauet hätten. So aber ersticken sie gleichsam in dem Schlamme der Niedrigkeit; bloß weil sie sich, aus verwerflicher Kleinmütigkeit, für eine unedlere Art von Geschöpfen ansehen, welche zu edlen Taten unfähig wäre und das Recht, große Dinge auszuüben, nur den Abkömmlingen gewisser Halbgötter überlassen müßten.

Wie wenig war doch unser Opitz von einem so schädlichen Vorurteile eingenommen! Sein rechtschaffener Vater, Sebastian Opitz, war zwar nur ein ehrlicher Bürger und seine Mutter, Martha Rothmannin, die er in früher Jugend verlor, eine Tochter eines bunzlauischen Ratsherrn; doch dieses schlug seinen Mut so wenig nieder, als vormals Sokrates dadurch kleinmütig wurde, daß sein Vater Sophroniscus nur ein armer Bildhauer war. Und gesetzt, daß man seine Eltern gar nicht hätte nennen können; gesetzt, daß sie unbekannter als Homers oder Amphions[28] Eltern gewesen wären: Der überaus muntre Geist, der sein Gemüte belebte, würde sich dennoch, durch eigene Kräfte, zum Gipfel der Ehren erhoben haben. Und wie er dadurch dem abergläubischen Altertume Gelegenheit gegeben hätte, ihn, wie den Orpheus, für einen Sohn des Phöbus zu halten: Also ist er jetzo, bei anwachsenden Jahren, durch die Gnade, die er sich bei dem durchlauchtigsten Herzoge zu Liegnitz erworben, seinem Vater zu einer Ratsherrenstelle in Bunzlau beförderlich gewesen[29].

Bemerken Sie doch hier, hochgeborne, gnädige und hochzuehrende Anwesende! das Sonderbare, welches in dieser Begebenheit vorkömmt. Ich weiß nämlich nicht, ob ich mehr denjenigen Sohn, der seinen Vater erhöhet, bewundern oder diejenige Stadt rühmen soll, die um eines berühmten Sohnes halber den Vater für ehrenwert schätzet? Jener zwar beschämt dadurch tausend Söhne, die von ihren Eltern ihr ganzes Ansehen borgen, aber ihnen dasselbe niemals wiedergeben. Werden nun diese dergestalt denen feuchten Tälern ähnlich, die zwar von den Bergen die Ströme empfangen, dieselben aber niemals wieder zurückesenden: So ward unser Opitz selbst einer wohltätigen Wolke gleich, die ihre heilsame Feuchtigkeit auch auf trockne Ländereien fallen läßt, von welchen sie gar keine oder doch sehr wenige Dünste empfangen hatte. Diese aber, nämlich die Vaterstadt unsers Dichters, hielt auf eine löbliche Art dafür, die Nachwelt würde es ihr einmal für eine Unerkenntlichkeit auslegen, wenn sie diejenige Quelle nicht verehret hätte, daraus ihr so viele Ströme der Ehren zugeflossen. Glückseliger Vater, der du deinem berühmten Sohne eine ansehnliche Ehrenstelle zu verdanken hast: Aber noch weit beglückterer Sohn, der du, auf eine besonders rühmliche Art, der Wohltäter deines Vaters geworden bist.

Sie wissen es also, hochzuehrende Herren, wer unser Dichter, seiner Ankunft nach, gewesen ist. Soll ich Ihnen denselben nunmehro auch in einer genauern persönlichen Abbildung vor die Augen malen? Soll ich Ihnen seine muntere Jugend, seine angeborne Lebhaftigkeit des Geistes, sein unvergleichliches Gedächtnis, seine unruhige Ehrliebe auf niedrigen und hohen Schulen vorstellen? Soll ich Ihnen den geschickten Senftleben[30], der ihn in Bunzlau unterwiesen, oder die andern gelehrten Männer rühmen, unter welchen er in dem Magdalenäischen Gymnasio in Breslau studieret hat? Soll ich Ihnen seinen unermüdeten Fleiß in Frankfurt an der Oder, in Heidelberg, in Straßburg und in Tübingen beschreiben[31]? Oder soll ich Ihnen seine Gönner und Freunde namhaft machen, die er sich an allen diesen Orten erworben hat? Soll ich Ihnen seine Reisen in die vereinigten Niederlande, als den damaligen Sitz der gelehrtesten Männer, und nach Holstein entwerfen, wohin er einem jungen Dänischen von Adel gefolget ist, dem er zum Reisegefährten gedienet[32]? Soll ich ferner sein Glück an den Höfen zu Liegnitz, in Siebenbürgen, in Anhaltköthen, in Dresden, ja in Wien und Paris beschreiben? Oder soll ich endlich den Anteil an den öffentlichen Staatsgeschäften seiner Zeit vorstellig machen, den er, teils in des Burggrafen von Dohna, teils in des Königs Vladislaus Diensten, mit vielem Ruhme gehabt hat[33]?

Was für ein Feld würde mir nicht hier überall offenstehen, unsern Dichter mit Nachdruck zu loben? Bald würde ich Ihnen, H[ochzuehrende] A[nwesende], die unvergleichlichen

Gaben abschildern müssen, womit ihn die Natur selbst ausgerüstet hatte. Bald würde ich Ihnen den unermüdeten Fleiß seiner jungen Jahre entwerfen. Bald würde ich Ihnen die Namen der gelehrtesten Männer, eines Lingelsheims, eines Gruters, eines Frehers, eines Pareus, eines Xylanders, eines Venators und Berneggers nennen müssen[34], die damals in der Pfalz, im Elsaß und im Württembergischen ihn ihres Unterrichtes, ihres Umganges und ihrer Freundschaft gewürdiget haben. Bald würde ich Ihnen die damaligen Lichter der Niederlande, einen Scriverius, einen Vossius, einen Barlaeus, einen Rutgersius, einen Heinsius und einen Grotius vor Augen malen[35], bei denen er sich gleichfalls mit Schätzen der Weisheit und Wissenschaft bereichert hat. Bald würde ich Ihnen die arminianischen Religionsstreitigkeiten und die dordrechtische Kirchenversammlung[36] ins Gedächtnis bringen, die unser Opitz, als ein lebendiger Zeuge, mit angesehen hat. Bald würde ich Ihnen die glücklichen Arbeiten unsers Dichters erzählen, wodurch er sich in beiderlei Schreibart[37] seinem Vaterlande gewiesen und selbigem, als ein aufgehendes Gestirn, in die Augen geleuchtet hat. Endlich aber würde ich Ihnen auch die Belohnungen aller dieser Verdienste zeigen müssen, da er bald von dem siebenbürgischen Fürsten, Gabriel Bethlem, zum Lehrer eines neu angelegten Gymnasii berufen; bald von dem liegnitzischen Herzoge reichlich versorget; bald am anhältischen Hofe mit Gnadenbezeugungen beehret worden[38]; bald am kaiserlichen Hofe selbst Adel und Wappen empfangen und davongetragen hat[39]. Und wie spät würde ich doch mit dem allen fertig werden? Wenn würde ich endlich das Hauptwerk meiner Rede berühren können? Die getreuen Federn der Geschichtschreiber mögen also dasjenige ausführlich erzählen, was ich hier, gleichsam nur im Vorbeigehen, habe berühren können.

Meine Absicht ist auf etwas Größers gerichtet. Ich werde von einer Sache reden, die, auch ohne alles übrige, was man von Opitzen rühmen kann, ihn ganz allein unsterblich gemacht haben würde. Seine Verdienste um unsere Muttersprache, Dichtkunst und Beredsamkeit sind es, die ich hauptsächlich entwerfen will. Diese ganz allein werden Ihnen, Magnifice, hochgeborne, gnädige und hochzuehrende Anwesende, diesen deutschen Petrarca so groß vor Augen stellen, daß Sie keiner fernern Abschilderung seiner übrigen Beschäftigungen und Begebenheiten von mir verlangen werden. Deutschland hat seit zweihundert Jahren unzählige gelehrte Männer von allerlei Arten hervorgebracht, mit welchen es allen andern Ländern von Europa Trotz bieten kann. Aber es hat nur einen einzigen Opitz aufzuweisen, der, da er in allen übrigen Arten der Gelehrsamkeit hätte groß werden können, dennoch die Ehre seines Vaterlandes der seinigen vorgezogen und seiner Muttersprache Dienste geleistet hat, die sie von niemanden anders so gut hätte erwarten können. Dies, dies ist das seltene Lob, welches unserm Dichter ganz eigen ist.

Hier setze ich es zum voraus, daß derjenige seinem Vaterlande keinen geringen Dienst erweiset, der demselben durch nützliche und sinnreiche Schriften, und zwar in seiner Muttersprache, Ehre macht. Will man mir diesen Satz in Zweifel ziehen: So gehe man in die ältesten Zeiten und zu den gescheitesten Völkern zurücke. Man sage mir doch, wodurch denn das kleine Griechenland vor so vielen westlichen, nordischen, morgenländischen und mittäglichen Reichen[40] einen so großen Vorzug in den Augen aller Welt erhalten hat? Ägypten ist ihm an Altertume seiner Weisheit und Jahrbücher, an prächtigen Gebäuden und an seltsamen Wundern der Natur weit überlegen gewesen. Babylon hat ein kleines Athen an Weitläuftigkeit und Stärke seiner Mauern, an Menge seiner Untertanen, ja an Macht und Dauer seines Reiches sehr übertroffen. Persien ist ihm an Schätzen und zahlreichen Kriegsheeren, Phrygien aber, Skythien[41] und die andern keltischen Völker sind ihm an Tapferkeit und Aufrichtigkeit um ein Großes vorzuziehen gewesen. Aber alle diese Völker und Reiche sind von dem einzigen Griechenlande gleichsam verdunkelt und, sozureden, aus dem Andenken der Menschen vertilget worden; außer insoweit Griechenland selbst mit ihnen zu tun gehabt. Ebendas könnte von Italien in den alten Zeiten erwiesen werden, wenn man es gegen Karthago, Hispanien, Gallien und Germanien halten wollte. Denn, ob es gleich durch seine siegreiche Waffen sich alle diese Länder, das letzte nur ausgenommen, unterwürfig gemacht: So hat es doch damals mehr durch seinen Verstand und Witz, mehr durch Weisheit und Tugend, als durch eine blinde Gewalt andere Völker besieget und beherrschet. Wem nun die Römer diesen ihren Verstand zu danken gehabt, dem haben sie ohne Zweifel auch ihren großen und unvergänglichen Ruhm zu danken gehabt. Wer siehet aber nicht von sich selbst, daß es bloß die geistreichen und witzigen Köpfe, die guten und scharfsinnigen Schriftsteller gewesen, die Rom zuerst aus seiner alten Barbarei gerissen und seine Bürger zu einem gescheiten Volke gemacht haben?

Ich weiß wohl, was man mir hier einwenden wird. Man wird nämlich sprechen, dieses könnte zwar von den ersten Zeiten der Welt gelten, als noch gar keine witzige Völker vorhanden gewesen, die sowohl Weisheit als Wissenschaften in Schriften verfasset gehabt hätten: Allein, nachdem wir bereits die Bücher der weisen Griechen und Römer in Händen gehabt: So wäre es gar nicht mehr nötig gewesen, auch in unsern neuern Sprachen noch Gedichte und andere Sachen abzufassen. Man dörfte sich ja nur auf die alten Sprachen befleißen, wie man denn lange vor Opitzen auch in Deutschland schon getan hätte; so könnte man aller Skribenten in seiner Muttersprache gänzlich entbehren.

So lauten ungefähr, hochgeschätzte Anwesende! die Worte gewisser Liebhaber der Finsternis oder, daß ich sie bei ihrem rechten Namen nenne, wahrer Feinde ihres Vaterlandes, die uns bewegen wollen, daß wir unsere Landsleute in einer ewigen Unwissenheit und Barbarei sollen stecken lassen. Dieses sind die Gedanken derer, die uns überreden wollen, nach Art der alten Ägyptier, aus der Gelehrsamkeit und Wissenschaft ein Geheimnis zu machen; Vernunft und Witz als ein Handwerk anzusehen und die Unstudierten, das ist den größten und edelsten Teil eines Volkes, fast zu der Unwissenheit der Bestien hinunterzustoßen. Denn, was kann wohl sonst die Meinung dieser Leute sein? Oder was für Absichten können sie hegen, wenn sie es uns verbieten wollen, in unsrer Muttersprache gute Schriften abzufassen; wenn sie alle, die solches tun, verspotten; und wenn sie auch diejenigen, die solches mit mehrerem Witze und mit größerer Schönheit ins Werk richten als alle andere, gar keines Lobes würdig achten; bloß weil sie es in keiner alten und abgestorbenen Sprache tun. Allein, man erwäge nur die seichten Gründe, darauf dieses Vorurteil beruhet, und betrachte hingegen die festen Säulen der Wahrheit, darauf unsre Meinung sich gründet. Wieviel griechische Skribenten haben denn ehemals in der Sprache der Brachmanen[42] oder der ägyptischen Weisen geschrieben? Oder wieviele Römer haben uns ihre Gedichte und Schriften in der Mundart der Griechen abgefasset? Ja, spricht man, die damaligen gelehrten Sprachen waren unter den gedachten Völkern nur sehr wenigen bekannt. Heutzutage aber, da alle Gelehrten, und welch eine Menge derselben haben wir nicht, des Lateinischen mächtig sind: So wird es uns an Lesern nicht fehlen, wenn wir gleich die Sprache der Römer in unsern Schriften brauchen. Jedoch, auch dieser Einwurf ist nichtig. Was würde doch die kleine Anzahl der sogenannten Gelehrten dem großen Germanien für ein schlechtes Ansehen geben, wenn der ganze übrige Haufe der Einwohner unsers Vaterlandes in einer wüsten Barbarei steckenbliebe? Mit was für Vergnügen würde man doch sein Leben unter einem so wüsten Volke zubringen können, welches weder Gott noch sich selbst, noch seine Pflichten kennet, weder von den Geschichten[43] noch von den Wissenschaften, noch freien Künsten das geringste weiß? Was für Anmut würde man in der Welt genießen, wenn noch die viehische Wildheit und Unwissenheit unter unsern Bürgern und Landleuten herrschete, die vormals unsern Vorfahren so beschwerlich als schimpflich gewesen ist? Soll man denn aber allen Witz in die Wolken einer fremden Sprache verhüllen? Soll es sonst niemanden erlaubt sein, einige Kenntnis der Vernunft und Tugend zu erlangen, als denen, die sich erst zwanzig Jahre auf alte Sprachen beflissen und dieselben doch noch nicht halb gelernet haben? Weg! weg mit so abgeschmackten Forderungen, hochzuehrende Anwesende! Wir lassen uns durch dergleichen seltsame Ratgeber nicht irremachen. Es bleibt dabei: Diejenigen verdienen viel Ruhm und Ehre, die ihrem Vaterlande mit nützlichen und erbaulichen Schriften in ihrer Muttersprache an die Hand gehen.

Ich muß noch eine Betrachtung hinzusetzen, hochgeschätzte Anwesende! Wenn alle Skribenten, die ihrem Vaterlande mit nützlichen Schriften dienen, Lob und Ehre wert sind: Wieviel mehr werden nicht diejenigen einer besondern Hochachtung würdig sein, die sich vor andern durch sinnreiche Schriften, voll witziger Gedanken, und durch eine geistreiche und lebhafte Schreibart hervortun? Urteilen Sie selbst nach Ihrer Einsicht. Ein nützliches Buch bringt seinem Urheber und einem ganzen Volke ohne Zweifel desto mehr Ehre, je mehr es gelesen wird. Nun werden aber sinnreiche Schriften in gebundener und ungebundener Rede ohne Zweifel sehr häufig gelesen, oft wiederholet, ja fast auswendig gelernet; indessen daß andere, die zwar auch nützliche Dinge in sich enthalten, aber keine anmutige Schreibart haben, mit Würmern, Staub und Schimmel zu streiten pflegen. Wie nämlich ein wohl angelegter Garten, voll bunter wohlriechender Blumen und fruchtbarer Bäume, deren Äste fast von der Last ihrer Früchte brechen, einem wilden Walde vorgezogen wird; ungeachtet dieser seinem Besitzer weit mehr Holz und Schatten gibt: So ist auch ein geistreiches Buch, wo viel witzige Einfälle die nützlichsten Wahrheiten zieren und wo die erbaulichsten Lehren in einer sinnreichen und schönen Schreibart vorgetragen werden, allen andern Schriften vorzuziehen, wo nur ein trockner Vortrag ohne Lebhaftigkeit und Anmut herrschet. Ja nicht nur das eine Land, wo solche

Bücher geschrieben werden, vergnüget sich daran: Selbst auswärtige Völker werden insgemein begierig darnach. Sie lernen oft, um solcher Schriften halber, die Sprachen, darin dieselben geschrieben worden. Sie bewundern den Geist und Witz ihres Verfassers und schöpfen eine gewisse Hochachtung gegen das kluge Volk, darinnen es solche Skribenten gibt. Dadurch wächst denn die Ehre einer solchen Nation bei allen ihren Nachbarn; und so können ein Homer und Virgil, ein Pindar und Horaz ihrem Vaterlande viel mehr Ehre machen als Aristoteles oder Varro[44], als Euklides oder Vitruvius[45], deren Schriften nur von wenigen tiefsinnigen Köpfen gelesen oder verstanden werden. Ja, so sehen sich oft die Weltweisen selbst genötiget, sich mit einem göttlichen Plato und beredten Cicero, mit dem Theophrast und Seneca auch auf die Schönheit des Ausdrucks zu befleißen und durch die Künste der Dichter und Redner ihre an sich selbst trocknen Wahrheiten auszuschmücken.

Nunmehro wird es leicht sein, die Deutung dieses feststehenden Grundsatzes auf unsern unsterblichen Martin Opitz von Boberfeld zu machen. Doch, was darf ich solches allererst tun? Da Sie alle, Magnifice, hochgeborne, gnädige und hochzuehrende Anwesende! es unfehlbar schon in Ihren Gedanken getan haben? Sie sind mir ohne Zweifel darinnen schon zuvorgekommen, und ich werde Ihnen, zum Lobe dieses großen Mannes, nicht viel sagen können, das Ihnen nicht schon selber beigefallen wäre. Denn, wem sind wohl die so nutz- als anmutsvollen, die sinnreichen, die geisterfüllten Schriften unsers Poeten unbekannt? Wer weiß es nicht, zum mindsten aus dem gemeinen Rufe, daß dieser scharfsinnige Kopf, seit hundert Jahren, für den Vater aller guten deutschen Skribenten, beides, in gebundner und ungebundner Rede, gehalten worden? Alle witzige Köpfe seiner Zeit haben ihm mit einhelligem Munde dieses Lob beigelegt[46]. Der berühmte wittenbergische Lehrer, August Buchner[47], der meißnische Schwan, Paul Fleming[48], der patriotische Jul. Wilh. Zincgref[49], der scharfsinnige Bunzlauer, Tscherning[50], der gelehrte Venator, der gottselige Niedersachse, Johann Rist[51], der angenehme Kaldenbach[52], diese alle, sage ich, und noch unzählige andere haben ihm dieses unparteiische Zeugnis gleichsam um die Wette gegeben. Und, was noch mehr ist, selbst Kaspar Barth[53], der berühmte Leipziger Polyhistor, der doch die Schönheiten gelehrter Sprachen so vollkommen einsah; selbst Daniel Heinsius, der große Kunstrichter damaliger Zeiten, dem die Regeln und Exempel der Alten so vollkommen bekannt waren; selbst Hugo Grotius, dessen Name allein genug ist, einen großen Geist anzuzeigen, der mit seinem durchdringenden Verstande, ungemeinen Witze und fast göttlichen Gedächtnisse zu einer allgemeinen Gelehrsamkeit gelanget war; diese drei große Zeugen, sage ich, treten für mich auf, unserm hochverdienten Opitz sein gebührendes Lob zu geben. Sie gestehen nämlich mit einem Munde, daß er die deutsche Poesie der alten griechischen und römischen und die Sprache der Deutschen ihren Waffen gleichgemacht; daß er den tragischen Geist des Sophokles, den epischen des Virgil, die erhabene Leier des Horaz und die anmutigen Saiten des Ovidius erreichet, ja allen neuern Welschen und Franzosen nichts zuvor gegeben habe.

Es ist wahr, alle diese gelehrte Männer sind Freunde und Gönner unsers Poeten gewesen, ja, die beiden letzten sind ihm sogar, für die Übersetzung verschiedener ihrer Werke, einigen Dank schuldig gewesen. Allein, weit gefehlt, daß dieses ihr Zeugnis entkräften sollte; so erwächst ihm daraus vielmehr eine neue Stärke. Denn was war es doch immermehr, wodurch sich Opitz die Gunst und die Freundschaft so vieler sinnreichen Köpfe, so vieler Lichter unsers Deutschlandes und der Niederlande erworben hat? Gewiß nichts anders als der sonderbare Geist und Witz, den er in seinen unvergleichlichen Gedichten wies; nichts als die vortrefflichen Muster der deutschen Schreibart, die er, schon in seinen jungen Jahren, der Welt vor Augen gelegt hatte; nichts anders als die glücklichen Übersetzungen selbst, die er von den artigsten und nützlichsten Werken abgefasset hatte. Eine

Feundschaft aber, die sich auf diesen Grund stützet, ist gewiß die allerreinste, die man wünschen kann. Wenn dorten der Poet Archias[54], nach dem Berichte Cicerons, Gönner und Freunde fand, sobald er nach Rom kam, bloß, weil der Ruhm von seinem Witze bereits vor ihm hergegangen war; oder wenn jener Spanier, nur um den großen Geschichtschreiber Livius zu sehen, nach Rom gekommen und, sobald er ihn gesehen, vergnügt wieder an Bord gestiegen und unter Segel gegangen, gerade als ob nichts Merkwürdiges mehr in Rom zu sehen wäre[55]: So hat man eine solche Zuneigung gewiß nur einem unstreitigen Verdienste dieser geschickten Männer zuzuschreiben gehabt. Und was hätte wohl sonst unsern Opitz bei Unbekannten so beliebt machen können, da ihm weder eine hohe Geburt noch eine ansehnliche Bedienung bei Hofe, noch ein großes Vermögen Schmeichler zuwege bringen konnte? Wie glücklich seid ihr derowegen, ihr aufgeweckten Köpfe! ihr scharfsinnigen Skribenten! Eure Freundschaften allein sind ohne Argwohn! Eure Verdienste aber sind unstreitig und erwerben euch aufrichtige Gönner und Freunde; indessen daß Hoheit und Reichtum gegen alles mißtrauisch sein müssen, was ihnen oft noch so viele Lobsprüche verschwendet.

Doch nicht nur die damals lebenden Helden in der gelehrten Welt haben unsern Dichter für den Vater des deutschen Witzes erkläret. Selbst unter den Neuern haben ihn die größten Meister, Kenner und Richter sinnreicher Schriften fast bis an den Himmel erhoben. Zu den ersten rechne ich den scharfsinnigen Rachelius[56], unsern deutschen Lucil, und den edlen Canitz[57], unsern Horaz, zweene Meister in der satirischen Schreibart der Deutschen. Zu den andern will ich gleichfalls nur zween, nämlich den belesenen Morhof[58] und den fast in allen Teilen der Gelehrsamkeit gründlich gelehrten Leibniz zählen. Alle diese bezeugen mit den nachdrücklichsten Worten, daß Opitz der erste und größte unserer Poeten gewesen, dem bis auf ihre Zeiten noch niemand zuvor-, ja nicht einmal gleichgekommen.

Sieht man ferner auf die Zeiten, darin dieser große Mann aufgestanden ist; so waren es gewiß solche, in welchen fast noch nichts Erträgliches in unserer Sprache geschrieben war. Nur die ungeschicktesten Knittelreime herrschten noch in ganz Deutschland. Nur die Meistersänger, die würdigen Abkömmlinge jener alten Barden, die bei unsern Vorfahren, durch ihre rauhen Lieder, die Tugend verehret hatten, waren noch ganz allein die Muster der deutschen Dichtkunst. Nur Hans Sachse war der große Geist, den Germanien damals bewunderte und den man trotzig genug den Homer der Deutschen zu nennen pflegte. In einer so trüben Zeit stund nun unser Dichter auf. Er hatte keine Vorgänger als die Alten: Er selbst aber ward allen seinen Landesleuten ein Vorbild, welchem sie nachstreben konnten. Sein ganzes Vaterland konnte ihm, in seiner Muttersprache, kein gutes Muster darstellen, dem er hätte folgen können. Sein großer Geist mußte sich selbst eine Bahn brechen, die noch kein deutscher Fuß betreten hatte. Zwar Welschland wies ihm schon seinen Petrarca und Tasso: Auch Frankreich wies ihm seinen Marot und Ronsard, seinen Desportes und Malherbe[59]: Allein, einesteils waren diese selbst noch nicht gar zu weit in die Geheimnisse der Poesie eingedrungen; teils war es auch so leicht nicht, in einer rauhen Sprache dem nachzuahmen, was sie Gutes geschrieben hatten; teils aber hat unser deutscher Dichter die meisten darunter sehr weit hinter sich gelassen. Er ahmte ihnen anfangs nach, um sie nachmals zu übertreffen: Nicht anders, als wie vormals die Römer den griechischen Mustern in der Dichtkunst, Beredsamkeit, Baukunst und andern Künsten zwar etwas spät, aber so glücklich nachgefolget sind, daß sie dieselben weit übertroffen haben: Ebenso ist es uns mit unsern Nachbarn, den Welschen, Franzosen und Niederländern gegangen. Wir sind allerdings etwas später mit den Musen bekannt geworden als sie; weil sich kein Mediceisches Haus[60], kein Franziskus[61], kein Richelieu, kein großer Ludewig bei uns gefunden, die selbst den Witz gekannt und geliebet und durch eine königliche Freigebigkeit aufgemuntert haben. Aber wenn sich gleichwohl unsre Deutschen auf Künste und Wissenschaften beflissen haben, so haben sie es auch, aus eignem Triebe, ihren Lehrmeistern und Vorgängern weit zuvorgetan.

Und in was für trübseligen Umständen hat nicht endlich unser Opitz die deutsche Sprache und Dichtkunst so hoch emporgebracht? Gehen Sie doch ein wenig mit mir zurücke, hochzuehrende Anwesende! Tun Sie einen Blick in die Geschichte des vorigen Jahrhunderts. Erwägen Sie doch das traurige, das schreckliche Schicksal, welches unser zerrüttetes Deutschland damals betroffen hat. Dasjenige, welches die Quelle der menschlichen Glückseligkeit sein sollte, ward damals eine Quelle der Zwietracht und des Verderbens. Der Aberglaube lag mit der Wahrheit zu Felde. Die Religion selbst war der unglückselige Zankapfel, um welches willen sich Völker wider ihre Häupter empörten und ihr Vaterland zu einem blutigen Schauplatze vieler erbärmlichen Trauerspiele machten. Unzählige Städte wurden verwüstet, unzählige Dörfer gingen im Rauche auf, und die fruchtbarsten Felder wurden mit Graus und Leichen besäet. Die deutschen Fürsten, die sich wider den gemeinen Feind des christlichen Namens hätten rüsten sollen[62], rieben einander durch bürgerliche Kriege auf. Auch auswärtige Helden kamen der bedrängten Wahrheit auf deutschen Boden zu Hülfe, und Könige büßeten zum Dienste der guten Sache, an der Spitze ihrer Scharen, das Leben ein. Die Gesetze schwiegen. Die Gottesfurcht ging verloren. Der Glaube ward einem oft blinden Religionseifer nachgesetzt. Die Gelehrsamkeit ward vertrieben oder doch verachtet. Die Tempel der Weisheit wurden von Lehrern und Zuhörern entblößet. Und die sanfte Stimme der Musen ward vor dem ängstlichen Schwirren der Waffen, vor dem lärmenden Getöse der Trummeln und Trompeten und vor dem gräßlichen Knalle der Kartaunen[63] gar nicht mehr gehöret.

Du selbst kannst mir hier mit deinem Zeugnisse zustatten kommen, du so oft bestürmtes, du so oft erobertes Leipzig!

Du selbst bist oft genug ein Raub widriger Parteien und ein trauriger Schauplatz der blutigsten Schlachten und Belagerungen gewesen. Auch deine Musen wurden dadurch oft erschrecket und verscheuchet. Dein sinnreicher Sohn, der glücklichste Nachfolger unsers großen Opitz, der berühmte Paul Fleming, verließ daher deine fruchtbare, deine anmutige Fluren, wo er so oft durch seinen anmutigen Gesang Wälder und Flüsse bezaubert hatte, und entwich mit einer holsteinischen Gesandtschaft bis in die entfernten Grenzen Asiens, wo das Kaspische Meer die persianischen Ufer benetzet[64]. So bekam Asien und Ispahan zum erstenmale einen deutschen Dichter zu hören, der aber allezeit den Jammer und das Elend des in seine Eingeweide wütenden Deutschlandes beseufzete. Niemand hat aber dasselbe besser beschrieben, ja sozureden mit lebendigen Farben abgeschildert, als unser patriotisch gesinnter Opitz in seinem ›Trostgedichte von Widerwertigkeit des Krieges‹[65] getan hat. Und wer hätte dasselbe besser entwerfen können, da er selbst, diesen Ungewittern auszuweichen, die meiste Zeit seines Lebens in Deutschland herumirren und bald in den Niederlanden, bald im Holsteinischen, bald in Siebenbürgen, bald endlich auch in Preußen einen ruhigen Aufenthalt hat suchen müssen?

Aber aller dieser Unruhe ungeachtet, mitten unter dem Rasen der Waffen, vom 18ten bis zum 39sten Jahre des vorigen Jahrhunderts, hat unser unermüdeter Opitz dennoch die deutsche Sprache und Dichtkunst aus dem Staube gehoben und sie, fast auf einmal, sehr nahe an den Gipfel ihrer jetzigen Vollkommenheit erhöhet. Erhöhet hat er sie durch seine reine Schreibart, die er, soviel möglich, von allem Mischmasche fremder Sprachen gesaubert hat. Erhöhet hat er sie durch sein fließendes Silbenmaß, welches er, nach Art der alten Römer, bei uns eingeführet, da die Franzosen bis auf diese Stunde nichts davon wissen. Erhöhet hat er sie durch seine natürliche und vernünftige Art zu denken, dadurch er uns allen ein Muster des guten Geschmacks[66] nachgelassen hat. Erhöhet hat er sie durch erhabene Gedanken, durch lebhafte

Ausdrückungen, durch scharfsinnige Einfälle, durch artige Scherzreden, durch angenehme und nachdrückliche Gleichnisse, durch unzählige lehrreiche Sprüche als so viele Schätze der Weisheit und kurz, durch alles, was einen Skribenten beliebt, erbaulich und edel machen kann.

Denn, welche Art der Gedichte hat unser Poet nicht versuchet? Ich sage noch zu wenig; in welcher Art der Gedichte hat er uns nicht Meisterstücke gewiesen? Oden, Elegien, Briefe, Satiren, Lobgedichte, Lehrgedichte, Trauerspiele, Sinngedichte, Übersetzungen, Sonette, Schäferspiele und kurz, fast alle und jede Arten, worinnen sich sonst viele Poeten kaum einzeln hervorgetan haben, sind von ihm allein fast in gleicher Vollkommenheit verfertiget worden. Dieses, gnädige und hochgeschätzte Anwesende, dies ist das rechte Merkmal großer Geister. Ihre Fähigkeit läßt sich nicht in enge Grenzen einschließen. Alles, was sie unternehmen, das gelinget ihnen. Wie ein reiner Spiegel alle sichtbare Dinge darstellet, die vor ihn gebracht werden: So nimmt auch der reiche Witz eines Dichters fast alle mögliche Gestalten an. Er erhebt sich wie ein Adler, wenn er das hohe Lob der Tugend besinget. Er nimmt die Stimme einer zärtlich lockenden Nachtigall an, wenn er eine verliebte Leidenschaft ausdrükken will. Er girret wie eine Taube, wenn er den Verlust wichtiger Güter bedauert. Und wenn er die Wohltaten seines Schöpfers preiset: So wird sein Gesang von einer lieblichen Lerche die Kunst entlehnen, womit sie die heitre Sommerluft erfüllet und einen aufmerksamen Landmann zur Dankbarkeit ermuntert. Wenn ich nun zu allen diesen Bildern noch den herzhaften Klang einer schmetternden Feldtrompete hinzusetze, womit ein mutiger Tyrtaeus[67] seine Leser zu einem tapfern Schutze ihrer Rechte und Freiheiten anfeuert: So werde ich freilich sehr viel, aber noch nichts mehr angezeigt haben, als was unser großer Opitz seinem Vaterlande wirklich geleistet, was er allein unsern Deutschen, und zwar zuerst, und fast zu gleicher Zeit in seinen Gedichten gewiesen hat.

Wo bleibet hier noch seine so wohlfließende, so reine, so nachdrückliche und sinnreiche Schreibart in ungebundener Rede, darinnen er uns ebenso vollkommene Proben als in der gebundenen gegeben hat? Er hat zuerst gezeiget, daß die Rauhigkeit, der Übelklang und das unförmliche Wesen unsrer Muttersprache nicht so eigen sei, daß es nicht abgeleget werden könnte; und also den schändlichen Vorwurf von ihr abgelehnet, daß sie sich zu sinnreichen und anmutigen Schriften gar nicht schicke. Ja nicht nur er selbst hat dieses gewiesen, auch seine guten Freunde wurden von ihm angefeuert, ein Gleiches zu tun, wie Zincgrefs treffliche Bücher von den sinnreichen Reden und klugen Sprüchen der Deutschen sattsam zeigen können[68]. Wo bleibet endlich noch seine Wissenschaft der deutschen Altertümer, seine Einsicht in die Regeln der Dichtkunst und die kritische Kenntnis unsrer Sprache, die er in der Erläuterung und Ausgabe eines alten deutschen ›Reimes von St. Anno‹[69] erwiesen hat? In Wahrheit, gnädige und hochgeschätzte Anwesende! hier scheue ich mich's nicht zu sagen, was ich bisher in Ansehung der Gedichte unsers Poeten noch nicht habe wagen mögen; daß er nämlich alle Dichter des Altertumes übertroffen habe. Denn sind diese gleich in der gebundenen Schreibart geübt gewesen: So haben sie sich doch in der ungebundenen sehr schlecht oder ganz und gar nicht zeigen können: Viel weniger sind sie zugleich in der kritischen Einsicht ihrer Sprachen und der Dichtkunst selbst stark gewesen. Unser Opitz hingegen ist nicht nur ein Dichter, sondern auch ein Redner; nicht nur ein Redner, sondern auch ein Wortforscher; nicht nur ein Wortforscher, sondern auch ein Kunstrichter gewesen.

Wenn es nun dergestalt eine ausgemachte Sache bleibet, daß geistreiche Skribenten durch lehrreiche, witzerfüllte und anmutige Schriften in ihrer Muttersprache ihrem Vaterlande viel Ehre machen und also von ihren Landsleuten Ruhm und Dank verdienen; unser großer Opitz aber seinem Vaterlande allerdings diesen so wichtigen Dienst, und zwar zuallererst, bei unzähligen Schwierigkeiten kriegerischer Zeiten, und fast in allen Arten sinnreicher Schriften geleistet hat: Wer wollte denn noch wohl den geringsten Zweifel tragen, ob er nicht bei allen redlichen Deutschen ein unsterbliches Andenken und einen ewigen Dank verdienet habe.

Ich sehe nur ein einziges, welches man mir einwenden kann. Um ebendie Zeit, als unser gepriesener Opitz sich mit seinen ersten Schriften hervortat, entstund die so berühmte Fruchtbringende Gesellschaft[70], die nichts anders zur Absicht hatte als die Verbesserung der deutschen Sprache, Beredsamkeit und Poesie. Hat denn diese (so wird man mich fragen) nicht viel mehr geleistet als Opitz? Und wollen wir denn derselben alle ihre Ehre nehmen, um sie einem einzigen Manne allein beizulegen?

Ferne sei es von mir, Magnifice, gnädige und hochgeschätzte Anwesende! Ferne sei es, daß ich einer so patriotisch gesinneten Gesellschaft ihre Ehre streitig machen sollte; einer Gesellschaft, die aus so vielen durchlauchten, gräflichen und adeligen Mitgliedern bestanden; die so eifrig für die deutsche Ehre gewesen und weder Zeit noch Fleiß, noch Kosten gescheuet, dieselbe zu befördern. Nein, ich verehre dieselbe mehr als jemand; und glaube, daß man einen großen Teil des heutigen Reichtums und Glanzes unsrer Muttersprache derselben zu verdanken habe. Allein wer weiß auch nicht, daß unser großer Opitz selbst, unter dem Namen des Gekrönten, ein Mitglied derselben gewesen ist? Wer muß es nicht gestehen, daß er eher ein großer Dichter gewesen, als er in dieselbe aufgenommen worden? Ohne Zweifel ist dieses allererst geschehen, als er dem damaligen Schutzherrn der Fruchtbringenden Gesellschaft, dem Durchlauchtigen Fürsten Ludwig zu Anhaltköthen, die erste gute Auflage seiner gesammleten weltlichen Gedichte zugeeignet hatte. Damals war ja aber unser Opitz schon ein berühmter Dichter, ja ein solcher, dem in derselben Gesellschaft kein andrer zu vergleichen war. Und wen hat doch dieselbe auch nachmals aufzuweisen gehabt, der mit ihm um den Vorzug hätte streiten können? In Wahrheit keinen! Ein jeder unter diesen redlichen Männern hat unserm Dichter die Oberstelle sehr willig eingeräumet. Und es bleibt also wohl dabei, daß Opitz allein, als der Vater unsrer Dichtkunst, vor allen andern deutschen Schriftstellern einer unauslöschlichen Hochachtung und Dankbarkeit würdig sei.

Auf! derowegen, du aufgeklärtes Deutschland! auf! und erzeige deinem würdigsten Sohne auch einmal die verdiente Ehre. Hast du vormals die rauhen Barden in Ehren gehalten; hast du Meistersänger und elende Reimschmiede hochgeschätzet, die dich doch nur mit einem einfältigen Geschwätze belustigten, das Lob deiner Helden aber doch nicht bis auf unsere Zeiten haben bringen können: O so sei doch gegen einen wahren Dichter nicht unempfindlich, der deine Ehre gegen die Ausländer gerettet, deine Sprache aus der Barbarei gerissen, deine Kinder zur Tapferkeit angeflammet, deine Gottesfurcht durch Lieder angefeuert und die Lehren der Weisheit in einer so lieblichen Tracht dargestellet hat, daß auch die Unweisen sie liebgewonnen haben. Auf! dankbares Germanien! verwirf die ungeschickten Nachfolger dieses großen Meisters, die dir durch ihr ausschweifendes Wesen, durch ihre regellose Einbildungskraft, durch ihren geilen Witz und ungesalzenen Scherz mehr Schande gemacht, als jener dir Ehre erworben hatte. Verweise doch künftig deine lehrbegierige Jugend fleißiger, als du bisher getan, auf den Vater deiner Poesie. Lehre sie denjenigen Geist bewundern und nachahmen, der so scharfsinnig als weise, so angenehm als tugendhaft, so fruchtbar als edel gewesen ist: Und setze es künftig zu einer Grundregel, daß nur derjenige von deinen Dichtern das größte Lob verdiene, der dem gesunden, dem reinen, dem natürlich schönen Witze des großen Opitz am ähnlichsten geworden ist.

Du aber, vorietzo bekümmertes Bunzlau! das du durch ein sonderbares Schicksal jetzo einem Steinhaufen ähnlicher bist als einer Stadt, nachdem eine entsetzliche Feuersbrunst alle deine Gassen in die Asche geleget hat, vergiß doch bei deiner Erneuerung auch deines großen Sohnes nicht. Erspare doch an deinen Baukosten nur so viel, daß du dem teuren Opitz ein Denkmal bei dir aufrichtest: Wie vormals die Athenienser ihrem Euripides diese Ehre angetan haben, ob er gleich in Makedonien gestorben war und sie also seinen Leichnam nicht zurückebekommen konnten. Willstu aber unempfindlich bleiben und denjenigen Dichter, den alle witzige Köpfe seiner Zeit bewundert und geehret, den so viele Kunstrichter für den Vater der deutschen Sprache und guten Schreibart erkläret, den so viele große Leute mit ihrer Freundschaft beehret, den so viel hohe Häupter mit ihren Gnadenbezeigungen überhäufet, ja, gar des Adels würdig geachtet haben; willst du, sage ich, nebst deinen übrigen Landsleuten einen solchen Mann andern schwülstigen und hochtrabenden Geistern nachsetzen, welche die gute Bahn, die ihnen Opitz gewiesen, wiederum verlassen haben: So wirst du den Kindern ähnlich werden, die nur bunten Wasserblasen und vielfarbigten Schmetterlingen nachjagen, wohlriechende Blumen und gesunde Kräuter aber mit Füßen treten. Ja du wirst denen gleichen, die eine wilde Bergart um eines betrüglichen Glanzes halber allen reichhaltigen Goldstufen vorziehen und dich also durch deine üble Wahl bei allen Kennern wahrer poetischer Schönheiten verächtlich machen. Es werden sich aber andere Verehrer des großen Opitz finden, die, weit von seinem Vaterlande, seiner Asche diejenige Ehre erweisen werden, die du ihm nicht hast widerfahren lassen.

Ich kehre zu Ihnen zurücke, Magnifice, gnädige und hochzuehrende Anwesende! und erkenne aus Ihrer gnädigen und gütigen Aufmerksamkeit, daß mein poetischer Held noch jetzo Gönner und Freunde gnug habe. Und was könnte wohl den Schriften dieses Vaters unsrer Dichtkunst rühmlicher sein als das geneigte Urteil solcher Kenner und Liebhaber der wahren Poesie? Fahren Sie fort, sich selbst und Opitzen diese Gerechtigkeit widerfahren zu lassen. Verehren Sie die Weisheit unsers Dichters, die sich in seinen größern Gedichten in so edlen Bildern zeiget. Sein ›Trostgedichte in Widerwertigkeit des Krieges‹, sein ›Vielgut‹ und ›Zlatna‹, sein ›Vesuvius‹[71], seine Lobgedichte auf hohe Häupter, seine vertrauliche Briefe an Zincgrefen, Nüßlern[72] und Seußiussen[73], und andre unzählige Stücke mehr sind voll der vortrefflichsten Lehren und Wahrheiten, die je ein deutscher Mund ausgesprochen und ein deutscher Kiel zu Papier gebracht hat. O daß doch diese fleißig gelesen, o daß sie doch unsrer Jugend, wie vormals in Griechenland die Schriften des Homer, in die Hände gegeben würden! Wieviel gesunde Nahrung würden diese zarten Gemüter daraus nicht ziehen! Welch einen schönen Abriß der Tugend würden sie nicht in ihr wächsernes Herz drücken! Welch einen Schatz von Gelehrsamkeit und gutem Geschmacke würden sie nicht daraus sammeln!

Was ist noch übrig, als daß ich Ihnen, Magnifice, hochgeborne und gnädigste Anwesende! sonderlich aber Eure Hochreichsgräflichen Excellenz, im Namen unsers gepriesenen Dichters; im Namen aller freien Künste, die schon mehr als 300 Jahre her in diesem Hörsaale ihren Sitz und Tempel gehabt haben; ja endlich im Namen unsrer ganzen hohen Schule auch hier öffentlich einen untertänigen und ergebensten Dank abstatte, daß Sie Dero Gnade gegen alle dieselben, durch Dero hohe Anwesenheit in dieser Gedächtnisrede haben an den Tag legen wollen. Solange die Welt von dem wohlverdienten Lobe unsers Opitz etwas wissen wird (und wenn wird sie dasselbe vergessen?), so lange soll sie es auch mit Dankbarkeit rühmen, daß heute der erlauchte Reichsgraf von Manteuffel[74], ein rechter Maecenas aller Wissenschaften und freien Künste, ingleichen die Hochgebornen Reichsgrafen von Promnitz, von Solms und von Pickler diese Rede ansehnlich gemacht und verherrlichet haben. O glückselige Zeiten, worinnen die Beredsamkeit und Dichtkunst so viele und so ansehnliche Gönner gefunden haben.

Horatius Od. 26, L. I

Piplea dulcis. Nil sine te mei
Prosunt honores: hunc fidibus novis,
Hunc Lesbio sacrare plectro
Teque tuasque decet sorores.[75]

V

Rezension über Johann Jacob Bodmers ›Critische Abhandlung von dem Wunderbaren in der Poesie‹

Es sind nunmehro beinahe hundert Jahre verflossen, seitdem das ›Verlorne Paradies‹ Miltons in England zum Vorscheine gekommen[1]; wie wir bereits bei andrer Gelegenheit in diesen ›Beyträgen‹ gemeldet haben[2]. Und ungeachtet selbiges wenige Jahre nach seiner Geburt ins Deutsche übersetzet worden[3]: So hat es gleichwohl auf unserm Boden so wenig fortkommen können als auf seinem eigenen; woselbst es mehr als sechzig Jahre sozureden im Staube gelegen, ehe es von etlichen Liebhabern hervorgezogen und seinen Landesleuten aufs nachdrücklichste angepriesen worden. Joseph Addison, einer von den vornehmsten Verfassern des englischen ›Zuschauers‹, ist der hauptsächlichste unter denen, die diesen Poeten auf den Gipfel alles Ruhms, den ein Poet erreichen kann, zu erheben getrachtet und seine Engländer überreden wollen: daß sie an ihrem Milton mehr als einen Homer und Virgil aufzuweisen hätten[4].
Wie weit er in diesem seinem Vorhaben glücklich gewesen, und ob itzo wirklich das ›Verlorne Paradies‹ mit der ›Ilias‹ und ›Aeneis‹ einerlei Vorrechte bei den Kennern und Liebhabern in England genieße, das wollen wir hier nicht untersuchen. So viel ist aber gewiß, daß Virgil eben keinen Addison gebraucht hat, der ihn sechzig Jahre nach seinem Tode aus der Vergessenheit hervorziehen dörfen. Was wahrhaftig schön ist und die Leser einnehmen kann, das bedarf so wenig einen Herold als ein guter Wein eines ausgehangenen Kranzes. Es ist also eben kein sonderliches Zeichen für Miltons Gedichte, daß sich erst ein so großer Mann, als Addison gewesen, für ihn müde schreiben, ja sozureden verbürgen müssen, ehe seine Landesleute ihn einiger Aufmerksamkeit gewidmet. Opitz hat zu seinen Zeiten solcher Fürsprecher so

wenig nötig gehabt als Virgil: Und sein Verdienst ist von einer freiwilligen Nation, sowohl unter Gelehrten als Ungelehrten erkannt worden; würde auch vielleicht unverrückt fortgedauret haben, wenn nicht ein besondres Schicksal ihn auf eine Zeitlang verdrungen hätte; doch so, daß er zu unsern Zeiten mit einhelligen Stimmen auf seinen alten Grad der Höhe wieder eingesetzet worden.
Doch man hat uns auch in Deutschland, in Ansehung dieses englischen Poeten, nicht in unsrer alten Gleichgültigkeit lassen wollen. Es hat sich in der Schweiz ein Übersetzer gefunden, der uns denselben, so gut er gekonnt, deutsch geliefert hat; wie wir gleichfalls in diesen ›Beyträgen‹ vor etlichen Jahren gemeldet haben[5]. Er hat sich die Hoffnung gemacht, daß ganz Deutschland sogleich zur Sekte Addisons übergehen und Miltons ›Verlornes Paradies‹ dem Homer und Virgil an die Seite setzen würde. Allein diese Hoffnung ist fehlgeschlagen. Man ist im Absehen auf dies neu übersetzte Heldengedichte[6] ziemlich kaltsinnig geblieben: ohngeachtet wir ihm damals nichts von dem ihm gebührenden Lobe entzogen und durch eine lange Probe den Lesern dazu Lust zu machen gesuchet. Diese Kaltsinnigkeit des sogenannten Publici verdrießt den Übersetzer desselben dergestalt: daß er die Vorrede dieser Verteidigungsschrift bloß der Beantwortung des Einwurfes bestimmet hat, den man ihm daher entweder gemachet hat oder doch machen könnte. »Man hat mir eingewendet«, schreibt er, »die deutsche Nation habe in Miltons ›Paradiese‹ das hohe Ergetzen nicht gefunden, welches die gerühmte Kunst des Poeten mit einer so großen Zuversicht verheißt; dieses gebe ein starkes Vorurteil, daß diese Kunst entweder darinnen nicht vorhanden wäre oder die Tugenden, die man ihr zueignete, nicht an sich hätte etc.«[7]
Dieser Einwurf nun hat keinen geringen Schein und hat billig dem Übersetzer zu allerhand Betrachtungen Anlaß geben können. Wir wollen dieselben stückweise durchgehen und sehen, ob derselbe ihn sattsam beantwortet habe.
Fürs erste meinet der Verteidiger Miltons, daß die deutsche

Nation ihr »*Empfindnis*«, wie er schreibt, »und Urteil von dem ›Verlornen Paradiese‹ noch nicht« an den Tag gegeben[8]. Dieses sollte einen nun fast wundernehmen, wenn man bedenket, daß schon verschiedene Jahre verflossen, seitdem es gedruckt und auf allerlei Art bekannt gemacht worden. In Wahrheit, von dem ›Telemach‹ hat die deutsche Nation viel schneller ihr Urteil entdecket: es sei nun im Absehen auf die ersten prosaischen Übersetzungen oder im Absehen auf Neukirchs poetische Dolmetschung[9], so unvollkommen selbige auch geraten sind. Sie sind nicht nur begierig gelesen, sondern auch etlichemal nachgedruckt worden; ja daß man den ›Telemach‹ noch nicht überdrüssig sei, zeiget eine neue deutsche und lateinische Übersetzung, die wirklich im Werke sind und davon man bereits Proben gesehen hat. Wenn nun Milton so viel Aufsehens nicht macht, so muß es doch freilich woran liegen. Der Verteidiger glaubt, sein ›Paradies‹ sei nicht bekannt worden. Warum aber nicht? Ein gut Buch macht sich selbst bekannt. Einer lobt es dem andern; dieser liest und preiset es wieder andern an; und so geht es ab und wird allenthalben bekannt.

Hic meret aera liber Sosiis, hic et mare transit
Et longum noto scriptori prorogat aevum.[10]

Allein der Herr Übersetzer und Verteidiger ist mit der heutigen Art, die Gedichte durch den Druck bekannt zu machen, nicht zufrieden. Er lobt die vormalige Gewohnheit, seine Sachen in einer zahlreichen Versammlung vorzulesen und ihnen vielleicht durch die lebhafte Aussprache und durch andre äußerliche Künste, die uns von einigen beschrieben worden, den Beifall abzugewinnen. Allein weiß denn der Herr Verteidiger nicht, daß sich vormals gemeiniglich nur die schlechten Poeten auf diese Künste beflissen? Sagt nicht Horaz:

Neque te ut miretur turba labores,
Contentus paucis lectoribus. An tua demens

Vilibus in ludis dictari carmina malis?
Non ego.[11]

Wie leicht wäre es aber dem Übersetzer Miltons gewesen, in Zürch seine gute Freunde und andre Liebhaber der Dichtkunst zusammenzurufen und ihnen sein ›Verlornes Paradies‹ recht vorzulesen? Ohne Zweifel würde er vollkommnen Beifall bei ihnen erhalten haben: ob ich ihm gleich nicht gut dafür gewesen wäre, daß nicht etwa ein Juvenal unter dem Haufen gestanden und in seine Schreibtafel geschrieben hätte:

Semper ego auditor tantum? nunquamne reponam,
vexatus toties rauci Theseide Codri?
Impune ergo mihi recitaverit [ille togatas,
hic elegos]?[12]

Und woher kömmt es doch, daß die deutsche Nation, die z. E. bei Canitzens und bei Günthers Gedichten[13] so eifrig gewesen, sie zu kaufen und zu lesen und andern anzupreisen, daß man in kurzer Zeit so viele Auflagen machen müssen; nur im Absehen auf das einzige ›Paradies‹ Miltons so phlegmatisch geworden?

Auf die Empfindlichkeit der Engländer zu kommen, der unser Verfasser die vermeinte Schläfrigkeit unsrer Deutschen entgegensetzet: so haben wir schon oben etwas davon gesagt; daß nämlich dieselbe bei den Engländern nicht von sich selbst, sondern durch viele angewandte Mühe entstanden. Es kömmt mir daher mit derselben bald so vor, wie damit, was Erasmus, wo ich nicht irre, in seinen ›Gesprächen‹ erzählet[14], daß ein leichtfertiger Kopf die Gefährten, so mit ihm über Land ritten, beredet, sie sähen ein Luftzeichen am Himmel. Er stellte sich erstaunt; er rief, sie sollten doch sehen; er wies mit dem Finger; er beschrieb, was er sähe; er fragte, ob sie es denn nicht auch sähen? Er schimpfte sie endlich für blind, wofern sie es nicht erkennen könnten: Und siehe! endlich sahen die guten Leute auch, was sie doch nicht sahen; erzählten zu Hause große Dinge und erzählten es so oft, bis sie selbst endlich glaubten, sie hätten's gesehen, und bereit waren, darauf zu schwören. Addison macht es ebenso. Er bewundert, er lobt den Milton; er nimmt etliche schöne Stellen aus dem Gedichte und preist sie an. Er vergleicht sie mit etlichen schlechtern Stellen aus den Alten; er nennt diejenigen klug, die es mit ihm bewundern, er schimpft die andern für träge Köpfe, die nichts verständen, was schön wäre. Endlich fängt man an, ihm zu glauben. Ein jeder will ja auch gern klug sein. Wer wollte sich gern für dumm halten lassen?

Occupet extremum scabies; mihi turpe relinqui.[15]

Hierzu kömmt noch die vermeinte große Ehre, die auf die ganze englische Nation fällt, wenn sie einen epischen Dichter aufzuweisen hat. Wie? heißt es: Sollen Griechenland und Rom allein große Poeten haben? Soll Welschland allein einen Tasso aufweisen? Nein. Wir sind ebenso ehrlich als sie. Milton sei also ein Poet! Sein ›Paradies‹ sei ein Heldengedichte. Wir wollen den Homer und Virgil zusammenschmelzen und einen Milton draus machen. Wer will uns das wehren? Wir Engländer werden es doch besser wissen als die Ausländer; denn sie verstehen die Schönheiten unsrer Sprache nicht: Und wer sich untersteht zu sagen, es sei gar wider die Regeln: dem wollen wir sagen, er verstehe sie nicht. Sagen irgend unsre eigne Landsleute in der Stille: Miltons Verse wären sehr rauh und hart, seine Sprache altväterisch, seine Wortfügung laufe wider den Gebrauch und wider die Sprachlehre, sein Ausdruck sei gezwungen, seine Gedanken wären schwülstig: Oh! auch damit wollen wir schon fertig werden. Wir wollen sagen: das müsse so sein, in einem Heldengedichte sei das schön, was anderwärts ein Fehler ist; und um der Gedanken halber müsse man einem Poeten alle Schnitzer wider die Sprache und Verskunst verzeihen. Die sklavischen Franzosen haben zwar eine Regel, die Sprache allezeit in Ehren zu halten.

Sans la langue, en un mot, l'auteur le plus divin
Est toujours, quoi qu'il fasse, un méchant écrivain.[16]

Aber wir freien Engländer binden uns an solche Schulfüchsereien nicht. Kurz: Milton sei unser Homer! unser Virgil, Tasso und Fénélon; ja noch mehr als alle diese zusammengenommen.

Wenn also die Kunst Addisons und das Vorurteil für ihre Nation, nicht aber die natürliche Wirkung des Miltonischen ›Paradieses‹, bei den Engländern die heutige Hochachtung gegen dasselbe hervorgebracht hat: so ist es umsonst, daß Milton in Deutschland ebendasselbe Glück hoffet. Denn es fehlt ihm an beidem, wodurch er sich dort in die Höhe geschwungen hat: An einem Addison, dessen Ansehen einen bereden könnte, alles auf sein Wort zu glauben; auch an der Parteilichkeit eines Volkes für seine eigne Ehre, da er unser Landsmann nicht ist. Es ist also umsonst, daß der Verteidiger Miltons es auf den »Zustand der deutschen Leser« schieben will, »als die mit so vortrefflichen Poeten, wie Milton ist, wenig Bekanntschaft hätten, sich in so kurzer Zeit von dem ungereimten und wunderlichen, jedoch ihnen geläuftigen Ergetzen, das sie von ihren gemeinen Poeten empfangen, nicht haben entwöhnen können.«[17] Da haben wir's nun! Der Verteidiger rückt nunmehr mit der Sprache heraus! Sein Milton, in den er sich durch seine Übersetzung selbst verkleidet hat, liegt ihm so sehr am Herzen, daß er alle bisherige deutsche Poeten nicht nur unter ihn heruntersetzet; sondern sie »gemeine Poeten« schilt, daraus die Deutschen bisher nur ein »ungereimtes und wunderliches Ergetzen« empfunden haben sollen. So weit kann einen Menschen die Selbstliebe treiben. Man übersetzet ein Werk, das den Deutschen nicht gefällt. Das Buch ist schön; denn es gefällt seinen Landsleuten und *mir*; meine Übersetzung ist auch schön: denn ich habe sie selbst gemacht. Folglich sind die Deutschen unverständige Leute, und alle ihre Poeten, daran sie sich ergetzen, haben ihnen nur eine ungereimte und wunderliche

Lust erwecket. Vortrefflich geschlossen! Es fehlt nichts mehr, als daß wir noch Opitzen, Flemingen, Dachen, Canitzen, Bessern, Neukirchen, Amthorn, Günthern und Hallern[18] (wofern er nicht etwa diesen, als seinen Landsmann, für einen halben Milton gelten läßt) ins Feuer werfen, ihr Gedächtnis von der Erden vertilgen und voller Scham im Sack und in der Asche Buße tun, daß wir uns jemals an ihnen vergnüget haben.

In Wahrheit, diese Lästerung wider unser Vaterland und alle seine Poeten dünkt mich so ungerecht zu sein, daß ich nicht umhingekonnt, zu ihrem Schutze die Feder zu ergreifen und diesen eigenmächtigen Kunstrichter zurückezuweisen, der uns zwingen will, ein ausländisches Buch zu bewundern, weil er es übersetzt hat; hätte er ja seinem Vaterlande (denn ein Deutscher wird er doch verhoffentlich noch sein wollen, wo er sich unser nicht schämet, die wir uns bisher an so elenden Poeten [scil.[19]], als die obigen sind, ergetzet haben), hätte er, sage ich, seinem Vaterlande ebenden Dienst tun wollen, den Addison dem seinigen getan hat: Warum hat er nicht etwa einen ›Habspurgischen Ottobert‹, eine ›Proserpina‹[20] oder einen ›Wittekind‹[21] oder sonst das Gedichte eines alten schweizerischen Barden hervorgesucht und uns dasselbe, etwa in seinen ›Discoursen der Mahler‹, auf ebendie Art angepriesen, wie jener in dem ›Zuschauer‹ es mit dem Milton gemacht? Vielleicht wäre es ihm gelungen, uns davon zu überreden. Oder, wenn dieses alles ihm noch zu schlecht gewesen, warum wird er nicht selbst ein Milton und singet uns ein Heldengedicht von dem Kriege der alpinischen Riesen wider den österreichischen Jupiter? Da hätte er ja das Ungeheure und Gräßliche, das ihm im Milton so gefällt, anbringen, Berge auf Berge tragen und den Himmel bestürmen können. Da hätte er die Fabeln in die Bibel, Zyklopen und Titanen unter die Schweizer und die Teufel unter die Furien mengen können; um die Einbildungskraft seiner Leser recht in Erstaunen zu setzen.

Doch unser Verfechter Miltons zieht etwas gelindere Saiten

auf. Er gibt eine andre Ursache an, warum sein verdeutschtes ›Paradies‹ bei den Deutschen keinen Beifall gefunden habe. Er sagt, die Deutschen philosophierten zuviel. Ihre Neigung zu gründlichen Wissenschaften und »abgezogenen (allgemeinen) Wahrheiten« hätte sie »seit einiger Zeit so vernünftig und so schließend« gemacht, »daß sie zugleich matt und trocken werden, die Lustbarkeiten des Verstandes haben ihr ganzes Gemüte eingenommen, und diese unterdrücken die Lustbarkeiten der Einbildungskraft«[22]. Ist dem also, wie es denn keinen geringen Schein hat: so ist es gewiß für die deutsche Nation keine Schande, aber auch für das Miltonische Gedichte sehr wenig Ehre. Es ist wahr, Deutschland hat seit zwanzig Jahren mehr als vorhin jemals philosophieret. Die Vernunft ist unter unsern Landesleuten sehr geläutert, der wilde Witz gebändiget und die ausschweifende Phantasie in ihre gebührende Grenzen eingeschränket worden. Dadurch ist nun auch der Geschmack in den freien Künsten um ein Vieles verbessert worden, und man hat Dinge zu verachten angefangen, die man vorhin himmelhoch erhoben hatte. Den Fall Hofmannswaldaus, Lohensteins[23] und andrer solchen schwülstigen Dichter haben wir bloß diesem philosophischen Lichte zu verdanken, womit wir das glänzende Nichts dieser gaukelhaften Art zu denken und zu schreiben beleuchtet haben. Allein weit gefehlt, daß uns die Lustbarkeiten der Einbildungskraft ganz und gar dadurch verleidet worden wären: So haben vielmehr alle gute Dichter, die ein gesundes Feuer in ihren Werken blikken lassen, dadurch viel gewonnen. Man hat ihre dauerhaften Schönheiten nur desto höher schätzen lernen, nachdem man sie gegen die falschen Edelsteine ihrer unechten Mitbrüder gehalten hat. Homer, Virgil, Tasso und Fénélon haben dadurch noch nichts verloren: ›Arminius‹ aber, die ›Banise‹[24] und andere Werke dieses Gelichters sind von ihrem vorigen Gipfel gänzlich herabgestürzet worden. Was kann nun das philosophierende Deutschland dafür, daß ihm Milton gleichfalls nicht schmecken will? Es sieht ohne Zweifel

auch in diesem Engländer den Lohensteinischen und Zieglerischen Schwulst, die ungeheure Einbildung, die hochtrabenden Ausdrückungen und die unrichtige Urteilskraft herrschen.
Endlich will der Herr Verfasser seine Augen »auf den niedrigern und [zugleich] größern Haufen« der Leser richten; und da will er bemerket haben, daß »es unsern Landsleuten an einem freien Geist mangelt, der ebenso notwendig ist, wenn man ein schönes Werk empfinden, als wenn man es schreiben soll«.[25] Es ist doch wunderlich, daß es unsrer Nation allemal an demjenigen fehlet, was zu der Hochachtung Miltons gehöret. Die Griechen, die Römer, die Welschen, die Franzosen und Engländer haben also einen freiern Geist und eine ruhigere Einbildungskraft gehabt als die einzigen Deutschen. Wir allein sind die flüchtigen mercurialischen Geister, die nicht zu genugsamer Stille kommen können, um ein Heldengedichte recht zu schätzen: Alle andere Völker aber sind von so phlegmatischem Naturelle, daß sie die gehörige Geduld gehabt, solche lange Gedichte zu lesen und in sich wirken zu lassen. Wer kennt doch nach dieser Beschreibung unsre Deutschen?
Doch der Herr Übersetzer merkt selbst die Schwäche dieser Ausflucht und gesteht daher, »daß das ›Verlorne Paradies‹ nach der deutschen Übersetzung nicht Miltons ›Paradies‹ ist«: Weil alle Gedichte durch Übersetzungen viel verlieren, und sonderlich ein englisches; dessen »Sprache vor den Ausdruck« viel »geschmeidiger« ist als die unsrige.[26] Wenn wir überhaupt dem Herrn Verfasser die Schwäche aller Übersetzungen einräumen wollten: so wüßten wir nicht, warum man denn der Fr. Dacier Schuld gegeben, daß sie den Homer in ihrer, obwohl prosaischen, Übersetzung verschönert habe[27]? Wir schließen also daraus, daß auch ein Übersetzer seine Gedichte verschönern kann; wie ich es durch eine Stelle ›Telemachs‹, die Pietsch übersetzt hat, leicht behaupten könnte, die oben auf der 609. S. befindlich ist[28]. Allein was die Geschmeidigkeit der Sprache anlanget, so ist

es vielleicht einigermaßen von der Sprache etlicher Provinzen in Deutschland wahr, daß sie ziemlich steif und unbiegsam ist, sich in die Redensarten einer fremden zu schicken: aber überhaupt darf man solches wohl nicht einräumen, da wir schon anderwärts gewiesen haben, daß die Deutschen Übersetzungen aufzuweisen haben, die ihren Grundschriften an Schönheit und Stärke nichts nachgeben. Untersuchet man aber, worin die so große Stärke Miltons in seiner Sprache besteht; wie ich wirklich bei einem sehr gelehrten Engländer und großen Bewunderer Miltons, der sich diesen Winter hier aufgehalten, getan habe: so höret man, daß sie in Fehlern wider ihre Grammatik, in Verkehrungen aller gewöhnlichen Wortfügungen und in tausend andern sonst unerlaubten und von keinem andern Poeten begangenen Schnitzer bestehet; die man aber am Milton, wegen seines, wie es heißt, so ganz außerordentlichen Inhalts, für schön gelten läßt. Bin ich jemals über die Größe eines Vorurteils erschrocken, so ist es diesmal gewesen. Wenn das eine Sprache reich und geschmeidig macht, dachte ich, daß man sie verderbt, wider alle Regeln handelt und fast bei jedem Worte Schnitzer macht, so ist ja Hans Sachse und wer sonst noch ärger geschrieben hat, unser geschmeidigster und bester Poet gewesen: Und man hat sehr übel getan, daß man die Frechheit der alten Poeten in diesem Stücke gezähmet. Man hätte ja billig das *hahn, lahn* und *stahn* für haben, lassen und stehen beibehalten sollen; wie die Italiener ihr alma für *anima* und speme für *spe* setzen. Allein meines Erachtens ist unsere Nation zu klug und von feinerm Geschmacke gewesen, als daß sie eine solche Barbarei an ihren guten Poeten hätte dulden wollen.

Doch der Herr Verfasser trauet diesem Einwurfe am wenigsten zu, teils wegen des guten Vertrauens, so er zu seiner Übersetzung hat; teils wegen des guten Urteils, so vielleicht einige, aus Freundschaft und Höflichkeit, von derselben gefället haben. Und wenn es gleich wahr ist, daß des Herrn Bodmers Milton gegen die ›Discourse der Mahler‹ zu rechnen recht vortrefflich deutsch geschrieben ist: so folget es doch nicht, daß ein jeder deutscher Leser nicht was Fremdes, Rauhes und Hartes in dem ›Verlornen Paradiese‹ finden und sich daran stoßen sollte. Über diesen Übelklang sind hundert und hundert Leser so gar nicht weg, daß sie die Geduld haben könnten, ein ganz Buch hindurch ihren Ohren die Gewalt anzutun; und daß sie, aus Begierde nach den Sachen, eine neue Art, deutsch zu reden, lernen sollten. Ich habe die Probe gemacht und ganze Stücke aus dem deutschen Milton, die mir von den besten zu sein schienen, mit aller möglichen Lebhaftigkeit der Aussprache, Leuten vorgelesen, die sonst im Lesen der Poeten unverdrossen sind. Allein man hat teils an der seltsamen und widerlichen Art des deutschen Ausdruckes, der sonst in allen unsern Büchern unerhört ist, teils an den schrecklichen und wilden Gedanken des Poeten gar bald einen Ekel bekommen und mich aufhören geheißen. Ich glaube also nicht, daß sich, nach dieser Übersetzung, viele Deutsche werden überwinden können, »die Erfindungen des Plans, der Materie, ihres Zusammenhanges, des [historischen] Charakters, der Entschlüsse« u. a. m.[29] recht zu prüfen: Es müßte denn geschehen, daß durch die itzo bogenweise herauskommende Übersetzung des ›Zuschauers‹, darin auch die Anpreisung des ›Verlornen Paradieses‹ allmählich vorkommen wird, noch einige gewonnen und auf andre Gedanken gebracht würden; wovon wir nunmehro bald die Probe werden sehen müssen.

Was die Kunstrichter anlangt, die gleichfalls Miltons Gedichte aus einem bloßen Abscheue vor der Materie sollen verworfen haben, so meint der Herr Übersetzer, daß dieses Vorurteil mit gleichem Grunde von der ›Ilias‹, ›Odyssee‹, ›Aeneis‹ und dem ›Befreiten Jerusalem‹ gefaßt werden könne; als für welche Gedichte man gleichfalls »keine gründlichere Hochachtung an den Tag« gelegt, sondern sie nur »auf eine ganz flüchtige und seichte Weise« angepriesen hätte[30]. Es ist wahr, daß unsre Kunstrichter dem Homer und Virgil zugut noch keine ganze Bücher geschrieben, wie Herr

Bodmer dem Milton zu Ehren getan hat. Aber vielleicht haben sie geglaubt, diese Poeten brauchten dergleichen hochgetriebene Anpreisung so wenig als ein guter Wein des schönen Kranzes bedarf. Vielleicht fehlet es uns auch noch an guten Übersetzungen aller dieser Gedichte; indem auch unter den Gelehrten wenige den Homer und Virgil in ihrer Muttersprache ohne Anstoß lesen können, oder wenn sie ja können, es andrer Arbeiten und Ergetzungen wegen nicht getan haben. Die französischen Übersetzungen aber sind gewiß häufig genug gelesen worden. Was die Nachahmungen anlangt, dazu man sich bei uns schlechtere Muster als diese alten Poeten erwählet: so können wir nicht dafür, daß selbst die schweizerischen Herren Kunstrichter eben diejenigen deutschen Dichter, die solches am fleißigsten getan und sich dessen in ihren Vorreden gerühmet, am meisten herausgestrichen und für die größten itztlebenden Poeten erkläret haben. Was ich aber von dem Homer und Virgil gesagt, das will ich nicht bis auf den Tasso erstrecket haben: Denn ich glaube, daß selbiger in Deutschland, zumal heutezutage, mit seinen Hexen und Teufeln ebensowenig Beifall finden würde als Milton mit seinem Chaos, Tode, der Sünde und Hölle und übrigen ungeheuren Einbildungen gefunden hat.

Zum Schlusse macht sich der Herr Verfasser »die trostreiche Hoffnung«, daß »die neue ›Critische Dichtkunst‹«, die nämlich in Zürch neulich herausgekommen[31], nicht wenig zu dem Ende, das ist, den Milton in Ansehen zu bringen, beitragen werde. Künftige Dinge sind ungewiß, und wir wollen ihm also nicht vor der Zeit alle Hoffnung absprechen. Allein nach vielen Wahrscheinlichkeiten, die wir hier besser als in der Schweiz haben können, zu urteilen, sollte man eher das Gegenteil glauben; indem auch diese neue ›Dichtkunst‹ vielleicht noch ein Buch bedörfen wird, welches sie anpreise und beliebt mache. Was die Übersetzung Addisons anbetrifft, so kann sie vielleicht in der Schweiz so gute Wirkungen haben als die Übersetzung Miltons gehabt hat: was aber Addisons Gründe bei uns wirken können, das wird man ehestens aus der Übersetzung des ›Zuschauers‹ sehen, wie ich schon oben gedacht habe; wo wenigstens die Schreibart den Sachen nicht zum Nachteile gereichen wird.

Wir haben uns bei der Vorrede dieser Miltonischen Verteidigung so lange aufgehalten, daß wir zu dem Buche selbst fast keinen Platz mehr übrig haben. Wir wollen also für dieses Mal abbrechen und uns in keine weitläuftige Erzählung des Inhalts einlassen; die doch in den meisten Stücken mit einer Widerlegung begleitet sein würde. Für diese ›Beyträge‹ würde dieses viel zu weitläuftig geraten; und ein besondres Buch davon zu schreiben, haben wir weder Zeit noch Lust. Gewisse Dinge widerlegen sich von sich selbst, und wir begnügen uns, daß wir den bisherigen Geschmack unserer Deutschen, im Absehen auf Miltons ›Paradies‹, gerechtfertiget haben. Damit aber unsre Leser doch einigermaßen von dem Inhalte dieses Werkes mögen urteilen können, so wollen wir ihm das Verzeichnis der Abschnitte, daraus es besteht, hiehersetzen. Es handelt also der I. von der Wahl der Materie aus der unsichtbaren Welt. II. von der Vorstellung der Engel in sichtbarer Gestalt. III. von der Wahrscheinlichkeit des Charakters und der Handlungen der Engel. IV. von dem Zusammenhange in Miltons Vorstellungen der Engel. V. von dem Charakter und den Handlungen des Todes, der Sünde und der Geister in dem Chaos. VI. von der Wahrscheinlichkeit des Charakters und der Handlungen der ersten Menschen. VII. von Miltons Anbringung der mythologischen Geschichte und Theologie in seinem Gedichte.

Wir gestehen es schlüßlich, daß wir unsre Gedanken von dieser Vorrede nicht so frei und offenherzig würden herausgesagt haben, wenn uns die schweizerischen Herren Kunstrichter nicht sehr deutlich zu verstehen gegeben hätten: daß ihnen mit unsrer Höflichkeit nichts gedienet sei und daß sie lieber scharf beurteilet und getadelt, als mit Stillschweigen übergangen werden wollten. Zudem nehmen sie sich die Freiheit, alles nach ihrer Einsicht und Meinung zu beurteilen: so wird es denn auch uns freistehen, ein Gleiches zu tun; ob wir gleich sonst gegen lebendige Skribenten gelindern Grundsätzen zu folgen gewohnt sind. Es ist auch keine Folge, daß wir es deswegen gegen andre von unsern Skribenten ebenso machen sollten.

VI

Vorrede zur ›Deutschen Schaubühne‹

Hier erscheinet also, geneigter Leser, die längst versprochene ›Deutsche Schaubühne‹, die schon an verwichener Michaelmesse hätte erscheinen sollen, wenn nicht unvermeidliche Hindernisse den Druck einigermaßen verzögert hätten. Es erscheint aber, wie du siehst, der andre Teil, ehe noch der erste ans Licht getreten: und weil dich solches billig wundernehmen kann, so muß ich mich darüber erklären.
Der erste Teil soll, wie aus dem XXIV. Stücke der ›Crit. Beyträge‹ erhellet, die Regeln der Schaubühne enthalten[1]: so wie selbige der größeste Kunstrichter des Altertums, Aristoteles, in seiner ›Dichtkunst‹ entworfen hat. Diese habe ich übersetzt und mit Anmerkungen erläutert. Allein da die Regeln nicht besser als durch die Exempel erkläret und verstanden werden können: so habe ich lange hin und her gedacht, auf was für Exempel ich mich in meinen Erläuterungen berufen könnte, die unsern deutschen Lesern bekannt und geläufig wären. Daß dieses zum rechten Verstande der Regeln nötig sei, das wird wohl ein jeder zugeben, der nur ein wenig bedenkt, daß man nichts Dunkles anders als durch etwas Bekannteres erklären könne. Hätte ich nun die Regeln Aristotels mit lauter Exempeln aus den griechischen und lateinischen Dichtern erläutern wollen; so wie dieser Kunstrichter selbst und in Rom Horaz[2] getan hat: so hätte mich der deutsche Leser billig der Dunkelheit beschuldigen können.
Denn wie geringe ist doch die Anzahl derer, die sich mit einem Aeschylus, Sophokles, Euripides, Aristophanes, Plautus, Terenz und Seneca bekannt gemacht haben? Auf den wenigsten Schulen hört man diese alten Poeten nennen; und wo man ja einige davon nennen hört, da werden sie doch nicht erkläret. Geschieht es aber ja, daß geschickte Schulmänner, an einigen Orten, dieses oder jenes griechische oder la-

teinische Schauspiel erklären, so kann dieses doch zu unsern Absichten nicht viel helfen. Man weiß ja nämlich wohl, daß Schulknaben insgemein solche Stücke nur um der alten Sprachen halber durchgehen müssen und sich also mehr bei den Worten und Ausdrückungen, ja wenn es hochkömmt, bei dem Silbenmaße der griechischen und römischen Dichter aufhalten, als daß sie den Inhalt und Zusammenhang solcher Stücke einsehen lernten. Sie gehen auch ein solches Trauerspiel oder Lustspiel sehr langsam durch und bringen wohl Jahre zu, ehe sie mit einem davon fertig werden. Wer aber die rechte Schönheit oder Stärke solcher Stücke empfinden will, der muß sie gleichsam in einem Odem durchlesen: damit er von allen ihren Schönheiten zugleich gerühret werden und ihre Wirkungen bei sich selbst fühlen könne. Folglich konnte ich mich nun auf die Geschicklichkeit, die von den untern Schulen mitgebracht und welche noch dazu bei sehr wenigen angetroffen wird, gar nicht verlassen.

Ja selbst die hohen Schulen versprachen mir keine größere Anzahl geschickter Leser zu dem ersten Teile der theatralischen Regeln. Denn zu geschweigen, daß auf den heutigen Universitäten sehr wenig an die alten tragischen und komischen Dichter gedacht wird; es wäre denn, daß man wo einmal ein halbes oder ganzes Verschen als ein Sprüchwort anzubringen suchte: So geht es selbst auf denen hohen Schulen, wo die öffentlichen Lehrer der Dichtkunst dergleichen alte Poeten erklären, nicht viel anders als auf den niedern Schulen zu. Es dauret sehr lange, ehe man ein ganzes theatralisches Stück durchkömmt. Man machet so viel kritische und philologische Anmerkungen über die Wörter und Redensarten, über die Altertümer und andre solche Dinge, die zum buchstäblichen Verstande der einzelnen Zeilen und Sätze nötig sind, daß man selten eine Tragödie oder Komödie in ihrem ganzen Umfange verstehen lernt. Man hält sich bei der Schale so lange auf, daß man keine Zeit hat, auch an den Kern selbst zu kommen; der auf einmal und gleichsam mit einem einzigen Blicke übersehen werden muß, wenn man die Kunst des Dichters recht gewahr werden und beurteilen will. Wenn man nun noch darauf sehen will, daß insgemein solche poetische Vorlesungen über alte Dichter so häufig nicht besucht werden; so wird man leicht begreifen, daß ich mich auch auf diese Art von Lesern nicht sehr verlassen und gar keinen Staat auf sie machen konnte.

Nun möchte man mir irgend einwenden: ich hätte ja nur unsre deutsche Lust- und Trauerspiele zu Exempeln brauchen dörfen, die wir von Opitzen, Gryphiussen, Lohensteinen, Mühlpforthen, Hallmannen, Weisen, Riemern, Dedekinden[3] u. a. m. haben. Es ist wahr, daß es uns an theatralischen Gedichten seit zweihundert Jahren nicht gefehlt hat. Wenn ich also keine andre Absicht gehabt hätte, als dasjenige, was wir schon haben, unsern Deutschen anzupreisen und die jungen Dichter auf die Nachahmung solcher Vorgänger zu verweisen, so hätte ich weiter nichts gebraucht. Allein es ist den Liebhabern und Kennern guter Schauspiele schon aus andern Nachrichten, Regeln, Beurteilungen und kritischen Anmerkungen bekannt: daß alle diese unsre Schauspiele eben nicht für solche unverbesserliche Meisterstücke zu halten sind, daß man nichts Bessers zu wünschen Ursache hätte. Seit zehn oder zwölf Jahren hat man teils aus meiner ›Critischen Dichtkunst‹, teils aus der wirklichen Vorstellung auf der Neuberischen Bühne[4] wahrgenommen: daß es noch eine vollkommenere Art von theatralischen Stücken gibt, als die vormals bei uns bekannt gewesen. Die Ausländer, und sonderlich die Franzosen, haben sich viel genauer nach den Regeln und Mustern der Alten gerichtet als unsre deutsche Dichter des vorigen Jahrhunderts. Daher hat man denn angefangen, auf die Verbesserung unserer Schaubühne zu denken und verschiedene Versuche gemacht, unsre Bühne mit den Stücken unsrer Nachbarn zu bereichern; auch wohl selbst Hand angelegt, etwas Neues zu verfertigen, welches Deutschland mehr Ehre bringen könnte als das Bisherige.

Daß es uns nun bisher unter unsern Landesleuten, nicht nur in den ansehnlichsten Städten, sondern auch bei den artigsten Höfen gelungen, vielen Beifall dadurch zu erlangen; das liegt sattsam am Tage. Daß aber auch sogar die Ausländer und ihre Kunstrichter auf unsre Bemühungen aufmerksam geworden; das habe ich neulich mit vielem Vergnügen aus dem ›Journal des Savans‹ im Monate Okt. 1739 der Pariser und im Monate Jenner der holländischen Auflage VII. Art. ersehen. Es ward mir das erste durch Vermittelung eines guten Freundes, von dem Herrn de Moncrif, einem gelehrten Gliede der französischen Akademie zu Paris, zugeschicket[5]; welcher berühmte Mann vermutlich selbst an der obgedachten Monatschrift arbeiten mag. Ich bin demselben für die so rühmliche Erwähnung unsrer Nation, und insbesondre meiner geringen Bemühungen, im Absehen auf die Verbesserung der deutschen Schaubühne, sehr verbunden. Wie aber diese Nachricht aus des berühmten Herrn Riccoboni ›Réflexions historiques et critiques sur les différens Théâtres de l'Europe‹[6] genommen und auszugsweise abgefasset war: also bin ich auch diesem geschickten Manne für die unsrer Nation erwiesene Gerechtigkeit desto mehr Dank schuldig, je seltner die Herrn Ausländer dazu geneigt zu sein pflegen.

Jetzt gedachter Herr Riccoboni nun hat nach der Abhandlung der italienischen, spanischen, französischen, englischen und holländischen Schaubühne auch von unsrer deutschen, und zwar ziemlich ausführlich gehandelt; indem er den ganzen Raum von der 157. bis zur 242. Seite damit angefüllet hat[7]. Diese Gelegenheit ist viel zu bequem, als daß ich sie vorüberlassen sollte, einige Anmerkungen bei demjenigen zu machen, was dieser um die gute regelmäßige Schaubühne so wohl verdiente Mann von unsern theatralischen Poeten und Stücken gesagt hat.

Er fängt, wie billig war, diese Abhandlung mit der Nachricht von den Barden und Meistersängern der Alten an: wobei nur ein Druckfehler zu bemerken ist, der sich in diesem letzten Worte eingeschlichen, indem es nicht »Meistre-Langer«, sondern »Meister-Sänger« heißen sollte. Er gedenkt dabei verschiedener Kaiser, die solchen Dichtern Befreiungen erteilet; darunter er Otto den Großen und Maximilian den I. nennet: Er hätte aber auch Friedrich Barbarossen nicht vergessen sollen, an dessen Hofe ein rechter Sitz der Poeten gewesen ist. Hierauf kömmt er auf Hans Sachsen, bei welchem uns nichts zu erinnern vorfällt, als daß vom 1516. bis 1628sten Jahre lauter Meistersänger die deutsche Schaubühne beherrschet haben sollen. Aus dem am Ende dieser Vorrede beigefügten Register wird deutlich erhellen, daß auch gelehrte Männer, sonderlich auf Schulen, die Hand an die theatralische Poesie gelegt, welche wohl für keine Meistersänger gehalten werden können: Wiewohl es nicht zu leugnen ist, daß sie ihre Stücke nicht viel besser gemacht haben als Hans Sachse.

Daß im Jahre 1626 eine Bande holländischer Schauspieler nach Hamburg gekommen, wie Herr Riccoboni auf der 161. Seite erwähnet, ist mir bisher unbekannt gewesen; und ich hätte gewünschet, daß man uns die Quellen angezeiget hätte, woher diese Nachricht geflossen. Ebenso unbekannt ist es uns, daß sich 1627 eine neue deutsche Bande nach dem Muster dieser holländischen gebildet habe. Daß übrigens gegen das Ende des vorigen Jahrhunderts an einige unsrer Höfe italienische Komödianten verschrieben worden, das ist nicht zu leugnen: und es kann gar wohl sein, daß die Deutschen es von ihnen gelernet, aus dem Stegreife Komödien zu spielen; da diese Art ihnen viel bequemer vorkam, als aus dem Gedächtnisse alles herzusagen, was sie vorher mühsam auswendig gelernet hatten. Es fehlte nämlich unsern Deutschen ebensowenig an Witz und Einbildungskraft als an Verwegenheit, ihre Personen gut oder übel zu spielen: und es kam lediglich auf den Entwurf oder Grundriß an, den man ihnen vorgelegt hatte und den das Haupt jeder Bande aus Romanen und Opern oder aus seinem eigenen Kopfe zusammenzustoppeln pflegte. Ebendaher leite ich auch den Harlekin, Skaramuz und andre Personen der italienischen Bühne her, die eine Zeitlang bei uns gegolten haben.

Auf der 162. Seite behauptet der Herr Riccoboni, daß unsere Schaubühne noch itzo aus Tragödien und Komödien nach dem ersten Geschmacke der Holländer bestehe; welches meines Erachtens, und mit seiner Erlaubnis, nicht gesagt werden kann. Kein einziges von unsern tragischen Stücken, die Opitz, Gryph, Lohenstein, Hallmann und Mühlpforth gemacht haben, ist aus dem Holländischen[8]. Opitz hat außer der ›Antigone‹ des Sophokles und den ›Trojanerinnen‹ des Seneca nur ein kleines Singespiel, ›Daphne‹, gemacht, welches er aber aus dem Italienischen entlehnet hat[9]. Gryph hat seinen ›Schwärmenden Schäfer‹ aus dem ›Berger extravant‹ des Corneille übersetzt[10], und Abschatz hat sowohl als Hofmannswaldau den ›Pastor Fido‹ aus dem Italienischen übersetzt[11]. Von heutigen Stücken wüßte ich auch kein einziges, das aus dem Holländischen genommen wäre: es müßte ein gewisses Nachspiel, ›Das holländische Waschhaus‹[12] genannt, sein; wiewohl auch dieses gar leicht von deutschem Ursprunge sein kann.

In dem folgenden geben wir dem Herrn Riccoboni vollkommen recht, daß die Nachahmung der Welschen, aus dem Stegreife zu spielen, die Ursache des gänzlichen Verfalles unsrer Schaubühne gewesen. Allein was weiter folget, davon ist uns nichts bekannt: daß nämlich eines gewissen Oberstlieutnants Sohn, Carl Paul genannt[13], eine Bande von jungen Leuten aus sehr guten Familien zusammengebracht. Von der vierten Veltischen Bande[14] haben wir zwar reden hören, daß sie aber aus so edlen und gelehrten Gliedern der hohen Schulen zu Jena und Leipzig bestanden habe, das hat man bei uns niemals gewußt, viel weniger aus denen von ihnen vorgestellten Stücken schließen können. Doch wollen wir nicht leugnen, daß ein gewisser Kormarten[15] allhier verschiedene, teils übersetzte, teils selbst gemachte Stücke von jungen Studierenden aufführen lassen; die aber bloß zur Lust und kaum einige wenige Male, nicht aber für Geld gespielet. Von gekrönten Poeten unter unsern Komödianten wird man sich wohl unter uns nicht so leicht etwas besinnen können:

viel weniger, daß einige unter ihnen in der Kirche und im Staate zu großen Würden gelanget sein sollten. Alle diese Nachrichten klingen uns in Deutschland so fremde, daß wir unser eigenes Vaterland nicht kennen, wenn wir davon reden hören: Vielmehr ist es bisher bei uns ebenso gegangen, daß die Lebensart eines Komödianten allezeit den meisten einiges Vorurteil wider die Personen selbst beigebracht hat.

Die Grausamkeit der holländischen Schaubühne, die Herr Riccoboni der unsrigen Schuld gibt, hat meines Erachtens in sehr wenigen Stücken stattgehabt. Es ist wahr, daß man auf der Bühne auch wohl den Tod und das Blut gewisser Personen gesehen hat. Allein daß man die Qualen der Märtyrer und die Rabensteine und Galgen vorgestellet hätte, habe ich weder gehört noch gesehen. Gespenster aber, Donner und Blitze und andre solche wunderbare Dinge hat man freilich gebrauchet, wie aus dem ›Polyeuktes‹ von Kormarten erhellet, davon neulich im 23. Stücke der ›Critischen Beyträge‹ ein Auszug gegeben worden[16].

Wenn der Herr R[iccoboni] auf der 164. Seite auf unsre alten tragischen Dichter kömmt, so ist es allerdings wahr: daß Opitz, Gryph und Lohenstein die ersten gewesen, die etwas Erträgliches darin gemacht. Allein der erste hat nur zwei alte Tragödien übersetzt: die andern beiden aber verdienen das Lob nicht, so er ihnen gibt, daß der eine unser Corneille und der andre unser Racine zu nennen sei. Man sieht wohl, daß Herr Riccoboni seine Nachrichten von einem Schlesier bekommen habe[17]. Die Lustspiele des Gryphius sind freilich zwar lustig genug: allein darum ist ihr Scherz nicht so fein, als man ihn heutezutage verlangt; und ihre Einrichtung nicht so ordentlich, daß sie nicht selbst fast in allen Auftritten wider die Regeln der Schaubühne sündigen sollten. Sein ›Peter Squentz‹ hat nur solche Torheiten getadelt, die wohl keinem Pritschmeister[18] jemals in den Sinn gekommen sind.

Hier hätten aber auch Hallmann und Mühlpforth unter den tragischen, Weise, Riemer und Dedekind unter den komischen Poeten Deutschlandes einen Platz verdient gehabt.

Diese drei letzten sind Sachsen gewesen, und diese hat man dem Herrn Riccoboni verschwiegen, damit man nur die Schlesier allein ihm anpreisen könnte. Diese haben auch einen so reichen Witz und soviel Einbildungskraft gewiesen als jene, ob sie sich gleich in einer andern Art geübet und mehrenteils in ungebundner Rede geschrieben. Kormarten aber hat hier in Leipzig auch tragische Stücke gemacht, als Lohenstein noch gar nichts geschrieben hatte.

Auf der 165. Seite urteilt der Herr Riccoboni sehr hart, daß es itzo gar keine Original-Poeten mehr gebe, die tragische Stücke verfertigten. Es ist wahr, daß man die heutige Verbesserung unsrer Schaubühne von etlichen Übersetzungen und Nachahmungen angefangen: Allein dies war ja der beste Weg, erst einigen Geschmack unter die Zuschauer und jungen Poeten zu bringen. Daß wir aber nicht dabei stehengeblieben, das zeigen ja, außer dem vom Hrn. Riccoboni selbst angeführten ›Cato‹, ›Titus Manlius‹, ›Der Tod Cäsars‹, ›Ulysses‹, ›Die Horazier‹, ›Timoleon‹, ›Die Geschwister in Tauris‹, ›Darius‹, ›Dido‹, ›Lucretia‹ und ›Arminius‹[19], die teils schon gedruckt und gespielet worden, teils ehestens ans Licht treten werden. Daß aber alle diese und vielleicht noch mehrere Stücke nicht zum Vorscheine kommen, sobald sie vorgestellet werden: daran hat allerdings der bisherige Eigensinn unsrer Komödianten Schuld gehabt: die teils besorget, sie würden dadurch den alleinigen Besitz der Stücke verlieren, wenn sich auch andre Banden das Gedruckte zunutze machen könnten: teils aber auch besorget, es möchten die Zuschauer gar zu klug daraus werden und sowohl die Gedächtnisfehler der Komödianten, als ihre vorsätzlichen Verstümmelungen der Stücke daraus wahrnehmen lernen.

Übrigens ist es wahr, daß es bei einigen Gesellschaften unsrer Komödianten einen und den andern gegeben, die einen mäßigen Vers gemachet; auch wohl auf den Fall der Not einen Entwurf zu einem neuen Possenspiele machen können: ob das aber genug sei, diese Leute Poeten zu nennen, das überlassen wir dem Herrn Riccoboni. Uns ist noch zur Zeit

niemand als die Frau Neuberin, die einige Vorspiele in Versen gemacht, und Herr Koch[20] bekannt worden, der diesen Namen durch die Verfertigung ordentlicher Schauspiele verdient hätte. Die andern sind insgemein auf den Schlag der italienischen Bühne eingerichtete extemporalische Rhapsodien gewesen; die niemals zu Papier gebracht, sondern nur von jedem Komödianten nach seiner Fähigkeit aus dem Stegreife gespielet worden. Es ist auch gewiß, daß der Fortgang der theatralischen Poesie unter uns, aus denen von ihm angeführten Ursachen, durch den Mangel gedruckter Stücke bisher merklich gehindert worden.
Was uns Herr Riccoboni von den Bezahlungen der Poeten, die neue Stücke machen, auf der 166. Seite sagt, hat wiederum zum Teil seinen Grund. Die Zahl derer, die bisher neue Stücke gemacht oder übersetzet haben, ist noch zur Zeit so klein und hat sich der Aufnahme der deutschen Schaubühne so eifrig angenommen, daß sie nur froh gewesen, wenn sie die Komödianten zu Aufführung ihrer Stücke bewegen können. Hätten sie nämlich noch einen Genuß für ihre Mühe fordern wollen, so würde vielleicht der alte Wust noch auf der Schaubühne herrschen. Daß aber die Komödianten oder Komödiantinnen für die Stücke, so sie dem Prinzipal von ihren guten Freunden verschaffet, auf Zeit Lebens einigen Genuß dafür haben, das ist schwer zu glauben: wenigstens ist mir davon niemals etwas zu Ohren gekommen.
Auf der 167. Seite finden wir eine schöne Widerlegung dessen, was neulich ein französischer Großsprecher in seinen ›Lettres germaniques‹ uns von unsern Landesleuten, zu ihrer Verkleinerung, für Lügen weismachen wollen[21]. Herr Riccoboni lobet die Uneigennützigkeit unsrer Dichter und wünschet, daß die parisischen Poeten auch so uneigennützig sein und um der bloßen Ehre halber etwas tun möchten. Allein er bezeuget gerade das Gegenteil von ihnen. Ich muß seine Worte selbst anführen: »Si on pouvoit mettre une pareille police dans le Parnasse de Paris, cela feroit un grand bien aux comédiens; mais surtout si la mode venoit de ne pas

donner de rétribution aux auteurs, ce seroit encore mieux;[22] mais il y a très peu de poètes qui travaillent pour la gloire, et le plus grand nombre ne compose que pour de l'argent.« D. i. »Es gibt in Paris sehr wenig Poeten, die um der Ehre wegen schreiben: und die allermeisten schreiben bloß ums Geld.« Da haben wir nun gerade das Gegenteil von demjenigen, was der obgedachte Prahlhans, auf der 489. Seite seiner ›Briefe‹, von seiner Nation zu verstehen geben will; indem er unsern Schriftstellern den Eigennutz vorrücket. »Ce n'est«, schreibt er, »ni ambition, ni certain amour-propre, ni désir de gloire, ni émulation, qui font agir les beaux esprits de ce pays; c'est le gain, c'est l'intérêt.«[23] Sollte man doch nach Durchlesung der obigen Riccobonischen Worte, in Vergleichung mit diesen, beinahe schwören: dieser Schriftsteller redete ebenfalls von seinen Landesleuten, den parisischen Dichtern. Denn wem ist es nicht bekannt, daß Destouches[24] von seinen Komödien reich geworden und Voltaire selbst sein Vermögen, durch den Gewinst von der Schaubühne, merklich vermehret hat? Wer weiß auch nicht, daß wir alles Geschmiere des Marquis d'Argens[25] nur seiner Armut zu danken haben; indem er seine Feder den holländischen Buchhändlern verpachtet hat, damit er zu leben habe? Und wer weiß endlich hier in Leipzig nicht, daß der neue Verfasser des Lebens Eugenii, so ein Franzose als er auch immermehr ist, sich für jeden Bogen dieses Buches ein paar Gulden geben lassen?[26] Wenigstens kann er um der Ehre willen nicht geschrieben haben, da er seinen Namen nicht vorgesetzt hat. Herr Riccoboni wird also wohl recht behalten, daß es bei den armseligen Franzosen ebensowohl als vormals bei den Römern heißet:

> Magister artis, ingenique largitor
> Venter.[27]

Und daß dasjenige, was Juvenal von den Graeculis sagt, auch von den meisten Gallulis, die ihr Brot zu suchen zu uns kommen, gesagt werden könne:

homme ne sauroient trop être remises sous les yeux du public, je me serois bien gardé de les citer simplement, sans les rapporter. L'auteur Allemand l'a fait pour instruire sa nation; et moi je suis son exemple, pour répéter à ceux, qui en ont besoin, ce qu'ils ne devroient jamais oublier.«[39] Wie glücklich ist nicht mein ›Cato‹ gewesen, da er zwo so wichtige Wirkungen hervorgebracht hat.

Zum Beschlusse hat der um unsre Nation so wohl verdiente Herr Riccoboni sich die Mühe nicht dauren lassen, ein Verzeichnis der theatralischen Stücke, die Hans Sachse, Opitz, Gryphius und Lohenstein gemacht, beizufügen. Nun kann dies zwar nach den Absichten, die der Herr Verfasser gehabt hat, schon genug sein. Allein da derselbe so sorgfältig gewesen, p. 98 seines Buches zu melden, daß Frankreich seit 1450 bis 1730 ohngefähr 431 theatralische Poeten und 1655 solche Stücke aufzuweisen hat, die Opern mitgerechnet: so ist mir die Lust angekommen, auch zu der Historie unsrer Schaubühne dadurch den Weg zu bahnen, daß ich ein Verzeichnis von allen unsern Schauspielen sammlete, die jemals im Drucke herausgekommen. Und da dieser Ort nicht unbequem dazu ist, so habe ich dieses Register zum Anhange dieser Vorrede bestimmet; auch die Singspiele, sonderlich vom hamburgischen Schauplatze, beigefüget; soviel Nachricht ich davon, durch Beitrag guter Freunde, erhalten können. Wer noch mehrere kennet, kann dieses Register vergrößern und mit der Zeit eine solche Historie der deutschen Bühne abfassen, als Herr Riccoboni von der italienischen herausgegeben hat[40]. Alsdann könnten wir uns vielleicht erkühnen, sowohl an der Zahl der Poeten als der von ihnen verfertigten Stücke, mit allen unsern Nachbarn, die Italiener allein ausgenommen, einen Wettstreit einzugehen; als welche nur in 150 Jahren noch einmal soviel Stücke geliefert haben als die Franzosen in 280 Jahren, wie Herr Riccoboni am angeführten Orte p. 98 versichert.

Damit ich aber von meiner langen Ausschweifung endlich wieder dahin komme, wohin meine Absicht gegangen: so

kann man aus dem bisher Angeführten leichtlich wahrnehmen: daß es nicht auf die Menge der Stücke, sondern auf die Art und gute Einrichtung derselben ankomme; wenn man sie als Exempel zu guten theatralischen Regeln anwenden will. Was war nun also nötiger, als daß ich erst auf gute Muster von Lust- und Trauerspielen denken mußte, ehe ich die Regeln derselben meinen jungen Landesleuten, den anwachsenden Dichtern, recht erleichtern konnte. Dieses ist bei allen Völkern der Ordnung der Natur gemäß gewesen. Ehe ein Aristoteles die griechische Schaubühne auf einen vernünftigen Fuß setzen konnte, hatte er nicht nur eine unzählige Menge schlechter Poeten, sondern auch einen Aeschylus, Sophokles und Euripides vor Augen, in deren Werken er die vollkommenste Nachahmung der Natur erblickte und auf deren Muster er seine Leser verweisen konnte. Horaz bei den Römern hatte gleichfalls den Ennius, Accius und Pacuvius[41], den Plautus und Terenz in Händen, als er sein Werk von der Dichtkunst schrieb. Und Boileau dorfte nur den Corneille, Racine und Molière betrachten, wenn er in seiner ›Art poétique‹ Regeln der Schaubühne geben wollte[42].
Die wenigen Exempel nun, die noch zur Zeit bei uns im Drucke gewesen, als ›Cato‹ und ›Iphigenia‹, der Frau Linkin ›Polyeuktes‹, des Herrn Professor Witters ›Mithridates‹, des Herrn Kopps und Stüvens ›Alziren‹, Scharffensteins ›Cäsar‹ und etliche andre Stücke[43], waren mir nicht zulänglich, alles, was ich nötig hatte, darin zu finden. Ja gesetzt, daß ich zur Tragödie Vorrat genug bei der Hand gehabt hätte: hätten ihn auch alle diejenigen gleich gehabt, die mein Buch gelesen hätten? da alle solche einzelne Stücke sich bald vergreifen und nicht überall zu haben sind. Und wo hätte ich Komödien hergenommen, die regelmäßig gewesen wären, da man uns dergleichen noch gar nicht hat drucken lassen? Alles dieses hat mich nun verbunden, erst auf eine kleine Sammlung guter Stücke zu denken, ehe ich die Regeln der theatralischen Poesie selbst ans Licht stellete. Daher erscheint nun itzo der erste Band derselben, und der

andre soll in wenigen Monaten auch ans Licht treten. Jeder davon, und alle folgende, wird wechselsweise ein Trauerspiel und ein Lustspiel, und jedesmal dreie von jeder Gattung, das ist zusammen ein halb Dutzend Schauspiele, in sich halten. Das erste Stücke, so in diesem Bande vorkömmt, ist ›Iphigenia‹, die ich bereits vor zwölf Jahren aus dem Racine übersetzt, auch 1732 dem Drucke überlassen habe. Die damalige Auflage aber hatte sich so bald verloren, daß der Verleger schon seit etlichen Jahren von den Liebhabern deutscher Schauspiele erinnert worden, selbiges wieder aufzulegen. Man hat aber mit Fleiß damit angestanden, bis es in dieser ›Deutschen Schaubühne‹ nebst andern solchen Stücken zugleich erscheinen könnte. Indessen habe ich selbiges nochmals übersehen und verbessert, auch die französische Art, einander mit *Ihr* anzureden, durchgehends in das alte griechische und römische *Du* verwandelt; als welches uns einen weit edlern Begriff von der ungekünstelten Einfalt der damaligen Zeiten beibringt. Nur eine Stelle ist meiner Aufmerksamkeit entwischet, die mir aber von einem guten Freunde angezeiget worden. In dem andern Auftritte des ersten Aufzuges spricht Agamemnon zum Ulysses so, daß Achilles es nicht hören soll:

Juste Ciel! sauroit – il mon funeste artifice.

Dieses habe ich damals so gegeben, als ob es ein Wunsch wäre:

O Himmel! wüßt er nur mein trauriges Entschließen.

Allein mein Freund hat allerdings recht, daß es kein Wunsch, sondern eine bekümmerte Frage an den Ulysses ist, die man etwa so geben könnte:

O Himmel! sollt er auch von meiner List schon wissen?

Übrigens wiederhole ich hier, was ich schon in der Vorrede zur ersten Ausgabe wegen des letzten Auftritts erinnert habe. Ich habe denselben den Zuschauern zu Gefallen gemacht, die bei der Vorstellung dieses Stückes, nach der Racinischen Art, es zu beschließen, noch immer zweifelhaft bleiben: ob Iphigenia wirklich leben geblieben oder nicht? Indem ich sie aber von dem Achilles, der ohnedem so eifrig gewesen, sie zu schützen, gleichsam im Triumphe ihrer Mutter wiederbringen und also die Erzählung des Ulysses sichtbarlich bestärken lasse: so hoffe ich dadurch nichts getan zu haben, was der Wahrscheinlichkeit zuwiderliefe. Die kurzen Worte, womit diese erfreuten Personen einander ihre Gedanken zu verstehen geben, werden auch verhoffentlich den Affekt der Zuhörer nicht matt werden lassen, wenn nur die spielenden Personen recht das Ihre dabei tun[44].

Das andre Stück, so hierauf erscheint, ist ein Schauspiel, so der Hr. von St. Evremond[45], einer der größten Männer, die Frankreich aufzuweisen hat, zu der Zeit aufgesetzet, als die Opern noch ziemlich neu in Paris gewesen. Dieser große Kunstrichter sah, nach seiner genauen Kenntnis der Alten und der Regeln der Schaubühne, das lächerliche und ungereimte Wesen solcher Singspiele vollkommen ein. Er gab solches nicht nur in einer kleinen Abhandlung von den Opern, die im III. Teile seiner gesammleten Schriften[46] und deutsch in dem andern Bande der ›Eigenen Schriften und Übersetzungen der deutschen Gesellschaft‹[47] zu finden ist: sondern er nahm sich auch die Mühe, ein Lustspiel zu verfertigen, darin er das Abgeschmackte eines beständigen Singens desto handgreiflicher machen wollte. Er hat sich hier den berühmten Spanier Cervantes zum Muster genommen, der die Ritterbücher seiner Landesleute durch seinen Ritter Don Quixoten lächerlich gemacht und abgeschaffet hatte. Vielleicht hatte er auch den ›Berger extravagant‹ des Thomas Corneille[48] vor Augen, der die Schäferromanen der Franzosen, die Herr von Urfé[49] aufgebracht hatte und davon ganz Frankreich angesteckt war, lächerlich zu machen, verfertiget worden. Doch kann ich es nicht für gewiß sagen, ob nicht vielleicht Hr. von St. Evremond derjenige gewesen, den sich Corneille zum Muster genommen.

Die Übersetzung dieses Stückes hatte ich vor zehn Jahren schon, bis auf den fünften Aufzug, fertiggemacht; aber nachmals, vieler andern Arbeiten halber, liegenlassen. Bei dieser Gelegenheit aber schien mir dieses so lustige als nützliche Stück schon der Mühe wert, daß ich es nochmals durchsähe und unsern Deutschen zu lesen gäbe. Es kam mir hierbei die Hülfe meiner geschickten Freundin[50] zustatten, als welche mir den ganzen fünften Aufzug, der mir noch fehlte, vollends übersetzte; welches ich hiermit öffentlich bekennen und ihr nachrühmen muß. In dem ganzen Stücke aber hat man sich eine Freiheit genommen, die ohne Zweifel allen Komödien, die man aus fremden Sprachen in die unsrige bringet, zu keinem geringen Vorteile gereichen wird. Ich habe nämlich alle französische Namen, die unsern deutschen Ohren so widerlich klingen und solchen übersetzten Lustspielen ein fremdes Ansehen geben, in lauter deutsche verwandelt. Dadurch bekömmt nun dies Stück ein ganz einheimisches und deutsches Ansehen: und ein deutscher Leser oder Zuschauer nimmt mehr teil daran, als wenn es in so fremder Gestalt aufgezogen käme.

Aus ebender Ursache nun, und derselben Regel zufolge, habe ich aus den parisischen Opern hamburgische und aus der Stadt Lyon, wo dort die ganze Geschichte vorgeht, Lübeck gemachet. Es ist bekannt, daß bald nach der Hälfte des vorigen Jahrhunderts die Opern in Hamburg ihren Anfang genommen: und ich habe durch die Güte eines werten Freundes nicht nur ein völliges Verzeichnis aller daselbst jemals aufgeführten Singspiele, sondern auch eine sehr große Sammlung derselben zu dem Ende geschenkt bekommen: daß ich mich ihrer in dieser Absicht bedienen könnte. Wie solches geschehen sei, das wird die Durchblätterung dieses Lustspiels selbst zeigen: Darüber aber verhoffentlich, weder in Hamburg noch in Lübeck, sich irgend jemand zu beschweren Ursache haben wird. Die Namen sind, außer den Verfassern und Komponisten der Singspiele, alle erdichtet: und auch diese sind alle aus dem vorigen Jahrhunderte,

folglich bereits vor vielen Jahren gestorben; zu geschweigen, daß auch nichts anders von ihnen angeführt wird, als daß sie Opern gemacht und in die Noten gesetzt haben.
Ist dieses etwas Schimpfliches, so haben sie die daraus entstehende Schande sich selbst, nicht aber dem, der solches historisch anführet, zu verdanken. Gegen alle itzt lebende Dichter und Komponisten aber hat man billig alle die Hochachtung, die sie als geschickte Leute von allen Kennern fordern können. Wollen sie es aber übelnehmen, daß hier ihre Kunst in Verfertigung und musikalischer Aufführung der Opern verspottet wird: so müssen sie sich zuvörderst an den Urheber dieses Stückes, nicht aber an den Übersetzer halten. Hernach aber sind vielleicht die damaligen Opern so gut nicht gewesen, als die heutigen sind. Und endlich ist es vielleicht, wie einige geschickte Leute dafürhalten, noch möglich, dasjenige, was in den Singspielen fehlerhaft ist, abzustellen und diese Art theatralischer Gedichte zu größerer Vollkommenheit zu bringen[51].
Ich komme auf die ›Cornelia‹ als das andre Trauerspiel und dritte Stück dieser Sammlung, welches meine fleißige Freundin, vor etlichen Jahren, zu ihrem und meinem Vergnügen aus der Madem. Barbier[52] übersetzet hat. Ich darf weder von der Geschichte selbst noch von der Einrichtung der Fabel das Geringste sagen; als welche ihr nicht zugehören und im Deutschen so geblieben, wie sie im Französischen gefunden worden. Es werden auch verhoffentlich die Kenner solcher Gedichte, nach genauer Prüfung desselben, sattsam überführet werden, daß darinnen die Regeln der Schaubühne vollkommen beobachtet worden: wie in den Anmerkungen zu der ›Poetik‹ Aristotels hin und wieder erwiesen werden soll. Was die Übersetzung derselben und folglich den deutschen Ausdruck betrifft: so werden alle Kenner und Richter desselben sich weder über einen Silbenzwang noch über ein mattes und schläfriges Wesen zu beklagen Ursache finden. Dem Grundtexte ist zwar überall eine Gnüge geschehen; allein die Übersetzerin ist auf keine sklavische Art an allen

Worten und Redensarten der Verfasserin klebengeblieben: so daß man es wohl niemals erraten würde, daß dieses Stücke eine Übersetzung ist, wenn man es sonst nicht wüßte. Allein auch hier hat man das französische *Vous* in das alte *Du* der Römer verwandelt, um die Zuhörer desto mehr in die vergangenen Zeiten zu versetzen. Der Beifall übrigens, den die Vorstellung dieses Trauerspiels bereits hier und anderwärts erhalten, überredet mich, daß es den Lesern nicht minder gefällig sein werde.

Ebendas kann ich kürzlich von dem ›Gespenste mit der Trummel‹, als dem vierten Stücke dieses Bandes, sagen. Es ist gleichfalls schon zu vielem Vergnügen der Zuschauer verschiedene Male auf der Neuberischen Bühne vorgestellet worden und aus derselben Feder geflossen, der wir die Übersetzung vom englischen ›Cato‹ des Herrn Addisons zu danken haben[53]. Herr Destouches hat zweifelsfrei, in seiner französischen Übersetzung[54], das englische Original in vielen Stücken verlassen oder verändert; um demselben die Ordnung und Regelmäßigkeit zu geben, der die Engländer in ihren Schauspielen nicht gewohnt sind. Die Übersetzerin hat sich also lieber nach dieser Verbesserung als nach dem Grundtexte richten wollen; da es ihr sonst ebenso leicht gefallen wäre, diesen als jene zu übersetzen. Nur in den Namen hat sie sich ebender Freiheit bedienet, die sich Herr Destouches genommen, daß sie dieselben nach deutscher Art eingerichtet; um dem Stücke dadurch eine desto mehrere Anmut bei uns zu geben.

Das fünfte Stücke ist die ›Zaire‹ des Herrn von Voltaire[55], deren Inhalt und Übersetzung sich dem geneigten Leser schon selbst anpreisen werden. Herr Voltaire hat, dem Exempel des ›Polyeuktes‹ zu folgen, auch die christliche Religion auf die Schaubühne zu bringen gesucht, und dieses sowohl in der ›Zaire‹ als in der ›Alzire‹ ins Werk gerichtet. Hat nun ›Polyeuktes‹ auch unter uns schon viel Beifall gefunden und selbst diejenigen Feinde der Schaubühne gewonnen, die ihr sonst, der alten heidnischen und weltlichen

Fabeln halber, gram gewesen waren: so hoffet man von diesem Stücke nicht mindere Wirkungen. Der Herr Übersetzer ist durch seine andre poetische und prosaische Schriften dem gelehrten und sinnreichen Deutschlande schon so bekannt, daß er meines Lobes nicht bedarf; und ich darf also nur seine Arbeit selbst für ihn reden lassen.

Das letzte und sechste Stück endlich ist von dem Hrn. M. Detharding, mir zu Gefallen, bei müßigen Stunden, aus dem Dänischen des gelehrten Herrn Professor Holbergs[56] übersetzt worden. Dieser berühmte und sinnreiche Mann hat in Dänemark dasjenige geleistet, was Molière oder Herr Destouches in Frankreich getan haben. Er hat nämlich, außer vielen andern, historischen, philosophischen und poetischen Werken, fünfundzwanzig dänische Lustspiele verfertiget und ans Licht gestellet, die als Muster der Schaubühne anzusehen sind. Ohngeachtet wir in Deutschland einen so fruchtbaren und regelmäßigen Dichter, in dieser Art, noch nicht aufzuweisen haben: so machen wir uns doch eine Ehre daraus, auch diesen unsern Nachbar, aus einem mit uns verschwisterten Volke, den südlichen und westlichen Völkern Europens zum Beweise darzustellen: daß die nordischen Geister der Gelehrten eben so träge nicht sind, als sie zu glauben pflegen. Die Torheit der französischen Affen ist wenigstens so scharfsinnig und so glücklich von ihm ausgelachet worden, daß man hoffen kann, es werden künftig alle solche deutsche Franzosen, davon es eine Zeitlang in Deutschland gewimmelt hat, bei allen, die dies Stück lesen, halb unehrlich gemacht werden. Es werden aber sowohl der Herr Verfasser als der Herr Übersetzer desselben hiermit freundlichst ersuchet, es nicht übel zu deuten: daß man sich, nach der obengedachten Regel, die Freiheit genommen, auch hier die dänischen Namen in etwas zu ändern und einige Kleinigkeiten auf deutschen Fuß einzurichten.

Dies ist es alles, was ich dem geneigten Leser itzo zu sagen hatte. Nächstens erwarte derselbe den andern Band, der abermal drei Trauerspiele und drei Lustspiele in sich halten wird. Sind es hier lauter Übersetzungen gewesen, so sollen im folgenden wenigstens die Hälfte ursprünglich deutscher Herkunft sein. Vielleicht bringen wir es in kurzem so weit, daß wir gar keiner Beihülfe unsrer Nachbarn mehr brauchen; sondern von lauter eigenen Arbeiten unsrer Landesleute diese Sammlungen fortsetzen können. Die geschickten Köpfe, die sich schon hier und da unter jungen Dichtern zeigen, versprechen mir dies Vergnügen ehestens zu erleben: und ich werde nicht ermangeln, wie ich bereits bisher getan habe, also auch künftig durch Bekanntmachung derjenigen Stücke, die sie mir einsenden werden, wenn sie nur regelmäßig sind, sie ferner zu Rettung der Ehre des deutschen Witzes und Namens kräftigst aufzumuntern.

Geschrieben den 28. Dezember 1740.

VII

Vorrede zum ›Nöthigen Vorrath zur Geschichte der deutschen dramatischen Dichtkunst‹

Geneigter Leser!

Hier empfängst du ein Stück aus der gelehrten Geschichte unsers Vaterlandes, und zwar ein solches, das du dir wohl nicht so reich vermutet haben solltest, als du es hier antreffen wirst. Liebest du nun dein Vaterland; schätzest du den Fleiß deiner Vorfahren hoch; siehst du es ein, daß sie uns fast in allen übrigen Teilen der Gelehrsamkeit vorgearbeitet haben; und bist du so billig, ihre Bemühungen nicht zu verachten, wenn sie gleich in ihren Versuchen nicht den höchsten Gipfel der Vollkommenheit erreichet haben: so wirst du es mir Dank wissen, daß ich dir einen großen Vorrat von Sachen bekannt gemachet, davon du das wenigste jemals zu sehen bekommen; ja davon du dir wohl niemals hättest träumen lassen, daß dergleichen in so reicher Anzahl vorhanden wäre.

Bist du aber gar ein Liebhaber der Dichtkunst; liebest du nur einigermaßen die Schaubühne; hältst du es für ein Merkmal eines gesitteten und witzigen Volkes, daß es Schauspiele kennet, sie liebet und dem Geschmacke der klügsten Völker des Altertums darin nachahmet; würde es dir nach deiner edlen Ehrliebe leid sein, wenn Deutschland in diesem Stücke andern europäischen Völkern etwas nachgeben müßte: so denkest du zuvörderst als ein Patriot; sodann aber wirst du es auch mit Vergnügen aufnehmen, daß ich dir hülfliche Hand geleistet, alle diese Vorzüge unsers Vaterlandes in vollem Lichte wahrzunehmen.

Doch ich sehe es vorher, daß ich nicht lauter solche billige Leser und Richter meiner Bemühungen finden werde. Die gelehrte Republik ist nirgends uneiniger als in diesem Fache literarischer Arbeiten. Ich werde mit *witzigen Köpfen*, ich werde mit *Kunstrichtern*, ich werde auch mit *Liebhabern und Bewundrern der Ausländer* zu tun bekommen. So uneins diese Herren bisweilen unter sich zu sein pflegen, so einig werden sie wider mich sein, meine Sammlung von Komödien und ihren Titeln zu verachten, ja wohl gar auszulachen. Ich muß mich also gegen alle insbesondere verantworten.

Die erste und allgemeine Antwort, so ich ihnen zum voraus geben kann, ist von der Veranlassung hergenommen, die mich zu dieser Sammlung bewogen hat. Der sel. Prof. Stolle[1], der in der gelehrten Geschichte bekanntermaßen eine besondere Stärke gehabt, hat eine Regel gegeben, der ich nur nachgehen darf, mein ganzes Verfahren zu rechtfertigen. Er will oder rät es den Schriftstellern, daß sie in den Vorreden ihrer Werke die Geschichte derselben erzählen und die Gelegenheiten, Ursachen und Absichten entdecken sollen, so sie dazu getrieben haben. Er hielt nämlich dafür, daß man von einem Buche dann allererst recht urteilen könne, wann man von diesen Stücken benachrichtiget wäre. Viel verständige Männer unter den Gelehrten haben dies Stollische Urteil gebilliget: und vielleicht wird es auch mir gelingen, verschiedene meiner Leser zu gewinnen, wenn ich ihnen entdecken werde, wie mein Verzeichnis deutscher Schauspiele zur Wirklichkeit gekommen.

Im 1740sten Jahre kam ein französisches Buch heraus, darinnen uns Deutschen die Liebe und Kenntnis der Schaubühne mit sehr stolzen und verächtlichen Worten abgesprochen ward[2]. Ich muß sie notwendig anführen, so hart sie auch lauten: damit meine Leser selbst von dem Eindrucke urteilen können, den sie bei mir und vielen andern rechtschaffenen Deutschen gemachet haben.

Nach sehr vielen harten Vorwürfen und falschen Beschuldigungen, so darin überhaupt wider die deutsche Nation und im IX. und X. Briefe wider ihre Sprache und Poesie ausgestoßen worden, liest man auf der 461. u. f. Seite »Nommez-moi un esprit créateur sur votre Parnasse; c'est-à-dire, nommez-moi un poète Allemand, qui ait tiré de son propre fond un ouvrage de quelque réputation! Je vous en défie! Quelqu'un croira peut-être, que vos poètes s'étant entièrement tournés du côté des traductions, y ont fait des merveilles. Rien moins que cela; ils ont défiguré les meilleurs originaux françois, anglois et italiens. *Nos poèmes dramatiques* en sont une bonne preuve. On ne les reconnoit plus dans votre langue; ce sont bien les mêmes pensées, mais exprimées de la manière la plus foible du monde.« D. i. »Nennet mir doch einen einzigen schöpferischen Geist auf eurem Parnasse; das ist, nennet mir einen deutschen Dichter, der aus seinem eigenen Kopfe nur ein einziges bekanntes Werk hervorgebracht. Ich biete euch Trotz! Vielleicht wird jemand denken, daß eure Poeten, da sie sich ganz aufs Übersetzen geleget, Wunder darin getan haben. Nichts weniger als das! Sie haben die besten französischen, engländischen und italienischen Werke nur verhunzet. Unsre dramatischen Gedichte geben den besten Beweis davon. In eurer Sprache erkennet man sie nicht mehr. Es sind zwar dieselben Gedanken; aber auf die schwächste Art von der Welt ausgedrückt.«

So redet der Verfasser von den deutschen Übersetzungen theatralischer Stücke: aber die Originalstücke spricht er unsrer Nation gar ab und fodert auf eine recht hochtrabende und beschimpfende Art die Ursache davon: Es heißt auf der 465. Seite unten: »Mais comment se peut-il que votre Nation ne puisse pas tirer de son propre fond une seule pièce de théâtre, tant soit peu passable? Où la prendroit-elle? Vos poètes ne s'appliquent presque qu'à la petite poésie et souvent même à des fadaises.«

D. i. »Aber wie geht es doch zu, daß eine Nation aus ihrem eigenen Vorrate nicht ein einziges theatralisches Stück, das nur halbicht etwas taugte, hervorbringen kann? Wo sollte sie das hernehmen? Eure Dichter legen sich bloß auf die kleinen Gedichte und oft gar auf Narrenpossen.«

So lautet das zweite Verdammungsurteil unsrer Poeten und

der theatralischen insonderheit. Aber das ist noch nicht genug. Sein wahrer oder erdichteter Freund wendet ihm ein: auf der 741. Seite »Daß selbst die französischen Poeten nur Übersetzer wären; nur mit dem Unterschiede, daß sie, die Franzosen, die Alten übersetzet hätten, anstatt daß die Deutschen nur die Neuern übersetzten.« »J'ai dit des vôtres, qu'ils n'étoient que des traducteurs; et vous prétendez que les nôtres ne sont pas autre chose; avec cette différence seulement, qu'ils ont traduit les Anciens, au lieu que les Allemands ne traduisent que les Modernes.« Hierauf antwortet er hernach, so gut er kann; aber allemal so, daß er Deutschland die bittersten Vorwürfe machet.

Das Wahreste von seiner Antwort ist dieses, »daß das deutsche Reich gewiß seinen Prozeß verlieren würde, dafern es keinen bessern Verfechter hätte als diesen seinen Freund«. Denn so unwahr es ist, daß die Deutschen nur allein die Neuern übersetzen; ebenso falsch ist es auch, daß die Franzosen nur die Alten verdolmetschet haben. Hat denn Corneille nicht seinen ›Cid‹ sowie viel andre seiner Schauspiele aus dem Spanischen genommen? Hat nicht Riccoboni in einem besondern Traktate[3] dargetan, daß Molière seine meisten Erfindungen aus den Italienern gestohlen, ohne sie zu nennen? Und haben die Franzosen nicht ebensowohl als wir den Tasso, den ›Pastor Fido‹[4], den ›Rasenden Roland‹, den Milton, den Pope[5] und andere neuere Gedichte übersetzet? Ja fangen sie nicht an, auch viel andere engländische und deutsche Schriften zu verdolmetschen?

Doch dem sei, wie ihm wolle; ich erzähle hier bloß, was der Hohnsprecher unsrer deutschen Nation von unsrer Schaubühne für ein Urteil gefället, und muß nun auch beifügen, wozu dieses harte Urteil mich veranlasset. Da ich kein Freund von Streitigkeiten und Zänkereien bin und gleichwohl die Ehre der Deutschen gern gegen solche bittre Angriffe verteidigen wollte: so dachte ich: Der beste Weg, unsern Widersacher zu demütigen, wäre, wenn man ihm als einem Ausländer, dem der Reichtum unsrer Schaubühne unmöglich bekannt sein könnte, denjenigen großen Vorrat von Schauspielen vor Augen legen möchte, den Deutschland seit zweien und mehr Jahrhunderten hervorgebracht und in offenem Drucke dargeleget hat.

Ich entwarf also ein kleines Verzeichnis von dramatischen Stücken, die ich selbst besaß und die mir zuerst in die Hände fielen; und ließ selbiges dem II. Bande der ›Deutschen Schaubühne‹, die ich in eben dem 1740sten Jahre ans Licht stellete, vordrucken. Doch das war nur ein kleiner Anfang: denn da ich einmal auf die dramatischen Gedichte unsrer Landsleute aufmerksam geworden war; so fand ich deren fast täglich mehr: und ich konnte also bei dem III. und IV. Bande noch stärkere Verzeichnisse deutscher Schauspiele mitteilen. Sobald als dies mein Vorhaben bekanntgeworden war, schickte man mir von vielen entfernten Orten noch immer mehr Nachrichten davon ein, die ich ebenfalls bei den folgenden Teilen bekanntmachte. Kurz, der Augenschein selbst wies es, daß es den Deutschen, seit mehr als zweien Jahrhunderten, an Lust und Liebe zur theatralischen Dichtkunst, und sowohl an Originalstücken als an Übersetzungen, nicht gefehlet habe.

Allein ich ging noch weiter. Ich war nicht zufrieden, daß ich die Titel unzähliger Schauspiele kennenlernete: ich fing auch an, die Stücke selbst zu kaufen und zu sammlen. In allen hiesigen und auswärtigen Büchersteigerungen, bei alten Bücherkrämern und selbst bei andern Liebhabern strebte ich nach allem, was ein dramatisches Stück heißen konnte. Manches bekam ich anfänglich ziemlich wohlfeil; allmählich aber ward auch bei andern die Liebhaberei rege, und daher mußte ich viele Stücke ziemlich teuer bezahlen. Doch trösteten mich dabei einige werte Freunde, die mir aus ihrem Büchervorrate alles das freigebig überließen, was einer deutschen Komödie oder einer Tragödie ähnlich sah. Ich muß hier aus Erkenntlichkeit des Herrn Drosten und Kaiserl. Reichspostmeisters zu Braunschweig, Freiherrn von Münchshausen, Hochwohlgeb., imgleichen des Herrn Prof. Mayes[6]

allhier und Herrn D. Quistorps[7] zu Wismar, Hochedelgeb., imgleichen des seligen Pastors zu Meuselwitz, M. Cornel. Heckers, Hochwohlehrw., vorzüglich rühmen, die sich ein Vergnügen daraus gemachet, mir mit allem an die Hand zu gehen, was sie von dieser Art besaßen, mir aber noch fehlete. Dergestalt bin ich nun seit 15 bis 16 Jahren zu einer Sammlung von deutschen Schauspielen gekommen, die sich bis auf die 1200 Stück erstrecket; und die schwerlich anderswo ebenso stark und zahlreich beisammen anzutreffen sein mag.
Ich habe oben noch ein Hülfsmittel zu melden vergessen, welches meine Kenntnis von Schauspielen merklich vermehret hat: und dieses ist die berühmte Zwickauische Bibliothek. Dieselbe hat um die Zeiten der Glaubensreinigung einen Mann zum Aufseher gehabt, der fast alles, was damals im Drucke erschienen, gesammlet und der Nachwelt zugut aufgehoben hat. Der itzige hochverdiente Rektor der dasigen Stadtschule und Bibliothekar, Herr M. Clodius[8], der sich auf sehr vielfältige Art um diese Bibliothek verdient gemachet, hat mir mit der Obern Bewilligung alles, was zu meiner Absicht dienen konnte, zur Einsicht und zu meinem Gebrauche willfährig mitgeteilet. Und durch alle diese Mittel ist mein Verzeichnis seit 16 Jahren allmählich immer stärker angewachsen und endlich zu der itzigen Größe und Vollständigkeit gediehen.
Was ich vorhin von den Verzeichnissen bei den verschiedenen Bänden meiner ›Schaubühne‹ gesaget, das wird viele fremde bedünken, die sich etwa der neuen Ausgabe derselben bedienen; wo sie selbige nicht mehr angetroffen. Und freilich war Obiges nur von der ersten Ausgabe zu verstehen. Als nämlich der zweite Druck davon unternommen werden sollte, hatte sich mein Vorrat schon so stark vermehret, daß ich ein weit stärkeres Register davon hätte mitteilen können. Ich hatte mir zu dem Ende bereits alle vorigen Verzeichnisse in ein einziges chronologisches zusammengeschmolzen; Hans Sachsens und Ayrers[9] vielfältige dramatische Werke miteingeschaltet; und dadurch sehr viele Hefte

damit angefüllet. Hätte ich nun dieselben stückweis zu den VI Bänden meiner ›Schaubühne‹ verteilen wollen: so wäre dadurch der Zusammenhang und die Folge der Zeit unterbrochen worden: und gleichwohl sah ich aus allem, daß meine Sammlung noch nichts weniger als vollständig wäre. Ich beschloß also, lieber bei selbiger Auflage alle solche Stückwerke wegzulassen und mit der Zeit ein vollständiges Verzeichnis, wo nicht aller, doch der allermeisten dramatischen Stükke miteinander ans Licht zu stellen.

Bei den Ausländern schwebten mir verschiedene berühmte Exempel davon vor Augen. Von den Italienern hatte der berühmte Ludwig Riccoboni in seiner ›Histoire du Théâtre Italien‹, welches zu Paris 1730 in gr. 8. herausgekommen, ein alphabetisches Verzeichnis aller welschen Stücke, die ihm bekannt geworden, und das sich bis 1500 beläuft, gesammlet und bekanntgemachet. Von den venetianischen Opern allein hatte ein Ungenannter in dem Traktate ›Le Glorie della Poesia et della Musica etc.‹ ein ausführliches chronologisches Register gegeben[10]. Von der französischen Schaubühne hatte die sogenannte ›Bibliothèque des Théâtres‹, 1733, wiewohl nur in alphabetischer, nicht aber chronologischer Ordnung vollständige Nachricht erteilet[11]. Von der holländischen Bühne besaß ich dasjenige Verzeichnis, welches 1727 zu Amst[erdam] unter dem Titel ›Naamrol der Nederlandsche Toneelspeldigteren, beneffens Aanwyzing, welke Stukken zy gemaakt, in wat Iaar, en waar die gedrukt zyn, volgens 't A. B. C. opgestelt‹, ans Licht getreten. Von den spanischen und englischen Schauspielen aber sind ebendergleichen Verzeichnisse vorhanden; wie den Bücherkennern zur Gnüge bekannt ist[12].

Da nun unsre Nachbarn, ja alle aufgeklärte Völker von Europa, uns in diesem Stücke mit so guten Beispielen vorgegangen waren; so glaubte ich gleichfalls, daß es den Deutschen nicht minder nützlich und rühmlich sein würde, wenn ich ihnen ebenden Dienst leistete. Der Vorrat, den ich teils schon hatte, teils noch vorhersah, war ansehnlich genug, so daß wir uns gegen andre nicht zu schämen Ursache hatten: und gleichwohl sah ich eben nicht, daß irgendein andrer Anstalt gemachet hätte, in diesem Felde zu arbeiten. Dazu kam noch, daß die Ausländer allmählich begierig wurden, von unsrer Deutschen Literatur einige Kenntnis zu haben; und sich gleichwohl mit sehr unzulänglichen, auch wohl falschen Nachrichten behelfen mußten: wie es dem Herrn Riccoboni in seinen ›Réflexions historiques et critiques sur les différens Théâtres de l'Europe‹ gegangen war, das 1740 ans Licht getreten.

Dies sind nun, geneigter Leser, alle die Ursachen, die mich nach und nach bewogen haben, teils dies Verzeichnis zu sammlen, teils es endlich, so wie du es hier siehst, ans Licht zu stellen. Nunmehr aber ist es Zeit, daß ich auch denen verschiedenen Urteilen zu begegnen suche, die von denen gleich anfangs erwähnten dreien Gattungen von Tadlern darüber gefället werden dörften.

Die erste begreift die *witzigen Köpfe* unsrer Zeiten. Dies sind die aufgeweckten schönen Geister, die sich und ihre Beschäftigungen, mit sinnreichen Einfällen, artigen Gedichten, Liedern, Märlein und Erzählungen, auch wohl zum Teil Schäferfabeln, Gesprächen und kleinen Lustspielen, so sehr lieben, daß sie dagegen fast alle übrige Bemühungen der Gelehrten verachten. Vivitur ingenio![13] ist ihr Wahlspruch. Kurz, was nicht witzig, sinnreich oder scharfsinnig ist, das ist in ihren Augen des Druckes nicht wert. Geistern von dieser Art nun muß notwendig ein trockenes Register von alten verschimmelten und halb vermoderten Komödien ein höchst armseliger Anblick zu sein bedünken. Was ist auch in der Tat trockener als ein mageres Bücherverzeichnis! Und was sieht einer Eselsarbeit ähnlicher als eine Sammlung alter Schwarten, die in ihren Augen kaum zum Anzünden einer Tobackspfeife gut genug wären? Was ihnen also gefallen soll, das muß neu, spitzfindig, seltsam und aufgeweckt sein. Aller unsrer Vorfahren Arbeiten sind nach ihrem Urteile nicht wert, daß man sie auch bloß nach ihren Titeln kenne.

Mit solchen Herren habe ich zu tun, geneigter Leser! Diese werden mich, als einen armseligen Gibeoniter, nicht über die Achsel ansehen. Und ich gestehe es, daß ich alle ihre Verachtung verdiene, dafern ich mein Leben lang sonst nichts anders getan als Titel gesammlet habe. Allein ich bin jederzeit ebensowohl als sie auch ein Verehrer des Geistes und Witzes gewesen. Ich kenne die großen Vorzüge aufgeweckter Köpfe vor bloßen Registermachern so gut als sonst jemand. Ich schätze alle diejenigen hoch, die ihrem Vaterlande durch sinnreiche Werke Ehre machen. Aber eben diese Hochschätzung hat mich zu dieser Arbeit vermocht. Waren denn die dramatischen Dichter voriger Jahrhunderte nicht auch witzige Köpfe? Waren sie nicht auch zu ihrer Zeit die Zierden ihres Volkes,

Flos delibutus populi, suadæque medulla?[14]

Sind sie es denn also gar nicht wert, daß man sich ihrer Verdienste auch nach ihrem Tode erinnere, ihr Andenken erneuere und durch die Wiederholung ihrer Namen zeige: Daß Deutschland ganze Jahrhunderte durch eine ununterbrochene Reihe guter Köpfe gehabt, die ihm, trotz unsern Nachbarn, Ehre gemachet haben?

Und wie? Wünschen sie denn selber nicht, bei der späten Nachwelt in dauerhaftem Andenken zu bleiben? Sollen ihre Lorbeern mit ihrem Leben verwelken? Oder wollen sie, daß man sie auch hundert und mehr Jahre nach ihrem Tode noch nennen und werthalten soll? Denken sie etwa, daß ihre Schriften allein sie schon unsterblich machen werden, ohne daß sie eines dienstfertigen Geschichtschreibers nötig haben würden: so irren sie sich. Unzählige griechische und lateinische Dichter dachten vormals auch so: und doch ist kein Blatt von ihnen vorhanden! Nur ihre Namen finden wir hier und da: und ein le Fèbre, Giraldus, Vossius, Fabricius[15] haben ihrer halbigten Unsterblichkeit gute Dienste getan. Ebenso wird es ihnen gehen! Es stehen täglich neue sinnreiche Köpfe auf, welche die vorigen verdringen.

Ut silvae foliis pronos mutantur in annos,
Prima cadunt: ita scriptorum vetus interit aetas.[16]

Wie eine Welle im Wasser die andre treibt und vertilget, so vertreiben und verdunkeln auch die witzigen Köpfe und ihre Schriften einander. Die Welt, und auch unser Vaterland, gleicht den Müttern, die immer ihr jüngstes Kind am liebsten haben. Ich habe die Zeiten gesehen, da Philander, Amaranthes und Menantes die Modedichter waren[17]. Alles las sie, alles konnte sie auswendig. Allein Günther[18] kam und verdunkelte sie. Über Günthern war nichts: und man konnte nicht Auflagen genug machen. Doch Brockes[19] erschien, und Günther ward vergessen. Itzo blühen ein paar andre; denen es in kurzem ebenso wie ihren Vorgängern gehen wird. Das Neueste wird allemal das Ältere verdringen.

Et iuvenum ritu florent modo nata vigentque.[20]

Ist es also nicht gut, daß man auch einmal das Andenken der Alten erneuere? Dieses wünschen sich die heutigen schönen Geister selbst? wollen sie denn so ungerecht sein, es jenen Alten zu mißgönnen?
Doch hier fallen *die Kunstrichter* ein; und meinen mit einer weit fürchterlichern kritischen Strenge alle meine angewandte Mühe auf einmal niederzuschlagen. Ihr Machtspruch heißt: es sei töricht, nur in der Menge deutscher Schauspiele den Vorzug oder die Ehre der Deutschen zu suchen. Auf die Güte käme es hauptsächlich an; nicht aber auf die Zahl. Folglich sei es eine vergebliche Arbeit, nur alle verlegne Papiere, darauf *Komödie* oder *Tragödie* stehe, aufzusuchen. Wenig gute Stücke, die wir aufweisen könnten, würden eine viel bessere Wirkung tun als tausend elende Mißgeburten voriger Zeiten.
Auch diese meine Gegner haben recht, wenn wir erst einander recht verstehen werden. Ich weiß es ganz wohl: die Menge schlechter Sachen ist freilich ein sehr seichter Grund des Lobes für eine Nation: solange man nicht mit Gegnern

zu tun hat, die auch von ihrer Seite mit einer großen Menge von Sachen prahlen. Das tun aber alle obbemeldte Geschichtschreiber der italienischen, französischen, holländischen, englischen und spanischen Schaubühnen. Sie rühmen sich, 1500 bis 2000 dramatische Stücke aufweisen zu können; und das soll eben die Ehre ihres Volkes und seines Witzes behaupten; auch sogar dann, wann sie nicht viel Regelmäßiges aufzuweisen haben: wie bei Italienern, Spaniern und Engländern ausgemachet ist. Soll es nun bei so gestalten Sachen von unsrer Seite nicht auch erlaubet sein, unsern Reichtum zu zeigen? Sollen wir allein nicht das Recht haben, unsern Schätzen in alten Zeiten nachzuspüren und ihr vergessenes Andenken zu erneuern?

Gewiß, wenn meine strengen Richter in den griechischen und römischen Sachen erfahren sind: so werden sie es wohl wissen, daß nicht alle die tragischen und komischen Dichter, deren Aristoteles in seiner ›Dichtkunst‹ gedenket, lauter Euripiden und Sophoklen oder lauter Philemone und Menander[21] gewesen. Wie vieler Stümper Namen aber haben nicht Gyraldus und Vossius aufgeklaubet? Und wie vieler elenden Dichter Stücke stehen nicht in dem obigen Verzeichnisse der italienischen, französischen und holländischen Schauspiele? Denn das wäre ja wohl eine Torheit zu glauben: daß alle die 1500 welsche Stücke beim Riccoboni oder alle 2000 französische, die nur vorhanden sind, lauter Meisterstücke sein sollten: da selbst nicht einmal alle Corneillische, Racinische oder Molièrische Stücke für recht gut gehalten werden können; geschweige denn, daß alle ihre Jodelets, Pradons und Scudérys[22] lauter Corneillen und Racinen gewesen sein sollten.

Allein endlich und zuletzt muß ich, meine kritischen Gegner zu besänftigen, nochmals erinnern: daß ich nichts als ein Stück von der gelehrten Geschichte aus der deutschen Dichtkunst zu liefern willens gewesen. Die Geschichte aber ist niemals genötiget gewesen, lauter Gutes zu erzählen. Sie nimmt die Begebenheiten, wie sie dieselben findet, und läßt ihre Leser den Unterscheid machen und die Wahl treffen. Die Ehrlichkeit und Unparteilichkeit ihrer Nachrichten ist, nebst der Vollständigkeit, ihr größtes Verdienst. Die Historie kann ja die Zeiten und die Leute nicht besser machen, als sie gewesen; sondern vertritt nur die Stelle eines getreuen Spiegels, der alles der Natur und Wahrheit nach abbildet. Das habe ich nun in Ansehung der dramatischen Dichtkunst der Deutschen getan. Findet sich nun viel Schlechtes darunter: so ist es bei andern Völkern ebenso. Wenigstens ist es meine Schuld nicht, daß ich nichts Bessers zu erzählen gefunden. Vielleicht aber werden Unparteiische doch noch manches finden, das viel besser sein wird, als sie es zu finden geglaubet hätten.

Nun sind noch *die Bewunderer alles Ausländischen* übrig; die meine Arbeit ebenfalls niederzuschlagen eifrig sein werden. Diese Zahl ist gewiß in Deutschland größer als mir lieb ist: und ihr Urteil ist mir desto gefährlicher, je vornehmer diejenigen zu sein pflegen, die es fällen. Unsere Höfe und der gereiste Adel sind insgemein die geschwornen Anbeter des fremden und ekele Verächter des deutschen Witzes; bloß weil es vornehm läßt, die Sprache des Pöbels in seinem Lande zu verabscheuen: gerade als ob die ausländischen Sprachen nicht auch in ihren Ländern Pöbelsprachen wären; ja als ob nicht gemeiniglich ihre Sprachmeister und Französinnen auch aus dem Pöbel der Völker, die sie so bewundern, entsprossen wären.

Doch das sehen und bedenken diese Herren und Damen nicht: und daher verachten sie getrost alles, was unser Vaterland in witzigen Dingen, sonderlich auf der Schaubühne, hervorgebracht hat. Diese werden also die ganze Mühe für verloren achten, die ich auf Sammlung solcher Scharteken verwandt habe. Ich hergegen gestehe es ihnen zuvörderst, um sie gleich anfangs zu besänftigen, gern zu: daß ich ihrem großen Corneille keine deutschen Krähen und ihrem Racine keinen deutschen Wurzelmann entgegenzusetzen habe.

Aber wieviel Corneillen und Racinen haben denn die Welschen, Spanier und Engländer aufzuweisen? Und doch schreiben diese Völker die Geschichte ihrer Schaubühnen und machen Verzeichnisse ihrer Stücke; und doch dünken sie sich nichtsdestoweniger auch witzig und klug zu sein. Man erstaunet ja, wenn man des Crescimbini Verzeichnis welscher Dichter liest[23]; von denen gewiß unzählige entweder schlechte Helden überhaupt gewesen sein müssen oder irgend nicht viel mehr als ein paar mäßige Sonette oder Liederchen gemachet haben. Sollten wir Deutschen nun nicht das Recht haben, die Verfasser ganzer Schauspiele zu melden?

Sollte ich aber mit den Bewundrern französischer Stücke insbesondre sprechen: so würde ich sie billig fragen: ob denn dieses Volk irgend lauter Corneillen und Racinen hervorgebracht? Es ist wahr, sie haben noch einen Crébillon[24] und Voltaire; und außer Molièren noch einen Destouches[25] aufzuweisen: aber wie mittelmäßig sind auch neben diesen alle übrige dramatische Dichter bei ihnen? Wie zahlreich ist nicht auch die Menge der schlechten? Und wieviel schwache Stücke haben nicht endlich auch ihre größten Meister gemachet? Kaum werden ja noch drei oder vier Stücke vom P. Corneille heutezutage auf der Pariser Bühne geduldet, weil seine Schreibart bereits so altväterisch klingt als bei uns Opitzens seine: und selbst von Racinens Stücken sind viele, so rein und schön sonst ihre Schreibart ist, schon gefallen und ins Vergessen geraten. Ebenso geht es mit den Molièrischen Stücken, davon kaum fünf oder sechs recht regelmäßig und noch itzo im Gange sind. Hat man denn wohl Ursache, so sehr auf diese Helden einer ausländischen Bühne zu trotzen und die unsrigen ganz dagegen zu verachten?

Ich bin fest versichert, daß die Parteilichkeit dieser Klasse von meinen Tadlern so deutlich in die Augen fallen wird, daß ich nicht Ursache habe, mehr hinzuzusetzen. Und gesetzt, daß bei uns das vorige Jahrhundert noch keine vollkommene Meisterstücke geliefert hätte; wiewohl wir unsre Gryphischen, Lohensteinischen und Hallmannischen Stücke[26] billig allen welschen und englischen des vorigen Jahrhunderts entgegenstellen können: so hat doch das itzige uns unstreitig auch schon solche deutsche Originale geliefert, die einer großen Menge der französischen, wo nicht vorgehen, doch gewiß die Waage halten.

Es ist wohl wahr, daß ich itzo meinen Vorrat von diesem Jahrhunderte dem geneigten Leser nur bis aufs 51ste Jahr mitteile: und doch ist das Verzeichnis davon fast so stark als von einem der vorigen angewachsen. Es sind Ursachen vorhanden, warum ich die letzten Jahre noch zurückhalte; um sie künftig einmal bei einer neuen Ausgabe desto vollständiger zu liefern! Ich ersuche indessen alle patriotische Leser, mir alles, was zur Ergänzung und Verbesserung meiner Nachrichten dienen kann, gütigst mitzuteilen. Es ist auf die gemeinschaftliche Ehre von ganz Deutschland damit abgezielet: und ich weiß, wie unmöglich es ist, daß ein einziger Mann alle dazu nötige Kenntnis haben kann. Ebendarum habe ich alle Stücke, die ich selbst besitze, mit Sternchen bezeichnet; damit meine Leser wissen mögen, was mir noch fehlet. Ich werde jedes Stück, das man mir überlassen will, gern nach Werte bezahlen oder meine Erkenntlichkeit sonst dafür blicken lassen.

Noch eine Anmerkung kann ich nicht zu machen unterlassen. Die deutsche Schaubühne hat ein Verdienst, dessen sich schwerlich eine andere bei unsern Nachbarn wird rühmen können. Sie hat der Religion ungemeine Dienste geleistet; und sonderlich der im XVI. Jahrhundert geschehenen Glaubensreinigung einen unaussprechlichen Vorschub getan. Ich überlasse es der Beurteilung unsrer Theologen und aller derer, die es mit der evangelischen Wahrheit gut meinen, ob nicht eine Menge solcher Schauspiele hier vorkömmt, welche der geläuterten Glaubenslehre, durch sichtbare Vorstellung des alten Aberglaubens, den stärksten Eingang in die Herzen unzähliger Zuschauer verschaffet haben müssen?

Ebendaher wird man schwerlich bei einem andern Volke soviel geistliche Lehrer unter den dramatischen Dichtern antreffen als bei uns. Diesen gottseligen Männern war es gewiß ein Ernst, ihre Zuhörer im Glauben und Leben zu erbauen: und hier kann man mit Rechte sagen, daß die Schauspiele zu ihrer alten Absicht gebrauchet worden, wozu sie bei den Griechen erfunden worden; nämlich das Volk zu lehren. Διδασκειν μυθους, docere fabulas, war der feierliche Ausdruck von der theatralischen Dichtkunst. Und ob sie gleich bei solchem heilsamen Zwecke nicht allemal die dramatischen Regeln beobachtet haben: so sind doch auch ihre hierwider begangenen Fehler bei den beobachteten guten, obwohl einfältig vorgetragenen Sittenlehren viel ehrwürdiger, als die ausschweifendsten Spitzfindigkeiten des italienischen Witzes, die größte Richtigkeit der gallischen Bühne und die rasende Wildigkeit der britischen Lustspiele bei dem Mangel sittlicher Unsträflichkeit nimmermehr sein können.

Übrigens überlasse ich es nunmehr demjenigen, wer Zeit, Lust und Geschicke dazu hat, künftig auf diesen mitgeteilten Grundstoff eine ordentliche Geschichte der deutschen Schaubühne zu bauen. Ich kenne einen gelehrten Mann in Wien, der dazu alle Fähigkeit besitzet[27]; und ich wünsche, daß er bald soviel Muße finden möge, als dazu nötig ist. Ich habe soviel Vorrat dazu angeschaffet, als mir möglich gewesen, auch einige nötige Anmerkungen an die Hand gegeben. Das übrige will ich von ihm erwarten.

In kurzem erwarte der geneigte Leser von meiner Freundin die ›Geschichte der Lyrischen Poesie der Deutschen‹ und bleibe unsern Bemühungen ferner gewogen[28].

Leipzig, den 4. des Ostermonds 1757.

Gottsched.

Anmerkungen

I. Die Schauspiele und besonders die Tragödien sind aus einer wohlbestellten Republik nicht zu verbannen

Als Druckvorlage diente der Erstdruck dieser 1729 gehaltenen Rede in: Gottsched, Johann Christoph: ›Ausführliche Redekunst, Nach Anleitung der alten Griechen und Römer, wie auch der neuern Ausländer; in zweenen Theilen verfasset und mit Exempeln erläutert.‹ Leipzig ²1739. S. 660–668.

1 *Mitglied:* Wer der Autor der ›Abhandlung‹ war, konnte nicht ermittelt werden.

2 *Gesellschaft:* Die Rede wurde von Gottsched 1729 in der Leipziger Vertrauten Rednergesellschaft gehalten (nach einer Anmerkung von E. Reichel in: ›Gesammelte Schriften von J. C. Gottsched‹, Bd. 6, Berlin [1909], S. 323). Gottsched war der Gesellschaft 1724 beigetreten.

3 *Heldengedicht:* Epos. Es galt im 17. und 18. Jahrhundert als höchste poetische Gattung, in der Homer und Virgil die größten Vorbilder geschaffen hatten.

4 Gemeint sind Aristoteles und seine ›Poetik‹.

5 *allegorisch:* Die Vorgänge in der Tragödie (und der Dichtung überhaupt) sind gleichnis-, beispielhaft zu verstehen. Sie haben moralische Bedeutung. Ihre historische Faktizität ist nicht entscheidend.

6 *Haupt- und Staatsaktionen:* (ungedruckte) Dramen mit historisch-politischen Stoffen, die den größten Teil des Repertoires der Wanderbühnen um 1700 füllten. Die Stegreifkünste des Harlekins spielten in ihnen eine große Rolle.

7 *aus den Geschichten:* aus der Geschichte.

8 Aesop: griechischer Fabeldichter um 600 v. Chr. Seine Fabeln sind allein in späteren Bearbeitungen überliefert, vor allem in der lateinischen des Phaedrus (1. Jh. n. Chr.).

9 *Porus:* indischer König, der in Racines Tragödie ›Alexandre le Grand‹ (1666) von Alexander besiegt wird.

10 *Augustus, Cinna:* Gestalten aus Corneilles Tragödie ›Cinna‹ (1640).

11 *Titus, Bérénice:* Gestalten aus Racines Tragödie ›Bérénice‹ (1670). Von Corneille erschien im gleichen Jahr ein gleichnamiges Drama.

12 *Cato:* Gottscheds eigenes Drama ›Sterbender Cato‹ erschien erst drei Jahre nach dieser Rede (1732). Hier handelt es sich wahrscheinlich um Anspielungen auf die Cato-Dramen von Joseph Addison (1713) und François-Michel Chrétien Deschamps (1715), die Gottsched später als Quellen für sein eigenes Werk benutzte; vgl. die Vorrede zum ›Sterbenden Cato‹ (S. 197 ff.).

13 *Melpomene:* Muse der Tragödie.

14 Phalaris: wegen seiner Grausamkeit berüchtigter Tyrann, der 570 bis 554 v. Chr. auf Sizilien herrschte.

15 Stesichorus: griechischer Lyriker (zweite Hälfte des 7. bis Mitte des 6. Jh.s v. Chr.). Er lebte auf Sizilien.

16 Gemeint sind die ›Selbstbetrachtungen‹ des Marcus Aurelius (121–180).

17 *stoische Sekte:* Gemeint ist die Stoa. Begründet von dem Griechen Zeno (ca. 300 v. Chr.), betonte die philosophische Schule die Vernunft, forderte ein vernünftiges, naturgemäßes und affektfreies Leben und vertrat die Lehre, daß die höchste Glückseligkeit in der Tugend liege, welche wiederum lehrbar sei. Besonders die Vertreter der jüngeren Stoa (1. u. 2. Jh. n. Chr.) erlangten größte Berühmtheit: Marc Aurel (›Selbstbetrachtungen‹), Epiktet (›Handbüchlein der Moral‹), Seneca (neben philosophischen Werken neun Tragödien nach griechischem Muster, die die englischen, französischen und deutschen Dramatiker des 17., zum Teil auch des 18. Jahrhunderts stark beeinflußten).

18 *unwiedergeborne Geistliche:* Terminus aus der Welt des Pietismus. In der religiösen Strömung des Pietismus (ca. 1670 bis 1740) spielte die »Wiedergeburt« oder »Erweckung« eine zentrale Rolle. Man bezeichnete damit den »Durchbruch der Gnade«, der sich im individuellen religiösen Erlebnis des einzelnen vollzieht. Die Wahrheit dieses Erlebnisses war nach Auffassung der Pietisten größer als die der orthodoxen Dogmatik.

II. Versuch einer Critischen Dichtkunst vor die Deutschen

Als Druckvorlage diente der Erstdruck: Gottsched, Johann Christoph: ›Versuch einer Critischen Dichtkunst vor die Deutschen; Darinnen erstlich die allgemeinen Regeln der Poesie, hernach alle besondere Gattungen der Gedichte, abgehandelt und mit

Exempeln erläutert werden: Uberall aber gezeiget wird Daß das innere Wesen der Poesie in einer Nachahmung der Natur bestehe. Anstatt einer Einleitung ist Horatii Dichtkunst in deutsche Verße übersetzt, und mit Anmerckungen erläutert.‹ Leipzig 1730. S. 57 bis 186, 564–603.

1 *Chaldäer:* Bewohner der vorderasiatischen Landschaft Chaldäa, die mit dem biblischen Babylonien identisch ist. Sie standen wegen ihrer astronomischen Kenntnisse das ganze Altertum hindurch in sehr hohem Ansehen.

2 *Dräuen:* Drohen.

3 *Kollekten:* kurze Altargebete.

4 Hieronymus (um 347–420), der Heilige, Kirchenvater, der lateinische Bibelübersetzungen verfaßte und bearbeitete: ›Vulgata‹.

5 Josef Justus Scaliger (1540–1609), Philosoph, Begründer einer neuen Zeitrechnungslehre. Gottsched meint sein Werk: ›Thesaurus Temporum, Eusebii Pamphili Caesareae Palaestinae episcopi, Chronicorum Canonicum Omnimodae historiae libri duo‹. Amsterdam 1606.

6 Daniel Georg Morhof (1639–91), deutscher Dichter und Literaturhistoriker, Professor der Poesie in Rostock und Kiel. Sein von Boileau beeinflußter ›Unterricht von der Teutschen Sprache und Poesie‹ erschien zuerst 1682.

7
Drost, der Hakon heißet,
Heerwart, Landes Wehrer,
Bruch des Friedens, frechem,
Fehd' ansagt, stärkt Mannen.
Gandwik, Elf' zu, endlos
All'n Reichs selbst er waltet.
Schien das Glück drum ständig
Schöner jungen Könige.

(›Die jüngere Edda‹, Strophenverzeichnis I. Übersetzung nach G. Neckel und F. Niedner.)

Drost: Herrscher. – *Gandwik, Elf' zu:* Bis zum Weißen Meer und zum Gotaelf hin.

8 Johann Schilter (1632–1705), berühmter Rechtsgelehrter seiner Zeit, der sich auch mit germanischen Rechtsaltertümern beschäftigte.

9
Gut und Leben raubte lang allen Lebenden
Jener grimme Greis:

Über die Wegscheide, die er bewachte,
Konnte keiner lebend kommen.
(›Die jüngere Edda‹, Das Sonnenlied, 1. Strophe. Übersetzung nach K. Simrock.)

10 Olov Rudbeck (1630–1702), schwedischer Botaniker, Anatom und Historiker. In seinem ›Atland eller Manheim, Atlantica sive Manheim, vera Japheti posterorum sedes et patria‹ (1675–1702) behauptete er unter anderem, Platos Atlantis sei Schweden.

11 *Skythen:* griechischer Sammelname für die Völker zwischen Kaukasus, Donau und Schwarzem Meer, die im 7. Jahrhundert v. Chr. in Rumänien und Ungarn eindrangen.

12 *Jubal:* Vgl. 1. Mose 4, 21.

13 *Laban:* Vgl. 1. Mose 31, 27.

14 *Assaph:* Musikmeister unter König David; ihm werden verschiedene Psalmen zugeschrieben.

15 Flavius Josephus (geb. 37 v. Chr.), jüdischer Geschichtsschreiber. Berühmt wurden vor allem seine zwanzigbändigen ›Jüdischen Altertümer‹.

16 *Amphion:* Sohn des Zeus und der Antiope; mythischer Sänger, der mit seinem Spiel die Steine zum Bau der Stadtmauer von Theben bewegt haben soll. – *Linus:* mythischer Dichter, der von Apoll aus Eifersucht getötet worden sein soll. Ihm wurde die Erfindung von Melodie und Rhythmus zugeschrieben.

17 Der zweite römische König Numa Pompilius (716–672 v. Chr.) soll das erste der zwei Priesterkollegien der Salier eingesetzt haben. Sie feierten in den Märztagen den Gott Mars, unter anderem indem sie ihm bestimmte Lieder (carmina saliaria) sangen. Diese Lieder gehören zu den ältesten Denkmälern des Lateinischen.

18 *tropische Redens-Art:* bildlicher Ausdruck.

19 *Adjunctum anstatt des Subjecti:* das Attribut anstelle der Sache.

20 *Päanische Gesänge:* feierliche Chorgesänge zu Ehren Apollos, dessen besonderer Name als Heilgott »Päan« war.

21 Ludwig, der tapfere, von Weisheit erfüllte,
herrscht über das ganze Ostreich,
wie es der König der Franken tun soll.

22 Pierre Daniel Huet (1630–1721), französischer Gelehrter, Bischof, Erzieher des Dauphin am Hofe Ludwigs XIV. Sein

gegen die Gattung Roman gerichtetes Werk ›Sur l'origine des romans‹ erschien 1670.

23 Thomasio Campanella (1568–1639), von der spanischen Inquisition verfolgter Dominikanermönch, der eine Vielzahl philosophischer Werke verfaßte. Gottsched bezieht sich auf seine ›Poetica‹ (vgl. Neudruck, Rom 1944, S. 351).

24 *Gyrald:* Gemeint ist vermutlich Giraldi, Giglio Gregorio (1479–1552), italienischer Philologe. Sein Dialog ›De poetis nostrorum temporum‹ erschien 1551.

25 Claude Fauchet (1529–1601), französischer Philologe. Gottsched verweist auf sein ›Recueil de l'origine de la poésie française‹ (1581).

26 David Kimchi (gest. vor 1232), jüdischer Gelehrter, der Kommentare zu vielen biblischen Büchern verfaßte.

27 *Versus Leonini:* Hexameter oder Pentameter, in denen sich Mitte und Schluß reimen. Name nach einem mittelalterlichen Dichter namens Leo, nach Meinung mancher Forscher auch nach Papst Leo II.

28 Falls der Geist sich durch den Dunst des Rauchs behindert sähe, wer verbietet, daß das Licht von einem benachbarten Licht genommen wird? Der Verfasser dieser und der drei folgenden Versbeispiele konnte nicht ermittelt werden.

29 Hier ruht Heinrich, der immer ein Freund der Frömmigkeit war.

30 Ihr seid, Gott ist Zeuge! das ekelhafteste Scheusal.

31 Das Tor des Todes, das große Leiden, die Anschuldigung jener haben der Welt Ursachen der Krankheit und so vieler Übel gebracht.

32 *Sarmater:* iranisches nomadisierendes Reitervolk, ursprünglich östlich vom Don. Während der römischen Kaiserzeit bewohnten die Sarmater das Gebiet zwischen Weichsel und Wolga (Sarmatien).

33 Pierre de Ronsard (1524–85), französischer Dichter, Begründer der Gruppe »La Pléiade« (um 1550). Die »Pléiade« wandte sich von der lateinischen Gelehrtenpoesie ab und trat für eine nationalsprachliche Dichtung ein, wobei die klassische Literatur des Altertums Vorbild wurde. Mit diesem Bestreben wurden die ersten Grundlagen des französischen Klassizismus geschaffen. Ronsard selbst erlangte großes Ansehen mit seinen ›Oden‹ (1550–53), ›Eglogues‹ (1560–67) und seinen Liebessonetten. Seine Werke hatten großen Einfluß auf Opitz und seine Anhänger.

34 François de Malherbe (1555–1628), französischer Dichter, seit 1609 offizieller Hofpoet. Er gilt als Begründer der klassischen poetischen Diktion in Frankreich. Seine Gedichte bestehen aus logischen und grammatisch korrekten Versen. Er kritisierte die Dichter Ronsard und Desportes (vgl. Anm. 59 zu IV). Seine sprachlichen und metrischen Reformen fanden überall schnell Anklang.

35 Gemeint ist die Zäsur nach der dritten Hebung im Vers commun und im Alexandriner.

36 Der Verfasser konnte nicht ermittelt werden.

37 *Cadance:* Kadenz, Versausgang, -schluß.

38 *je ne sais quoi:* Ich weiß nicht was.

39 »Wie? Wir streiten«, sagt(e) er und streckt(e) seine Hände gegen den Hafen aus, »bei diesen Schiffen, und man tut mir das Unrecht an, ihn (es) mir streitig zu machen! O Götter! In ihrer Gegenwart vergleicht man Ajax mit Odysseus! Mit diesem Feigling, der vor Hektor und seinen Feuerschiffen floh, als ich inmitten dieser Fluten weiterkämpfte.«
Der Verfasser der Verse konnte nicht ermittelt werden.

40 ›Winsbek‹ und ›Winsbekin‹, Titel zweier mittelhochdeutscher Lehrgedichte (Ermahnung eines Vaters an seinen Sohn und einer Mutter an ihre Tochter). Entstanden um 1200. In der Ausgabe der Altdeutschen Textbibliothek (Bd. 9, hrsg. von A. Leitzmann, S. 1) findet sich diese Fassung des Textes:

Ein wîser man hete einen sun,
der was im liep, als maneger ist.
den wolte er lêren rehte tuon
und sprach alsô: mîn sun, dû bist
mir liep âne allen valschen list.
bin ich dir liep sam dû mir,
sô volge mir ze dirre vrist,
die wîle ich lebe ez ist dir guot:
ob dich ein vremder ziehen sol,
dû weist niht, wie er ist gemuot.

41 Es handelt sich um Luthers sog. ›Deutsches Patrem‹. Gottsched zitiert die erste von insgesamt drei Strophen, wobei er die Verse 6 und 8 weggelassen hat:

Leib und Seel' auch wohl bewahren,
Kein Leid soll uns widerfahren.

42 Zacharias Heyns (1570 bis etwa 1640), niederländischer Dichter und Buchdrucker. Er verfaßte, ähnlich wie Cats, bürger-

liche Lebensbücher: ›Der niederländische Handspiegel in Reimen‹ (1599), ›Uxoris Mempsijamos, Gespräch zwischen einer guten und einer bösen Hausfrau‹ (1592).

43 Jacob Cats (1577–1660), niederländischer Staatsmann und Dichter. Beliebtester Dichter seiner Zeit, seine Werke spiegeln bürgerliche Lebensauffassung: ›Maechdenplicht‹ (1618), ›Spiegel van den ouden en de nieuwen Tijd‹ (1632).

44 *blank verses:* Blankverse (fünfhebige ungereimte Jamben), vor allem als Shakespeare-Vers in Deutschland bekannt geworden. Dramenvers der deutschen Klassik.

45 André Dacier (1651–1722), französischer Philologe, Bibliothekar des Königs, Mitglied der Académie Française. Er übersetzte und kommentierte viele Werke der Antike (Horaz, Marc Aurel, Epiktet, Sophokles u. a.). Seine mit vielerlei Kommentaren versehene Übersetzung der ›Poetik‹ des Aristoteles erschien 1692.

46 Im 2. Kapitel seiner ›Poetik‹.

47 *Aventinus:* Johannes Tirmair (1477–1534), humanistischer Schriftsteller. Er wurde vor allem als Geschichtsschreiber berühmt. Gottsched spielt auf die zuerst lateinisch veröffentlichte ›Bairische Chronik‹ (1533) an.

48 *Tuiscon:* Stammvater der Germanen.

49 *König Laber:* vermutlich deutscher Sagenkönig, über den Genaueres nicht ermittelt werden konnte. Gottsched hat die Stelle fast wörtlich von Morhof übernommen.

50 Pisistratus (gest. 528 v. Chr.), atheniensischer Politiker und Tyrann. Er richtete die Dionysien ein, an denen die Theateraufführungen stattfanden. Ihm wird die Aufzeichnung der Werke Homers zugeschrieben.

51 ›Dichtkunst‹, V. 282–284.

52 Vgl. Anm. 387.

53 Aulus Persius Flaccus (34–62), römischer Dichter. Er schrieb sechs Satiren nach dem Vorbild von Horaz und anderen.

54 *Flaccus:* Horaz (Quintus Horatius Flaccus).

55 *Naso:* Beiname Ovids.

56 Marcus Valerius Martialis (40 bis kurz nach 100), bedeutendster römischer Epigrammatiker.

57 Empedokles (um 450 v. Chr.), griechischer Philosoph, schrieb das Lehrgedicht ›Die Natur‹.
Aratus von Solai (315–239 v. Chr.) verfaßte ein berühmtes Lehrgedicht über Astronomie.

Titus Lucretius Carus (um 98–55 v. Chr.) schrieb das philosophische Lehrgedicht ›Über die Natur der Dinge‹ (De rerum natura).
alexandrinische Verse: Hexameter.

58 Im 1. Kapitel.

59 Silius Italicus (gest. 101 n. Chr.), römischer Dichter und Staatsmann, verfaßte ein umfangreiches Epos ›Punica‹, in dem der 2. Punische Krieg geschildert wird.
Marcus Annaeus Lucanus (39–65), römischer Schriftsteller, von dessen zahlreichen Werken nur das Epos erhalten ist, in dem der Krieg zwischen Pompeius und Cäsar dargestellt ist; nach dem Kernstück des Werkes, der Schilderung der Schlacht bei Pharsalis, wird das Werk häufig ›Pharsalia‹ genannt.
Publius Papinius Statius (um 40–96), römischer Dichter, der neben vielen Gelegenheitsgedichten große Epen verfaßte. Unter ihnen die unvollendete ›Achilleis‹, in der Achills Schicksal bis zum Trojanischen Krieg geschildert wird.

60 Zu Le Bossu vgl. Anm. 178.

61 *Epithalamia:* Hochzeitsgedichte. – *Genethliaca:* Geburtstagsgedichte. – *Epicedia:* Trauer- und Trostgedichte.

62 Gemeint ist das Zeitalter der Renaissance.

63 Giovanni Battista Guarini (1538–1612), italienischer Dichter, veröffentlichte 1590 das Schäferspiel ›Il Pastor Fido‹, das sehr schnell in ganz Europa berühmt wurde.

64 Christian Heinrich Postel (1658–1705), fruchtbarer deutscher Dramatiker und Epiker. Von seinen Zeitgenossen als großer Dichter betrachtet, von Gottsched (und den Schweizern) schnell verworfen. Sein fragmentarisches Epos ›Wittekind‹ erschien posthum 1724.

65 Johann Valentin Pietsch (1690–1733), deutscher Dichter, Professor für Poesie in Königsberg und als solcher Lehrer Gottscheds, veröffentlichte 1717 eine Sammlung hymnisch-epischer Preisgedichte unter dem Titel ›Karls des Sechsten im Jahre 1717 erfochtener Sieg über die Türken‹. Gottsched selbst gab 1725 die ›Gesamleten Poetischen Schrifften‹ von Pietsch heraus.

66 Jean Chapelain (1595–1674), französischer Dichter, eines der ersten Mitglieder der Académie Française, Schützling Richelieus. Er veröffentlichte 1656 sein Epos ›La Pucelle ou la France delivrée‹. Das Werk wurde sehr bald verspottet und besonders von Boileau kritisiert. – Die Wiederherstellung der

poetischen Ehre Frankreichs sieht Gottsched mit Voltaires Epos ›La Henriade‹ (1723) erfüllt.

67 ›Teuerdank‹: Reimpaar-Epos von Kaiser Maximilian I., erster Druck 1517. Erzählung seiner Brautwerbung um Maria von Burgund.
›Froschmeuseler‹: Reimpaar-Epos von Georg Rollenhagen (1542–1609) aus dem Jahre 1595. Zeitbild im Rahmen einer Tiergeschichte.

68 ›Habspurgischer Ottobert‹, ›Geraubte Proserpina‹: Vgl. Anm. 20 zu V.

69 ›Sächsischer Wittekind‹: politisch-historischer Heldenroman, ersch. 1693, der Eberhard Werner Happel (1647–90) zugeschrieben wird.

70 Gemeint ist das Heldenepos ›Der großmütige Friedrich III., König von Dänemark‹ (1750) des Hamburger Juristen Ludwig Friedrich Hudemann (1703–70).

71 Zu Marino vgl. Anm. 269.

72 Zu Saint-Amant vgl. Anm. 288.

73 Christoph Otto Freiherr von Schönaich (1725–1807), von Gottsched geförderter und zum Dichter gekrönter deutscher Schriftsteller. Sein von Gottsched mit einer Vorrede versehenes und als Muster hingestelltes Heldengedicht in zwölf Gesängen ›Hermann oder das befreite Deutschland‹ erschien 1751. Schönaich, leidenschaftlicher Anhänger Gottscheds, trat als erbitterter Gegner Klopstocks, Lessings und der Schweizer auf. Vor allem gegen Klopstock ist sein ›Neologisches Wörterbuch oder Die ganze Ästhetik in einer Nuß‹ (1756) gerichtet.

74 ›Henriade‹: Vgl. Anm. 229.

75 Zu Neukirch vgl. Anm. 113 u. Anm. 9 zu V.

76 Zu Lohenstein vgl. Anm. 112.

77 Zu Hallmann vgl. Anm. 3 zu VI.

78 Zu Bressand vgl. Anm. 26 zu III.

79 ›Das Neueste aus der Anmuthigen Gelehrsamkeit‹: von Gottsched in den Jahren 1751 bis 1762 herausgegebene Zeitschrift.

80 ›Iphigenia‹: Gemeint ist Gottscheds 1732 erschienene Übersetzung von Racines Tragödie.

81 Zu Riemer vgl. Anm. 3 zu VI.

82 Zu Weise vgl. Anm. 360.

83 Zu Destouches vgl. Anm. 24 zu VI.

84 Houdar de La Motte (1672–1731), französischer Lustspiel-

dichter und Kritiker, veröffentlichte 1714 eine Umdichtung der ›Ilias‹ in zwölf Gesängen; vgl. Anm. 87.

85 Menander (um 342–290 v. Chr.), griechischer Komödiendichter, der die sogenannte neue Komödie, ein bürgerliches Charakterstück, schuf. Seine Werke sind fast ausschließlich in den lateinischen Nachdichtungen von Plautus und Terenz überliefert.

86 Zu Aesop vgl. Anm. 8 zu I.

87 Anna Dacier (1654–1720), französische Übersetzerin, Ehefrau des André Dacier (vgl. Anm. 45). Sie übertrug Werke unter anderem von Terenz, Plautus, Aristophanes. Ihre Homer-Übersetzung erschien 1708, über die sie vor allem mit Houdar de La Motte (vgl. Anm. 84) in einen heftigen Streit geriet. Sie verteidigte ihre Auffassungen in mehreren Abhandlungen.

88 François de Salignac de Lamothe Fénélon (1651–1715), französischer Schriftsteller und Theologe, seit 1694 Erzbischof von Cambrai. Er schrieb mehrere der einflußreichsten Bücher des 18. Jahrhunderts, unter ihnen ›Les aventures de Télémaque‹ (1699). Das Epos, das für den Dauphin zur Vorbereitung auf das Herrscheramt verfaßt wurde, enthält vielerlei moralische und politische Lehren. Von König Ludwig XIV. als persönliche Satire verstanden, wurde es zunächst verboten. – Für Gottsched war Fénélon eine der größten Autoritäten sowohl als Dichter wie als Theoretiker. Der Erstausgabe seines ›Cato‹ hat er eine Übersetzung von Fénélons ›Gedanken von der Tragödie‹ beigefügt, später wurde die Abhandlung, zusammen mit derjenigen über die Komödie, in den 1. Band der ›Deutschen Schaubühne‹ aufgenommen.

89 Nur wer von schöpferischer Phantasie erfüllt, von göttlicher Begeisterung einen Hauch verspürt und in erhabenem Tone singt, nur dem magst du die Ehre dieses Namens gönnen (›Satiren‹ I, 4, V. 43 f.).

90 *dogmatische . . . Sachen:* religiöse oder lehrhafte Themen.

91 *Pordätsch:* Gemeint ist der von Jakob Böhme beeinflußte englische Wunderarzt und Mystiker John Pordage (1607–81).

92 Erasmus Francisci (1627–94), fruchtbarer Schriftsteller, der als Novellist in der Nachfolge Boccaccios steht. Gottsched spielt vermutlich auf seine ›Geistliche Goldkammer der bußfertigen Seelen‹ (1675) an.

93 *Maronen:* nach Publius Vergilius *Maro*.

94 Vermutlich ist eine Stelle aus den ›Briefen‹ (LI, 10) gemeint: »Ut enim de pictore, scalptore, fictore nisi artifex iudicare ita, nisi sapiens non potest perspicere sapientem.« (»Denn wie über einen Maler, einen Gemmenschneider, einen Bildhauer nur ein Künstler urteilen kann, so kann auch nur ein Weiser einem Weisen ganz gerecht werden.« Übersetzung nach K. Büchner.)

95 Florus, römischer Geschichtsschreiber etwa zur Zeit Kaiser Hadrians (2. Jh. n. Chr.). Von ihm sind zwei Bücher aus einer Darstellung der Geschichte Roms bis zu Augustus überliefert. Sie sind in sehr gesuchtem Stil geschrieben und enthalten vielerlei Verstöße gegen Geographie und Chronologie.

96 Quintus Curtius Rufus verfaßte um 50 n. Chr. ein umfangreiches Werk über Alexander den Großen, das lückenhaft erhalten ist. Die Darstellung, weit entfernt von historischer Treue, verliert sich häufig in phantasiereichen Erfindungen.
Zu Le Clerc vgl. Anm. 255.

97 In der Ausgabe von Daniel Wilhelm Triller (Frankfurt a. M. 1746) im 3. Band, S. 336 f.

98 »Ein Autor ist vermessen, der die Größe der Dichtkunst allein mit Hilfe der Verskunst erstrebt, und er hofft vergebens, sie zu erreichen, wenn er nicht den geheimen Einfluß des Himmels verspürt und wenn sein Stern ihn bei der Geburt nicht zum Dichter auserkoren hat. So bleibt er stets in seiner beschränkten Begabung befangen; für ihn ist Phöbus taub und Pegasus stellt sich störrisch.«
Zu Boileau vgl. Anm. 5 zu III.

99 Aus dem Gedicht ›An Herrn Zincgrefen‹ in der Ausgabe von Triller im 2. Band, S. 385.
Silben: bei Triller *Sinnen.*
nicht gleich ein Poet: bei Triller *nicht auch ein Poet.*

100 Es handelt sich bei diesem Zitat um die Verse 221 bis 226 aus der Satire ›Der Poet‹ von Joachim Rachel (1618–69), einem Dichter in der Nachfolge von Opitz. ›Der Poet‹ ist die bekannteste Satire aus der Sammlung ›Teutsche satirische Gedichte‹ (1664).
Hör, was der Römer spricht: nach Karl Descher als Erläuterung zu diesen Versen (Rachel-Ausgabe, Neudr. dt. Litteraturwerke d. XVI. u. XVII. Jahrhunderts, Nr. 200–202, Halle 1903, S. 114, Anm.): »Vgl. Taubmann Melodaesia 1615 p. 524: Consules fiunt quotannis et novi pro-Consules, Solus aut rex

aut Poeta non quotannis nascitur, Sic Catonum quispiam vetusti census autumat.«

101 *Reißen:* Zeichnen (vgl. Reißbrett), urspr. Bedeutung *ritzen* (z. B. Runen in Stein oder Holz).

102 *Stoiker:* Vgl. Anm. 17 zu I.

103 Christian Wolff (1679–1754), der bedeutendste deutsche Philosoph der Aufklärung, dessen Geltung erst durch Kant beendet wurde. Seine Stärke lag in der Systematisierung aller Gebiete des Geistes und der Natur. Er schloß sich den Lehren von Leibniz an, die er weiterführte und popularisierte. Seine größte Leistung bestand jedoch nicht in seiner Philosophie, sondern in der Ausbildung einer deutschen Wissenschaftssprache, als deren Begründer Wolff gilt. – Gottsched wiederum, überzeugter Anhänger der Lehren Wolffs, popularisierte Wolffs Philosophie in ›Erste Gründe der gesammten Weltweisheit‹, 2 Bde. (1734).

104 V. 227–242. – Zu Buchner vgl. Anm. 47 zu IV, zu Fleming vgl. Anm. 48 zu IV. – *geschmieret:* Rachel *geschlagen.*

105 Strabo: berühmter griechischer Geograph (um 63 v. Chr. bis 19 n. Chr.). Von seiner siebzehnbändigen ›Geographie‹ sind große Teile erhalten. In das Werk flocht er mancherlei Belehrungen und Anmerkungen über Geschichte, Dichtung, Mathematik usw. ein.

106 *obstehenden ›Dichtkunst‹:* Gottsched hat den Text der Horazischen ›Dichtkunst‹ mit einer eigenen Übersetzung seiner ›Critischen Dichtkunst‹ als Einleitung vorangestellt. Die hier gemeinte Stelle befindet sich Vers 309–322.

107 Studiert also einzig die Natur, ihr Autoren, die ihr mit der Komödie Ehre einlegen wollt! Wer nur den Menschen recht erkennt und mit seinem tiefschürfenden Geist so viele versteckte Herzen zu ergründen vermag, wer wohl weiß, was ein Verschwender, ein Geizhals, ein redlicher Mensch, ein Geck, ein Eifersüchtiger oder ein komischer Kauz ist, der kann sie auch gut in Szene setzen und sie vor unseren Augen leben, handeln und sprechen lassen. Stellt sie überall in natürlicher Lebensweise dar und malt jeden in den lebhaftesten Farben. Die Natur, die reich ist an wunderlichen Gestalten, drückt sich in jeder Seele verschieden aus. Eine Geste entlarvt sie, ein Nichts läßt sie hervortreten, doch nicht jeder hat Augen im Kopf, sie zu sehen.

108 *Phaethon:* Sohn des Sonnengottes Helios, erbat sich für einen

Tag den Sonnenwagen seines Vaters. Doch gelang es ihm nicht, die Sonnenrosse zu zügeln, so daß er der Erde zu nahe kam und sie in Brand setzte. In höchster Not wurde er von Zeus mit einem Blitz erschlagen.

109 Claudianus (4. Jh. n. Chr.), römischer Dichter, der Idyllen, Epigramme, Dichtungen panegyrischen Inhalts verfaßte. Sein bedeutendstes Werk ist das aus drei Büchern bestehende Epos ›Der Raub der Proserpina‹.

110 Zu St. Evremond vgl. Anm. 291. – Hier spielt Gottsched auf seine Abhandlung ›Réflexions sur nos traducteurs‹ an.
Georges de Brébeufs (1618–61) ›La Pharsale de Lucain en vers François‹ erschien 1654. Es ist eher eine freie Bearbeitung als eine Übersetzung des Originals. Zu Lucanus vgl. Anm. 59.

111 Dominique Bouhours (1628–1702), französischer Schriftsteller, der vor allem als Autorität in allen Stil- und Sprachfragen angesehen war. Gottsched spielt auf sein Hauptwerk an: ›Entretiens d'Ariste et d'Eugène‹ (1671).

112 Christian Hofmann von Hofmannswaldau (1617–79) und Daniel Casper von Lohenstein (1635–83), deutsche Dichter der sogenannten 2. schlesischen Schule. Ihre Werke zeichnen sich durch eine glänzende Rhetorik, eine elegante und bilderreiche Sprache aus. Sie gehören zu den Wegbereitern des Marinismus in Deutschland (vgl. Anm. 269). Gottsched betrachtet gerade diese beiden Dichter als die Hauptvertreter des von ihm nachdrücklich bekämpften barocken Schwulstes.

113 Benjamin Neukirch (1665–1729), deutscher Dichter und Professor in Berlin, wurde bekannt vor allem als Herausgeber der Sammlung ›Herrn von Hoffmannswaldau und andrer Deutschen auserlesener und bißher ungedruckter Gedichte ... theil‹. 7 Teile (1695–1727). Zunächst ganz im Stile der 2. schlesischen Schule dichtend, wandte er sich seit ca. 1700 mehr und mehr einem klassizistisch-aufklärerischen Stilideal zu. Diese von Gottsched mehrfach gepriesene Wandlung hat er in dem Gedicht ›Auf die Linck- und Regußische Vermählung‹ (1700) dargestellt. Gottsched zitiert das Gedicht im Vorbericht zu Horaz' ›Dichtkunst‹ in seiner ›Critischen Dichtkunst‹ und bemerkt darüber:
»In deutscher Sprache wird er [Horaz] also viel verständlicher sein und auch Anfänger auf einen guten Weg weisen, die sich vielleicht sonst durch üble Anführungen hätten verführen lassen. Daß es bereits vielen so gegangen, ist wohl kein Zweifel,

daß aber auch viele durch Horatium von ihren Irrwegen wieder zurechtgebracht worden, könnte ich durch mein eigen Exempel erweisen, wenn es wichtig genug wäre. Doch Herr Hofrat Neukirch wird vermutlich Ansehen genug haben, uns zu zeigen, daß auch Leute, die bereits in ganz Deutschland vor Poeten gehalten werden, in unsrer Horatianischen ›Dichtkunst‹ noch genug zu lernen finden. Er hat solches in einem Hochzeit-Gedichte von sich selbst öffentlich gestanden, so er, allem Anschein nach, aus Berlin nach Breslau abgeschicket. Es steht ›Hoffmannswaldau Gedichte‹, VI. Teil, 101. Blatt.
Er rufet gleich anfangs die Musen um Hülfe an, weil er abermals ein Gedichte nach Schlesien zu verfertigen vorhabe; dabei er denn besorgen müßte, daß es nicht mehr so wohl als die vorigen würde aufgenommen werden. Die Ursache, sagt er, sei die Änderung, so mit seiner Poesie vorgegangen. Er habe aufgehört, seinen Vers mit Muskateller-Saft und Amberkuchen zu nähren. Es sei kein Zibet noch Bisam, kein Plautus, Tacitus, Seneca oder Plato darin zu spüren; ja er habe auch sogar die Sinnbilder gänzlich ausgemustert. Darauf sagt er, daß ihm alle diese Lappalien itzo ganz lächerlich vorkämen, ungeachtet sie sonst viel hundert Leser verblendet und ihm selbst viel Ruhm gebracht hätten. Man habe ihn gar dem großen Opitz vorgezogen, den er doch nie erreichen können. Endlich bricht er in den feurigen Ausdruck aus, der uns die Quelle anzeiget, daraus diese so merkliche Veränderung seines Geschmacks in der Poesie hergeflossen. Es heißt:

O grausamer Horaz! was hat dich doch bewegt,
Daß du uns soviel Last im Dichten auferlegt?
Sobald ich nur dein Buch mit Witz und Ernst gelesen,
So ist mir auch nicht mehr im Schreiben wohl gewesen.
Vor kamen Wort und Reim, jetzt lauf ich ihnen nach:
Vor flog ich Himmel an, jetzt tu ich ganz gemach.
Ich schleiche wie ein Dachs aus dem Poeten-Orden
Und bin mit großer Müh' noch kaum dein Schüler worden.

Wieviel Schüler würde nicht Horaz noch bekommen, wenn alle deutsche Poeten, die dessen bedürftig wären, dem Exempel dieses wackern Mannes folgen wollten.«

114 Die meisten holen, besessen von sinnloser Begeisterung, ihre Einfälle stets weither und fernab von natürlichen Gedankengängen. Sie meinen sich bei ihren gräßlichen Versen etwas zu vergeben, wenn sie etwas so denken, wie ein anderer es schon

hat denken können. Diesen Unfug sollten wir vermeiden. Überlassen wir doch den Italienern diese offenbare Narretei und das ganze falsche Gepränge. Alles strebe nach der Vernunft. Doch der Weg, der zu ihr hinführt, ist glatt und schwer zu begehen. Weicht man auch nur einen Zoll von ihm ab, dann versinkt man sogleich. Zur Vernunft aber führt oft nur ein einziger Weg.

Überlassen wir doch den Italienern: Gemeint ist die Stilform des italienischen Marinismus; vgl. Anm. 269.

115 Vgl. vor allem das 10. Buch in Platos ›Staat‹.

116 Den zarten, stammelnden Kindesmund übt der Dichter im rechten Ausdruck; gleich jetzt entwöhnt er das Ohr allem unehrbaren Gerede; bald dann bildet er auch das Herz durch freundliche Lehren, hilft Schroffheit, Mißgunst, Zornsucht mildern. Von edlen Taten berichtet er (V. 126–130).

117 J. Rachel, ›Der Poet‹, V. 69–78. – *Pierinnen:* Musen, nach der Kultstätte in Pieria.

118 Simon Dach (1605–59), deutscher Dichter, Angehöriger des sogenannten Königsberger Dichterkreises. Er schrieb überwiegend Gelegenheitsgedichte, von denen sein niederdeutsches Lied ›Anke von Tharau‹ am bekanntesten geworden ist.

119 *Gryphier:* Gemeint sind Andreas Gryphius und dessen Sohn Christian Gryphius (1649–1706). Letzterer, Verfasser der Lyriksammlung ›Poetische Wälder‹ (1698) und mehrerer Schuldramen, schrieb in schlichtem, einfachem Stil und vermied den galanten Ton der zeitgenössischen 2. schlesischen Schule.

120 Friedrich Rudolf von Canitz (1654–99), Berliner Hofdichter, Vorläufer Gottscheds, schuf Gelegenheitsgedichte und Satiren (nach dem Vorbild Boileaus): ›Neben-Stunden unterschiedener Gedichte‹ (1700). Spätere Ausgaben seiner Werke besorgten Johann Ulrich König (1727, vgl. Anm. 132) und Bodmer (1773).

121 Für das Theater wünsche ich mir einen maßvollen Autor, der, ohne sich vor den Zuschauern zu erniedrigen, allein durch die Vernunft und nicht durch deren Verletzung gefällt. Doch ein trügerischer Spaßmacher, der mit gemeinen Zweideutigkeiten aufwartet und nur Possen bietet, um mich zu unterhalten, der soll sich davonmachen und mit seinen Narreteien und schalen Spielchen in Jahrmarktsbuden den ganzen Pöbel vom Pont-Neuf samt den dort versammelten Lakaien belustigen.

122 Euer Herz und eure Sittsamkeit, die aus euren Werken sprechen, müssen stets ein hohes Bild von euch geben. Ich kann beim besten Willen jene gefährlichen Autoren nicht hochschätzen, die sich in ihren schändlichen Versen von Ehrenhaftem abwenden, um die Tugend auf einem zu verabscheuenden Papier zu verraten und vor den Augen ihrer Leser das Laster als liebenswert vorzuführen.

123 *Roderich, Chimène:* Gestalten aus Corneilles Tragödie ›Le Cid‹ (1636).

124 Ein tugendhafter Autor verdirbt mit seinen arglosen Versen das Herz nicht, wenn er die Sinne reizt; sein Feuer entzündet keine sündige Flamme; liebt also die Tugend und nährt damit eure Seele. Vergeblich macht der Geist edle und kraftvolle Anstrengungen; die niedrige Gesinnung des Herzens wird dennoch in den Versen immer zu spüren sein.

125 Opitz' ›Trost Gedichte In Widerwertigkeit Desz Krieges‹ erschien anonym 1633.

126 Cato von Utica (95–47 v. Chr.), republikanisch gesinnter römischer Staatsmann, der sich gegen Cäsars Alleinherrschaft auflehnte. Als er erkannte, daß er und seine Anhänger Cäsars Heeren unterliegen würden, nahm er sich selbst in Utica (Afrika) das Leben. Er galt im 17. und 18. Jahrhundert als Kronbeispiel eines stoischen Helden (vgl. Anm. 17 zu I) und wurde als solcher Haupt- und Titelgestalt in den Dramen von Addison (vgl. Anm. 2 zu III), Deschamps (vgl. Anm. 37 zu III) und Gottsched.

127 V. 111–130.

128 Vgl. Aristoteles' ›Poetik‹, 2. Kapitel. – *Margites:* Titel eines Scherzgedichtes, dessen Held ein Tölpel ist. Aristoteles schreibt das Werk Homer zu.

129 Vgl. Anm. 49.

130 V. 480–508. – *Machaon:* zusammen mit seinem Bruder Podaleirios, Söhne des Asklepios, in der ›Ilias‹ die Ärzte der Griechen. – *Codrus:* der letzte mythische König Athens; er rettete seine Heimat durch seinen Opfertod. – ... *beim Horatius ... geschrieben steht:* ›Satiren‹ I, 2, V. 27: – *Zibet:* Duftstoff, Parfum.

131 Vor allen Dingen muß euch in euren Werken die achtungheischende Sprache auch in euren mutwilligsten Formulierungen immer heilig sein. Ihr täuscht mich nicht mit einem melodiösen Tonfall, wenn die Worte untauglich und eure Wendungen

liederlich sind. Ich lasse nie eine feierliche Formulierung zu, die gegen die Sprache verstößt, nie einen von Dünkel verantworteten Sprachfehler in einem wuchtigen Vers. Ohne die Sprache ist, kurz gesagt, auch der göttlichste Dichter, was auch immer er zu Papier oder zu Gehör bringen mag, ein miserabler Autor (›L'Art poétique‹, 1. Gesang).

132 Johann Ulrich König (1688–1744), seit 1727 Hofdichter in Dresden, Verfasser von Opern und Singspielen, Gelegenheitsgedichten und einem unvollendeten Alexandriner-Epos ›August im Lager‹ (1731). Zuerst im Stile des Spätbarock schreibend, wird er im Laufe der Zeit zu einem Vorläufer Gottscheds (Übersetzung des nach klassizistischen Regeln eingerichteten Trauerspiels ›Regulus‹ von Pradon, 1725), steht jedoch im späteren Streit zwischen Gottsched und den Schweizern auf der Seite der letzteren. Seine ›Untersuchung von dem guten Geschmack‹ erschien in der von ihm besorgten Ausgabe ›Des Freyherrn von Canitz Gedichte‹ (1727).
Von Johann Jacob Bodmer erschien 1727: ›Von dem Einfluß und Gebrauche der Einbildungs-Krafft; Zur Ausbesserung des Geschmackes ...‹ und 1728 ›Anklagung des verderbten Geschmackes‹. Später veröffentlichte Bodmer den ›Brief-Wechsel von der Natur des Poetischen Geschmackes‹ (1736), ein Werk, das Auszüge aus dem Briefwechsel zwischen Bodmer und dem Italiener Pietro dei Conti di Calepio (1693 bis 1762) enthält.

133 Jean Baptiste Abbé Du Bos (1670–1742), französischer Ästhetiker, veröffentlichte 1719 seine ›Réflexions critiques sur la poésie et la peinture‹, in denen er eine Art Philosophie des Geschmacks entwickelte.
sein Widersacher: Charles Rollin (1661–1741), Universitätsprofessor in Paris. In seinem ›Traité de la manière d'étudier et d'enseigner les belles-lettres‹ (1726 f.) setzte er sich kritisch mit Du Bos' Geschmacksbegriff auseinander.

134 Johann Lorenz von Mosheim (1694–1755), Theologie-Professor in Göttingen, bedeutend vor allem als Kirchenhistoriker. Gottsched schätzte ihn als großen Kanzelredner, der frei und gewinnend sprach (›Heilige Reden über wichtige Wahrheiten der Lehre Christi‹, seit 1725).

135 Samuel Freiherr von Pufendorf (1632–94), bedeutender deutscher Naturrechtler, ›De jure naturae et gentium‹ (1678).

136 Herman Boerhaave (1668–1738), niederländischer Arzt, Pro-

fessor für Medizin, Botanik, Chemie in Leiden. Seine Auffassungen beeinflußten die Schulmedizin bis zum Ende des 18. Jahrhunderts.

137 *Chimären:* Ungeheuer der griechischen Sage (Löwe, Schlange und Ziege in einem).

138 Andreas Tscherning (1611–59), deutscher Dichter, Anhänger von Opitz. Er veröffentlichte ›Deutscher Getichte Früling‹ (1642).

139 Christoph Heinrich Amthor (1677–1721), deutscher Dichter der galanten Poesie. Seine Gedichte trugen ihm eine Berufung als Justizrat nach Kopenhagen ein. Am bekanntesten wurde seine Sammlung ›Poetischer Versuch einiger teutschen Gedichte‹ (1717).

140 Johann Christian Günther (1695–1723), deutscher Dichter. Formal noch unter dem Eindruck des Barock, gestaltete er in seinen Gedichten individuelle Erlebnisse, die somit zum direkten Ausdruck einer Persönlichkeit wurden. Seine Lyrik weist auf Dichtungen Goethes und des Sturm und Drang voraus. Die zum Teil unter dem Einfluß von Pietismus und Volkslied entstandenen Werke erschienen posthum in der ›Sammlung von J. Chr. Günthers aus Schlesien, theils noch nie gedruckten, theils schon herausgegebenen, Deutschen und Lateinischen Gedichten‹, 4 Bde. (1724–35).

141 *Säulen-Ordnungen:* Bezeichnung für die verschiedenen Typen antiker Säulen. Heute unterscheidet man gewöhnlich drei Ordnungen: die dorische, ionische und korinthische.

142 *tiefsinnigste von den alten Weltweisen:* Aristoteles.

143 Verschieden sind unsre Ideale: hier stimmt mein und dein Empfinden nicht zusammen. Denn was dir als öde, ungastliche Wildnis gilt, anmutig heißt es dem, der meinen Geschmack teilt; und widerwärtig ist ihm, was du schön findest (V. 18–21).

144 Die Stellen finden sich bei Horaz ›Epistolae‹ II, 1 und ›Dichtkunst‹, V. 270 ff.

145 Marcus *Bavius* und *Maevius,* zwei unbedeutende römische Dichter, die sich jedoch kunstrichterliche Urteile über Horaz und Virgil anmaßten.

146 *Varus:* Gemeint ist wahrscheinlich Lucius Varius Rufus, römischer Epiker und Zeitgenosse Virgils, der ihm bei seinem Tode die ›Aeneis‹ zur Herausgabe anvertraute.

147 ›Briefe‹ I, 19, V. 37.

148 V. 73–91: *Pantilius, Demetrius:* mißgünstige Kritiker des Horaz. – *Fannius:* eitler Dichter. – *Hermogenes:* griechischer Rhetor (2. Jh. n. Chr.). – *Plotius:* Freund des Horaz, zum Kreis des Mäcenas gehörend.
Maecenas: gebildeter römischer Ritter, Freund und Berater des Kaisers Augustus (gest. 8 v. Chr.). Freund von Horaz, dem er ein Landgut schenkte. Förderer von Dichtern und Literaten. Nach ihm die Bezeichnung Mäzen für Förderer und Freunde von Kunst und Literatur.
Valgius: Konsul 12 v. Chr. Freund des Horaz, dichtete Elegien und Epigramme. – *Fuscus:* Freund des Horaz. – *Visci:* Freunde des Horaz und des Mäcenas. – *Pollio:* römischer Staatsmann (gest. 5 n. Chr.). Trat auch als Dichter und Geschichtsschreiber hervor. Von seinen Werken ist keines erhalten. Er gründete die erste öffentliche Bibliothek in Rom. – *Messalla:* römischer Feldherr und Staatsmann (gest. 13 n. Chr.), von Augustus geschätzt, Mittelpunkt eines literarischen Kreises in Rom, Förderer Tibulls. – *Bibulos:* Stiefsohn des Brutus, mit Horaz befreundet. – *Servos:* Freund des Horaz. – *Furnus:* römischer Konsul (17 v. Chr.). – *Tigellius:* Mit ihm ist der Typ des urteilsunfähigen oder -unwilligen Lesers gemeint.

149 So wie an dummen Autoren ist unser Jahrhundert auch reich an dummen Bewunderern; außer denen in Stadt und Land gibt es auch genügend unter Herzögen und Fürsten. Das banalste Machwerk hat bei den Höflingen zu allen Zeiten seine eifernden Verehrer. Und, um endlich mit einem bissigen Wort abzuschließen: Der Dumme findet immer noch einen Dümmeren, der ihn bewundert.

150 Julius Wilhelm Zincgref (1591–1635), deutscher Dichter, Studienfreund von Opitz. Er schrieb Gedichte und Sprüche. 1624 gab er ohne Opitz' Wissen ›Martini Opicii Teutsche Poemata‹ heraus. Wegen ihrer Mängel erregte die Ausgabe Opitz' Unwillen.

151 Schlußverse des Gedichts ›An Herrn Zincgrefen‹ (›Poetische Wälder‹, 1. Buch). Bei Triller im 2. Band, S. 386 f. – *Bavius und Maevius:* vgl. Anm. 145. – *Venusiner Schwan:* Horaz. – *Preis von Mantua:* Virgil. – *Naso:* Ovid.

152 *Budorgis:* Vermutlich ist hier Breslau gemeint, wo Neukirch mehrere Jahre als Advokat gelebt hat. – Nach Pauly-Wissowa ist Budorgis ein alter Name für das heutige Pardobitz.

153 Vgl. Anm. 113.
154 Sie lassen eben nur gelten, was ihnen selbst gefiel; oder es geniert sie, sich Jüngeren zu fügen: Der Alte mag nicht wertlos nennen, was er als bartloser Knabe einst gelernt (V. 83–85).
155 Zu Marino vgl. Anm. 269.
156 V. 63.
157 Es steht mit der Sache der Menschheit nicht so gut, daß das Bessere der Mehrheit gefiele; ein großer Haufe ist Beweis des Schlechtesten (Übersetzung nach Forbiger).
158 Vermutlich meint Gottsched den griechischen Maler Apelles (4. Jh. v. Chr., Hofmaler Alexanders des Großen), der jedoch nicht eine Minerva, sondern eine Diana nach Homer gemalt haben soll, wie Plinius überliefert hat.
159 *geistliche Dinge:* geistige, seelische Vorgänge.
160 Es handelt sich um den Schmutztitel von Bodmers ›Von dem Einfluß und Gebrauche der Einbildungs-Krafft‹ aus dem Jahre 1727; vgl. Anm. 132.
161 V. 1–44.
162 Georges de Scudéry (1601–67), französischer Dichter. Er wurde vor allem durch den Streit über Corneilles ›Cid‹ bekannt, dessen angebliche Mängel er in einer von der Académie Française zum Teil anerkannten Schrift rügte. Boileaus Kritik an Scudéry bezieht sich vor allem auf dessen Epos ›Alaric‹ (1654).
163 Ist ein Autor von seinem Stoff zu sehr durchdrungen, dann gibt er ihn kaum preis, ohne ihn zuvor ganz ausgeschöpft zu haben. Sieht er einen Palast, so beschreibt er mir dessen Fassade, geleitet mich von Terrasse zu Terrasse: hier eine Freitreppe, dort ein langer Gang, jenen Balkon umschließt eine goldene Balustrade; er zählt die runden und die ovalen Deckengemälde auf: »Nichts als Girlanden, nichts als Verzierungen«. Ich überschlage, um zum Ende zu kommen, zwanzig Seiten und rette mich schließlich mit Mühe quer durch den Park. Hütet euch vor der fruchtlosen Weitschweifigkeit solcher Autoren, und belastet euer Werk nicht mit unnützen Kleinigkeiten; alles, was zuviel gesagt wird, ist reizlos, ja abstoßend, denn ein gesättigter Geist verwirft es im Nu. Wer sich nicht zu beschränken vermag, wird nie ein guter Schriftsteller.
Nichts als Girlanden, nichts als Verzierungen: Vers von Scudéry (vgl. Anm. 162).
164 Zu Brockes vgl. Anm. 19 zu VII.

165 Tausend Farben bunt gegenüber der Sonne versprühend (›Aeneis‹ IV, 701).

166 Lodovico Castelvetro (1505–71), italienischer Schriftsteller. Er übersetzte die ›Poetik‹ des Aristoteles, geriet (u. a. mit Scaliger) in allerlei Polemiken und trug durch seine kritischen Schriften zur Entwicklung der dramatischen Theorie der Renaissance bei. Seine Auffassungen beeinflußten die französische Klassik. Filippo Argelatis Ausgabe erschien 1727.

167 Bernard Le Bouvier de Fontenelle (1657–1757), französischer Dichter und Ästhetiker. Er verfaßte zahlreiche poetische, literarische und philosophische Werke. In Deutschland wurde besonders sein Schäferspiel ›Endymion‹ bekannt, das Gottsched 1727 in eigener Übersetzung veröffentlichte, zugleich mit den ›Entretiens sur la pluralité des mondes‹. Sein ›Discours sur la nature de l'églogue‹ erschien 1687. Neben Boileau und Fénélon (vgl. Anm. 88) war Fontenelle für Gottsched eine der einflußreichsten französischen Autoritäten in Fragen der Literatur und Ästhetik.

168 Richard Steele (1672–1729), zusammen mit Joseph Addison (vgl. Anm. 2 zu III) der Begründer der Moralischen Wochenschriften in England: ›The Tatler‹ (1709–11), ›The Spectator‹ (1711–12), ›The Guardian‹ (1713). Die von Gottsched gemeinte Kritik an Fontenelle findet sich in der Ausgabe vom 13. April 1713. – Steele machte sich außerdem als Begründer der sogenannten sentimental comedy einen Namen: ›The Tender Husband‹ (1703), ›The Conscious Lovers‹ (1722).

169 ›Die Discourse der Mahlern‹: 1721–23 von Bodmer und Breitinger herausgegebene Moralische Wochenschrift.

170 Johann von Besser (1654–1729), Hofdichter in Dresden, Verfasser zahlreicher Gedichte, die fast alle im Einzeldruck erschienen und erst 1732 von seinem Nachfolger Johann Ulrich König (vgl. Anm. 132) gesammelt wurden.
Bei den *Klag-Gedichten* handelt es sich um Bessers ›Die Gott und ihrem Manne getreueste Climene‹ und Canitz' (vgl. Anm. 120) ›Klagode über den Tod seiner ersten Gemahlin‹.

171 Günthers Gedichte erschienen zuerst 1724; vgl. Anm. 140.

172 *Argiver:* Bewohner der Stadt Argos in Griechenland; häufig als Bezeichnung für »Griechen« benutzt.

173 Das Zitat stammt aus Canitz' Satire ›Von der Poesie‹. Gottsched zitiert ungenau:

Man redt und schreibt: Canitz *Man denkt und schreibt.*
nach der Natur kein Einfall: Canitz *nach der Vernunft kein Einfall.*
Dido dort von Schimpf und Undank: Canitz *Dido, dich von Lieb und Undank.*
Er sucht ihm fremde Spur: Canitz *Er sucht sich neue Spur.*

174 Grundelement und gleichsam die Seele ist die Fabel.

175 Zu Aesop vgl. Anm. 8 zu I.

176 Vgl. zu diesem Abschnitt Anm. 8 zu I.

177 Vgl. Aristoteles, ›Poetik‹, 3. Kapitel.

178 René Le Bossu (1635–80), französischer Ästhetiker und Kritiker. Sein ›Traité du poème épique‹ erschien zuerst 1675. Die von Gottsched zitierten Stellen finden sich im 5. Kapitel.

179 ›Oden‹ I, 14.

180 In seinen ›Vernünfftigen Gedancken von Gott, der Welt und der Seele des Menschen‹, Halle [9]1743, S. 350; vgl. Anm. 103.

181 4. Mose 22, 21.

182 Unter dem Joch aber sprach der fußgeschmeidige Falbe Xanthes . . .
. . .
Wohl, wir werden dich jetzt noch retten, du starker Achilleus. (V. 404 u. 408).

183 ›Vernünftige Tadlerinnen‹, ›Biedermann‹: von Gottsched herausgegebene Moralische Wochenschriften (1725–26, 1727 bis 1728).

184 Zu Holberg vgl. Anm. 56 zu VI.

185 V. 179 ff.

186 Was du mir so handgreiflich zeigst, erregt Unglauben nur und Widerwillen.

187 Drum hat man ja gezweifelt, ob die Komödie wirklich eine Dichtung ist, weil ihr der sprühende Geist, die wuchtige Kraft in Stoff und Sprache fehlt – wenn nicht bestimmtes Versmaß sie von der Alltagsrede unterschiede, wär's reine Prosa (V. 45–48).

188 *Chremes:* der alte, griesgrämige Hausvater in der römischen Komödie (z. B. in der ›Andria‹ des Terenz).

189 Doch kommt es vor, daß auch die Komödie ihre Stimme steigert: im Zorne tobt sich ein Chremes mit flammender Rede aus (V. 93 f.).

190 Nicht beginnt er Diomedes' Heimfahrt beim Untergange seines Oheims Meleager und nicht den Krieg um Troja beim

Zwillingsei: immer strebt er rasch zum Endziel (›Dichtkunst‹, V. 146–148).
Diomedes: Held vor Troja (vgl. ›Ilias‹, 5. Gesang). Seine Rückkehr aus Troja war Gegenstand eines Gedichtes von Antimachos, das mit der Beschreibung des Todes von Meleager begann, der jedoch nicht vor Troja starb. – *Zwillingsei:* Nach dem Besuch des Zeus (in Gestalt eines Schwans) gebar Leda zwei Eier, aus denen die Dioskuren (Kastor und Pollux) sowie Helena hervorgingen.

191 ›Kleine Ilias‹: ein Werk, das zu den Gedichten des sogenannten epischen Kyklos gehört. Die ›Kleine Ilias‹ erzählt die Ereignisse vom Streit um die Waffen des Achill bis zur Eroberung Trojas. Sie ist bei Aristoteles im 4. Kapitel seiner ›Poetik‹ erwähnt.

192 Opitz' ›Antigone‹-Übersetzung erschien 1636.

193 Gemeint ist die 1651 erschienene Übersetzung von Tassos ›Befreitem Jerusalem‹: ›Gottfried. Oder Erlösetes Jerusalem‹ von Dietrich von dem Werder (1584–1657). Die Episode um die Liebenden Olint und Sophronia findet sich im 2. Gesang, Str. 1–54.

194 ›Telemach‹: Vgl. Anm. 88. – ›Banise‹: höfisch-historischer Roman (1689) von Heinrich Anselm von Ziegler und Klipphausen (1663–96).

195 Aller Beifall ist dem gewiß, der Heilsames mischte mit Süßem, der den Leser zum Genießen einlud und zugleich zum Nachdenken (V. 343 f.).

196 Seien es Helden im Fürstengewand oder Bürger im Alltagskleid (V. 288).

197 Vgl. 1. Kön. 21, 1 ff.

198 *Höchstädt:* Hier errangen 1704 im Spanischen Erbfolgekrieg Österreicher und Engländer einen bedeutenden Sieg über die französisch-bayrischen Heere.

199 Zu Saint-Amant vgl. Anm. 237.

200 *Verfasser des ›Messias‹:* Klopstock. – ›Noah‹, ›Synd-Flut‹: Bibelepen von Bodmer (1750/52 u. 1751/53).

201 Im 3. Kapitel der ›Poetik‹.

202 Heliodor, griechischer Romanautor (3. Jh. n. Chr.): ›Aethiopica‹.
Longus, griechischer Schriftsteller (3. Jh. n. Chr.). Autor des Hirtenromans ›Daphnis und Chloe‹.

203 Zu Frau Dacier vgl. Anm. 87.

204 Zu Schönaich vgl. Anm. 73.

205 Hesiod, griechischer Dichter (um 700 v. Chr.). Gottsched spielt hier auf seine ›Theogonie‹ (›Entstehung der Götter‹) an.

206 Zu Lucretius vgl. Anm. 57.

207 E. IV (V. 1):

Musen Siziliens, laßt uns ein wenig erhabener singen!

E. VIII (V. 62 f.):

Doch ihr, was Alphesiboeus entgegnet,
Sagt es mir, Musen! Nicht alles kann uns allen gelingen.

E. X (V. 70–72):

Also, Göttinnen, hat euch genug euer Dichter gesungen,
Während er saß und flocht ein Körbchen aus zierlichem Eibisch,
Holde Musen.

(Übersetzungen nach Johannes Götte.)

Alphesiboeus: Name eines Hirten.

208 Welcher Gott doch, ihr Musen, wer brachte uns diese Erfindung?
Woher wuchs der Beginn dieser neuen Erfahrung der Menschheit?

(V. 315 f. – Übersetzung nach Johannes Götte.)

209 Oh, steig herab vom Himmel, Kalliope,
Heb an ein Lied, ein langes, o Königin.

(V. 1 f.)

Kalliope: Muse der epischen Dichtung.

210 *Mnemosyne:* Gedächtnisgöttin und Mutter der Musen.

211 Muse, sag mir die Gründe, ob welcher Verletzung des hohen
Willens, worüber voll Gram die Götterkönigin jenen
Mann, das Vorbild der Ehrfurcht, in so viel Jammer, in so viel
Mühsal gejagt. Kann so die Gottheit grollen und zürnen?

(I, V. 8–11)

212 Künden will ich, Erato, nun, welche Fürsten und Zeiten
herrschten und wie es stand im alten Latium, als das
Fremdlingsheer ankam und gleich an Ausoniens Küsten
landete, werde besingen des ersten Kampfes Beginnen.

(V. 37–40)

Erato: Muse der (Liebes-)Poesie. – *Ausonien:* Italien.

213 Öffnet denn, Musen, den Helikon jetzt und weckt die Gesänge,
welche Fürsten der Krieg aufrief, welche Heerscharen jedem

folgten und füllten das Feld, mit was für Helden schon damals
fruchtbar blühte Italiens Land, welche Waffen es führte.
Denn ihr, Göttinnen, wißt es noch jetzt, ihr könnt es erzählen:
uns umweht nur eben der Sage flüchtiger Lufthauch.
(V. 641–646)

214 Euch, Kalliope, bitt ich, beseelt meinen Sang, denn ich künde,
wie dort damals Turnus gewütet, wie mit dem Schwert er
Leiden gehäuft, wen jeder der Männer schickte zum Orkus.
Helft und entfaltet mit mir des Krieges wüste Gestade,
denn ihr wisset es, Göttinnen, wohl und könnt es berichten.
(V. 525–529)

Turnus: König der Rutuler; Gegner des Aeneas in Latium.

215 Welcher Gott, ihr Musen, hat da von den Teukrern so wilden
Brand gewehrt, wer hielt solch Feuer fern von den Schiffen?
Sagt! Uralt verbürgt, lebt ewig neu doch die Kunde.
(V. 77–79. – Übersetzungen nach Johannes Götte.)

Teukrer: Trojaner.

216 *dogmatische Sachen:* lehrhafte, religiöse Dichtung.

217 Valerius Maximus (1. Jh. n. Chr.), römischer Schriftsteller, der eine aus neun Büchern bestehende Anekdotensammlung verfaßte.

218 Marcus Terentius Varro (116–27 v. Chr.), der größte Gelehrte und fruchtbarste Schriftsteller der römischen Antike. Unter den wenigen Schriften, die von ihm erhalten sind, befindet sich sein Werk über den Landbau.

219 *Silvan:* römischer Gott des unkultivierten Landes jenseits der Stadtgrenzen.

220 Welcher Gott doch, ihr Musen, wer brachte uns diese Erfindung?
Woher wuchs der Beginn dieser neuen Erfahrung der Menschheit?
(V. 315 f.)

221 Weidet, ihr lieblichen Musen, ein Kalb für euren Leser!
(V. 85. – Übersetzung nach Johannes Götte.)

222 Musen Siziliens, laßt uns ein wenig erhabener singen,
Freut doch nicht jeden Gebüsch und ein niedriger Strauch Tamarisken.
(V. 1 f.)

Tamarisken: heideartige Sträucher und kleine Bäume.

223 *Haberröhren:* Gemeint sind die Rohrflöten der Antike, die sogenannten Panflöten (Syringen).

224 *Pythia:* Orakelpriesterin Apolls im Tempel zu Delphi.
225 Vgl. ›Dichtkunst‹, V. 1–5.
226 Vgl. Homer, ›Ilias‹, 18. Gesang.
227 Gottscheds Ausführungen beziehen sich auf Torquato Tassos Epos ›Das befreite Jerusalem‹ (1580).
228 *Kartaunen:* schwere Geschütze.
229 Voltaires Epos ›La Henriade‹ erschien 1723, sein ›Essai sur la poésie épique‹ 1726.
230 Der *englische Criticus* ist Joseph Addison (vgl. Anm. 2 zu III), der Voltaires ›Henriade‹ im ›Spectator‹ untersucht hatte.
231 Nicht darf ein Gott eingreifen, wo nicht Verstrickung vorliegt, die den Befreier fordert (›Dichtkunst‹, V. 191 f.).
232 Vgl. ›Dichtkunst‹, V. 186 f. u. 340.
Prokne wurde in eine Nachtigall verwandelt, nachdem sie ihren Sohn Itys getötet hatte. – *Cadmus,* der Gründer der Burg von Theben, wurde in eine Schlange verwandelt.
233 Gryphius' Komödie ›Absurda Comica. Oder Herr Peter Squentz‹ erschien 1658.
234 Was du mir so handgreiflich zeigst, erregt Unglauben nur und Widerwillen (Horaz, ›Dichtkunst‹, V. 188).
235 Ich schaue Bacchus – glaubt es mir, Enkel, nur! –
Ich sah am Fels ihn lehren die Sangeskunst,
Sah Nymphen lernen, ziegenfüßig
Spitzen die Ohren der Satyrn Scharen.
236 *womit:* durch irgend etwas.
237 Gestalten aus Homers ›Ilias‹ und ›Odyssee‹, Virgils ›Aeneis‹, Sophokles' ›Ödipus‹, Euripides' ›Medea‹ und Corneilles ›Cinna‹ und ›Cid‹.
238 *Haupt- und Staatsaktion:* Vgl. Anm. 6 zu I.
238a Der griechische Maler Zeuxis (Ende 5. Jh. v. Chr.) soll eine Helena als Idealbild weiblicher Schönheit nach den sich ergänzenden Einzelschönheiten von fünf Frauen aus Kroton gemalt haben.
239 Zu Canitz vgl. Anm. 108. Hier handelt es sich um seine Satire ›Der Tod des ungerechten Geizhalses‹.
240 Timanthes, griechischer Maler (4. Jh. v. Chr.). Sein berühmtestes Bild ist die von Gottsched erwähnte ›Opferung der Iphigenie‹.
241 Es handelt sich nicht um Salomon Franck, sondern um Johann Franck (1618–77), der vor allem als Dichter geistlicher Lieder bekannt wurde. Seine ›Susanna‹ ist eine Art Epos,

das zuerst 1658 erschien. Gottsched zitiert aus der Ausgabe von 1674.

242 Euch sei's geklagt, ... wir Sänger insgemein lassen uns beirren durch den Schein des Richtigen. ... Wer den einheitlichen Stoff abenteuerlich durch Abwechslung beleben möchte, malt den Delphin in die Waldlandschaft und in die Wellen das Wildschwein. Zum Mißgriff führt die Abkehr vom Fehler, wenn's am künstlerischen Takte mangelt (›Dichtkunst‹, V. 24–31).

243 *Jesmin:* Gemeint ist wohl Jasmin, dessen asiatische Arten der Gewinnung von Duftstoffen dienen. – *Zibet:* Duftstoff, aus Drüsenabsonderung der Zibetkatze gewonnen.

244 Königs Komödie ›Die verkehrte Welt‹ erschien 1725; zu König vgl. Anm. 132.

245 Vgl. Anm. 160.

246 Vgl. Anm. 125 sowie Anm. 71 zu IV.

247 Zu Dach vgl. Anm. 118.

248 Zu Fleming vgl. Anm. 48 zu IV.

249 V. 1–5.

250 Doch war ja Malern wie Dichtern immer schon das Kühnste verstattet (V. 9 f.).

251 *Anmerkungen:* Von Gottsched dem Horaz-Text beigefügte Erläuterungen und Kommentare; vgl. Anm. 106.

252 Ganz recht; und diese Freiheit erbitten wir, vergönnen wir uns wechselseitig; doch nicht die Freiheit, Zahmes mit Wildem zu gesellen, Schlangen mit Vögeln zu paaren und Lämmer mit Tigern (V. 11–13).

253 Richt. 9, 5 ff.

254 Täuschend erfindet er, Wahrheit mischt er mit Trugspiel, immer bedacht, daß Anfang und Mitte, Mitte und Ende nicht uneins werden (›Dichtkunst‹, V. 151 f.).

255 Jean Le Clerc, genannt Clericus (1657–1736), Schweizer Gelehrter und Theologe, Professor in Amsterdam. Verfasser und Herausgeber vieler Werke und Sammelwerke. Seine ›Parrhasiana ou pensées divers‹ erschienen 1699. Das Zitat findet sich auf Seite 26.

256 Vgl. ›Ilias‹, 22. Gesang, V. 205; Aristoteles ›Poetik‹, 4. Kap.

257 John Churchill, Herzog von Marlborough (1650–1722), berühmter englischer Feldherr und Staatsmann.
Ludwig Wilhelm I., Markgraf von Baden (1655–1707), einer der bedeutendsten Generale seiner Zeit.

258 ›Ilias‹, 8. Gesang, V. 185–198.

259 Gemeint ist Voltaires ›Essai sur la poésie épique‹.
Dionysios von Halikarnaß, Schriftsteller und Lehrer der Beredsamkeit, seit 31 v. Chr. in Rom. Hier ist seine fragmentarisch erhaltene ›Römische Geschichte‹ gemeint.
Harpyien: unheilstiftende Windgeister.
Celeno: eine der Harpyien.
König Cacus: Name eines feuerspeienden Ungetüms, nach Vergil und Ovid Sohn des Vulkan.

260 Uralt verbürgt, lebt ewig neu doch die Kunde (›Aeneis‹ IX, V. 79).

261 Vgl. Hans Sachs: ›Comedia. Die ungleichen Kinder Eve; wie sie Gott, der Herr, anredt‹.

262 Gian Francesco Loredanos (1607–66) Roman ›L'Adamo‹ erschien 1640.

263 Gemeint ist das Epos in zehn Gesängen ›Die Lusiaden‹ (1572) von Luís Vas Camões (1524–80).

264 Gemeint ist das Epos in 37 Gesängen (1569–78) von Alonso de Ercilla y Zúñiga (1533–94).

265 Einst war er Christ; zu Mahom abgefallen,
Hat er den frühern Dienst nicht ganz verbannt;
Vielmehr vermengt er beide, nach Gefallen,
Zu bösem Zweck, mit jedem schlecht bekannt.
(›Das befreite Jerusalem‹, 2. Gesang)

266 Dies Bild nun mußt du rauben den Rebellen,
Und, wenn du selbst es dort hinweggebracht,
Mit eigner Hand in deinen Tempel stellen.
Dann will ich ihm verleihn so starke Macht,
Daß es zur Wacht soll dienen deinen Wällen,
Solange man es selber hier bewacht,
Unüberwindlich werde Zions Mauer
Durch dieses Bilds geheimnisvollen Schauer!
(›Das befreite Jerusalem‹, 2. Gesang. – Übersetzung nach J. D. Gries.)

267 *Alecto:* eine der drei Furien, Die nimmer Rastende.

268 Vgl. ›Dichtkunst‹, V. 7.

269 Giambattista Marino (1569–1625), italienischer Dichter, Schöpfer des italienischen Barock. Nach seiner Formkunst wurde der Begriff Marinismus geprägt. Sein Hauptwerk ist das aus zwanzig Gesängen bestehende Epos ›Adonis‹ (1623). Der ›Bethlehemitische Kindermord‹ erschien 1633.

270 *Hydren und Cerasten:* Schlangen und Vipern.
271 Vgl. Anm. 108.
272 *Phlegethon:* mythischer Strom in der Unterwelt.
273 Die Stoffwahl verlangt Anschluß an die Überlieferung oder, bei freier Erfindung, innerlichen Einklang (›Dichtkunst‹, V. 119 f.).
274 Was zur Belustigung erdichtet ist, muß der Wirklichkeit möglichst nahe kommen: nicht für jeden Einfall darf die Erfindung Glauben verlangen (V. 338 f.).
275 Die Natur konnte keinen Größeren hervorbringen; um einen Dritten zu schaffen, vereinte sie in ihm die beiden anderen (Schlußverse des Gedichts ›Lines on Milton‹, 1688).
276 Das in eckige Klammern Gesetzte ist nach der 4. Auflage (S. 213) ergänzt.
277 *Pandämonium:* Aufenthaltsort der Dämonen.
278 *Dorische Ordnung:* Bezeichnung für eine bestimmte Art der griechischen Säulen (vgl. Anm. 141). Hier ist mit der Bezeichnung *kunstvolle Ausgestaltung* gemeint.
279 *Karnies:* Kranzleiste, Gesims.
280 *Indulgenzien:* Sündenablässe.
281 Gemeint ist Voltaires ›Henriade‹.
282 Und dieser Gott, den er verehrte, sah herab
Auf den einsamen Greis mit gnädgem Blicke;
Weisheit aus seinen Himmels-Schätzen gab
Er ihm und öffnete das Buch ihm der Geschicke.
(I. Gesang, V. 209–212)
283 »Oh! beten«, sprach der Greis, »wir Gottes Vorsicht an
Und geben ihm nicht Schuld der Menschen Sünden!
Ich sah den Calvinismus, wie er sich entspann
In Frankreich, – schwach, gering, im Dunkeln nur zu finden –:
Ich sah ihn hülflos und verjagt – und träge
Doch vorwärts gehn durch hundert finstre Wege:
Zuletzt sah ich die schreckliche Gestalt,
Wie sie vom Staub sich hob mit stolzer Allgewalt,
Den Thron bestieg, den Menschen Schmach erwies
Und nun selbst den Altar mit frechem Fuße stieß.

Seitdem von Hofe fern härmt' ich mich ob dem Spotte
Meiner Religion in dieser dunkeln Grotte,
Doch bleibt die Hoffnung mir – bald ist mein letzter Tag –

Daß solcher neue Kult nicht ewig dauern mag:
Der Menschen Launen dankt er sein Entstehen,
Wie er entstand, wird man ihn sehn vergehen.«
(I. Gesang, V. 231–246)

284 *Königin von Medicis:* Maria von Medici, Gemahlin Heinrichs IV.

285 Des Himmels Antwort auf dies magische Beschwören
Erwarteten die Sechzehn, wähnend kühn,
Der Zukunft Schleier mit Gewalt hinwegzuziehn,
Der Himmel wollte, sie zu strafen, sie erhören.
Er hemmte der Natur gewohnten Gang,
Graunvolles Murmeln durch die stumme Menge drang,
Der Blitze durch die Nacht verstärkten Brand
Schuf ein erschrecklich Licht, das wechselnd kam und schwand.
In dieser Glut erschien in Ruhmes Glanz
Heinrich auf einem Siegeswagen.
(V. Gesang, V. 257–266. – Übersetzungen nach F. F. Hempel)

286 Vgl. Anm. 64.

287 Vgl. Anm. 66.

288 Das Epos ›Moise sauvé‹ von Marc-Antoine de Girard, sieur de Saint-Amant (1594–1661) erschien 1653.

289 In seinen ›Lettres à M. de Genouville, contenant la critique de l'Oedipe de Sophocle, de celui de Corneille et de celui de l'auteur‹, die der Ausgabe seines Dramas (1720) beigegeben wurden.

290 1637 hatte die Académie Française in ihrer Schrift ›Les Sentiments de l'Académie sur le Cid‹ Corneilles Drama kritisiert (Behandlung der drei Einheiten, Verwendung eines spanischen Stoffes), zugleich jedoch auch den »unerklärbaren Zauber« des Werkes hervorgehoben.

291 Charles de Marguetel de Saint-Denis de Saint-Evremond (1615–1703), französischer Schriftsteller, der seit 1670 im Exil in England lebte. Sein größter literarischer Erfolg war seine satirische Komödie über die Académie Française aus dem Jahre 1642: ›Comédie des académistes pour la réformation de la langue française‹. Gottsched schätzte vor allem seine ›Réflexions sur les tragédies‹ (1677).

292 Zu Fontenelle vgl. Anm. 167.

293 Vgl. Anm. 168.

294 Beat Ludwig de Muralts (1665–1749) ›Lettres sur les Anglais

et les François et sur les voiages‹ erschienen 1725. Das Werk des Schweizers tritt für eine Hinwendung zur englischen Literatur ein und kritisiert den französischen Klassizismus. – *Boileaus Satire über Paris:* Satire VI.

295 (So) will ich denn des Wetzsteins Dienste tun: der hat zwar nicht die Gabe, selbst zu schneiden, kann aber Eisen scharf machen. Ohne selbst zu dichten, will ich Beruf und Pflicht des Dichters zeigen: Wo er Gedankenreichtum sich erwirbt, was seinen Geist zu nähren und zu bilden dient, was ihm zu tun und nicht zu tun gebührt, wohin ihn echte Kunst, wohin des Irrtums Wahn ihn führen kann (›Dichtkunst‹, V. 304–308).

296 Anthony Ashley Cooper, Earl of Shaftesbury (1671–1713), englischer Philosoph. Seine ›Characteristics of Men, Manners, Opinions, Times‹ (1711) bestehen aus moralphilosophischen Abhandlungen, die im Sinne der Aufklärung die Harmonie der Welt, die Tugendbestimmung des Menschen betonen und zugleich ästhetische Lehren enthalten, die großen Einfluß auf die deutsche Literatur des 18. Jahrhunderts ausübten, auch über die engere Aufklärung hinaus.

In einer Anmerkung gibt Gottsched auch den englischen Text des Originals:

»For this reason we presume not only to defend the cause of critics; but do declare open war against those indolent supine Authors, Performers, Readers, Auditors, Actors or Spectators; who making their humor alone the rule of what is beautiful and agreable, and having no account to give of such their humor or odd fancy, reject the criticizing or examining art, by which alone they are able to discover true beauty and worth of every object.

According to that affected ridicule which these insipid remarkers pretend to throw upon just critics, the enjoyment of all real arts or natural beauties would be entirely lost: even in behaviour and manners we should at this rate become in time as barbarous as in our pleasure and diversions. I would presume it, however, of these Critic-Haters, that they are not yet so uncivilized, or void of all social sense as to maintain: That the most barbarous Life, or brutish pleasure, is as desirable as the most polished or refined.

For my own part, when I have heard sometimes men of reputed ability join in with that effeminate plaintive tone of invective against critics, I have really thought, they had in their fancy to keep down the growing geniuses of the youth, their rivals, by turning them aside from that examination and search on which all good performance, as well as good judgement depends.«

297 Zu *Pordätsch* vgl. Anm. 91.

298 Im 2. Kapitel.

299 Der tragische Dichter, dem der Bock als Kampfpreis nicht zu gering war (V. 220).

300 Thespis, Attiker aus Ikaria, gilt als Schöpfer der Tragödie insofern, als er 534 v. Chr. dem Chor einen Schauspieler gegenüberstellte. Der *Thespis-Karren* ist vermutlich eine Erfindung von Horaz (›Dichtkunst‹, V. 276).

301 Die Vorzeit wußte nichts vom Spiel der tragischen Muse: Thespis gilt als Erfinder; man sagt, er ließ auf Wagen seine Dichtungen wandern; Weinhefe schminkte Sängern und Darstellern das Gesicht. Nach ihm hat dann Äschylus, der auch Maske und feierliches Schleppgewand einführte, schlicht aus Balken ein Bühnengerüst gezimmert; er hat die erhabene Sprache gelehrt und das Schreiten auf dem Hochschuh (›Dichtkunst‹, V. 275–280).

302 Zur Verdeutlichung: Wie in Griechenland der vierfüßige Jambus durch den jambischen Trimeter abgelöst wurde, trat in Deutschland seit Opitz der Alexandriner an die Stelle des Knittelverses.

303 Die Rolle einer handelnden Person muß der Chor spielen und voll beteiligt seinen Mann stehen; nicht darf er ein Lied beliebig zwischen den Akten einlegen, nichts andres, als was der Entwicklung dienlich ist und ihr sich innig anschließt (›Dichtkunst‹, V. 193–195).

304 3. Kap.

305 Nicht kürzer und nicht länger soll das Stück sein als fünf Akte, will es Zugkraft entfalten und auf der Bühne weiterleben (›Dichtkunst‹, V. 189 f.).

306 Gemeint sind Racines Chordramen ›Esther‹ (1689) und ›Athalie‹ (1691).

307 *geht ihm nicht vor genossen aus:* bringt ihm keine Freude, schlägt ihm nicht zum Guten aus.

308 Um welches Werk es sich handelt, konnte nicht ermittelt werden.

309 Vgl. Anm. 290.

310 *Tragödie vom Wallenstein:* Vermutlich ist die ›Tragedy of

Albertus Wallenstein, Late Duke of Friedland‹ (1640) des Engländers Henry Glapthorne gemeint, die unter dem Titel ›Die weltbekannte Historie von dem tyrannischen General Wallenstein‹ auf den Wanderbühnen gespielt wurde. – *Banise:* Bearbeitung im Sinne einer ›Hauptaktion‹ des Romans von Ziegler und Klipphausen (vgl. Anm. 194). – *böhmische Libussa:* Wanderbühnenfassung des Libussa-Stoffes.

311 Es handelt sich um Racines Drama ›Alexander der Große‹; zu St. Evremond vgl. Anm. 291; zu Curtius Anm. 96.

312 Führt deine Dichtung etwa aufs neue den Achill vor, wie er in hoher Ehre stand, dann muß er rastlos sein, zornwütig, unerbittlich, leidenschaftlich, Anerkennung dem Recht versagend, jede Willkür dem Schwert ertrotzend. Eine Medea sei wildherzig und unbeugsam, Ino wehleidig, Ixion treubrüchig, Io ruhelos, Orestes schwermutsvoll (›Dichtkunst‹, V. 120 bis 124).

Ino: Tochter des Cadmus (vgl. Anm. 232), tötete einen ihrer Söhne und stürzte sich mit dem anderen ins Meer. Titelgestalt eines nicht erhaltenen Dramas von Euripides. – *Ixion:* König in Thessalien, der seinen Schwiegervater in eine Grube mit glühenden Kohlen stürzte; von Aischylos dramatisch behandelt. – *Io:* Argivische Königstochter, von Jupiter geliebt, von Juno in eine Kuh verwandelt, flieht von einer Bremse getrieben bis nach Ägypten.

313 Corneilles ›Sophonisbe‹ erschien 1663, Lohensteins Drama 1682.

314 Bringst du der Bühne unversuchten Stoff und wagst es, eine Gestalt frei zu erschaffen, so führe sie bis ans Ende durch, wie sie von Anbeginn auftrat, auf daß sie sich treu bleibe (›Dichtkunst‹, V. 125–127).

315 *delphische Priesterin:* Vgl. Anm. 224.

316 Verstiegener Wortschwall überschlug sich zu gewagter Redeweise ... und ahnungsvoll vorausdeutend klang (er) jetzt nicht ungleich Delphis dunklen Weisheitssprüchen (›Dichtkunst‹, V. 217–219).

317 Nicht darf der mitwirkende Gott oder Held ... jetzt in gemeine Schenken mit niedrigem Gesprächston übergehn; ebensowenig darf er, um die niedrige Sphäre zu vermeiden, hochtrabend in die Wolken und ins Blaue greifen (V. 227–230).

318 *Phöbus:* Vgl. Gottscheds eigene Definition (4. Aufl. S. 279): »Auf die Menge verblümter Redensarten und die ungeschickte

Vermischung derselben in einer Schrift kömmt hauptsächlich derjenige Fehler der poetischen Schreibart an, den man das Phöbus oder den Schwulst zu nennen pflegt. Die Franzosen haben diesen Namen einer schwülstigen Art des Ausdruckes, soviel mir wissend ist, zuerst beigeleget, und die Engländer nennen dieselbe Bombast. Es scheint die Benennung der erstern ihren Ursprung hauptsächlich von dem Mißbrauche zu haben, vermöge dessen manche Poeten auch bei den schlechtesten Dingen die Vergleichungen von der Sonne herzunehmen pflegen.«

319 Lohensteins ›Agrippina‹ erschien 1665; Gryphius' ›Carolus Stuardus‹ 1657, ›Leo Armenius‹ 1650.

320 Ebenso zeigt der tragische Held, wo er klagt, öfters die schlichte Sprache des Alltags, so Telephus, so Peleus, beide in der Not, in der Fremde, beide den hohlen Klang des Pathos verschmähend samt den ellenlangen Wortgefügen, sobald die Klage ernstlich des Zuschauers Herz rühren soll (›Dichtkunst‹, V. 95–98).
Peleus: Sohn des Aeacas, wird in einem Drama von Sophokles als Greis aus seinem Reiche verjagt und irrt in der Fremde umher. – *Telephus:* König von Mysien, sucht in einem Drama von Euripides als Bettler bei Agamemnon Heilung für seine von Achill geschlagene Wunde.

321 Das Menschenantlitz lacht mit den Lachenden und weint mit den Weinenden. Willst du mich zu Tränen nötigen, so mußt du selbst zuvor das Leid empfinden; nur dann wird mich dein Unglück rühren, mein Telephus, mein Peleus. Ward Ungeschicktes dir in den Mund gelegt, so fang ich an zu gähnen oder zu lachen (›Dichtkunst‹, V. 101–105).

322 Ein Beleg für den von Gottsched beschriebenen Vorgang konnte nicht gefunden werden. Möglicherweise handelt es sich nicht um Euripides' ›Eumeniden‹, sondern um Aischylos' ›Hiketiden‹, in denen nach Pollux ein Chor von fünfzig Danaiden aufgetreten sein soll.

323 Gemeint sind die *Reyen* in der Tragödie des Barock.

324 *Perseus:* Sohn des Zeus und der Danae, erlöste, während er auf der Suche nach der Gorgo Medusa war, die an einen Felsen gekettete Andromache, die einem Seeungetüm geopfert werden sollte. Er heiratete sie. Den Kopf der Gorgo, dessen Anblick versteinerte, schenkte er Athena, die ihn an ihrem Brustpanzer befestigte. – *Endymion:* wurde von seinem Va-

ter Zeus zu ewigem Schlafe im Berge Latmos verurteilt, als er sich in Hera verliebt hatte. Eine der Sagen berichtet vom Besuch der Artemis (Diana) – nach anderer Lesart auch der Selene – im Berge.

325 Nicht darf ein Gott eingreifen, wo nicht Verstrickung vorliegt, die den Befreier fordert (›Dichtkunst‹, V. 191 f.).

326 Roscius (gest. 61 v. Chr.), berühmter, von Cicero hoch gepriesener Schauspieler.

327 Valentin Conrart (1603–75), erster Sekretär der Académie Française, veröffentlichte 1637 eine Bearbeitung von Claude Fauchets (1529–1601) ›Dialogue des Orateurs‹ (1585). Die deutsche Übersetzung erschien 1709.

328 Ward Ungeschicktes dir in den Mund gelegt, so fang ich an zu gähnen oder zu lachen. Traurige Worte gehören zum betrübten Antlitz, drohende zum erzürnten; zur scherzenden Miene paßt das mutwillige, zur ernsten das gemessene Wort. Denn Natur stimmt zuvor unser Inneres je nach der Art des Erlebten: freudig erhebend, Zorn aufwühlend; niederdrükkend durch Kummerlast, herzbeklemmend durch Ängste, darauf trägt sie die Schwingungen der Seele nach außen, und Dolmetsch ist die Zunge (V. 104–111).

329 Ciceros ›Rede für den Dichter Archias‹ (vgl. Anm. 54 zu IV) wurde von Gottsched als eine Beispielrede in die ›Ausführliche Redekunst‹ (1736) eingefügt.

330 *Königl. . . . Hofkomödianten:* Die ursprünglich von Karl Ludwig Hofmann geleitete Truppe, die von den Neubers übernommen worden war, welche der Truppe 1733 beigetreten waren. – *Braunschweig-Lüneburgische Schau-Bühne:* vermutlich die von Joseph Ferdinand Müller und seiner Frau Susanne Catherine geleitete Gesellschaft.
Angott: Schauspieler in der Neuberschen Gesellschaft.
Zu Neuber vgl. Anm. 4 zu VI.

331 Friedrich Kohlhardt (ca. 1690–1741), einer der angesehensten Schauspieler der Zeit, Mitglied der Neuberschen Truppe. Er spielte in der Uraufführung von Gottscheds ›Sterbendem Cato‹ die Titelrolle.
Johann Friedrich Lorenz (geb. ca. 1695), bereits 1711 Mitglied der Sächsischen Hofkomödianten, zeitweilig Prinzipal der Weimarischen Hochfürstlichen Hofkomödianten.
Zu Koch vgl. Anm. 20 zu VI.

332 Die Handlung muß so fortschreiten, wie die Vernunft sie lei-

tet, und darf sich nie in unnötigen Szenen verlieren (›L'Art poétique‹, 3. Gesang).

333 In Athen wurde jeweils einem reichen Bürger die Aufführung eines Werkes aufgetragen. Er mußte die Kosten für Kleidung und Beköstigung des Chores übernehmen. Im Falle des Sieges erhielt er einen Efeukranz.

334 Epicharmus (ca. 550–460 v. Chr.), Mitbegründer und bekanntester Vertreter der sogenannten dorisch-sizilianischen, der vorattischen Komödie, in der die scharfe Satire auf Personen und politische Verhältnisse fehlt. Vgl. Aristoteles, ›Poetik‹, 1. Kapitel.

335 Krates von Athen (gest. ca. 424 v. Chr.), Komödiendichter, Vertreter der sogenannten Märchenkomödie.

336 Pratinas (um 500 v. Chr.) gilt als Schöpfer des Satyrspiels.

337 Der tragische Dichter, dem der Bock als Kampfpreis nicht zu gering war, hat später auch die Satyrn in ihrer ländlichen Derbheit und Nacktheit auftreten lassen und, ohne der Rauheit die Würde zu opfern, sich im Scherz versucht. Er bedurfte des Lockmittels; reizvolle Abwechslung mußte den Zuschauer fesseln, der nach der Festfeier in trunkener, ausgelassener Laune war (›Dichtkunst‹, V. 220–224).

338 Eupolis (geb. 446 v. Chr.) und Kratinos (ca. 520–423 v. Chr.) waren zusammen mit Aristophanes die bedeutendsten Dichter der attischen Komödie.

339 Ihnen ist die alte Komödie nachgefolgt und hat der Ehren viel gewonnen; aber Freimut verführte zum Mißbrauch, zur Gewalttat, die den Eingriff des Gesetzes nötig machte. Das Gesetz kam, und unrühmlich verstummte der Chor: Mit dem Rechte zu verletzen hatte er auch die Sprache verloren (Horaz, ›Dichtkunst‹, V. 281–284).

340 Zu Menander vgl. Anm. 77.

341 Quintus Ennius (239–169 v. Chr.), erster römischer »Kunstdichter«, bedeutsam vor allem als Vermittler griechischen Geisteslebens für die römische Literatur. Er bearbeitete unter anderem griechische Tragödien und Komödien für das römische Publikum. Sein Hauptwerk sind die ›Annales‹, ein Epos in 18 Büchern, das bis zu Virgils ›Aeneis‹ gefeierte Nationalepos der Römer, mit dem er den Hexameter in Rom einbürgerte.

342 Er (der Jambus) kommt in den gepriesenen Trimetern des Accius nur spärlich zur Erscheinung; und Ennius' Verse mit

ihrem wuchtig-schweren Bühnenschritt spricht er nicht frei von beschämendem Vorwurf: ihr Dichter hat allzu eilfertig und sorglos gearbeitet oder das Kunstgesetz nicht verstanden (›Dichtkunst‹, V. 258–262).
Lucius Accius (ca. 170–104 v. Chr.), römischer Tragiker, von dessen Dramen nur Fragmente erhalten sind.

343 Nicht jeder, der urteilt, hat Blick für regelwidrige Verse, und Roms Dichter genießen eine Freiheit, die wenig Ehre macht. ... Ich weiß, eure Vorväter haben die Verse eines Plautus wie auch seine Witze schön gefunden. Nur allzu anspruchslos war ihre Vorliebe für beides, fast muß ich sagen, urteilslos; so gewiß ihr wie ich den unfeinen Scherz vom zierlichen scheidet (V. 263 f., 270–273).

344 Gaius Laelius, Konsul 104 v. Chr., zeichnete sich im 3. Punischen Krieg als Offizier aus. Er war mit dem jüngeren Scipio befreundet und wurde besonders durch dessen Werk ›Laelius, über die Freundschaft‹ bekannt.

345 Und dann, was die Übelwoller sagen, es hülfen ihm vom Adel Männer und schrieben eifrig mit ihm mit – was sie als schlimme Schmach bezeichnen, rechnet er als höchstes Lob sich an: wenn denen er gefällt, die allen euch gefallen und dem ganzen Volk – macht jeder doch im Krieg, im Frieden, im Geschäft ihr Wirken, wenn's ihm paßt, sich ohne Stolz zunutze (Übersetzung nach V. von Marnitz).

346 Die Komödie ›Heautontimorumenos‹ (›Der Selbstquäler‹) beruht auf einer Doppelhandlung. Hierauf und wahrscheinlich auf einige Verse in der Vorrede geht Gottscheds Annahme zurück, Terenz habe in diesem Werk zwei Komödien von Menander benutzt. Tatsächlich liegt dem Werk jedoch allein Menanders ›Menedemos‹ zugrunde.

347 *Spirito Foletto:* wörtlich ›Kobold‹.

348 *Théâtre Italien:* Sammlung der Komödien des italienischen Theaters in Paris (Comédie Italienne), die Evaristo Gherardi seit 1700 herausgegeben hatte.

349 Sie reihen wie ein Kranker im Fiebertraume unwirkliche Einzelglieder, wo dann nicht Kopf, nicht Fuß zur Einheit, zur Gestalt sich fügen will (Horaz, ›Dichtkunst‹, V. 7–9).

350 Saint-Evremonds Abhandlung ›De la comédie Italienne‹ erschien 1687; vgl. Anm. 291.

351 Sir George Etheredge (ca. 1635–92), William Wycherley (1640–1715) und William Congreve (1670–1729), Vertreter

der englischen Gesellschaftskomödie (Comedy of Manners), in der Modetorheiten, bestimmte Londoner Typen, Leute aus der Provinz verspottet werden. – Wegbereiter für diese Komödie war John Drydens (1631–1700) ›The Wild Galant‹ (1663).

352 Das Zitat findet sich in John Drydens ›Of Dramatic Poetry, an Essay‹ (1667); in der Ausgabe von W. H. Law (London 1899) auf Seite 57.

353 Gemeint sind die sogenannten »characters« im ›Spectator‹, typisierende Beschreibungen bestimmter menschlicher Eigenschaften und Torheiten. Vgl. auch Anm. 168.

354 Sie sind unzusammenhängend in Jonsons ›Timber; or Discoveries made upon Men and Matter‹ (1640) notiert. Dryden beruft sich in seinem Essay ›Of Dramatic Poetry‹ wiederholt auf Jonsons Bemerkungen.

355 Voltaire hatte sich während seines dreijährigen Aufenthaltes in England (1726–28) eingehend mit der Kunst und Literatur des Landes beschäftigt. Seine daraus resultierenden Einsichten und Ansichten veröffentlichte er 1728 in den ›Lettres sur les Anglais, ou Lettres philosophiques‹; der 19. Brief in dieser Sammlung handelt von der englischen Komödie.

356 *Galimathias:* sinnloses, verworrenes Gerede.

357 »Zeige mir auch die dritte [Hand]!« (›Aulularia‹ IV, 5.)

358 In dem lächerlichen Sack, in den Scapin sich hüllt, vermag ich den Autor des ›Misanthropen‹ nicht mehr zu erkennen (›L'Art poétique‹, 3. Gesang).

359 Zu Destouches vgl. Anm. 24 zu VI.

359a Vgl. Anm. 261.

360 Christian Weise (1641–1708), Zittauer Schulrektor, der für die alle drei Jahre stattfindenden Schulaufführungen eine große Anzahl von (Prosa-)Tragödien und Komödien schrieb, die seinen Schülern zu Belehrung und Bildung dienen sollten.

361 ›Olla potrida des durchtriebenen Fuchsmundi‹, zuerst 1711 veröffentlichte, häufig dem Wiener Schauspieltruppenleiter und Hanswurst-Darsteller Josef Anton Stranitzky (1676 bis 1726) zugeschriebene Sammlung von 66 Szenen in Vers und Prosa, die um die Hanswurstfigur Fuchsmundi kreisen. – *Olla podrida:* Spanisches Nationalgericht aus gemischtem und gekochtem Fleisch, Erbsen und geräucherter Wurst.

362 ›Poetik‹, 2. Kapitel; vgl. auch ›Ilias‹, 2. Gesang, Vers 212 ff.

363 Aller Beifall ist dem gewiß, der Heilsames mischte mit Süßem, der den Leser zum Genießen einlud und zugleich zum Nachdenken (Horaz, ›Dichtkunst‹, V. 343 f.).

364 Es handelt sich um die ›Regeln und Anmerkungen über die lustige Schaubühne‹ des Schulrektors Adam Daniel Richter, die Gottsched 1741 in den ›Critischen Beyträgen‹ veröffentlicht hatte. Richter forderte darin eine »tugendhafte Komödie«, Gottsched widersprach ihm in beigefügten Fußnoten: »Über Vollkommenheiten lachet man wohl nicht.«

365 Vermutlich eine Anspielung auf Gellerts Leipziger Antrittsvorlesung ›Pro comoedia commovente‹ (1751), in der er nachdrücklich für das rührende Lustspiel eintrat.

366 Françoise de Graffigny (1695–1758), französische Schriftstellerin. Ihr rührendes Lustspiel ›Cénie‹ wurde von Frau Gottsched übersetzt, 1751 aufgeführt und 1753 gedruckt. Im Untertitel nennt die Gottschedin das Werk »ein moralisches Stück«.

367 Niccolo Machiavellis (1469–1527) Komödie ›Mandragola‹ wurde zuerst 1518 aufgeführt.

368 Louis Dominique Cartouche, berüchtigter Pariser Dieb und Betrüger, der 1721 gerädert wurde. Noch während seines Prozesses wurde er (von Legrand und Riccoboni) als Lustspielfigur auf die Bühne gebracht.

369 Gemeint ist Molières Komödie ›L'École des maris‹ (1661). Terenz' Komödie ›Die Brüder‹ (›Adelphoe‹) bildet die Quelle des Werkes. – *Menegmes:* Menächmen (Zwillinge).

370 Racines Komödie erschien 1669; bei der Komödie von Aristophanes handelt es sich um ›Die Wespen‹.

371 Auf welche (unter Umständen nicht überlieferte) Komödie von Aristophanes sich Gottsched hier bezieht, konnte nicht ermittelt werden.

372 Edme Boursault (1638–1701), französischer Dichter, Verfasser mehrerer Komödien. Er geriet wiederholt in Streit mit Boileau und Molière. Sein ›Ésope à la ville‹ erschien 1690.

373 Und jede Szene muß bruchlos in die folgende übergehen (›L'Art poétique‹, 3. Gesang).

374 Schaut euch nur an, wie ein Vater bei Terenz seinen verliebten Sohn der Unklugheit schilt, und beobachtet die Haltung, mit der jener Verliebte sich diese Vorwürfe anhört, um sie schließlich zu vergessen und zu seiner Geliebten zu eilen. Das ist keine Abbildung, keine nur ähnlich scheinende Gestaltung,

sondern das ist ein Verliebter, ist ein Sohn, ist ein Vater von Fleisch und Blut (Boileau, ›L'Art poétique‹, 3. Gesang).

375 Die Komödie kennt weder Seufzer noch Tränen und gestattet in ihren Versen keine tragischen Schmerzensausbrüche (3. Gesang).

376 *Chremes, Pamphilus, Thraso, Davus:* Gestalten aus Komödien von Terenz.

377 *Menedemus:* Gestalt aus Terenz' Komödie ›Der Selbstquäler‹.

378 Die Komödie kennt weder Seufzer noch Tränen und gestattet in ihren Versen keine tragischen Schmerzensausbrüche; doch ist es auch nicht ihre Aufgabe, den Pöbel auf öffentlichen Plätzen mit schmutzigen und niedrigen Worten zu unterhalten. Ihre Schauspieler müssen eine gesittete Sprache führen (›L'Art poétique‹, 3. Gesang).

379 Fénélons (vgl. Anm. 88) ›Réflexions sur la Rhétorique et sur la Poétique‹ erschienen 1717. Die von Gottsched gemeinte Stelle findet sich in der 2. Auflage (1730) auf Seite 60 ff.

380 ›Les Plaideurs‹ (1669).

381 Vermutlich handelt es sich um: ›Arlequin, comédien aux Champs-Elisée, nouvelle historique, allégorique et comique‹ (1691) von Laurent Bordelon.

382 Studiert den Hof und seht euch in der Stadt um: beide halten immer viele Modelle bereit. Hätte Molière in seinen Werken nur immer diese Vorlagen benutzt, dann hätte vielleicht seine Kunst den Preis davongetragen; dies auch, wenn er dem Volke weniger zugetan gewesen wäre, wenn die Figuren seiner kenntnisreichen Stücke nicht zu oft Grimassen schneiden würden und er nicht dem groben Witz zuliebe das Angemessene und Feinsinnige beiseite geschoben und gar ohne Bedenken dem Terenz den Hanswurst zugesellt hätte (›L'Art poétique‹, 3. Gesang).

383 *Théâtre de la Foire:* in den Jahren 1721 bis 1737 erschienene Sammlung von Lustspielen nach italienischem Geschmack (Harlekinade, Stegreifspiel, Opern). Ursprünglich das Repertoire der Pariser Jahrmarkts- und Vorstadtbühnen.

384 Zu Weise vgl. Anm. 360.

385 *schlechter:* schlichter.

386 Namen und feststehende Typen aus der Commedia dell'arte.

387 »Die Begleitmusik komponierte Flaccus, Sklave des Claudius, für gleiche rechte und linke Flöten.« – Gemeint sind offenbar

die griechischen doppelchörigen Flöten (Aulos), mit denen die Begleitmusik bei den Aufführungen ausgeführt wurde.

388 Gemeint ist die von den Neubers geleitete Schauspielergesellschaft; vgl. Anm. 4 zu VI.

III. Vorrede zum ›Sterbenden Cato‹

Als Druckvorlage diente der Erstdruck des Dramas: Gottsched, Johann Christoph: ›Sterbender Cato, ein Trauerspiel, nebst einer Critischen Vorrede, darinnen von der Einrichtung desselben Rechenschaft gegeben wird.‹ Leipzig 1732.

1 Die unter Einfluß der französischen poetologischen Regeln geschriebene Tragödie ›Merope‹ des Italieners Francesco Scipione Maffei (1675–1755) erschien 1717.

2 Joseph Addison (1672–1719), englischer Schriftsteller und Staatsmann. Zusammen mit Richard Steele (vgl. Anm. 168 zu II) Herausgeber der Moralischen Wochenschriften ›The Tatler‹ (1709–11), ›The Spectator‹ (1711–12) und ›The Guardian‹ (1713). Auf seine Essays in diesen Zeitschriften gründet sich sein europäischer Ruhm. – Sein Cato-Drama erschien 1713. In Deutschland sehr bekannt war auch seine Komödie ›The Drummer‹ (1716), die in der Übersetzung der Gottschedin (nach einer Bearbeitung von Destouches, vgl. Anm. 24 zu VI) im 2. Band der ›Deutschen Schaubühne‹ erschien.

3 Die Dramen von Daniel Casper von Lohenstein (1635–83) waren für Gottsched zeit seines Lebens Beispiele des schwülstigen, spätbarocken Stils (vgl. Anm. 112 zu II).

4 Opitz' Übersetzung erschien 1636.

5 Nicolas Boileau-Despréaux (1636–1711), bedeutendster Kritiker und Poetologe des französischen Klassizismus. Seine der ›Dichtkunst‹ des Horaz nachgebildete ›Art poétique‹ (1674) war von größtem Einfluß auf Gottsched. Als einer der ersten erkannte Boileau, wenn auch nicht ohne Kritik, die große Bedeutung Molières, Racines und La Fontaines.

6 Vgl. Anm. 4 zu VI.

7 *Haupt- und Staatsaktion:* Vgl. Anm. 6 zu I.

8 Gemeint ist Corneilles ›Cid‹ (1636).

9 Gemeint ist Karl Ludwig Hofmann.

10 Gryphius' Komödie erschien 1663.

11 Zu Fontenelle vgl. Anm. 167 zu II. – Die Übersetzungen des Schäferspiels und der ›Gespräche‹ erschienen 1727.

12 Albrecht Christian Rotth (1651–1702), Theologe und Lehrer in Halle. Seine ›Vollständige Deutsche Poesie in Drey Theilen‹ erschien 1688.

13 *Menantes:* Christian Friedrich Hunold (1680–1721), Anhänger der sogenannten 2. Schlesischen Schule. Seine ›Theatralischen, galanten und geistlichen Gedichte‹ erschienen 1706, ›Die allerneuste Art zur reinen und galanten Poesie zu gelangen‹ 1707.

14 Zu Dacier vgl. Anm. 45 zu II.

15 Isaak de Casaubon (1559–1614), berühmter Schweizer Philologe. Sein Werk über die Satire erschien 1605.

16 Friedrich Rappolt (1615–76), Professor der Poesie in Leipzig. Seine Schrift über die ›Poetik‹ des Aristoteles erschien 1678.

17 Daniel Heinsius (1580–1655), niederländischer Philologe und berühmter Renaissance-Poetologe, dessen Dramenregeln Opitz und das ganze Barock beeinflußten. Seine ›Dissertatio de Constitutione tragica secundum Aristotelem‹ erschien 1611 als Anhang zu einer Ausgabe von Aristoteles' ›Poetik‹.

18 François Hédelin, Abbé d'Aubignac (1604–76), französischer Schriftsteller. Seine ›Pratique du théâtre‹, in der er unter anderem Corneille scharf angriff, erschien 1669.

19 Zu Saint-Evremond vgl. Anm. 291 zu II.

20 Joseph de Chancel de La Grange (1676–1758), unbedeutender französischer Dramatiker und Lyriker.

21 Zu La Motte vgl. Anm. 84 zu II.

22 Pierre Brumoy (1688–1742), französischer Poetologe, Lehrer am Jesuitenkollegium in Caen. Sein ›Théâtre des Grecs‹, eine dreibändige Sammlung von Übersetzungen griechischer Tragödien und verschiedener Abhandlungen über das griechische Drama, erschien 1730.

23 Zu Riccoboni vgl. Anm. 6 zu VI.

24 Gemeint sind Johann und Caroline Neuber; vgl. Anm. 4 zu VI.

25 Herzog Anton Ulrich von Braunschweig (1633–1714) verfaßte zwei zu seiner Zeit berühmte (höfische) Romane: ›Die durchleuchtige Syrerin Aramena‹ (1669–73, 5 Bde.) und ›Octavia, römische Geschichte‹ (1677, 6 Bde.). An seinem Hofe förderte er alle Bestrebungen, ein gutes Theater zu errichten.

26 F. C. Bressand, Schauspieldichter. Seine Übersetzung von Pradons ›Regulus‹ erschien 1695, von Corneilles ›Brutus‹ 1697, von Racines ›Alexander und Porus‹ 1692.
Nicolas Pradon (1632–98), französischer Schriftsteller und Dramatiker. Seine Tragödie ›Regulus‹ war zuerst 1688 erschienen.

27 Gemeint ist Gottfried Lange (1672–1748), 1719 Bürgermeister von Leipzig. Ihm ist der ›Sterbende Cato‹ gewidmet. Seine ›Cid‹-Übersetzung erschien zuerst 1699. Sie wurde später von Gottsched in einer Neubearbeitung in den 1. Band der ›Deutschen Schaubühne‹ aufgenommen.

28 Gemeint ist Christoph Fürer (1663–1732), Mitglied des Pegnitzordens. Seine ›Christliche Vesta und Irrdische Flora. Oder verschiedene Geist- und Weltliche Gedichte‹ erschien 1702.

29 Gottscheds Übersetzung erschien 1732.

30 Johann Friedrich von Heynitz, Magister in Leipzig.

31 Adolf Bernhard Pantke, Pfarrer in Breslau, Mitglied der ›Deutschen Gesellschaft‹. Verfasser mehrerer Schäferspiele.

32 Zu Koch vgl. Anm. 19 u. 20 zu VI.

33 Komödie von Destouches; vgl. Anm. 24 zu VI.

34 Zu König vgl. Anm. 132 zu II.

35 Die ›Gespräche‹ (›De Oratoribus‹) werden Tacitus zugeschrieben. Hauptredner darin ist der aus Gallien stammende Dichter Maternus (dessen Name allein durch diese Urkunde überliefert ist); er wird als Verfasser einer Cato-Tragödie vorgestellt.

36 Vermutlich handelt es sich um die 1713 in Amsterdam erschienene Übersetzung von M. A. Boyer.

37 François Michel Chrétien Deschamps (1683–1747), unbedeutender französischer Dramatiker, dessen bestes Werk eben der ›Caton d'Utique‹ ist.

38 Gemeint sind wohl die Dramen des Italieners Giorgio Trissino ›Sofonisba‹ (1515), von Pierre Corneille ›Sophonisbe‹ (1663), des Engländers Nathaniel Lee ›Sophonisba or Hannibal's Overthrower‹ (1676) und von Lohenstein ›Sophonisbe‹ (1680).

39 Was nun aus der ›Perinthia‹ für die ›Andria‹ paßt', nahm er herüber, gibt er zu, und braucht's als eigen (Terenz, Vorrede zur ›Andria‹, Übersetzung von V. von Marnitz).

40 Vorbilder hat er, treffliche, nach deren Vorbild er glaubt, er

dürft' es machen, wie jene es gemacht (Terenz, Vorrede zum ›Heautontimorumenos‹, Übersetzung von V. von Marnitz).

41 Zu Menander vgl. Anm. 85 zu II.

42 Im 1. Band, S. 99 ff.

43 Wesen der Wesen erbarme dich meiner!

IV. Gedächtnisrede auf Martin Opitzen von Boberfeld

Als Druckvorlage diente der Erstdruck: Gottsched, Johann Christoph: ›Lob- und Gedächtnißrede auf den Vater der deutschen Dichtkunst, Martin Opitzen von Boberfeld, Nachdem selbiger vor hundert Jahren in Danzig Todes verblichen, zur Erneuerung seines Andenkens im Jahre 1739 den 20 August auf dem philosophischen Catheder zu Leipzig gehalten.‹ Leipzig 1739.
Die Rede wurde 1749 in den ›Gesammleten Reden‹ erneut gedruckt. Dieser Vorlage folgt der Druck im 6. Band der Reichelschen Gottsched-Ausgabe.

1 Gottsched selbst bemerkte über seine am Todestag von Opitz gehaltene Rede in der ›Nachricht von des Verfassers eigenen Schriften‹ (im 2. Band der 6. Auflage der ›Weltweisheit‹) unter anderem:
»In diesem Jahre (1739) war aber ein volles Jahrhundert verflossen, daß Martin Opitz von Boberfeld zu Danzig an der Pest gestorben war. Diesem Vater der verbesserten deutschen Sprache und Poesie nun ein Denkmal zu stiften, bediente ich mich einer auf hiesiger Universität gestifteten Lectionis Prutenicae, die ich, als ein geborner Preuß, viele Jahre hintereinander gehalten hatte. Ich erwählte Opitzens Lobgedichte auf den polnischen König Wladislaw; um meinen Zuhörern im philosophischen Hörsaale dessen Schönheiten zu erklären. Ihre Zahl mehrte sich täglich und stieg auf etliche 100, als ich meldete, daß ich in einer vierten und letzten Stunde dieser Vorlesungen eine Lobrede auf diesen großen Mann halten würde.«

2 Schändlichen Neides voll,
Sind dem Großen wir gram, das lebt,
Ach! und seufzen ihm nach, wenn es entschwand dem Blick!

3 *Schnitzkunst:* gemeint sind die Steinschneidekunst (Gemmen, Kameen) und die kunstvolle Herstellung von Siegeln.

4 *indem wir dieses tun:* während *wir die Wut der barbarischen Vorfahren verabscheuen.*
5 Es handelt sich um das von Hendrik de Keyser (1565–1621) in seinem Todesjahr angefertigte Denkmal, das heute auf dem Platz vor der Laurenskirche im Zentrum Rotterdams steht.
6 Gerolamo Fracastoro (1478–1553), italienischer Humanist und Arzt. Von ihm stammt die Bezeichnung Syphilis.
7 Zu Aesop vgl. Anm. 8 zu I.
8 Zu Addison vgl. Anm. 2 zu III, zu Steele Anm. 168 zu II.
9 Johann Otto von Münsterberg (gest. 1416), Theologie-Professor in Prag, 1409 in Leipzig erster Rektor der Universität.
10 Wilibald Pirkheimer (1470–1530), Romanist und Ratsherr. Er hat sich in Nürnberg selbst vor allem um das Schulwesen und die Einführung der Reformation bemüht.
11 Georg Sabinus (1508–60), deutscher Dichter und Gelehrter, erster Rektor der Universität Königsberg (1544).
12 Otto von Guericke (1602–86), Physiker, Ratsherr und Bürgermeister von Magdeburg. Er erfand die Luftpumpe (1650).
13 Johannes Hevelius (1611–87), Astronom, Ratsherr in Danzig.
14 Ehrenfried Walter Graf von Tschirnhausen (1651–1708), Mathematiker, Physiker und Philosoph. Er hatte unter anderem großen Anteil an der Erfindung des Meißener Porzellans.
15 Christian Thomasius (1655–1728), Philosoph und Jurist. Er war der eigentliche Begründer der deutschen Aufklärung, der erste, der Vorlesungen in deutscher Sprache hielt. Er gehörte zu den Mitbegründern der Universität Halle und war einer ihrer ersten Rektoren.
16 Opitz, der 1639 in Danzig an der Pest starb, lag dort in der Marienkirche unter einem Grabstein ohne Inschrift begraben.
17 Bartolomäus Strobel (geb. 1591), um 1640 im Dienst des polnischen Königs Wladislaw IV. Gottsched hat einen Abdruck von Strobels Zeichnung der Erstausgabe seiner Rede beigegeben.
18 Gemeint ist Schlesien.
19 Gemeint ist Cicero, der das Grab 75 v. Chr. in einem Gebüsch fand.
20 Es waren mehr als sieben Städte, die sich um die Ehre stritten, Homers Geburtsort zu sein. Doch wurden diese sieben die bekanntesten: Smyrna, Chios, Kolophon, Ithaka, Pylos, Argos und Athen.

21 Man nimmt heute an, daß Homer am ehesten in Smyrna geboren sein könnte.
22 Gemeint ist Vergil, der 70 v. Chr. in Andes bei Mantua geboren wurde.
23 Gemeint ist Cicero, der 106 v. Chr. im heutigen Cività vecchia geboren wurde.
24 Gemeint sind unter anderem Martin Gerstmann (geb. 1527), Bischof von Breslau; Paul Hanwald, 1602/03 Bürgermeister in Bunzlau; Sebastian Gerstmann (1542–1601), Professor für Jura in Frankfurt an der Oder; Salomon Geßner (1559 bis 1605), Professor für Theologie in Wittenberg.
25 Zu Ennius vgl. Anm. 341 zu II.
26 Musäus, griechischer Sänger und Dichter der mythischen Zeit.
27 Gemeint ist Jupiter Ammon, der Stadtgott des ägyptischen Theben, den die Griechen mit ihrem Zeus gleichsetzten. In der Oase Siwa hatte dieser Gott ein berühmtes Orakel. Hier ließ Alexander der Große sich 332 v. Chr. zum Sohne des Jupiter ausrufen.
28 Zu Amphion vgl. Anm. 16 zu II.
29 Noch im hohen Alter wurde Opitz' Vater, offenbar auf Grund des hohen Ansehens, das sein Sohn am Hofe des Herzogs von Liegnitz (vgl. Anm. 33) genoß, in Bunzlau zum Ratsherrn gewählt.
30 Valentin Senftleben (1574–1627), Oheim von Opitz, Schulrektor in Bunzlau, der auch Aufführungen von Schuldramen veranstaltete.
31 1618/19 studierte Opitz in Frankfurt an der Oder, ein Jahr später ging er nach Heidelberg, von wo aus er verschiedentlich Reisen nach Straßburg und Tübingen unternahm.
32 1620 reiste Opitz mit dem Dänen Heinrich Albert Hamelton nach Holland, wo er in Leiden Daniel Heinsius aufsuchte. Den folgenden Winter verbrachte er im Hause Hameltons in Jütland.
33 Im Jahre 1621 ist Opitz zunächst ohne feste Anstellung am Hofe des Fürsten Georg Rudolf von Liegnitz. Der Fürst vermittelte ihm (1622) eine Amtsstelle an dem vom Fürsten Bethlen Gabor neu gegründeten Gymnasium in Weißenburg (Siebenbürgen). Doch schon im Sommer 1623 ist Opitz wieder am Hof zu Liegnitz, von wo aus er vielerlei Reisen (u. a. nach Köthen und Wien) unternimmt. 1626 tritt er als Sekretär in die Dienste des Grafen Karl Hannibal von Dohna, des

Präsidenten der kaiserlichen Kammer in Breslau. 1630 reiste er im Auftrage des Grafen nach Paris und traf dort mit Hugo Grotius (vgl. Anm. 35) zusammen. Nach der Vertreibung Dohnas wird er 1636 von Wladislaw IV. von Polen zum königlich polnischen Hofhistoriographen in Danzig ernannt, wo er 1639 stirbt.

34 Georg Michael Lingelsheim, Prinzenerzieher und Professor in Heidelberg. Opitz hatte in seinem Hause eine Zeitlang eine Art Hofmeisterstellung inne.

Janus Gruter (1560–1627), klassischer Philologe, lehrte in Heidelberg. Opitz verfaßte drei Lobgedichte auf ihn.

Marquard Freher (1565–1614), Historiker, Professor in Heidelberg.

Ambroise Paré, lat. Pareus (1517–90), Begründer der Chirurgie in Frankreich.

Wilhelm Holtzmann, gräzisiert Xylander, (1532–76), Professor für griechische Sprache in Heidelberg.

Balthasar Venator (1594–1664), vor allem lateinisch schreibender deutscher Dichter.

Matthias Bernegger (1582–1640), zuletzt Professor für Beredsamkeit in Straßburg. Geschätzter Lehrer, der antike Autoren und Werke erläuterte. Seine Tacitus-Ausgabe wurde lange benutzt.

35 Petrus Scriverius (1576–1660), niederländischer Philologe und Dichter. Als vorbildlich galten seine Ausgaben Martials (1619) und die Sammlung der Fragmente römischer Tragiker (1620).

Gerhard Johannes Voß, genannt Vossius (1577–1649), in Leiden lehrender berühmter Philologe, der besonders durch seine Schriften zu Rhetorik und Grammatik bekannt wurde.

Kaspar Barlaeus, eigentlich van Baarle (1584–1648), niederländischer Dichter und Historiker, lehrte unter anderem als Professor für Logik in Leiden.

Janus Rutgersius (1589–1625), Holländer, der als Diplomat am schwedischen Hofe wirkte. Er machte sich auch als Philologe und Gelehrter einen Namen.

Zu Heinsius vgl. Anm. 17 zu III. – Opitz übersetzte Heinsius' ›Lobgesang Jesu Christi des einigen und ewigen Sohnes Gottes‹ (1621) und ›Hymnus oder Lobgesang Bacchi, darinnen der gebrauch und mißbrauch des Weines beschrieben wird‹ (1622).

Hugo Grotius (1583–1645), niederländischer Staatsmann, Jurist, Dichter, Theologe. Äußerst einflußreicher Schriftsteller, der zu den Begründern des Staatsrechts und der Rechtsphilosophie gehört. Opitz war mit ihm befreundet und übersetzte 1631 sein Gedicht ›Von der Wahrheit der christlichen Religion‹.

36 Arminianer oder Remonstranten werden nach ihrem Begründer Jacob Arminius (1560–1609) die Angehörigen einer aus der reformatorischen Kirche der Niederlande ausgetretenen Religionsgemeinschaft genannt. Grund der Abscheidung war vor allem ihre Auffassung über die dogmatische Prädestinationslehre. In Dordrecht wurden 1619 die Arminianer und ihre Lehre verdammt.

37 *in beiderlei Schreibart:* in Prosa (theoretische Schriften) und Poesie (Versen).

38 Vgl. Anm. 33.

39 1627 wurde Opitz in Wien von Kaiser Ferdinand II. geadelt: *von Boberfeld.*

40 *mittäglichen Reichen:* südlichen Reichen.

41 *Phrygien:* Reich im westlichen Kleinasien, gegründet ca. 1400 v. Chr. – *Skythien:* Vgl. Anm. 11 zu II.

42 *Brachmanen* oder Brahmanen: Angehörige der obersten indischen Kaste, deren Aufgabe es ist, die Religion Brahmas rein zu bewahren.

43 *von den Geschichten:* von der Geschichte.

44 Zu Varro vgl. Anm. 218 zu II.

45 Vitrivius Pollio, römischer Baumeister, widmete ca. 25 v. Chr. Kaiser Augustus seine Darstellung der Baukunst ›De architectura‹.

46 In den Anmerkungen zu seiner Rede druckt Gottsched eine Anzahl von Lobgedichten auf Opitz ganz oder teilweise ab. Aus Platzgründen wurde hier auf ihre Wiedergabe verzichtet. Es handelt sich um Werke folgender Autoren: August Buchner, Paul Fleming, Julius Wilhelm Zincgref, Andreas Tscherning, Balthasar Venator, Christoph Kaldenbach, Kaspar Barth, Hugo Grotius, Joachim Rachel, Daniel Georg Morhof. Ein Teil dieser Gedichte ist abgedruckt in der Ausgabe von Opitz' ›Teutschen Poemata‹, hrsg. v. Georg Witkowski, Halle 1902, S. 10–13 (Neudr. dt. Litteraturwerke d. XVI. u. XVII. Jahrhunderts, Nr. 189–192). Außerdem zitiert Gottsched aus Johann Rists ›Poetischem Lustgarten‹ (1638) und Daniel Georg Morhofs ›Unterricht von der Teutschen Sprache

und Poesie‹ (1682) Opitz lobende Partien. Schließlich verweist er auf Leibniz, der in seinen ›Unvorgreiflichen Gedancken betreffend der Ausübung und Verbesserung der Deutschen Sprache‹ »die Verdienste unsers Dichters mehr als übrige Kenner eingesehen« habe.

47 Augustus Buchner (1591–1661), deutscher Dichter, Professor der Poesie und Beredsamkeit in Dresden. Bekannt wurde vor allem seine Vorlesung über Poetik (Erstdruck 1663), in der er Opitz' ›Poeterey‹ systematisch erweiterte.

48 Paul Fleming (1609–40), deutscher Dichter, einer der bedeutendsten Lyriker der Barockzeit. Seine Gedichte wurden gesammelt erst nach seinem Tode herausgegeben. Vor allem in seiner Liebeslyrik gelang ihm trotz der allgemeinen Formbindung des Barock der Ausdruck persönlicher Gefühle und Empfindungen.

49 Zu Zincgref vgl. Anm. 150 zu II.

50 Andreas Tscherning (1611–59), deutscher Dichter, Professor für Poesie in Rostock, Anhänger und Nachahmer von Opitz. Er veröffentlichte 1642 und 1655 Sammlungen seiner Lyrik. Auch auf poetologischem Gebiet folgte er Opitz: ›Unvorgreiffliches Bedencken über etliche Mißbräuche in der deutschen Schreib- und Sprachkunst, insonderheit der edlen Poeterey‹ (1659).

51 Johann Rist (1607–67), deutscher Dichter, Prediger in Wedel bei Hamburg, Gründer des Elbschwanordens (1656). Verfasser sehr vieler geistlicher Lieder. Sehr bekannt wurden seine beiden allegorischen Schauspiele ›Das Friede wünschende Teutschland‹ (1647) und ›Das Friede jauchzende Teutschland‹ (1653).

52 Christoph Kaldenbach (1613–98), deutscher Dichter, Professor der Poesie und Beredsamkeit in Tübingen und Königsberg. Verfasser geistlicher und weltlicher Lyrik. 1683 veröffentlichte er ein Lehrbuch der Rhetorik.

53 Kaspar von Barth (1587–1658), deutscher Philologe. Er kommentierte fast alle griechischen und römischen Schriftsteller, insgesamt in mehr als 150 Büchern, die unter dem Titel ›Adversaria‹ erschienen.

54 Aulus Licinius Archias (geb. um 120 v. Chr.), syrischer Dichter, der 89 das römische Bürgerrecht erhielt. Als das 62 von einem gewissen Gratius bestritten wurde, hielt Cicero seine

›Rede für den Dichter Archias‹. Von seinen Werken ist nichts erhalten.

55 Von dem Besuch eines Spaniers in Rom, allein zum Zwecke, Livius zu sehen, berichtet Plinius in seinen ›Briefen‹, II, 3.

56 Zu Rachelius vgl. Anm. 100 zu II.

57 Zu Canitz vgl. Anm. 120 zu II.

58 Zu Morhof vgl. Anm. 6 zu II.

59 Clément Marot (1495–1544), französischer Dichter, Verfasser von Chansons, Elegien, Epigrammen und Gelegenheitsgedichten.
Zu Ronsard vgl. Anm. 33 zu II.
Philippe Desportes (1546–1606), französischer Dichter. Er verfaßte mehrere Sammlungen erotischer Gedichte; gilt als Vorläufer Malherbes.
Zu Malherbe vgl. Anm. 34 zu II.

60 Das Florentiner Geschlecht der Medici gehörte im 15. Jahrhundert zu den größten Förderern von Kunst und Wissenschaft in Italien.

61 Gemeint ist Franz von Assisi, dessen reich gewordener Orden auch Kunst und Wissenschaft förderte.

62 Gemeint sind die Türken.

63 *Kartaunen:* schweres Geschütz.

64 1635 nahm Fleming durch Vermittlung seines Freundes Adam Olearius an einer über vier Jahre dauernden Gesandtschaftsreise nach Persien teil, die Herzog Friedrich III. von Holstein-Gottorp hatte ausrüsten lassen.

65 Opitz' Gedicht erschien 1633.

66 Vgl. hierzu das Kapitel ›Vom guten Geschmacke eines Poeten‹ aus Gottscheds ›Critischer Dichtkunst‹; S. 58 ff.

67 Tyrtäus, griechischer Dichter, der die Spartaner während des 2. Messenischen Krieges (640–612 v. Chr.) durch seine Lieder zum Kampf anfeuerte. Nach dem errungenen Sieg sollen seine Lieder wiederum zur Festigung von Recht und Gesetzlichkeit beigetragen haben.

68 Gemeint sind wohl Zincgrefs ›Facetiae Pennalium, das ist, Allerley lustige Schulbossen‹ (1618), eine Sammlung von kurzen anekdotischen Erzählungen nach verschiedenen Quellen, und ›Der Deutschen scharpfsinnige kluge Sprüch‹ (1626–31), eine Spruchsammlung. – Zu Zincgref vgl. Anm. 150 zu II.

69 1639 hat Opitz einen Abdruck des ›Annoliedes‹ (ca. 1085) veröffentlicht. Da die von Opitz benutzte Handschrift ver-

loren ist, stellt sein Druck die einzige erhaltene Fassung des Liedes dar.

70 Die *Fruchtbringende Gesellschaft* (auch nach ihrem Sinnbild, einer Palme, Palmenorden genannt) wurde 1617 vom Fürsten Ludwig von Anhalt-Köthen in Weimar gestiftet. Ihr Vorbild war die Academia della crusca, die 1582 in Florenz gegründet worden war. In der Satzung der Fruchtbringenden Gesellschaft hieß es unter anderem, daß man »die hochdeutsche Sprache in ihrem rechten Wesen und Stande, ohne Einmischung fremder ausländischer Wort aufs möglichste und tunlichste erhalte und sich sowohl der besten Aussprache im Reden als der reinsten Art im Schreiben und Reimedichten befleißige«.

Opitz gegenüber nahm die Gesellschaft zunächst eine kühle bis feindselige Haltung ein. Seine in der ›Poeterey‹ verfochtene Versakzentlehre (Betonung als Gesetz) stellte das Schaffen vieler Mitglieder in Frage. Außerdem kritisierte man den Regelzwang des Werkes. Opitz widmete dem Fürsten von Anhalt seine ›Acht Bücher Deutscher Poematum‹ (1625), ohne daß sich dadurch die abweisende Einstellung der Gesellschaft vorerst wesentlich änderte. Erst 1629 wurde Opitz als 200. Mitglied als »der Gekrönte« aufgenommen.

71 ›Vielguet‹: 1629 erschienen, Lob des Landlebens gegenüber dem Streben nach Ruhm.

›Zlatna oder von der Ruhe des Gemütes‹: Das Gedicht erschien 1623.

›Vesuvius‹: 1633 erschienen. Beschreibung der Ursachen des Ätna-Ausbruches im Jahre 1631, die Opitz im Zorn Gottes über das Treiben der Menschen erkennt.

72 Bernhard Wilhelm Nüßler (1598–1645), Rat beim Herzog von Liegnitz, Studienfreund von Opitz aus Frankfurt an der Oder, später Pfarrer in Bunzlau.

73 Johannes Seuße (um 1566–1631), schrieb zunächst neulateinische, später deutsche Gedichte. Er bekleidete eine einflußreiche Stellung im kurfürstlich sächsischen Consistorium, von der aus er regen Verkehr mit vielen Dichtern seiner Zeit unterhielt und sie in mannigfacher Weise förderte.

74 Graf Ernst Christoph von Manteuffel: Berliner Kabinettsminister und Gönner Gottscheds, der sich am Tage der Rede zufällig in Leipzig befand.

Süße Piplea. Frommt es doch nichts, mein Lob,
Wofern du fehlst: nein, ihn zu verherrlichen
Mit neuem Lied auf Lesbos' Laute
Ziemet dir selbst und dem Chor der Schwestern.

Lesbos: Insel im Ägäischen Meer, Heimat der Sappho, gilt daher als Herkunftsort des äolischen Sololiedes zur Leier. – *Piplea:* Lieblingsaufenthalt der Musen, galt später als Musenquelle.

V. Rezension über Johann Jacob Bodmers ›Critische Abhandlung von dem Wunderbaren in der Poesie‹

Als Druckvorlage diente: [Gottsched, Johann Christoph:] ›Joh. Jacob Bodmers Critische Abhandlung von dem Wunderbaren in der Poesie; und dessen Verbindung mit dem Wahrscheinlichen; in einer Vertheidigung des Gedichtes Johann Miltons von dem verlohrnen Paradiese; der beygefüget ist: Joseph Addisons Abhandlung von den Schönheiten in demselben Gedichte. Zürich, verlegts Orell und Comp. 1740.‹ In: Critische Beyträge. 6. Band. 24. Stück. Leipzig 1740. S. 652–668.

1 John Miltons ›Paradise Lost‹ erschien 1667.

2 1740 hatte Gottsched im 22. Stück der ›Beyträge‹ (S. 169 f.) Bodmers ›Vertheidigung‹ angekündigt.

3 Vermutlich ist die Übersetzung in reimlosen fünffüßigen Versen von Ernst Gottlieb von Berge aus dem Jahr 1682 gemeint. Sie erschien unter dem Titel ›Das verlustige Paradies aus J. Miltons unvergleichlichem Gedicht in unser gemein Teutsch übertragen‹. Diese Übersetzung basierte auf einer handschriftlichen des mit Milton befreundeten Theodor Haak, der seine Übersetzung bereits 1667 begonnen hatte.

4 Addison (vgl. Anm. 2 zu III) hatte 1712 in einer Reihe von Artikeln im 3. Bande des ›Spectators‹ ausführlich und lobend über Miltons Epos geschrieben. Bodmer hat diese Artikel seiner Schrift ungekürzt beigegeben.

5 Gemeint ist Bodmers Prosa-Übersetzung aus dem Jahre 1732. Gottsched hatte darüber 1734 im 10. Stück der ›Beyträge‹ (S. 365 f.) berichtet.

6 *Heldengedichte:* Epos.

7 Vorrede Bodmers, S. (1).

8 Vorrede, S. (2).

9 Benjamin Neukirchs Übersetzung in Alexandrinern von Féné-

lons Werk erschien in drei Bänden 1727–39; zu Neukirch vgl. Anm. 113 zu II; zu Fénelon Anm. 88 zu II.

10 Solch Buch verdient den Gebrüdern Sosius die Groschen; es wandert auch über See und sichert dem vielgenannten Verfasser die Unsterblichkeit (Horaz, ›Dichtkunst‹, V. 345 f.). *Gebrüder Sosius:* Verleger der Werke des Horaz.

11 Verschmähen mußt du die Bewunderung der Menge und mit wenigen Lesern dich begnügen. Bist du so dumm zu wünschen, daß man in Winkelschulen deine Lieder vordiktiert? Ich mag das nicht (›Satiren‹ I, 10, V. 73–76).

12 Immer soll ich nur Zuhörer sein? Nie soll ich's vergelten, oft von des Cordus Theseis gequält, der sich heiser geredet? Straflos soll Lustspiele dieser, ein andrer nur Elegien lesen? (Juvenal, ›Satiren‹ I, 1. – Übersetzung nach U. Knoche.)
des Cordus Theseis: Weder der Dichter Cordus noch eine epische Darstellung der Taten des Theseus von ihm sind bekannt.

13 Zu Canitz vgl. Anm. 120 zu II.
Zu Günther vgl. Anm. 140 zu II.

14 Die von Gottsched angegebene Stelle konnte bei Erasmus nicht ermittelt werden.

15 Den soll der Henker holen, der zuletzt ans Mal kommt; schlimm wär's für mich, wollte ich zurückbleiben (Horaz, ›Dichtkunst‹, V. 417).

16 Ohne die Sprache ist, kurz gesagt, auch der göttlichste Dichter, was auch immer er zu Papier oder zu Gehör bringen mag, ein miserabler Autor (Boileau, ›L'Art poétique‹, 1. Gesang).

17 Vorrede, S. (5).

18 Zu Fleming vgl. Anm. 48 zu IV.
Zu Dach vgl. Anm. 118 zu II.
Zu Besser vgl. Anm. 170 zu II.
Zu Amthor vgl. Anm. 139 zu II.
Albrecht von Haller (1708–77), Schweizer Dichter, der als Professor für Anatomie, Chirurgie und Botanik in Göttingen größtes Ansehen genoß. Am berühmtesten wurde sein ›Versuch in schweizerischen Gedichten‹ (1732), in dem auch sein philosophisches Gedicht ›Die Alpen‹ (1729) enthalten ist. Dies in zehnzeiligen Alexandrinerstrophen geschriebene Werk spielt die Einfachheit des Lebens der Bergbewohner gegen die falschen Lebensmaximen der Städter aus.

19 *scil.:* scilicet, ironisch *selbstverständlich, natürlich, man denke nur!*

20 Wolfgang Helmrod Freiherr von Hohberg (1612–88), Mitglied der Fruchtbringenden Gesellschaft, veröffentlichte 1661 und 1664 die Epen ›Die unvergnügte Proserpina‹ und ›Der Habspurgische Ottobert‹. Beide Werke sind deutlich von Vergil beeinflußt.

21 Zu ›Wittekind‹ vgl. Anm. 69 zu II.

22 Vorrede, S. (6).

23 Zu Hofmannswaldau und Lohenstein vgl. Anm. 112 zu II.

24 ›Arminius‹: Roman von Lohenstein.
›Banise‹: Roman von Ziegler und Klipphausen, vgl. Anm. 167 zu II.

25 Vorrede, S. (6/7).

26 Vorrede, S. (7).

27 Vgl. Anm. 87 zu II.

28 Gottsched vergleicht an der von ihm genannten Stelle die beiden ›Telemach‹-Übersetzungen von Pietsch (vgl. Anm. 65 zu II) aus dem Jahre 1724 und von Neukirch (vgl. Anm. 113 zu II) aus dem Jahre 1728 miteinander. Dabei stellt er Ausschnitte aus beiden Übertragungen gegenüber.

29 Bodmer, Vorrede, S. (8).

30 Vorrede, S. (9 f.).

31 Gemeint ist Johann Jacob Breitingers ›Critische Dichtkunst‹, die 1740 in zwei Bänden erschien.

VI. Vorrede zur ›Deutschen Schaubühne‹

Als Druckvorlage diente der Erstdruck: Gottsched, Johann Christoph: ›Die Deutsche Schaubühne nach den Regeln der alten Griechen und Römer eingerichtet, und mit einer Vorrede herausgegeben.‹ Zweyter Theil. Leipzig 1741. S. 3–42.

1 Im 24. Stück (6. Band, 1740) der ›Beyträge‹ gab Gottsched auf den Seiten 521 bis 526 die ›Nachricht von der unter der Presse befindlichen Schaubühne‹. Darin heißt es unter anderem:
»Der I. Teil wird in sich halten, 1) die ›Dichtkunst‹ Aristotels, als worin die rechten Grundregeln der wahren theatralischen Poesie enthalten sind, ins Deutsche übersetzt und mit Anmerkungen versehen von Herrn Prof. Gottscheden. 2) Ein

paar Trauerspiele des Sophokles, nämlich ›Ödipus‹ und ›Elektra‹, auf welche sich Aristoteles allezeit bezogen hat; gleichfalls deutsch übersetzt, daraus man sich von der Beschaffenheit der alten griechischen Schaubühne einen vollkommenen Begriff wird machen lernen.« (S. 525)
»Wer nun von unsern jungen deutschen Dichtern seine Kräfte an der theatralischen Poesie versuchen und die entweder übersetzten oder selbst gemachten Stücke an Herrn Prof. Gottscheden einsenden will, der soll, nachdem dieselben den Regeln der Schaubühne gemäß und in reinen Versen abgefasset sein werden, das Vergnügen haben, in den künftigen Teilen seine Arbeit eingerückt zu sehen, auch wohl an Büchern aus Breitkopfischem Verlage, die ein jeder nennen kann, eine Erkenntlichkeit erhalten.« (S. 526)
Der 1. Band ist erst 1742 (nach dem 2. und 3. Band) erschienen. Statt der ›Poetik‹ des Aristoteles sind Fénelons ›Gedanken von der Tragödie‹ und seine Abhandlung über die Komödie aufgenommen (zu Fénelon vgl. Anm. 88 zu II). Auch die Sophokles-Übersetzungen wurden durch andere Werke ersetzt (Corneille, Molière, Holberg, Gottscheds eigener ›Cato‹).

2 Gemeint ist Horaz' ›Dichtkunst‹ (›De arte poetica‹), in der die Regeln der Dichtkunst mit Beispielen aus der römischen und griechischen Literatur veranschaulicht werden.

3 Zu Lohenstein vgl. Anm. 112 zu II.
Mühlpforth, Heinrich (1639–81), Dichter der sog. 2. Schlesischen Schule: ›Teutsche Gedichte‹ (1686). Er soll ein Drama ›Hiob‹ verfaßt haben, das jedoch nicht erhalten ist.
Johann Christian Hallmann (ca. 1640–1704), spätbarocker Dramatiker und Theatergruppenleiter. Seine Dramen stehen in der Tradition der barocken Märtyrertragödie, doch gewinnen in ihnen opernartige Züge und Spielelemente, die der bloßen Schaulust dienen, im Laufe der Zeit die Oberhand. Sein bekanntestes Werk wurde ›Mariamne‹ (1669).
Zu Christian Weise vgl. Anm. 360 zu II.
Johannes Riemer (1648–1714), Nachfolger Weises in Zittau, später Hauptpastor in Hamburg, verfolgte mit seinen Dramen ähnliche Ziele wie Weise. Bezeichnend ist der Titel seiner Dramensammlung: ›Der Regenten bester Hoff-Meister, oder Lustiger Hoff-Parnassus‹ (1679).
Constantin Christian Dedekind (1628–97), Verfasser zahl-

reicher geistlicher und musikalischer Dramen von wenig hohem Rang: ›Neue geistliche Schauspiele, bequemt zur Musik‹ (1670).

4 Caroline Neuber (1697–1760) leitete zusammen mit ihrem Mann Johann Neuber seit 1727 die Truppe der Königlich Sächsischen Hofkomödianten (vgl. Anm. 330 zu II). Die Neubers unterstützten Gottsched in seinem Streben nach einem regelmäßigen Drama. Im Herbst 1731 brachten sie Gottscheds ›Sterbenden Cato‹ zur Uraufführung. Berühmt wurde die 1737 auf der Neuberschen Bühne vollzogene symbolische Vertreibung des Harlekins. Um 1740 zerstritten sich Gottsched und die Neubers.

5 Es handelt sich um eine Rezension von Louis Riccobonis ›Réflexions historiques et critiques sur les différens Théâtres de l'Europe‹, in der vor allem auf Riccobonis Worte über Gottscheds ›Cato‹ eingegangen wird (vgl. Anm. 6).
François-Augustin Paradis de Moncrif (1687–1770), französischer Dichter, Musiker und Schauspieler. Er war seit 1733 Mitglied der Académie Française.

6 Riccoboni, Louis: Réflexions historiques et critiques sur les différens Théâtres de l'Europe. Amsterdam 1740.
Lodovico Riccoboni (1677–1753) bildete das italienische Theater nach französischem Vorbild um. 1716 gründete er in Paris das erfolgreiche Théâtre Italien. Er verfaßte eine große Anzahl von Dramen, dramatischen Bearbeitungen und Entwürfen, neben vielen poetologischen Werken.

7 Die Überschrift des Kapitels bei Riccoboni lautet: ›Théâtre Germanique‹.

8 Irrtum Gottscheds. Gryphius übersetzte 1644 Vondels 1639 erschienenes Drama ›De Gebroeders‹ unter dem Titel ›Die sieben Brüder‹.

9 Opitz' ›Antigone‹ erschien 1636, die ›Trojanerinnen‹ 1625, ›Dafne‹ 1627, letztere als sehr freie Bearbeitung des gleichnamigen Werkes von Ottavio Rinuccini (1564–1621). Vertont von Heinrich Schütz stellt Opitz' ›Dafne‹ die erste deutsche Oper dar.

10 Gryphius' satirisches Schäferspiel wurde zuerst 1660 aufgeführt. Thomas Corneilles (1615–1709) ›Le Berger extravagant‹ (1652) fußte auf einem gleichnamigen Roman von Charles Sorel, Sieur de Sonvigny (1602–74).

11 Hans Erasmus Assmann Freiherr von Abschatz (1646–99),

deutscher Lyriker an der Wende vom Spätbarock zur Aufklärung. 1704 erschienen seine ›Poetischen Übersetzungen und Gedichte‹, die auch die um 1678 zuerst erschienene Übersetzung des ›Pastor Fido‹ (vgl. Anm. 63 zu II) enthielten. – Hofmannswaldaus (vgl. Anm. 112 zu II) Übersetzung erschien 1678, entstand aber wahrscheinlich bereits 1652.

12 Der Verfasser des Nachspiels konnte nicht ermittelt werden.

13 Nach unsicheren Nachrichten soll dieser Carl Paul 1628 eine Theatergruppe gegründet haben. Unter Umständen handelt es sich hier jedoch um den Wandertruppenleiter Carl Andreas Paulsen, dessen Hauptwirksamkeit in die Jahre 1660 bis 1680 fiel. Sein Spielplan umfaßte unter anderem Werke von Shakespeare, Calderón und Molière.

14 Johannes Velten (1640–93), Nachfolger Paulsens, berühmtester und bedeutendster Wandertruppenführer im letzten Viertel des 17. Jahrhunderts. Er setzte sich besonders für Molière, überhaupt für ein regelmäßigeres Drama ein; in gewissem Sinne führten die Neubers sein Werk weiter. Nach Veltens Tod übernahm seine Witwe, Katharina Elisabeth, eine Tochter Paulsens, die Leitung der Truppe.

15 Christoph Kormarten (um 1642–1720), Leipziger Magister, versuchte bereits im 17. Jahrhundert mit Hilfe einer Studierenden Gesellschaft eine Art Bühnenreform durchzuführen. Er übersetzte und bearbeitete zu diesem Zweck den ›Polyeucte‹ von Corneille (1669), wahrscheinlich auch dessen ›Horace‹ (1662), und Vondels ›Maria Stuart‹ (1672). Auch verfaßte er selbst dramatische Werke: ›Heraclius‹ (1675), ›Timocrates‹ (1683).

16 Im 23. Stück des 6. Bandes (1740) der ›Beyträge‹ hatte Gottsched auf den Seiten 385 bis 403 Kormartens ›Polyeukt‹ besprochen und zugleich Auszüge aus dem Drama abgedruckt.

17 Gottsched will hiermit andeuten, daß Riccoboni einseitig informiert sei. Opitz, Gryphius und Lohenstein waren Schlesier.

18 Pritschmeister wurden diejenigen »Dichter« genannt, die die Ereignisse bei Schützenfesten in Versen beschrieben, häufig vermischt mit Lobgesängen auf die Teilnehmer.

19 ›Cato‹: Gottscheds ›Sterbender Cato‹.
›Titus Manlius‹, ›Der Tod Cäsars‹: Dramen des Schauspielers Heinrich Gottfried Koch (vgl. Anm. 20).

›Ulysses‹: Tragödie von Christian Gottlieb Ludwig (1709 bis 1773); entstanden um 1730.

›Die Horazier‹: Freie Bearbeitung des Dramas von Corneille von Georg Behrmann (1704–57); um 1733 zuerst aufgeführt.

›Timoleon‹: Tragödie von Behrmann.

›Die Geschwister in Tauris‹: Tragödie von Johann Elias Schlegel, zuerst 1739 von den Neubers aufgeführt. 1761 unter dem Titel ›Orest und Pylades‹ gedruckt.

›Dido‹: Tragödie von J. E. Schlegel, Erstdruck im 5. Band der ›Deutschen Schaubühne‹.

›Darius‹: Tragödie von Theodor Lebrecht Pitschel (1717–45) aus dem Jahre 1738, in den 3. Band der ›Schaubühne‹ aufgenommen.

›Lucretia‹: Tragödie von J. E. Schlegel, Erstdruck 1762.

›Arminius‹: Vermutlich die unvollendet gebliebene Tragödie des Mitglieds der Deutschen Gesellschaft Johannes Buchka.

20 Heinrich Gottfried Koch (1703–75), zunächst Mitglied der Neuberschen Schauspielergesellschaft, seit 1750 Leiter einer eigenen Truppe, die nach dem Zerwürfnis Gottscheds mit den Neubers dessen Wohlwollen genoß. Kochs größte Stärke lag in der Rolle des komischen Alten.

21 Gemeint sind die ›Lettres françoises et germaniques ou Réflexions militaires, littéraires et critiques sur les François et les Allemans. Ouvrage également utile aux Officiers et aux Beaux-Esprits de l'une et de l'autre Nation. Londres 1740‹ des Lektors für französische Sprache in Braunschweig Éléazar Mauvillon (1712–79). Mauvillon, ehemaliger Privatsekretär des Königs von Polen, wiederholte und verschärfte in diesem Werke die bereits 1671 von Père Dominique Bouhours (1628 bis 1702) in seinen ›Entretiens d'Ariste et d'Eugène‹ ausgesprochene Ansicht, daß den Deutschen die Fähigkeit abgehe, gute Dichter hervorzubringen, weil es ihnen an Geist (esprit) mangele. Sowohl Bouhours als auch Mauvillon riefen in Deutschland vielerlei Protest hervor. Unter anderem veröffentlichte J. E. Schlegel 1740 in den ›Critischen Beyträgen‹ (6. Band, 23. Stück, S. 515–523) sein ›Schreiben an die Verfasser der Beyträge wegen des 10. Briefes aus dem zweyten Buche der jüngst im Französischen herausgekommenen Briefe über die Franzosen und Deutschen‹. – Gottsched setzt sich mehrfach mit Mauvillon auseinander; eindringlich in der Vorrede zum ›Nöthigen Vorrat‹ (vgl. S. 276 ff.). Auch die Vorrede zum

1. Stück der von Gottsched herausgegebenen ›Belustigungen des Verstandes und Witzes‹ (1741) stellt eine indirekte Antwort auf Mauvillons Äußerungen dar.

22 Wenn man eine solche Ordnung im Pariser Parnaß einführen könnte, wäre das eine große Wohltat für die Komödianten, aber es wäre noch besser, wenn es Mode würde, den Autoren kein Honorar zu zahlen.

23 Weder Ehrgeiz noch eine gewisse Eigenliebe, weder Streben nach Ruhm noch Wetteifer bewegen die Schöngeister dieses Landes, sondern der Gewinn, der Vorteil.

24 Philippe Néricault Destouches (1680–1754), der von Gottsched besonders hoch geschätzte französische Lustspieldichter, gehört zu den Wegbereitern des rührenden Lustspiels in Frankreich und Deutschland. In seinen Komödien steht eine moralisch-ernsthafte Handlung im Mittelpunkt und nicht die komische Situation. Die Gottschedin übersetzte mehrere Werke von Destouches (›Der Verschwender‹, ›Der poetische Dorfjunker‹, beide in die ›Schaubühne‹ aufgenommen). Seine bekannteste Komödie in Deutschland war ›Le Philosophe marié‹ (›Der verheiratete Philosoph‹, übersetzt von Heinrich Gottfried Koch) und ›Le Glorieux‹ (›Der Ruhmredige‹, übersetzt von J. E. Schlegel).

25 Jean Baptiste de Boyer, Marquis d'Argens (1704–71), französischer Schriftsteller, von Friedrich II. nach Potsdam geholt und zum Kammerherrn und Akademiedirektor ernannt. Er veröffentlichte eine große Anzahl von Schriften, in denen er einen skeptisch-freidenkerischen Standpunkt einnimmt. Er gehörte wie Mauvillon zu denjenigen, die den Deutschen jede Begabung zur Dichtung absprachen (›Lettres chinoises‹, 1739; ›Lettres cabalistiques‹, 1741).

26 Auf wen Gottsched hier anspielt, konnte nicht ermittelt werden.

27 Ein leerer Magen ist der Lehrer der Kunst (Persius, ›Satura‹, Prolog, 10).

28 Rasch ist ihr Geist, ihre Frechheit verwegen, die Rede und Antwort
Schlagfertig, reißender auch als Isaeus: nun sagt, für wen der
Diesen Mann hält! Es kann sich der Fremde in viele verwandeln:
Lehrer und Redner, Vermesser, Masseur und Maler und Augur,

Seiltänzer, Arzt, Medizinmann – auf jegliche Künste versteht sich
In seinem Hunger das *Französlein*: verlangst du es, steigt's in den Himmel!
(Juvenal, ›Satiren‹ III, 73. Übersetzung nach U. Knoche.)

Isaeus: Einer der berühmten zehn atheniensischen Redner. Er lebte in der ersten Hälfte des 4. Jahrhunderts. Elf von seinen Reden sind erhalten.

29 Der Marktschreier, der die Massen zum Kaufen heranlockt, preist dem Abnehmer das vorteilhafte Geschäft an; gleich einladend wirkt auf Schmeichler ein Poet, der reich ist an Grundstücken und reich ist an zinstragenden Werten (Horaz, ›Dichtkunst‹, V. 419–421).

30 Die Aufführung durch die Neubersche Truppe fand 1735 statt.

31 Zu Neuber vgl. Anm. 4.

Joseph Ferdinand Müller, genannt ›der Harlekin‹, leitete eine Schauspielertruppe, die sehr häufig und heftig mit den Neubers in Leipzig in Konkurrenz trat.

Pragische: Gemeint ist wahrscheinlich die Truppe des Italieners Pietro Mingotti.

Carl Friedrich Reibehand, Prinzipal auch einer Marionettenbühne; seit 1734 war er öfters in Leipzig. Er genoß bei den Zeitgenossen keinen großen Ruf.

Sackische: nicht ermittelt.

Johann Friedrich Schönemann (1704–82) war seit 1730 Mitglied der Neuberschen Truppe. 1739 gründete er eine eigene Schauspielergesellschaft, die nach dem Zerwürfnis der Neubers mit Gottsched dessen Wohlwollen gewann. Schönemann setzte den von den Neubers begonnenen Kampf für eine »gereinigte Bühne« fort. Sein Repertoire bestand zum großen Teil aus »regelmäßigen Dramen«. Außerdem strebte er eine natürliche Spielweise an, die den bis dahin üblichen deklamatorischen, affektierten Stil ablösen sollte. – Schönemann selbst hatte in komischen Rollen den größten Erfolg.

32 Gemeint ist der Akrobat und Gaukler Johann Carl Eckenberg (1685–1748), der letzte bedeutende Repräsentant der Haupt- und Staatsaktionen (vgl. Anm. 6 zu I). Als »starker Mann und teutscher Simson« errang er mit derben Späßen und athletischen Kraftakten großen Erfolg und das besondere Wohlwollen von Friedrich Wilhelm I.

33 Das geschah im Jahre 1737. Man spielte unter anderem Werke von Corneille, Destouches und Molière. Mit »Sr. Königl. Majestät« ist der Kurfürst von Sachsen, Friedrich August II., als König von Polen August III., gemeint.

34 1740 bestieg Iwan VI., ein Sohn der Prinzessin Anna von Braunschweig-Bevern, den russischen Thron; vgl. Anm. 25 zu III.

35 Zu Fénélon vgl. Anm. 88 zu II.

36 Es scheint mir, daß seine Denkweise zu akzeptieren ist. Sein Vorwort, die Kritiken und die Antworten zu dieser Tragödie werden uns lehren, wie die Literaten in Deutschland in Sachen des Theaters denken, und werden vielleicht dazu dienen, viele eines Besseren zu belehren, die glauben, daß man in diesem Land (Deutschland) das Drama weder pflegt noch nennt, noch Geschmack daran hat.

37 Übrigens schmeichle ich mir, zu Beginn richtig geurteilt zu haben, als ich sagte, daß man einigen Vorteil aus den Reflexionen des Herrn Gottsched ziehen könnte, die mir sehr begründet scheinen. Was das Publikum angeht, so scheint mir, daß schon etwas gewonnen wäre, wenn es nur lernte, daß man in Deutschland genauso richtig denkt wie anderswo und daß das Theater und die Regeln ihnen (den Deutschen) durchaus nicht fremd sind.

38 Vgl. Anm. 88 zu II.

39 Da ich dem Publikum die Reflexionen dieses großen Mannes nicht genug vor Augen führen kann, würde ich mich hüten, sie einfach zu zitieren, ohne sie zu kommentieren. Der deutsche Autor hat es getan, um seine Nation zu belehren, und ich folge seinem Beispiel, um denen, die es nötig haben, zu wiederholen, was sie niemals vergessen sollten.

40 Riccoboni, Louis: Histoire du théâtre italien, depuis la décadence de la comédie latine. 2 tom. Paris 1730/31.

41 Zu Ennius vgl. Anm. 341 zu II.
Lucius Accius (170 – ca. 90 v. Chr.) schrieb eine Reihe von Nachdichtungen griechischer Tragödien.
Marcus Pacuvius (ca. 220–130 v. Chr.), römischer Tragödiendichter. Auch seine Trauerspiele folgen griechischen Mustern, vor allem Sophokles und Euripides.

42 Nicolas Boileaus ›L'Art poétique‹ erschien erstmals 1674. Zu Boileau vgl. Anm. 5 zu III.

43 ›Cato‹: Gottscheds ›Sterbender Cato‹ (1732).

›Iphigenia‹: Gottscheds Übersetzung von Racines Tragödie aus dem Jahre 1732.

›Polyeuktes‹: Übersetzung von Corneilles Drama von Catharina Salome Linkin (1727), die in Straßburg eine Art literarischen Salons führte.

›Mithridates‹: Übersetzung des Dramas von Racine von Johann Jakob Witter (1694–1748), Professor in Straßburg, aus dem Jahre 1735.

›Alziren‹: Übersetzungen des Voltaireschen Dramas von Johann Friedrich Kopp (1738) und von Peter Stüve (1739).

›Cäsar‹: Übersetzung von Voltaires Drama von dem Pfarrer Julius Friedrich Scharffenstein aus dem Jahre 1737.

44 Gottsched dichtete eine kurze Szene hinzu. Das Stück endete schließlich mit einer Verlobung.

45 Zu St. Evremond vgl. Anm. 291 zu II.

46 Saint-Evremonds Schriften erschienen 1705 in 4 Bänden.

47 ›Der Deutschen Gesellschaft in Leipzig Eigene Schriften und Übersetzungen in gebundener und ungebundener Schreibart‹ erschienen, von Gottsched herausgegeben, 1735 in 2 Bänden. Die Übersetzung von Saint-Evremonds Abhandlung stammt von Wolf Balthasar Steinwehr.

48 Vgl. Anm. 10.

49 Gemeint ist der fünfteilige Schäferroman ›L'Atrée‹ von Honoré d'Urfé (1567–1625), der in den Jahren 1607 bis 1627 erschienen war.

50 Luise Adelgunde Victorie Gottsched.

51 Gottsched verweist hier in einer Anmerkung auf die Artikel in der 1739–54 erschienenen ›Neu eröffneten musikalischen Bibliothek‹ des Leipziger Musikers Lorenz Mizler (1711–71), in denen verschiedene Autoren die Oper gegen Gottscheds Angriffe verteidigen.

52 Marie-Anne Barbier (1670–1742), französische Dichterin. Die Tragödie ›Cornélie‹ erschien 1703.

53 Gemeint ist die Übersetzung der Gottschedin, die 1735 erschienen war. Zu Addison vgl. Anm. 2 zu III.

54 Grundlage für die Übersetzung von Addisons Drama ins Deutsche war eine französische Bearbeitung von Destouches, vgl. Anm. 24.

55 In der Übertragung von Johann Joachim Schwabe.

56 Ludwig Holberg (1684–1754), bedeutendster dänischer Lustspieldichter des 18. Jahrhunderts. Von Molière und der italie-

nischen Komödie des 17. und 18. Jahrhunderts beeinflußt, schuf er über zwanzig Typenkomödien, die trotz ihrem internationalen Form- und Motivbestand auf den dänischen Nationalcharakter abgestimmt waren. – Sehr schnell berühmt wurde auch sein lateinisch geschriebener satirisch-humoristischer Roman ›Niels Klims unterirdische Reise‹ (1741). – In den 2. Band der ›Schaubühne‹ (der zuerst erschien) wurde Holbergs ›Jean de France‹ (›Der Deutsch-Franzose‹) aufgenommen, in die späteren Bände auch ›Der politische Kannegießer‹ und ›Bramarbas‹. – Georg August Detharding (gest. 1768), aus Kopenhagen gebürtiger Lehrer in Altona, war der Übersetzer aller drei Komödien. Er soll die Übersetzungen auf Anregung Gottscheds begonnen haben.

VII. Vorrede zum ›Nöthigen Vorrath zur Geschichte der deutschen Dramatischen Dichtkunst‹

Als Druckvorlage diente der Erstdruck: Gottsched, Johann Christoph: ›Nöthiger Vorrath zur Geschichte der deutschen Dramatischen Dichtkunst, oder Verzeichniß aller Deutschen Trauer- Lust- und Sing-Spiele, die im Druck erschienen, von 1450 bis zur Hälfte des jetzigen Jahrhunderts, gesammlet und ans Licht gestellet.‹ [Band 1.] Vorrede. Leipzig 1757.

1 Gottlieb Stolle (1673–1744), Professor in Jena und Präsident der dortigen Deutschen Gesellschaft. Er veröffentlichte ›Deutsche und galante Gedichte‹ unter dem Dichternamen Leander von Schlesien. Die von Gottsched gemeinte Stelle findet sich in der Vorrede zur 2. Auflage (1724) der ›Anleitung zur Historie der Gelahrtheit‹.

2 Gemeint sind Mauvillons ›Lettres françoises et germaniques‹; vgl. Anm. 21 zu VI.

3 ›Observations sur la comédie et le génie de Molière‹ (1736); zu Riccoboni vgl. Anm. 6 zu VI.

4 ›Pastor Fido‹: Vgl. Anm. 63 zu II.

5 Gemeint ist in erster Linie Alexander Popes (1688–1744) Kleinepos ›The Rape of the Lock‹ (1712, erweitert 1714).

6 Johann Friedrich May (1697–1762), Professor für Philosophie in Leipzig, Sekretär der Deutschen Gesellschaft.

7 Theodor Johann Quistorp (geb. 1722), Ratsherr in Wismar. Von Gottsched geschätzter Lustspieldichter. Mehrere Komö-

dien von ihm wurden in die ›Schaubühne‹ aufgenommen: ›Der Bock im Prozesse‹ (Bd. 5, 1744), ›Der Hypochondrist‹ (Bd. 6, 1745).

8 Johann Christian Clodius (geb. 1694), Mitglied der Deutschen Gesellschaft. Seit 1727 Rektor in Zwickau.

9 Jakob Ayrer (1543–1605), deutscher Dichter, der neben geistlichen Liedern vor allem Dramen verfaßte: Schauspiele, Fastnachts- und Singspiele. Alle sind deutlich von Hans Sachs beeinflußt (Knittelverse). 1618 veröffentlichte Ayrer sein 66 Dramen enthaltendes ›Opus theatricum‹.

10 Der Verfasser war G. C. Bonlini; das Werk erschien 1730 in Venedig.

11 Verfasser waren Louis Fuzelier und A. Maupoint.

12 Gemeint sind vermutlich: ›Indice general alfabético de todos los títulos de Comedias, que se han escrito por varios autores . . .‹ (1735) und G. Langboine: ›An Account of the English Dramatic Poets‹ (1691).

13 *vivitur ingenio:* Es lebe die Einbildungskraft!

14 Die Blüte des Volkes, der Kern der Beredsamkeit? (Ennius, in Cicero, ›Brutus‹ 15, 88.)

15 Lefèbre: Tanaquil Faber (1615–72), französischer Humanist, der viele Ausgaben antiker Autoren edierte, zum Teil übersetzte. Vater der Anna Dacier, vgl. Anm. 87 zu II.
Zu Giraldus vgl. Anm. 24 zu II.
Zu Vossius vgl. Anm. 35 zu IV.
Johann Albert Fabricius (1668–1736), Professor am akademischen Gymnasium in Hamburg. Seine Sammlungen und Ausgaben antiker Autoren galten als Muster der Gründlichkeit und Gelehrtheit: ›Bibliotheca Graeca‹ (14 Bände, 1718 bis 1738), ›Bibliotheca Latina‹ (3 Bände, 1697).

16 Der Wald wechselt sein Laub im schnellen Lauf der Jahre: das erstentsprossene fällt dahin. So stirbt ein älteres Geschlecht von Dichtern ab (Horaz, ›Dichtkunst‹, V. 60 f.). – *scriptorum:* Von Gottsched für *verborum* eingesetzt. Bei Horaz heißt es also ». . . stirbt ein älteres Geschlecht von *Wörtern* ab«.

17 *Philander:* Johann Michael Moscherosch (1601–69), Mitglied der Fruchtbringenden Gesellschaft, der sich nach seinem populären Hauptwerk Philander von Sittewald nannte: ›Wunderliche und wahrhafftige Geschichte Philanders von Sittewalt, In welchen aller Welt Wesen und aller Menschen Hän-

del ... als in einem Spiegel dargestellt und von männiglichen gesehen werden‹ (seit 1640), deren 1. Teil auf einer französischen Übersetzung von Quevedos ›Träumen‹ beruht. Das Alamode-Werk behandelt in satirischer Form alle Gebrechen der Zeit.
Amaranthes: Dichtername von Gottlieb Siegmund Corvinus (1677–1746), Leipziger Advokat. Er schrieb satirische Gedichte: ›Proben der Poesie‹ (1710), ›Reifere Früchte der Poesie‹ (1720).
Zu Menantes vgl. Anm. 13 zu III.

18 Zu Günther vgl. Anm. 140 zu II.

19 Barthold Heinrich Brockes (1680–1747), Gründer der Patriotischen Gesellschaft in Hamburg, Lyriker an der Wende vom Barock zur Aufklärung. Sein Hauptwerk ist sein ›Irdisches Vergnügen in Gott‹ (9 Bände, 1721–38), das die religiösphilosophische Naturdichtung der Aufklärung einleitete.

20 Gleich jungen Menschenkindern blühen die Neugeborenen und freuen sich ihres Daseins (Horaz, ›Dichtkunst‹, V. 62).

21 Philemon (gest. um 330 v. Chr.), griechischer Komödiendichter, Vertreter der sogenannten jüngeren Komödie. Von seinen mehr als neunzig Werken sind nur Bruchstücke erhalten.
Zu Menander vgl. Anm. 85 zu II.

22 Gemeint ist wahrscheinlich Étienne Jodelle (1532–73), französischer Dichter. Er versuchte als erster in Frankreich Dramen nach antikem Vorbild zu schaffen: ›Cléopâtre captive‹ (1552), ›Didon se sacrifiant‹ (1553).
Zu Pradon vgl. Anm. 26 zu III.
Zu Scudéry vgl. Anm. 162 zu II.

23 Giovanni Mario Crescimbini (1663–1728), italienischer Dichter und Literarhistoriker. Gottsched spielt auf seine ›Istoria della volgar poesia‹ (zuerst 1698) an.

24 Prosper Jolyot de Crébillon, der Ältere (1674–1762), französischer Tragödiendichter. Sein Vorbild war Corneille. Seine Dramen (›Idoménée‹, 1705; ›Pyrrhus‹, 1726) sind auf Erregung von Schrecken und Grauen angelegt, was ihm den Beinamen »le terrible« eintrug.

25 Zu Destouches vgl. Anm. 24 zu VI.

26 Zu Lohenstein vgl. Anm. 112 zu II.
Zu Hallmann vgl. Anm. 3 zu VI.

27 Gemeint ist Friedrich Wilhelm Weiskern (1711–68), Schau-

spieler und Regisseur in Wien. Gottsched hatte ihn 1749 während seiner Reise nach Wien kennengelernt.

28 Luise Adelgunde Victorie Gottsched hat tatsächlich eine ›Geschichte der lyrischen Poesie‹ geschrieben. Da sie für das Werk jedoch keinen Verleger fand, soll sie das Manuskript verbrannt haben.

Zu dieser Ausgabe

Die vorliegende Edition von Schriften Gottscheds zur Literatur will eine Studienausgabe sein. Sie umfaßt darum Texte, von denen der Herausgeber meint, daß sie ein einigermaßen angemessenes Bild von Gottscheds poetologischen Auffassungen zu vermitteln vermögen. Die Auswahl umfaßt überdies Werke aus der frühen, aus der mittleren und aus der späten Schaffenszeit Gottscheds, so daß aus dem Gebotenen ein – wenn auch beschränkter – Überblick über die Entwicklung seiner literarischen Theorien gewonnen werden kann.

Alle Texte folgen den Erstdrucken (bibliographische Angaben jeweils zu Beginn der Anmerkungen). Auch die ausgewählten Kapitel aus der ›Critischen Dichtkunst‹ sind dem Erstdruck von 1730 entnommen, obwohl dieses Werk in letzter Zeit fast ausschließlich nach der 4. Auflage von 1751 zitiert wird. Doch war es die editio princeps, die die literarische Situation der Aufklärung entscheidend bestimmt hat, und nicht die späteren Auflagen, die alle von Reaktionen Gottscheds auf Kritiker und Anhänger durchsetzt sind und sich in vielen Fragen starrer, in manchen auch flexibler darbieten als die ursprüngliche Fassung. Einige bedeutsame Änderungen, wie sie in der 4. Auflage erscheinen, sind in die als Fußnoten beigegebenen Lesarten aufgenommen worden.

Orthographie und Interpunktion sind modernem Gebrauch vorsichtig angenähert und vereinheitlicht worden. Der Lautstand ist weitgehend gewahrt. Offensichtliche Druckfehler wurden stillschweigend korrigiert, heute ungebräuchliche Abkürzungen aufgelöst. Titel und Namen wurden ergänzt und bei verschiedener Schreibung der heute üblichen Form angepaßt, wenn nicht Gottscheds fehlerhafte oder unvollständige Angaben in besonderem Sinne kennzeichnend sind.

Die Übersetzungen der Horaz-Texte folgen überall der von Hans Färber und Wilhelm Schöne edierten Ausgabe: Horaz, ›Sämtliche Werke‹. Lateinisch und deutsch. München, Neuausgabe 1967 (Tusculum-Bücherei 255); alle Boileau-Übersetzungen der Ausgabe von Ute und Heinz Ludwig Arnold: Nicolas Boileau-Despréaux, ›L'Art poétique / Die Dichtkunst‹. Französisch und deutsch. Stuttgart 1967 (Reclams Universalbibl. Nr. 8523). Wo bei anderen fremdsprachigen Texten kein Übersetzer genannt wird, stammen die Verdeutschungen vom Herausgeber.

Fräulein L. Schouten, Leiden, und Herrn Dr. C.-A. Zell, Hamburg, danke ich an dieser Stelle für ihre vielfältige Hilfe bei der Lösung strittiger Fragen und Probleme; Herrn J. W. M. Hoogeveen, Leiden, für seine Unterstützung beim Lesen der Korrekturen.

Zeittafel

1700 2. Februar: Johann Christoph Gottsched in Juditten bei Königsberg als Sohn des Dorfpfarrers Christoph Gottsched geboren.

1714 Besuch der Universität Königsberg. Theologie-, später Philosophiestudium.

1723 Magisterprüfung (Philosophie).

1724 Flucht vor preußischen Werbern nach Leipzig.

1725/26 ›Die vernünftigen Tadlerinnen‹. 2 Bände. Moralische Wochenschrift.

1726 Gottsched wird Senior der Teutschübenden-poetischen Gesellschaft in Leipzig.
Fontenelles ›Gespräche von mehr als einer Welt‹. (Übersetzung.)

1727 Beginn der Zusammenarbeit mit der Neuberschen Theatertruppe.
Umwandlung der Teutschübenden-poetischen Gesellschaft in die Deutsche Gesellschaft.

1727/28 ›Der Biedermann‹. 2 Bände. Moralische Wochenschrift.

1730 Gottsched wird außerordentlicher Professor für Poesie und Beredsamkeit an der Universität Leipzig. – ›Versuch einer Critischen Dichtkunst vor die Deutschen‹. 4. Aufl. 1751.

1731 Herbst: Erstaufführung des ›Sterbenden Cato‹.

1732 Erscheinen des ›Sterbenden Cato‹. 10. Aufl. 1757.
Racines ›Iphigenia‹. (Übersetzung.) Aufgeführt schon 1730; gedruckt auch in der ›Deutschen Schaubühne‹, 2. Band.

1732–44 ›Beyträge zur Critischen Historie der Deutschen Sprache, Poesie und Beredsamkeit‹. 8 Bände. (Zeitschrift.)

1734 Gottsched wird ordentlicher Professor für Logik und Metaphysik.

›Erste Gründe der gesamten Weltweisheit, darinnen alle philosophische Wissenschaften in ihrer natürlichen Verknüpfung in zween Teilen abgehandelt werden‹. 8. Aufl. 1778.

1735 19. April: Hochzeit mit Luise Adelgunde Victorie Kulmus, in Danzig.

1736 ›Ausführliche Redekunst, nach Anleitung der alten Griechen und Römer, wie auch der neueren Ausländer‹. 5. Aufl. 1759.
›Gedichte‹. 2. Aufl. 1751.

1738 Gottsched tritt aus der Deutschen Gesellschaft aus.

1740–45 ›Die Deutsche Schaubühne, nach den Regeln der alten Griechen und Römer eingerichtet‹. 6 Teile. 2. Aufl. 1746–50.
Neben dem ›Sterbenden Cato‹ und der ›Iphigenia‹-Übersetzung erschienen folgende Werke von Gottsched in dieser Sammlung zum ersten Mal: ›Atlanta‹ (Schäferspiel), 3. Band; ›Agis, König zu Sparta‹ (Tragödie), 6. Band; ›Die parisische Bluthochzeit‹ (Tragödie), 6. Bd., und die Übersetzung von Saint-Evremonds Komödie ›Die Opern‹, 2. Band.

1741–44 ›Baylens Wörterbuch‹. (Übersetzung, unter Mitarbeit von Frau Gottsched und anderen.) 4 Bände.

1744 Leibniz, ›Theodizee‹. (Übersetzung.)

1745–54 ›Neuer Büchersaal der schönen Wissenschaften und freien Künste‹. 10 Bände. (Zeitschrift.)

1748 ›Grundlegung einer Deutschen Sprachkunst. Nach den Mustern der besten Schriftsteller des vorigen und jetzigen Jahrhunderts abgefasset‹. 6. Aufl. 1776.

1749 Reise des Ehepaars Gottsched nach Österreich. Empfang bei Maria Theresia.

1750 ›Neueste Gedichte‹.

1751–62 ›Das Neueste aus der Anmutigen Gelehrsamkeit‹. 12 Bände. (Zeitschrift.)

1752 ›Reineke der Fuchs‹. (Übersetzung ins Hochdeutsche.)

1754 ›Auszug aus Batteux' »Schönen Künsten aus dem einzigen Grundsatze der Nachahmung hergeleitet«‹. (Übersetzung.)

1757–65 ›Nöthiger Vorrath zur Geschichte der deutschen Dramatischen Dichtkunst‹. 2 Bände.

1762 26. Juni: Luise Adelgunde Victorie Gottsched gestorben.

1765 1. August: Hochzeit mit Ernestine Susanna Katharina von Neunes.

1766 12. Dezember: Johann Christoph Gottsched gestorben.

Bernays, Michael: Johann Christoph Gottsched. In: Allg. dt. Biographie. Bd. 9. Leipzig 1879. S. 497–508.

Bing, Susi: Die Naturnachahmungstheorie bei Gottsched und den Schweizern und ihre Beziehung zu der Dichtungstheorie der Zeit. Diss. Köln 1934.

Birke, Joachim: Gottsched's Opera Criticism and Its Literary Sources. In: Acta Musicologica 32 (1960) S. 194–200.

Birke, Joachim: Christian Wolffs Metaphysik und die zeitgenössische Literatur- und Musiktheorie: Gottsched, Scheibe, Mizler. Berlin 1966 (Quellen u. Forsch. zur Sprach- und Kulturgeschichte der germanischen Völker. N. F. Bd. 21).

Birke, Joachim: Gottscheds Neuorientierung der deutschen Poetik an der Philosophie Wolffs. In: Z. dt. Philol. 85 (1966) S. 560–575.

Birke, Joachim: Der junge Lessing als Kritiker Gottscheds. In: Euphorion 62 (1968) S. 392–404.

Blanck, Karl: Der französische Einfluß im zweiten Teil von Gottscheds Critischer Dichtkunst. Diss. München 1910.

Braitmaier, Friedrich: Geschichte der poetischen Theorie und Kritik von den Diskursen der Maler bis auf Lessing. 2 Bde. Frauenfeld 1888/89.

Brüggemann, Fritz (Hrsg.): Gottscheds Lebens- und Kunstreform in den zwanziger und dreißiger Jahren. Leipzig 1935 (Dt. Lit. ... in Entwicklungsreihen. Reihe Aufklärung. Bd. 3).

Conrady, Karl Otto: Gottsched – Sterbender Cato. In: Das deutsche Drama. Interpretationen. Hrsg. von Benno von Wiese. Bd. 1. Düsseldorf ²1960. S. 61–78.

Crüger, Johannes (Hrsg.): Joh. Christ. Gottsched und die Schweizer J. J. Bodmer und J. J. Breitinger. Berlin u. Stuttgart [1883]. (Dtsche. Nat.-Litt. Bd. 42).

Danzel, Theodor W. (Hrsg.): Gottsched und seine Zeit. Auszüge aus seinem Briefwechsel. Leipzig 1848.

Daunicht, Richard: Die Entstehung des bürgerlichen Trauerspiels in Deutschland. Berlin 1963 (Quellen u. Forsch. zur Sprach- und Kulturgeschichte der germanischen Völker. N. F. Bd. 8).

Fuchs, Günter: Studien zur Übersetzungstheorie und -praxis des Gottschedkreises. Diss. Freiburg/Schweiz 1936.

Geißler, Rolf: Das Ethos des Helden im Drama der Gottschedzeit. Diss. Köln 1955 (Masch.).

Grosser, Berthold: Gottscheds Redeschule. Diss. Greifswald 1932.

Guthke, Karl S.: Die Auseinandersetzung um das Tragikomische und die Tragikomödie in der Ästhetik der deutschen Aufklärung. In: Jahrb. f. Ästhetik u. allgem. Kunstwissenschaft 6 (1961) S. 114–138.

Heitner, Robert H.: German Tragedy in the Age of Enlightenment. Berkeley and Los Angeles 1963.

Heitner, Robert H.: A Gottschedian Reply to Lessing's 17th Literaturbrief. In: Studies in Germanic Languages and Literature 10 (1963) S. 43–58.

Kegel-Vogel, Marlies: Der Erziehungsoptimismus in der deutschen Aufklärung, nachgewiesen an J. C. Gottsched und J. E. Schlegel. Diss. Greifswald 1957 [Masch.].

Koch, Max: Gottsched und die Reform der deutschen Literatur im achtzehnten Jahrhundert. Hamburg 1887.

Köster, Albert: Von der Kritischen Dichtkunst zur Hamburgischen Dramaturgie. In: Festschrift Johannes Volkelt. Hrsg. v. P. Barth u. a. München 1918. S. 58–86.

Krießbach, Erich: Die Trauerspiele in Gottscheds ›Deutscher Schaubühne‹ und ihr Verhältnis zur Dramaturgie und zum Theater ihrer Zeit. Diss. Halle (Saale) 1927.

Kuhlmann, Walter: Die theologischen Voraussetzungen von Gottscheds Critischer Dichtkunst. Diss. Münster 1935.

Lachmann, Hans: Gottscheds Bedeutung für die Geschichte der deutschen Philologie. Leipzig 1931 (Mitt. d. Deutschen Gesellsch. zur Erforschung vaterländischer Sprache und Altertümer in Leipzig. Bd. 13).

Lindberg, John D.: Gottsched gegen die Oper. In: The German Quarterly 40 (1967) S. 673–683.

Markwardt, Bruno: Geschichte der deutschen Poetik. Bd. 1: Barock und Frühaufklärung. Berlin u. Leipzig 1937. Bd. 2: Aufklärung, Rokoko, Sturm und Drang. Berlin 1956 (Grundriß der germanischen Philologie. Bd. 13, I–II).

Martens, Wolfgang: Die Botschaft der Tugend. Die Aufklärung im Spiegel der deutschen Moralischen Wochenschriften. Stuttgart 1968.

Neumann, Alfred R.: Gottsched versus the Opera. In: Monatshefte f. d. dt. Unterricht (Madison) 45 (1953) S. 297 bis 307.

Neumann, Friedrich: Gottsched und die Leipziger Deutsche Gesellschaft. In: Archiv für Kulturgeschichte 18 (1928) S. 194–212.

Nivelle, Armand: Kunst- und Dichtungstheorien zwischen Aufklärung und Klassik. Neubearb. Ausgabe, aus dem Französischen übersetzt. Berlin 1960.

Pelz, Alfred: Die vier Auflagen von Gottscheds Critischer Dichtkunst in vergleichender Betrachtung. Diss. Breslau 1929.

Reichel, Eugen: Gottsched. 2 Bde. Berlin 1908–12.

Rieck, Werner: Gottsched und Friedrich II. In: Wissensch. Zeitschr. d. Pädagog. Hochschule Potsdam 10 (1966) S. 221 bis 230.

Rieck, Werner: Johann Christoph Gottsched. Eine kritische Würdigung seines Werkes. Berlin 1972.

Römer, Alfred: Gottscheds pädagogische Ideen. Diss. Leipzig 1911.

Scherpe, Klaus R.: Gattungspoetik im 18. Jahrhundert. Historische Entwicklung von Gottsched bis Herder. Stuttgart 1968 (Studien z. Allg. u. Vergleichenden Literaturwissensch. Bd. 2).

Schimansky, Gerhard: Gottscheds deutsche Bildungsziele. Königsberg u. Berlin 1939.

Servaes, Franz: Die Poetik Gottscheds und der Schweizer. Straßburg 1887 (Quellen u. Forsch. zur Sprach- und Kulturgeschichte der germanischen Völker. Bd. 60).

Spaarnaay, Hendrikus: Die erste deutsche Synonymik. Ein vergessenes Buch Gottscheds. In: H. S., Zur Sprache und Literatur des Mittelalters. Groningen 1961. S. 67–76.

Steinmetz, Horst (Hrsg.): J. Chr. Gottsched – Sterbender Cato. Im Anhang: Auszüge aus der zeitgenössischen Diskussion über Gottscheds Drama. Stuttgart 1964 (Reclams Universal-Bibl. 2097/97a).

Tisch, J. Hermann: Gottscheds Dramas between Baroque and Enlightenment. In: Proceedings of the 9th Congress of the Australasian Universities' Languages and Literature Association. Melbourne 1964. S. 120–122.

Tisch, J. Hermann: Nature and function of historical reality in German early Enlightenment drama. In: Studies on Voltaire and the eighteenth century. Institut et musée Voltaire les Delices. Genève LVIII (1967) S. 1551–1575.

Waniek, Gustav: Gottsched und die deutsche Litteratur seiner Zeit. Leipzig 1897.

Wechsler, Gerhard: Johann Christoph Gottscheds Rhetorik. Diss. Heidelberg 1933.

Wehr, Marianne: J. C. Gottscheds Briefwechsel. Ein Beitrag zur Geschichte der deutschen Frühaufklärung. 2 Teile. Diss. Leipzig 1966. [Masch.]

Winterling, Fritz: Das Bild der Geschichte in Drama und Dramentheorie Gottscheds und Bodmers. Diss. Frankfurt a. M. 1955. [Masch.]

Witkowski, Georg: Geschichte des literarischen Lebens in Leipzig. Leipzig u. Berlin 1909.

Wolff, Eugen: Gottscheds Stellung im deutschen Bildungsleben. 2 Bde. Kiel u. Leipzig 1895–97.

Wolff, Hans M.: Die Weltanschauung der deutschen Aufklärung in geschichtlicher Entwicklung. München 1949.

Nachwort

Es bedurfte mehr als zweier Jahrhunderte, bis die Literaturwissenschaft sich von Lessings im »17. Literaturbrief« höhnisch verkündeter Verurteilung Gottscheds langsam zu befreien anschickte. Die vereinzelten Untersuchungen und Monographien, die zur Zeit des Positivismus Leben und Werk des Leipziger Literaturprofessors gewidmet wurden, sowie der auf persönlichen und übertriebenen Anschauungen beruhende fanatische Kampf Eugen Reichels für Gottsched vermochten die lange Reihe abfälliger Urteile nicht spürbar zu unterbrechen. Erst in der zweiten Hälfte des 20. Jahrhunderts beginnt man, Gottscheds Leistung und Wirkung weniger unduldsam und damit gerechter ins Auge zu fassen. Deutlichstes Anzeichen dafür, daß die Literaturwissenschaft nun einer eigentlich selbstverständlichen Pflicht gegenüber einem ihrer ersten deutschen Vertreter nachkommt, ist die im Erscheinen begriffene, groß angelegte kritische Ausgabe von Gottscheds poetischen und theoretischen Werken. Auch diese Ausgabe wird nur einen Teil des negativen Urteils korrigieren, nämlich nur soweit es den Theoretiker Gottsched betrifft. Völlig zu Recht wird der Dichter Gottsched, der Verfasser von Dramen und Gedichten, auch in Zukunft vergessen oder belächelt werden. Seine poetischen Werke werden weiterhin als mißglückt, allenfalls als »Zeitdokumente« betrachtet werden. Und vielleicht sollte man sogar wünschen, daß sie ganz vergessen würden, damit sie einer Beschäftigung mit dem Theoretiker Gottsched nicht mehr wie bisher im Wege ständen. Denn allzusehr war man bislang geneigt, von der (geringen) Qualität der poetischen Werke auf die der poetologischen Schriften ihres Verfassers zu schließen.

Es kann nicht wirklich verwundern, daß gerade heute Gottscheds poetologische Auffassungen und Darstellungen ein größeres Echo finden. In einer Zeit, da man allen Fragen nach Methoden und Grundlagen der Literaturwissenschaft besonders großes Interesse entgegenbringt, muß man beinahe zwangsläufig wieder auf Gottscheds Werk aufmerksam werden, dessen gesamtes Schaffen solchen Fragestellungen galt. Zwar spricht man heute nicht mehr von »Dichtkunst«, auch kaum noch von »Poetik«, sondern vornehmlich von »Theorie der Literatur«, doch im Wesen meint man damit dasselbe wie jenes, das Gottsched vor knapp 250 Jahren als »Dichtkunst« bezeichnete. Und auch darin könnte man eine gewisse Parallele sehen, daß das Wort *Kritik*, die postulierte *kritische Einstellung* gegenüber allen Phänomenen der Literatur und der Literaturwissenschaft heute von ebenso großer Aktualität ist wie im 18. Jahrhundert bei Gottsched, Lessing oder Kant.

Natürlich fehlt bei dem Theoretiker des 18. Jahrhunderts die heute gebräuchliche Terminologie; er kennt das Wort *Struktur* nicht, weiß nichts vom *Typus* oder von *soziologischer Bezogenheit* der Dichtung. Alles, was er ausführt, klingt darum in heutigen Ohren naiver, an vielen jetzt im Brennpunkt des Interesses stehenden Problemen scheint er aus Unkenntnis der Sache einfach vorbeizugehen. Und gewiß ist bei Gottsched auch manches naiver, hat er bestimmte Probleme nicht gesehen. Doch andererseits geht es nicht an, ihn und sein Werk nach einzelnen Passagen zu beurteilen, die seine unangemessenen Auffassungen besonders deutlich illustrieren sollen. Bis heute werden gerne die Worte aus der ›Critischen Dichtkunst‹ zitiert, mit denen Gottsched die Dichter den Aufbau einer Dramenhandlung lehren wollte: diese »teilt er denn in fünf Stücke ein, die ungefehr gleich groß sind, und ordnet sie so, daß natürlicherweise das letztere aus dem vorhergehenden fließet«. Dergleichen aus dem Zusammenhang gerissene Sätze verfälschen Leistung und Niveau des Gesamtwerkes, das als Ganzes keineswegs so komisch wirkt und so wenig sachgerecht ist, wie solche Fragmente suggerieren wollen. Derartige konkrete und in ihrer Pedanterie lächerlich erscheinende Anweisungen finden ihre

Begründung in Gottscheds pädagogischen Absichten, die ihn im Hinblick auf den Zustand der deutschen Literatur nach 1700 beseelten, die jedoch nur einen Teilaspekt seines umfangreichen Unternehmens ausmachten.
Es wäre falsch, ja töricht, Gottscheds Werk über Gebühr aktualisieren zu wollen. Seine einseitigen Standpunkte, die historische Bedingtheit seines Denkens, schließlich die unverkennbare Begrenztheit bereits im Ansatz mancher Überlegung in mehr als einer Hinsicht – das alles darf nicht verkannt oder übersehen werden. Dennoch aber sollte das Urteil über den Poetologen Gottsched nicht von seinen Schwächen her gefällt werden. Sein historisches Verdienst und seine historische Bedeutung für die Entwicklung der deutschen Literatur können schwerlich, auch bei Berücksichtigung der zahlreichen Mängel in seinem Schaffen, überschätzt werden. Das gilt nicht nur im Hinblick auf diejenigen Dichter und Schulen, die Gottscheds Lehren und Vorbild positiv verstanden, sondern auch für die, welche, gerade indem sie sich von Gottsched kritisch absetzten, andere Wege als er einschlugen. In beiden Fällen setzte er einen Maßstab, an dem die eigene Orientierung erfolgen konnte. Es gehört dabei zum üblichen Bild der Literaturgeschichtsschreibung, daß man die Abwendung von Gottsched und seinen Theorien stärker betont als seine direkte oder indirekte Wirkung und Nachwirkung im guten Sinne. Das hat mehrere Ursachen. Die wichtigste ist wohl die, daß die kritischen, spöttelnden Stimmen öfter tradiert wurden als die zustimmenden, daß man überdies überall dort, wo man in Gottscheds Richtung dachte, seinen Namen nicht nannte, zum Teil weil man sich eines solchen Parteigängers geschämt hätte, zum Teil weil man sich einfach nicht darüber im klaren war, daß man in der einen oder anderen Form seinen Theorien nachfolgte. Jedermann kennt zum Beispiel Goethes anekdotenhafte Schilderung seiner Begegnung mit Gottsched in ›Dichtung und Wahrheit‹, eine Schilderung, durch die der Leipziger Professor zum soundsovielten Male zur Spottfigur wurde.

Doch niemand erinnert sich in diesem Zusammenhang daran, daß Goethe sich bereits rund fünfzehn Jahre vor der Publikation dieser Passage von derjenigen Bewegung distanziert hatte, die Gottsched ausschließlich als negatives Stimulans erfahren hatte, vom Sturm und Drang. Fast niemand denkt daran, daß das Weimarer Dioskurenpaar spätestens seit dem Eintreten für ein klassizistisches Drama wieder in die wesentlich von Gottsched vorgeformten Bahnen eingeschwenkt war. Im 19. Jahrhundert neigte man immer mehr dazu, mit Gottsched die gesamte Aufklärung zu verurteilen. Allenfalls für die französische Aufklärung vermochte man einiges Verständnis aufzubringen. So kam es, daß man häufig den eigenen Standpunkt in seiner historischen Relativität nicht erkannte. Darum ist es keineswegs so sinnlos, wie es auf den ersten Blick scheinen möchte, einmal die Frage zu stellen, ob nicht trotz aller inhaltlichen und politischen Verschiedenheit die deutsche Literatur, die auf die *Kunstperiode* folgte, manche Übereinstimmung mit Gottschedischen Ansätzen zeige, ob nicht zum Beispiel die Autoren des Jungen Deutschland der Literatur eine Rolle zuwiesen, die in vielem der Funktion entsprach, die die Aufklärung unter Gottscheds Führung der Dichtung zuerteilt hatte. Was beim Jungen Deutschland vielleicht höchstens diskutabel erscheinen will, steht bei Autoren wie Keller, Stifter oder Gotthelf weit eher außer Frage, da ihre pädagogisch-erzieherischen Tendenzen, die gesellschaftliche Funktion ihrer Werke wesentlich deutlicher zum Vorschein kommen. – Schließlich könnte man fragen, ob nicht das naturalistische Drama, zum Teil sogar die ganze naturalistische Theorie, der inneren und äußeren Konstruktion nach ein letzter Höhepunkt der Nachahmungstheorie war, die für Jahrhunderte Geltung besessen hatte, in Deutschland jedoch zuerst von Gottsched ausführlich begründet und formuliert worden war.

Nochmals: solche Bemerkungen und Fragen sollen Gottsched nicht um jeden Preis aktualisieren und damit aufs neue verfälschen. Mit ihnen soll auch nicht indirekt Eugen Reichels

These wiederbelebt werden, nach der Goethe ohne Gottsched nicht möglich gewesen wäre. Was mit vielen Einschränkungen vielleicht für Lessing noch richtig sein könnte, ist auf Goethe nicht mehr zu übertragen. Solche Bemerkungen und Fragen sollen lediglich andeuten, daß es Gründe geben könnte, die bis heute übliche, meist unreflektierte Ablehnung Gottscheds kritisch zu überdenken, daß Gottscheds Wirkung und Nachwirkung vielleicht größer war, als man bisher glaubte und glauben machen wollte.

Gottsched gebührt die Ehre, der erste in Deutschland gewesen zu sein, der Dichtung und Poetik unter einem einheitlichen Gesichtspunkt sah, der erste, der ein durchdachtes System der Literatur vorlegte. Im Vergleich zu seinem Werk kann Opitz' ›Buch von der Deutschen Poeterey‹, bei allem Respekt vor dessen Verdiensten, nur als schüchterner, höchst unvollständiger Versuch gewertet werden. Zwischen Opitz und Gottsched gibt es mancherlei Parallelen, wie Gottsched sich ja auch als eine Art Nachfolger von Opitz verstanden hat. Wie Opitz mehr als hundert Jahre vor ihm benutzte auch Gottsched Theorien und Poetiken von Autoren aus der Antike und der Neuzeit. Und wie bei Opitz beruht ein Großteil seines Werkes auf der Kompilation aus den verschiedensten Verfassern und Büchern. Und doch unterscheidet sich der Reformator des 18. grundsätzlich von dem des 17. Jahrhunderts, und zwar nicht nur darin, daß sein Ansatz und sein Œuvre unverhältnismäßig viel breiter waren – wenngleich es nicht überflüssig ist, sich zu vergegenwärtigen, auf wieviele Gebiete Gottscheds Tätigkeit sich erstreckte. Sein Schaffen galt keineswegs allein Dichtung und Dichtungstheorie im engeren Sinne. Außer poetischen und poetologischen Schriften verfaßte er zahlreiche andere, darunter umfangreiche und zu ihrer Zeit äußerst erfolgreiche Werke zur Sprach- und Redekunst; er war der Herausgeber zweier viel gelesener Moralischer Wochenschriften; er bearbeitete Wolffs Philosophie und edierte als erster Leibniz' ›Theodizee‹; er war ein fleißiger Übersetzer; er war der Herausgeber einer stattlichen Reihe von Zeitschriften, der Editor auch vieler Werke von zeitgenössischen und früheren Autoren, er war der Autor der ersten deutschen Bibliographie. Damit sind seine zahlreichen Reden über die unterschiedlichsten Themen noch nicht genannt, nicht seine praktische und energische Mitarbeit an der Theaterreform, noch nicht die allgemeine Anregung, die von ihm ausging und die ihren Niederschlag unter anderem in den zahlreichen »Deutschen Gesellschaften« fand, welche nach dem Vorbild der von ihm reformierten »Deutschen Gesellschaft zu Leipzig« überall im Lande entstanden.

Bereits der Fleiß, der sich in diesem imponierenden Werk dokumentiert, das neben einer nie auf die leichte Schulter genommenen Lehrtätigkeit an der Universität Leipzig entstand, nötigt Respekt ab. Doch nicht in diesem quantitativen Ausmaß allein liegt der Unterschied zu Opitz. Wenn Gottsched auch wie Opitz aus allen möglichen Quellen das ihm Passende zusammensuchte, so tat er es doch in einem ungleich höheren Maße, um ein Lieblingswort von Gottsched zu gebrauchen, *kritisch*. Er übernahm nicht einfach, zitierte nicht schlechtweg anerkannte Autoritäten und gab sich nicht mit deren Autorität zufrieden, wie Opitz in vielen Fragen. Gottscheds Kompilationen wurden vielmehr stets zu Auseinandersetzungen. Erst wenn er selbst überzeugt war, fanden seine Vorgänger und Vorbilder Gnade in seinen Augen. Mit dieser Einstellung der Prüfung und Kritik wurde Gottsched nach Thomasius und Wolff der dritte Repräsentant in der langen Kette der Vertreter des aufgeklärten, vernunftgebundenen Geistes im 18. Jahrhundert, der in Lessing und Kant seine Vollendung erfuhr. Gottsched erkannte dem Prinzip der Kritik einen grundlegenden Wert zu, wollte sie getrennt wissen von aller kleinlichen Krittelei, gab ihr den Rang erkenntnistheoretischer Funktion. In der Vorrede zur 1. Auflage der ›Critischen Dichtkunst‹ heißt es zum Beispiel:

»... wenn man ... zeigt, daß die wahre Kritik keine schulfüchsische Buchstäblerei, kein unendlicher Kram von zusammengeschriebenen Druck- und Schreibfehlern, die in den alten Skribenten begangen worden; kein überverdautes Bücherlesen; kein wüster Haufe unendlicher Allegationen und fremder Meinungen von einer verderbten Stelle in hebräischen, griechischen und römischen Büchern sei. Leute, so dieses alles tun und ihr Handwerk in der Tat verstehen, tun uns gute Dienste, indem sie sich bemühen, uns die alten Skribenten so richtig, als es möglich ist, zu liefern. Sie können auch gewissermaßen Critici heißen: aber Critici von der untersten Klasse, weil sie nur mit Buchstaben und Silben umgehen. Die Kritik ist eine weit edlere Kunst. Ihr Name selber zeiget zur Genüge, daß sie eine Beurteilungs-Kunst sein müsse, welche notwendig eine Prüfung oder Untersuchung eines Dinges nach seinen gehörigen Grundregeln zum voraus setzt. ... Ein Criticus ist also dieser Erklärung nach ein Gelehrter, der die Regeln der freien Künste philosophisch eingesehen hat ... «

Die kritische Ausgangsstellung befähigte Gottsched nicht allein, sich seinen Quellen gegenüber distanziert zu verhalten, über die er übrigens stets getreulich Rechenschaft abgelegt hat; sie ermöglichte es ihm vor allem, Literatur wieder als Literatur zu erkennen und zu definieren. Seit dem ausgehenden 17. Jahrhundert hatten Literatur und Theater mehr und mehr die Aufgabe oberflächlichen Amüsements übernommen, das in anspruchsloser Form ein simples Unterhaltungs- und Schaubedürfnis zu befriedigen hatte. Dichtung und Literatur waren zu niveaulosen Zerrspiegeln ihrer selbst herabgesunken. Die Schilderung, die Gottsched in der Vorrede zum ›Sterbenden Cato‹ über den Zustand der deutschen Literatur um 1720 gibt, stimmt durchaus mit den historischen Tatsachen überein. Und das Unbehagen an dieser literarischen Situation war der erste Anlaß für seine Reformtätigkeit. Zunächst von seinem Königsberger Lehrer Johann Valentin Pietsch auf Rang und Ansehen der Literatur im 17. Jahrhundert sowie auf die Geltung der Kunst um

1700 in Frankreich, Italien oder England aufmerksam gemacht, dann durch eigene Lektüre und Theaterbesuche in den von Pietsch vermittelten Auffassungen bestätigt, ging Gottsched daran, den Zustand der deutschen Literatur zu »verbessern«. Und vieles an seinen praktischen und theoretischen Vorschlägen und Anweisungen, besonders manche starre und unflexible, im Laufe der Zeit selbst zu dogmatischer Enge verhärtete »Lehre« wird verständlich vor dem Hintergrund dieses in erster Linie gegen bestimmte Verhältnisse gerichteten Handelns.

Ein Beispiel für die Strenge, zu der Gottsched sich auf Grund seines Kampfes *gegen* bestehende Verhältnisse (und erst in zweiter Instanz *für* Neuerungen) gezwungen glaubte, bildet die berüchtigte Vertreibung des Harlekins, die nach Gottscheds Anleitung 1737 auf der Neuberschen Bühne erfolgte. Lessing und Justus Möser haben hieran später scharfe Kritik geübt. Und zweifellos hatten sie mit ihrer Behauptung recht, mit dem Harlekin sei zugleich ein besonders kostbares Stück Komödie von der deutschen Bühne vertrieben worden. Doch war es ein anderer Harlekin, an den Lessing und Möser dachten, als der, welcher um 1730 die Bühne beherrschte. Dieser Harlekin war die Hauptgestalt in einer niedrigen, von Zoten durchsetzten und auf primitive Wirkung abzielenden Posse. Und ihr war von Gottscheds Standpunkt aus nur mit einer Radikalkur beizukommen. In diesem Sinne wären mehrere Taten und Anschauungen Gottscheds zu nennen, die aus der Perspektive der jüngeren Zeitgenossen und der Nachfahren allzu festgelegt und unnachgiebig erscheinen, die jedoch anfangs nötig schienen, wenn ein Erfolg der vielfältigen Bemühungen überhaupt möglich werden sollte. Eine der größten Schwächen des Reformers bestand darin, daß er diese spezifische Anfangssituation auch späterhin, als Erfolge sich bereits eingestellt hatten, als Basis seines Handelns betrachtet hat, ja das von ihr aus notwendige Handeln teilweise bis zum Ende seines Lebens als das einzig richtige verteidigt hat. Es verleiht dem Schicksal dieses von den besten Absichten beseelten Mannes jedoch eher tragische als komische Züge, daß er nicht bemerkt hat, daß spätestens 1740 der Zeitpunkt des ersten kompromißlosen Eingreifens vorüber war und eine Lockerung einzelner Standpunkte sein Werk als Ganzes nicht mehr gefährdet hätte. Er bemerkte nicht, daß sein unnachsichtiger Kampf gegen alles *Wunderbare,* seine Verurteilung Shakespeares, Miltons und Klopstocks ins Leere schlug; er bemerkte nicht, daß die Schweizer Bodmer und Breitinger mit ihrem Eintreten für Milton und das *Wunderbare* keineswegs für eine Literatur plädierten, wie sie vor Gottscheds Reform die Regel gewesen war, daß sie vielmehr eine Poesie und eine Theorie verfochten, die zum großen Teil auf dem von ihm errichteten Fundament basierten, die erst möglich wurden nach seiner Pionierarbeit. Wie paralysiert beharrte Gottsched auf seiner ersten Auffassung und verkannte gründlich die Tendenz der Zeit. Ja, er ließ sich hinreißen, sich ostentativ gegen die neuen Strömungen auszusprechen, indem er unter anderem den Verfasser des unbedeutenden Epos ›Hermann oder das befreite Deutschland‹ (1752), Christoph Otto Freiherr von Schönaich, zum Dichter krönen ließ, womit er sich selbst auch bei wohlwollenden Anhängern seiner seriösen Wirkung beraubte.

Doch ehe es dazu kam, daß Gottsched sich als Autorität selbst eliminierte, hatte er die Diskussion in Gang gesetzt, in der er nun nicht mehr mithalten konnte. Denn das Gespräch über literarische Fragen, das um 1740 mit großer Vehemenz geführt wurde, ging ebenso wie alle Polemik gegen Gottsched von seinen Theorien aus, die er in den Jahrzehnten davor, vor allem in der ›Critischen Dichtkunst‹, vorgelegt hatte. Dieses Buch war es gewesen, das im deutschen Sprachraum wieder einen Begriff von Literatur vermittelt hatte. Seine prinzipiellen Definitionen stellten die Grundlage aller späteren Theorien dar. Und bei aller Gegnerschaft seinem Verfasser gegenüber bestritt man auch nicht eigentlich seine Kerntheorien, jedenfalls nicht innerhalb des aufklärerischen Lagers, zu dem auch die Gruppen in Hamburg, Berlin und Zürich gehörten. Erst der Sturm und Drang erklärte Gottsched und gleichzeitig der gesamten Aufklärung den totalen Krieg, übrigens keineswegs mit soviel Berechtigung, wie er selbst und viele nach ihm geglaubt haben. Innerhalb der Aufklärung galt der Angriff hauptsächlich bestimmten Unvollständigkeiten, einzelnen Lehrsätzen, charakteristischen Einseitigkeiten, dogmatischen Systemauswüchsen. Die Schweizer zum Beispiel bissen sich fest am Problem des *Wunderbaren*, das Gottsched nur unter sehr speziellen Voraussetzungen in der Dichtung zulassen wollte. Manches andere, das in dem heftigen Streit zwischen Leipzig und Zürich mit vielen Worten und großem polemischem Aufwand diskutiert wurde, entpuppte sich im Laufe der Zeit als uninteressantes Randproblem.

Nicht in Frage gestellt wurde Gottscheds Verteidigung der Regeln und ihre korrekte Anwendung und vor allem nicht die Nachahmung der Natur als Grundprinzip der Dichtung, das die Schweizer ebensowenig anzweifelten wie Lessing. Seit der Geniezeit ist allerdings auch die Nachahmungslehre Gottscheds immer wieder Gegenstand der Kritik geworden, wobei kaum daran gedacht wurde, daß die Klassik gerade diese Nachahmungslehre mit nur geringfügigen Veränderungen aufs neue angewandt hat. Bis heute ist das Vorurteil nicht völlig beseitigt, Gottsched habe eine Art Naturalismus vertreten. Dieses Mißverständnis ist vor allem auf Grund der engen Verbindung, die Gottsched zwischen der Nachahmung der Natur und dem Wahrscheinlichkeitspostulat knüpfte, entstanden. Allzuoft hat man dabei übersehen, daß er gerade mit den drei Arten der Nachahmung, die er in der ›Critischen Dichtkunst‹ unterschied, die Literatur an dem ihr zukommenden Ort außerhalb der empirischen Wirklichkeit anzusiedeln vermochte, als ein Phänomen, das im Raume der Fiktion, der nichtrealen Wirklichkeit existiert.

Besonders die dritte, die höchste Form, die Nachahmung mittels der Fabel, sollte die Literatur nach Gottscheds Intentionen davor bewahren, entweder reines Phantasieprodukt oder platte Realitätsimitation zu werden. Die erfundene, analog zur Natur erfundene Fabel sollte gleichzeitig Ähnlichkeit und Andersartigkeit der Dichtung im Vergleich zur Wirklichkeit veranschaulichen. Das auf einer Fabel beruhende literarische Werk wurde auf diese Weise überdies zum Zeugnis menschlicher Souveränität und Freiheit, einer Freiheit des Geistes, der dieser freiwillig mit der Anerkennung der vernünftigen Naturgesetze Grenzen setzte. Die Wahrscheinlichkeitsforderung war zunächst nichts anderes als der – in Gottscheds Augen notwendige – Versuch, ein Korrektiv zu schaffen, das die Begrenzung der Literatur sowohl in Richtung auf Übertreibung als auch auf primitive Abschilderung garantieren mußte. Nur allzuoft ist vergessen worden, daß Gottsched mit Wolff die Auffassung vertrat, Dichtung sei die »Historie aus einer anderen Welt«; allerdings mußte es sich dabei um eine »mögliche« Welt handeln, eine Welt, die »an sich selbst aber nichts Widersprechendes in sich haben« durfte (vgl. oben S. 86 f.).

In dieser Konzeption spricht sich der wahre aufklärerische Glaube an Würde und Freiheit des Menschen aus, der bei Lessing und Schiller nachwirkt und der eigentlich erst im geschichtsgläubigen 19. Jahrhundert aufgegeben worden ist. Mit der Nachahmungstheorie, für die Gottsched sich auf Aristoteles beruft, befreit er die Dichtung nicht allein aus der Vormundschaft der Religion, sondern auch aus der Abhängigkeit von der Geschichte. Mit Aristoteles trennt er den Dichter vom Geschichtsschreiber, der gebunden ist an die Faktizität des Diesseitig-Realen. Der Dichter sollte aus der Erkenntnis einer vernünftigen Welteinrichtung schreiben, die als solche nicht mit der Historie zu belegen ist.

Diese grundlegende Idee der Dichtung kommt jedoch nicht überall in Gottscheds Werk deutlich zum Ausdruck oder konnte nicht überall deutlich erkannt werden. Die Ursache dafür ist unter anderem darin zu suchen, daß Gottsched mit einem Buche wie der ›Critischen Dichtkunst‹ mehr als einen

Zweck verfolgte. Es ging ihm nicht allein um Bestimmung und Beschreibung des Wesens von Literatur, sondern er wollte zeitgenössischen und zukünftigen Dichtern zugleich konkrete Hilfen beim Verfassen poetischer Werke an die Hand geben. Hierin folgte er wiederum Opitz: seine ›Dichtkunst‹ wurde wie die ›Poeterey‹ eine sogenannte Anweisungspoetik. Und dieser Charakter der Anweisungspoetik hatte die schädliche Nebenwirkung, daß manche der besten und eigentlichen Ideen der ›Critischen Dichtkunst‹ vom Gestrüpp der zahlreichen und zum Teil kleinlichen Anleitungen und Lehren verdeckt wurden.

Vor allem das Bild des Dichters, wie es Gottsched entwarf, hatte eine verhängnisvolle Wirkung für das ganze Werk. Dieses Bild löste die Auffassung aus, Gottsched habe Dichtung und Literatur auf ein erlernbares Handwerk reduziert. Auch seine wiederholte Versicherung, daß nicht Gelehrsamkeit und Übung allein den Dichter machten, konnte diesen Eindruck nicht aufheben. Gottsched gab sich redliche Mühe, den Dichter als besonderen Menschen zu beschreiben, er versuchte, dadurch manchen Dichterling vom Poetisieren abzuhalten und gleichzeitig Ansehen und Würde sowohl des wahren Dichters als auch seines Werkes zu erhöhen. Doch erreichte er eher den gegenteiligen Effekt. Nicht nur bei den Späteren, sondern auch bei seinen Zeitgenossen: diejenigen von seinen Schülern, die Werke von einiger Qualität schufen, straften seine Beschreibung eines Poeten gründlich Lügen.

Generationen von Kritikern wurden durch eine weitere Eigenheit der ›Critischen Dichtkunst‹ irritiert. Erst in neuester Zeit steht zu erwarten, daß man ihr mit mehr Verständnis begegnen wird. Es ist die Ausrichtung aller poetischen und poetologischen Theorien auf einen Leser oder Zuschauer. Auch darin war Gottsched Aufklärer, daß er Literatur und Dichtung als Teil eines umfassenden Erziehungs- und Bildungsprogramms verstand, teilweise sogar als eine andere philosophische Aufklärung. So wie der Dichter aus der Erkenntnis einer vernünftigen Weltordnung schreiben sollte, so sollte auch im Leser über die Dichtung der optimistische Glaube an die Vernunft zum Siege geführt werden; der Leser, der Mensch des 18. Jahrhunderts, sollte mittels der Dichtung frei, zum mündigen Bürger »erzogen« werden. Der Wert eines literarischen Werkes leitete sich daher nicht aus dem her, was es darstellte, auch nicht aus der Art, wie es seinen Gegenstand darstellte, sondern ergab sich in letzter Instanz aus der Wirkung, die es zu erzielen vermochte. Gottscheds gesamte poetische Theorie und Praxis ist darum von einem wirkungsästhetischen Ansatz her geprägt. Insbesondere alle Gesetze der Gattungspoetik basieren auf wirkungsästhetischen Grundgedanken. Im Unterschied zur Tragödie etwa, die Schrecken, Mitleid und Bewunderung zu erregen hat, soll die Komödie den Zuschauer gleichzeitig belustigen und erbauen. Auch hier wieder blieb Gottsched in der Ausführung des Einzelnen hinter seiner Grundidee zurück, indem er die aus der Antike überlieferten Wirkungsgesetze mit eigenen, streckenweise beschränkten Lehren verwässerte. In seiner Darstellung droht das wirkungsästhetische Prinzip mehr als einmal zu pedantischem Moralisieren verdünnt zu werden. Krassestes Beispiel ist der berüchtigte »moralische Lehrsatz«, dessen Veranschaulichung das Ziel einer jeden Fabel und eines jeden Werkes zu sein habe. Und was Gottsched etwa über Homers und Sophokles' moralische Lehrsätze auszuführen weiß, ist auch heute noch geeignet, den gutwilligsten Leser gegen ihn einzunehmen.

Doch gilt es auch hier, das fruchtbare Prinzip vom unzureichenden Beispiel zu trennen. Auch in diesem Falle waren die Zeitgenossen sehr schnell imstande, die spezifisch Gottschedischen Zutaten zu eliminieren und die tragfähigen Einsichten zu würdigen und weiterzuentwickeln. Wirkungsästhetik war und blieb der Ausgangspunkt auch eines Klopstock (herzrührende Schreibart) oder eines Lessing (Furcht und Mitleid), auch wenn sie sonst zu seinen schärfsten Gegnern gehörten.

Was Gottsched vor Augen schwebte und was nach ihm vielleicht nie wieder so konsequent versucht worden ist, war eine Integration der Literatur in die gesellschaftliche Wirklichkeit seiner Zeit. Und mit Gesellschaft meinte er nicht die Hofgesellschaft, sondern das Bürgertum. Man kann, selbst mit großer Berechtigung, an der Richtigkeit jeder Wirkung im einzelnen zweifeln, die Gottsched den verschiedenen Gattungen und Arten zuordnete. Aber davon bleibt unberührt, daß seine Theorie wie auch die nach seiner Theorie verfertigten Dichtungen zu ihrer Zeit entschieden eine Wirkung ausübten. Es ist eines der größten Verdienste Gottscheds, eine poetologische Konzeption entworfen und eine literatursoziologische Agitation entfaltet zu haben, die zusammen, trotz aller Schwächen und Einseitigkeiten, nach der Hofkultur des 17. Jahrhunderts im Deutschland des 18. Jahrhunderts eine bürgerliche Literatur begründeten. Gewiß, Gottsched war kein Revolutionär, und zu keinem Zeitpunkt war sein Eintreten für eine bürgerliche Literatur gekoppelt an einen politischen Kampf gegen den Adel oder den Absolutismus. Doch tut man ihm zweifellos Unrecht, wenn man behauptet, sein Ziel sei eine »höfische Bühnenkunst« gewesen, wie man es noch in einer der neueren Literaturgeschichten lesen kann. Schon in den 20er Jahren hatte er in seinen Moralischen Wochenschriften die aus England herüberwirkenden bürgerlichen Tendenzen aufgegriffen und auf deutsche Verhältnisse angewandt, wesentlich prägnanter übrigens als die Schweizer Bodmer und Breitinger in ihren ›Discoursen der Mahlern‹, welche eher als Gottscheds Zeitschriften erschienen waren und ihm zum Teil sogar als Vorbild gedient haben. Und vielleicht ist es auch nicht ganz zufällig, daß in der Rede über Schauspiele und Tragödien aus dem Jahre 1729 das Wort »Republik« auftaucht, das leicht durch ein anderes, weniger profiliertes hätte ersetzt werden können. Zweifellos findet sich gerade in Gottscheds Tragödientheorie rein formal ein nicht geringer Rest der Barockpoetik. Er übernahm unter anderem die Ständeklausel so gut wie unverändert. Immerhin aber liegt es nicht in Gottscheds

Absicht, die »Götter dieser Erden« zu verherrlichen, sondern ihnen kritisch vorzuhalten, »daß ihr auch Menschen seid« (vgl. oben S. 8). Wichtiger noch ist die Übertragung auf den Bürger, auch wenn bei Gottsched wegen der Beibehaltung der Ständeklausel der Nutzen für den Bürger nur per analogiam realisiert werden kann. Eine innere Begründung der Ständetheorie wird auf diese Weise allerdings aufgegeben. Gottsched klammert sich noch an die überlieferte Dramenpoetik, die er selbst von innen her auflöst. Das wird besonders im Zusammenhang mit der Komödie augenscheinlich. Hier wird die Rechtfertigung der Ständeklausel zur reinen Äußerlichkeit. Die Komödie sei allein bürgerlichen Personen vorbehalten, »nicht als wenn die Großen dieser Welt etwa keine Torheiten zu begehen pflegten, die lächerlich wären: Nein, sondern weil es wider die Ehrerbietung läuft, die man ihnen schuldig ist, sie als auslachenswürdig vorzustellen« (vgl. oben S. 189). Diese Worte sind wiederholt als Beweis für Gottscheds hoffnungslosen Konservativismus zitiert worden. Historisch gesehen, bedeuten sie darüber hinaus mehr und anderes. Sie sind der letzte Versuch, ein klassizistisches Stilideal zu retten, das schon nicht mehr existiert und an das man eigentlich auch schon nicht mehr glaubt. Man könnte es auch anders ausdrücken: die höhere Standesgesellschaft ist als Gegenstand der Komödie nicht mehr interessant genug, was allerdings nur in negativer Formulierung ausgesprochen wird.

Gerade die nicht mehr komische Komödie Gottschedianischer Provenienz hat wesentlich zur Erstarkung des bürgerlichen Selbstbewußtseins beigetragen, was aber natürlich mit einer ausschließlich literarischen Analyse und Bewertung der einzelnen Lustspiele nicht greifbar werden kann. Daß das bürgerliche Schau- und Trauerspiel nach 1750 auch in Deutschland seinen Einzug halten konnte, war unter anderem nur möglich, weil Gottsched mit seinen theoretischen und praktischen Werken tatkräftig mitgeholfen hatte, die Voraussetzungen dafür zu schaffen. Daß es 1755 ein Publikum gab, welches bereit war, sich von Lessings ›Miß Sara Sampson‹ zu Tränen rühren zu lassen, ist nicht zuletzt ein Ergebnis der von Gottsched eingeleiteten bürgerlichen Reform von Literatur und Theater.

Es gibt schließlich noch ein weiteres Ziel, das Gottsched mit der ›Critischen Dichtkunst‹ und darüber hinaus in seinem gesamten Werk verfolgte. Hand in Hand mit seinen Bestrebungen, Dichtung und Gesellschaft eng miteinander zu verbinden, geht sein unablässiges Bemühen, die Deutschen anzuspornen, eine eigene, eine Nationalliteratur zu schaffen. Auch darin ist er der Vorläufer eines Lessing, Schiller oder Goethe, in deren Streben nach einer Nationalliteratur und einem Nationaltheater die allgemeine Bewegung des 18. Jahrhunderts kulminierte. Man geht wahrscheinlich nicht zu weit, wenn man feststellt, daß ein gerüttelt Maß von Gottscheds unermüdlichem Eintreten für eine deutsche Literatur seinen Ursprung in einem ausgesprochenen Konkurrenzdenken hat. Der Stolz der Franzosen, Italiener, Spanier und Engländer, der von ihnen stets und bei jeder Gelegenheit verkündete Stolz auf ihre Literatur stachelte Gottsched auf, mit aller Anstrengung den Deutschen in dieser Gesellschaft der Kulturnationen einen gleichbedeutenden und als solchen anerkannten Platz zu erobern. Riccobonis verzeichnende Darstellung der deutschen Literatur verärgerte Gottsched ebenso wie ihn dessen lobende Worte über den ›Sterbenden Cato‹ in seinem Selbstbewußtsein bestätigten. Noch in den Vorreden zur ›Deutschen Schaubühne‹ und zum ›Nöthigen Vorrath‹ ist auf Schritt und Tritt die gekränkte Eitelkeit des Reformers zu spüren, den die herablassenden Urteile von Bouhours und Mauvillon über die zur Dichtung unfähigen Deutschen dazu provozierten, imposante Gegenbeweise zu erbringen. Aus der zweiten Hälfte des 20. Jahrhunderts gesehen, will es fast unsympathisch erscheinen, daß ein Werk wie der ›Nöthige Vorrath‹ seine Entstehung letztlich derartigen Motiven verdanken soll. Doch erklären sie andererseits, warum Gottsched sich stets gegen den Vorwurf gewehrt hat, er sei, blind für andere Möglichkeiten, allein dem französischen Vorbild kritiklos gefolgt, er habe die deutsche Literatur französisiert oder doch wenigstens den Versuch dazu unternommen. Abgesehen davon, daß Gottscheds Orientierung keineswegs einseitig an der französischen Literatur erfolgte, was bereits mit dem Hinweis auf die englischem Vorbild folgenden ›Vernünftigen Tadlerinnen‹ und den ›Biedermann‹ sowie auf rein inhaltliche Lehren so mancher Komödie aus dem Gottsched-Kreis widerlegt werden kann, verfälscht man auch hier Gottscheds Intentionen mit derartigen Vereinfachungen. Es steht außer Zweifel, daß er die französische Literatur der englischen entschieden vorgezogen hat. Doch tat er es nicht um der Franzosen willen, sondern weil er in ihrem Werke die Gesetze der Dichtung nach der klassischen Antike am besten verwirklicht sah. Diese Gesetze und Regeln der Poesie leiteten sich nach seiner Überzeugung aus der »gesunden Vernunft« her, sie waren als solche von zeitloser Geltung und ihre »richtige« Anwendung konnte daher, so glaubte er, objektiv kontrolliert werden. Das berühmte »regelmäßige Drama«, für das er sich so leidenschaftlich einsetzte, erschöpfte seine Regelmäßigkeit keineswegs in einer äußeren Vollkommenheit, zu der die fünf Akte, der motivierte Auf- und Abtritt der Personen, der Alexandriner und ähnliches gehörten. In ihm mußte sich überdies das innere Gesetz der Gattung Drama immer wieder manifestieren. Und dieses innere Gesetz war das von Aristoteles zuerst beschriebene und zeitlos gültige, das im letzten Grunde auf die Vernunft zurückging. In dieser Auffassung dokumentiert sich nochmals die Grundüberzeugung des Aufklärers, der an die unbegrenzte Geltung der Vernunft glaubt und nicht zögert, daraus die Folgerungen auch für den Bereich der schönen Künste zu ziehen. Von der Unerschütterlichkeit der Regeln der Dichtkunst waren auch Gottscheds zeitgenössische Gegner überzeugt, obwohl sie sie häufig an anderer Stelle besser befolgt sahen als er. Lessing beruft sich auf Aristoteles ebenso wie Gottsched, meint eine

Reihe von unabdingbaren Gesetzen erkennen und vorschreiben zu müssen, die in der Antike wie in der Neuzeit als Richtmaß zu gelten haben, wenn ein gelungenes Kunstwerk entstehen soll. Der von Gottsched verkannte Shakespeare konnte vor Lessing bestehen, weil er mit Aristoteles zu rechtfertigen war. Indem Lessing Shakespeares Größe erkannte, sah er mehr als Gottsched und korrigierte gleichzeitig ein unbestreitbares Versagen Gottscheds. Doch nur scheinbar beweist dieser Sachverhalt die Unvereinbarkeit der Standpunkte beider. Inhaltlich scheint zwischen Gottsched und Lessing ein unüberbrückbarer Gegensatz zu bestehen; methodisch verfahren beide jedoch auf die gleiche Art. Auch für Lessing gilt letztlich eine normative Poetik, deren wirkungsästhetischer Ansatz, welcher, wie bei Gottsched, mit Aristoteles begründet wird, unbestritten bleibt. Aus der Entfernung von mehr als zwei Jahrhunderten bietet sich ein eigenartiges und sich selbst relativierendes Schauspiel dar: Gottsched wie Lessing verteidigten unnachsichtig bei Aristoteles erkannte Gesetze der Dichtkunst; der eine sah sie adäquat bei den Franzosen, der andere eher bei Shakespeare verwirklicht, und jeder der beiden verurteilte unbarmherzig die Favoriten des anderen.

Nicht uninteressant ist es zu beobachten, wie sich an und aus solchen Gegnerschaften langsam ein historisches Denken bei den von normativ-unhistorischen Gesetzen ausgehenden Aufklärern entwickelte. Lessings Shakespeare-Verteidigung und seine Bearbeitung des Faust-Stoffes sind erste Anzeichen eines mehr historischen Verständnisses von Kunst und Literatur sowie ihrer spezifischen zeitbedingten Formen. Hier konnte Herder wenig später anknüpfen. Bei Gottsched ist ein ähnlicher Vorgang zu bemerken. Daß sich der Streit zwischen ihm und den Neubers an seiner Forderung entzündete, bei der Aufführung von Theaterwerken, die in einer vergangenen Zeit spielten, ein historisches Kostüm zu benutzen, ist ein vielsagendes Symptom. Die Opitz-Rede ist außer einer Respektbezeugung an den »Vater der deutschen

Dichtkunst« auch der Versuch, ein geschichtliches Kontinuum innerhalb der einzelnen Bemühungen um eine literarische Theorie herzustellen. Was sich in den 30er Jahren ankündigte, gipfelte dann drei Jahrzehnte später im ›Nöthigen Vorrath‹. Mit seiner Bibliographie stieß Gottsched bei seinen Zeitgenossen fast ausnahmslos auf Unverständnis. Und von den Postulaten der ›Critischen Dichtkunst‹ her gesehen, ist das Werk auch ein Widerspruch in sich selbst. Gottsched legte mit ihm nämlich ein Inventar deutscher Dramen vor, von denen mehr als neun Zehntel vor den mit soviel Hartnäckigkeit vertretenen eigenen Lehren nicht bestehen konnten. Vielleicht darf man darum den ›Nöthigen Vorrath‹ als ein Zeichen für Gottscheds seit 1750 größer werdende Toleranz, vielleicht sogar für seine wachsende Einsicht in die historische Bedingtheit von Literatur sehen. Man bekommt den Eindruck, als habe nun bei dem starren Verfechter einer Regelpoetik der Prozeß einer Auflösung des strengen Normendenkens begonnen. Gewisse Anzeichen dafür lassen sich auch in der 4. Auflage der ›Critischen Dichtkunst‹ aus dem Jahre 1751 erkennen. Gottsched weigert sich zwar, zum Beispiel die neu entstehenden Formen des rührenden Lustspiels und des bürgerlichen Trauerspiels als vollwertige Repräsentanten der Gattungen Komödie und Tragödie anzuerkennen, aber er spricht ihnen nicht jegliche Existenzberechtigung neben den traditionellen, gattungsreinen Formen ab. Er ist selbst einer der ersten, der für die Bezeichnung *bürgerliches Trauerspiel* plädiert. Am Ende seines Lebens ist aus dem ursprünglich unversöhnlichen Reformer und Dogmatiker ein verständnisvollerer, registrierender Literarhistoriker geworden, der mit dieser seiner Entwicklung schließlich selbst, wenn auch nicht expressis verbis, die zahlreichen früheren Einseitigkeiten seines Werkes wenigstens zum Teil berichtigt und in einen neuen Zusammenhang gestellt hat.

Inhalt

Inhalt

Dichtungstheorie der Aufklärung und Klassik

IN RECLAMS UNIVERSAL-BIBLIOTHEK

Bodmer, Johann Jakob / Breitinger, Johann Jakob, *Schriften zur Literatur.* Hrsg. v. Volker Meid. 9953 [5]

Empfindsamkeit. Theoretische und kritische Texte. Hrsg. v. Wolfgang Doktor u. Gerhard Sauder. 9835 [3]

Friedrich II., König von Preußen, und die deutsche Literatur des 18. Jahrhunderts. Texte und Dokumente. Hrsg. v. Horst Steinmetz. 2211 [4]

Gellert, Christian Fürchtegott, *Die zärtlichen Schwestern.* Lustspiel. Im Anhang: Chassirons und Gellerts Abhandlungen über das rührende Lustspiel. Hrsg. v. Horst Steinmetz. 8973 [2]

Gerstenberg, Heinrich Wilhelm von, *Ugolino.* Tragödie. Mit einem Anhang und einer Auswahl aus den theoretischen und kritischen Schriften. Hrsg. v. Christoph Siegrist. 141 [2]

Gottsched, Johann Christoph, *Schriften zur Literatur.* Hrsg. v. Horst Steinmetz. 9361 [5] – *Sterbender Cato.* Im Anhang: Auszüge aus der zeitgenössischen Diskussion über Gottscheds Drama. Hrsg. v. Horst Steinmetz. 2097 [2]

Hamann, Johann Georg, *Sokratische Denkwürdigkeiten. Aesthetica in nuce.* Mit einem Kommentar hrsg. v. Sven-Aage Jørgensen. 926 [3]

Herder, Johann Gottfried, *Abhandlung über den Ursprung der Sprache.* Hrsg. v. Hans Dietrich Irmscher. 8729 [2] – *Journal meiner Reise im Jahr 1769.* Hist. krit. Ausgabe. Hrsg. v. Katharina Mommsen unter Mitarbeit v. Momme Mommsen u. Georg Wackerl. 9793 [4] – *Von deutscher Art und Kunst.* Einige fliegende Blätter. Von Johann Gottfried Herder, Johann Wolfgang Goethe und Justus Möser. Hrsg. v. Hans Dietrich Irmscher. 7497 [3]

Lessing, Gotthold Ephraim, *Briefe, die neueste Literatur betreffend.* Hrsg. u. komm. v. Wolfgang Bender. 9339 [7] – *Fabeln.* Abhandlungen über die Fabel. Mit einem Nachwort u. Erläuterungen v. Heinz Rölleke. 27 [2] – *Hamburgische Dramaturgie.* Hrsg. u.

komm. v. Klaus L. Berghahn. 7738 [8] – *Kritik und Dramaturgie.* Auswahl u. Einleitung v. Karl Hans Bühner. 7793 – *Laokoon* oder über die Grenzen der Malerei und Poesie. Mit beiläufigen Erläuterungen verschiedener Punkte der alten Kunstgeschichte. Nachwort v. Ingrid Kreuzer. 271 [3] – *Sämtliche Gedichte.* Hrsg. v. Gunter E. Grimm. 28 [6]

Schiller, Friedrich, *Kallias oder über die Schönheit.* Über Anmut und Würde. Hrsg. v. Klaus L. Berghahn. 9307 [2] – *Über die ästhetische Erziehung des Menschen* in einer Reihe von Briefen. Nachwort v. Käthe Hamburger. 8994 [2] – *Über naive und sentimentalische Dichtung.* Hrsg. v. Johannes Beer. 7756 [2] – *Vom Pathetischen und Erhabenen.* Ausgewählte Schriften zur Dramentheorie. (Die Schaubühne als eine moralische Anstalt betrachtet. Über den Grund des Vergnügens an tragischen Gegenständen. Über die tragische Kunst. Über das Pathetische. Über das Erhabene. Über epische und dramatische Dichtung. Über den Gebrauch des Chors in der Tragödie. Tragödie und Komödie.) Hrsg. v. Klaus L. Berghahn. 2731 [2]

Schlegel, August Wilhelm, *Über Literatur, Kunst und Geist des Zeitalters.* Auswahl aus den kritischen Schriften (Allgemeine Übersicht des gegenwärtigen Zustandes der deutschen Literatur. Poesie. Goethes Römische Elegien. Goethes Hermann und Dorothea. Bürger. Entwurf zu einem kritischen Institute). Hrsg. v. Franz Finke. 8898 [3]

Schlegel, Friedrich, *Kritische und theoretische Schriften.* Auswahl u. Nachwort v. Andreas Huyssen. 9880 [3]

Schlegel, Johann Elias, *Canut.* Ein Trauerspiel. Im Anhang: Gedanken zur Aufnahme des dänischen Theaters. Hrsg. v. Horst Steinmetz. 8766 [2] – *Vergleichung Shakespears und Andreas Gryphs* und andere dramentheoretische Schriften. Hrsg. v. Steven D. Martinson. 8242

Winckelmann, Johann Joachim, *Gedanken über die Nachahmung der griechischen Werke in der Malerei und Bildhauerkunst.* Hrsg. v. Ludwig Uhlig. 8338 [2]

Philipp Reclam jun. Stuttgart

Die deutsche Literatur

Ein Abriß in Text und Darstellung in 16 Bänden
Herausgegeben von Otto F. Best und Hans-Jürgen Schmitt

IN RECLAMS UNIVERSAL-BIBLIOTHEK

---

1. *Mittelalter I.* Hrsg. Hans-Jürgen Koch. UB 9601 [4]
2. *Mittelalter II.* Hrsg. Hans-Jürgen Koch. UB 9605 [4]
3. *Renaissance, Humanismus, Reformation.* Hrsg. Josef Schmidt. UB 9609 [4]
4. *Barock.* Hrsg. Renate Fischetti. UB 9613 [4]
5. *Aufklärung und Rokoko.* Hrsg. Otto F. Best. UB 9617 [4]
6. *Sturm und Drang und Empfindsamkeit.* Hrsg. Ulrich Karthaus. UB 9621 [4]
7. *Klassik.* Hrsg. Gabriele Wirsich-Irwin. UB 9625 [4]
8. *Romantik I.* Hrsg. Hans-Jürgen Schmitt. UB 9629 [4]
9. *Romantik II.* Hrsg. Hans-Jürgen Schmitt. UB 9633 [4]
10. *Vormärz.* Hrsg. Florian Vaßen. UB 9637 [4]
11. *Bürgerlicher Realismus.* Hrsg. Andreas Huyssen. UB 9641 [4]
12. *Naturalismus.* Hrsg. Walter Schmähling. UB 9645 [4]
13. *Impressionismus, Symbolismus und Jugendstil.* Hrsg. Ulrich Karthaus. UB 9649 [4]
14. *Expressionismus und Dadaismus.* Hrsg. Otto F. Best. UB 9653 [4]
15. *Neue Sachlichkeit. Literatur im ›Dritten Reich‹ und im Exil.* Hrsg. Henri Roger Paucker. UB 9657 [4]
16. *Gegenwart.* Hrsg. Gerhard R. Kaiser. UB 9661 [5]

Auch in Kassette erhältlich

Philipp Reclam jun. Stuttgart